B V
72

Jerzy Konikowski / Robert Ullrich

Königsindischer Angriff – richtig gespielt

Joachim Beyer Verlag

ISBN 978-3-95920-075-2

1. Auflage 2018

Ein Imprint des Schachverlag Ullrich, Zur Wallfahrtskirche 5,
97483 Eltmann

Kapitel 3

Kapitel 4

Kapitel 7

Zeichenerklärung

!	ein sehr guter Zug
!!	ein ausgezeichneter Zug
?	ein schwacher Zug
??	ein grober Fehler
!?	ein beachtenswerter Zug
?!	ein Zug von zweifelhaftem Wert
+−	Weiß hat entscheidenden Vorteil
−+	Schwarz hat entscheidenden Vorteil
±	Weiß steht besser
∓	Schwarz steht besser
⩲	Weiß steht etwas besser
⩱	Schwarz steht etwas besser
=	ausgeglichen
x	schlägt
+	Schach
#	matt

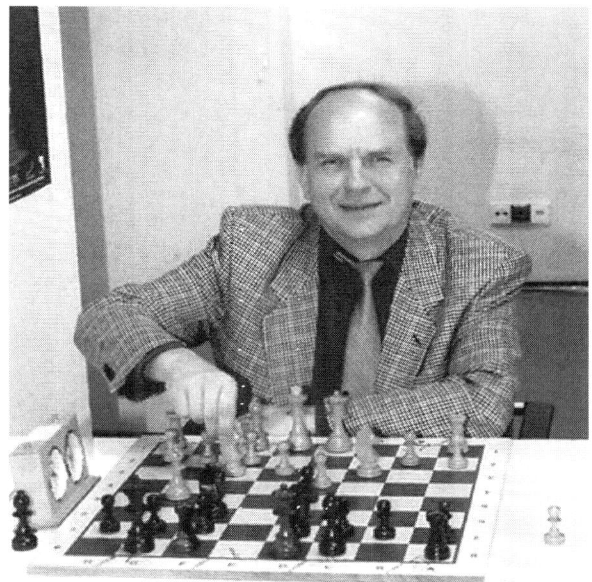

Vorwort

Der Erfolg einer Schachpartie hängt zweifellos zum Gutteil davon ab, wie einem die Eröffnung gelingt. Entsprechend bringt die richtige Eröffnungswahl gute Chancen mit sich, ein positives Resultat zu erzielen, und im Extremfall kann diese sogar dazu führen, dass nominell schwächere Spieler einen stärkeren Gegner besiegen.

Allerdings bringt eine intensive Beschäftigung mit der modernen Eröffnungstheorie großen Arbeitsaufwand mit sich und erfordert entsprechend viel Zeit. Heutzutage werden extrem viele Turniere ausgerichtet, die wahre Unmengen von Partien hervorbringen. Und da in vielen davon neue und komplizierte Ideen präsentiert werden, ist es Amateuren und Hobbyspielern rein zeitlich kaum möglich, auf längere Sicht den Überblick zu bewahren.

Um sich mit solch schwierigen Rahmenbedingungen zu arrangieren, versuchen viele Spieler, die Eröffnungsphase quasi zu umgehen und den Schwerpunkt der Partie ins Mittelspiel zu verlegen, um dann dort (oder sogar erst im Endspiel) eine Entscheidung herbeizuführen. Diese strategische Anlage des Kampfes führt jedoch meistens nicht zum Ziel, denn wenn man schon am Partiebeginn materiell oder positionell in Nachteil gerät, ist es sehr schwierig, das Mittelspiel zu bewältigen, so dass es meist zu gar keinem Endspiel mehr kommt.

Somit steht fest, dass man ohne vernünftige Eröffnungskenntnis nicht mit Erfolg rechnen kann! - Aber ist es denn tatsächlich nicht möglich, als Weißer den Dschungel der komplizierten und weit ausanalysierten Varianten zu vermeiden? - Doch, doch, das ist durchaus und sogar sehr gut möglich! Nach 1.e2-e4 kann man nämlich einen Universalaufbau anstreben, dessen Grundstellung für Weiß im folgenden Diagramm gezeigt wird.

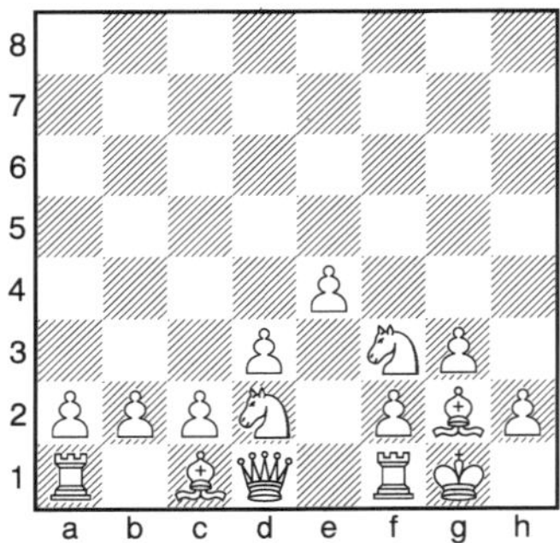

Bei diesem System verzichtet Weiß auf den aktiven Zug d2-d4 und entwickelt seine Kräfte im Geiste der Königsindischen Verteidigung – allerdings mit vertauschten Farben und deshalb mit einem Mehrtempo. Diese Idee führt zu einer strategisch interessanten Eröffnung, die als „Königsindischer Angriff“ bezeichnet wird und mit der alle weit ausgearbeiteten Varianten vermieden werden können.

Als wichtigstes Charakteristikum erkennt man zunächst, dass Weiß – unmittelbar nach der Errichtung und Absicherung eines einzigen, jedoch äußerst soliden Zentrumsankers – dafür Sorge trägt, dass der König schnellstmöglich eine absolut sichere Festung beziehen kann. Und wie er sein weiteres Spiel anlegt, hängt davon ab, wie Schwarz sich aufbauen wird, wobei schwerpunktmäßig drei verschiedene Verfahren infrage kommen.

1. Eine Aktion am Königsflügel nach dem Schema e4–e5, ♖f1–e1, ♘d2–f1, h2–h4, ♘f1–h2–g4 usw., wobei die Reihenfolge der Züge natürlich vom schwarzen Spiel abhängt.
2. Eine Aktion am Damenflügel mittels c2–c3, a2-a3 und b2-b4.
3. Eine Aktion im Zentrum mittels c2-c3, d3-d4 nebst eventuellem e4xd5, wobei anschließend eine Möglichkeit darin besteht, im passenden Moment mit c2-c4 vorzugehen.

Weiß hat also eine Vielzahl verschiedener Pläne mit allerlei positionellen und taktischen Möglichkeiten zur Verfügung, aber da Schwarz selbstverständlich nicht ohne gute Konterchancen dasteht, ergibt sich in aller Regel ein spannungsgeladenes Spiel mit beiderseitigen Perspektiven.

Hier sei noch einmal erwähnt, dass ich versucht habe, das behandelte Eröffnungssystem möglichst objektiv darzustellen und eventuell gegebene persönliche Sympathien oder Präferenzen außen vor zu lassen.

Mein Vorschlag, wie man mit dem Buch arbeiten sollte, sieht folgendermaßen aus:

1. Es ist wichtig, dass Sie *alle* Varianten nachspielen, um die beidseitigen Motive, Ideen und Pläne kennenzulernen. Auch ist es notwendig, *alle* Beispielpartien genau unter die Lupe zu nehmen, um alle Feinheiten und Nuancen der jeweiligen Aufbauten bzw. Varianten noch besser zu verstehen. Achten Sie besonders auch auf mögliche Zugumstellungen bzw. Übergänge, die besonders zwischen französischen und sizilianischen Strukturen anzutreffen sind.
2. Es empfiehlt sich, alle Varianten sorgfältig zu analysieren und eigene Ideen zu entwickeln.
3. Es ist empfehlenswert, die neue Eröffnungswaffe zuerst bei unbedeutenden Anlässen auszuprobieren, z. B. in Blitz- oder freien Partien.
4. Und erst, wenn Sie genügend Erfahrungen damit gesammelt haben, sollten Sie den „Königsindischen Angriff“ tatsächlich in Ihr Eröffnungsrepertoire aufnehmen und diesen auch in ernsten Partien anwenden.

Der „Königsindische Angriff“ ist schon seit langem bei Spielern aller Klassen beliebt, und sogar viele Weltklassespieler haben sich seiner regelmäßig und erfolgreich bedient - darunter die Weltmeister Botwinnik, Petrosjan, Smyslow, Kasparow und nicht zuletzt auch … (siehe Schlusswort S. 299).

Auch in der gegenwärtigen Turnierpraxis wird dieses inhaltsreiche System von vielen Spitzen-Großmeistern angewandt – z.B. von Karjakin, Aronjan, Nakamura, Adams, Swidler, Navara, Mamedjarow, Bologan und – nicht zu vergessen – auch vom aktuellen Weltmeister Magnus Carlsen!

Einführung

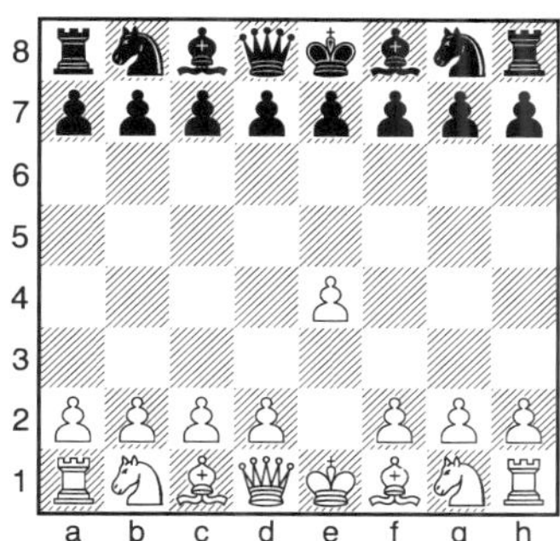

Mit dem Doppelschritt des Königsbauern werden in der heutigen Turnierpraxis die meisten Partien eröffnet, was zu lebhaftem und höchst interessantem Spiel führen kann. Dieser Einleitungszug ist vor allem Spielern mit gut entwickelten taktischen Fähigkeiten zu empfehlen, denn im 'Normalfall" entstehen häufig sehr scharfe Stellungen, in denen sich beide Seiten auf ihr kombinatorisches Gespür verlassen müssen.

In der Diagrammstellung hat Schwarz eine ganze Reihe von mehr oder weniger gebräuchlichen Antworten zur Verfügung. Die Reihenfolge, in der wir diese analysieren werden, orientiert sich daran, dass der „Königsindische Angriff" am häufigsten nach den Zügen 1.e4 e6 bzw. 1.e4 c5 aufs Brett kommt. Und da sich in den so entstehenden Abspielen die ganze Vielfalt von positionellen Mechanismen und taktischen Motiven am besten veranschaulichen lässt, werden wir mit der französischen bzw. der sizilianischen Zugfolge beginnen.

Kapitel 1
Der Königsindische Angriff gegen Französisch

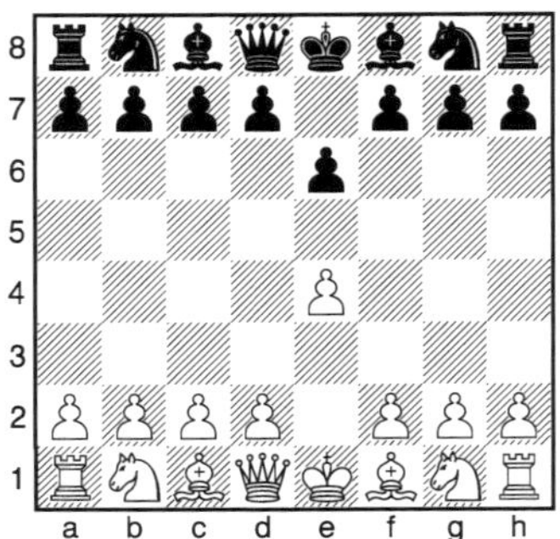

Schwarz plant den Vorstoß d7-d5, um den weißen Königsbauern zu einer Entscheidung zu zwingen.

Kapitel 2
Der Königsindische Angriff gegen Sizilianisch

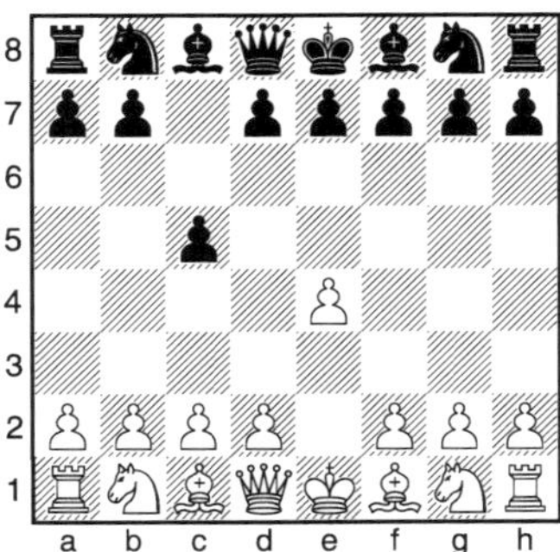

Bei „normalem“ Fortgang kann sich das Spiel mehr oder weniger offen gestalten, wobei es schwerpunktmäßig darum geht, ob Weiß seinen d-Bauern früher oder später nach d4 vorstößt oder nicht.

Kapitel 3
Der Königsindische Angriff gegen 1...e5

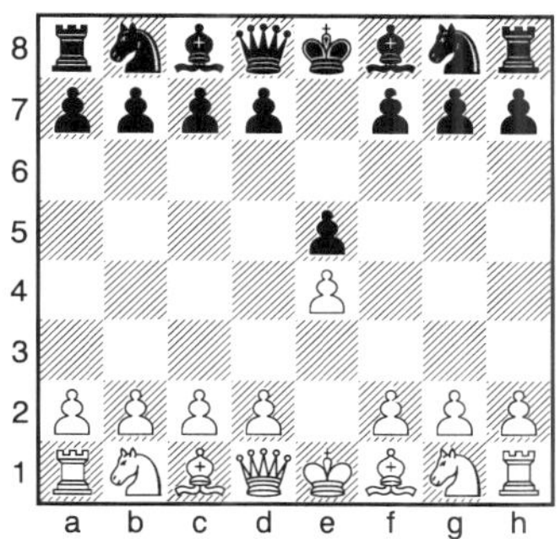

Auch hier kann sich das Spiel bei „normalem" Fortgang mehr oder weniger offen gestalten, wobei sich der Kampf schwerpunktmäßig um den Bauern e5 und das Feld d4 dreht – z.B. nach 2.♘f3.

Kapitel 4
Der Königsindische Angriff gegen Caro-Kann

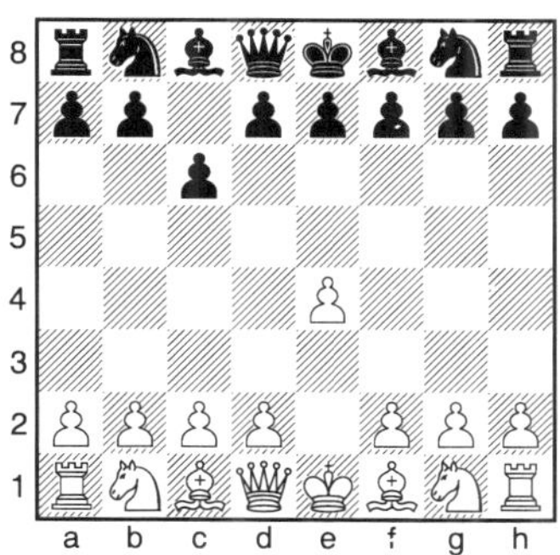

Ganz ähnlich wie bei der Französischen Verteidigung bereitet Schwarz den Vorstoß d7-d5 vor.

Kapitel 5
Der Königsindische Angriff gegen die Pirc-Verteidigung

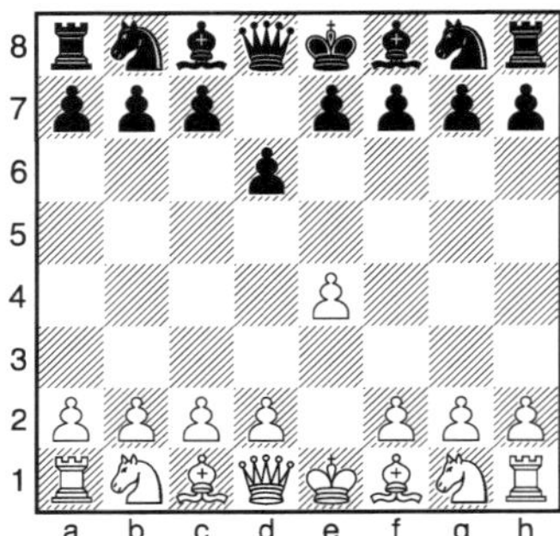

Hier plant Schwarz den Angriff auf den weißen Zentrumsbauern mit dem Zug des Königsspringers 2...♘f6. Da die Diagonale f8–a3 gründlich versperrt ist, folgt in der Regel die Fianchetto-Entwicklung mittels ♗g7. Gelegentlich wird auch die Zugfolge 1...g6 nebst späterem d7–d6 usw. gespielt, was meistens nur auf eine Zugumstellung hinausläuft.

Kapitel 6

Der Königsindische Angriff gegen die Nimzowitsch-Verteidigung

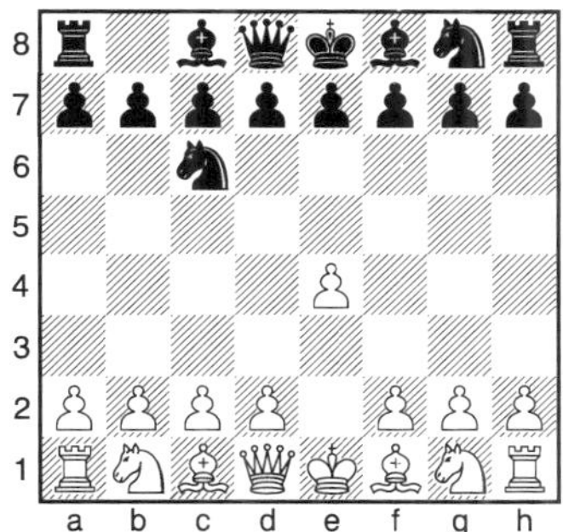

Auch hier steht nach 2.d4 der Angriffszug 2...d5 auf dem Programm.

Kapitel 7

Der Königsindische Angriff gegen die Aljechin-Verteidigung

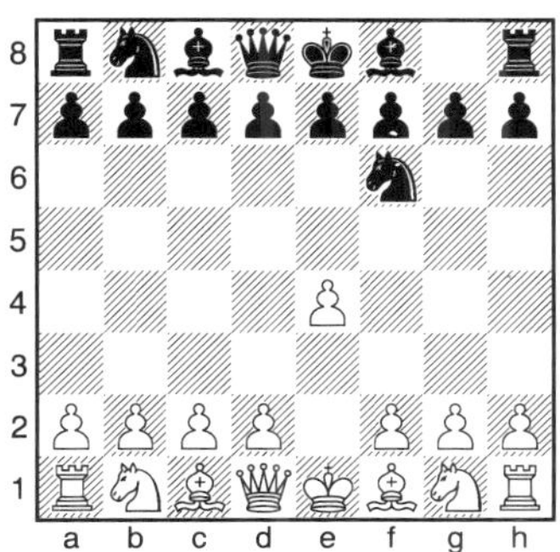

Mit diesem sofortigen Angriff auf den Königsbauern provoziert Schwarz geradezu dessen Vorstoß nach e5.

Zusammenfassung:

Nun haben Sie einen ersten groben Überblick, mit welchen Themen wir uns in diesem Buch beschäftigen werden – und zwar so objektiv wie möglich und nicht etwa durch persönliche Vorlieben des Autors beeinflusst. Allerdings ja eben nicht damit, wie es in den genannten Eröffnungen im „Normalfall" weitergehen würde, sondern damit, wie sie die Unmengen von weit ausanalysierten Varianten *vermeiden* können, indem Sie Ihr Eröffnungs-Repertoire auf eine einzige universale Waffe beschränken – nämlich den „Königsindischen Angriff".

Das gesamte Material umfasst 7 Theorie-Kapitel und 69 Beispielpartien. Für eine zuverlässige und erfolgreiche Handhabung dieser Universal-Waffe ist es unerlässlich, dass Sie nicht nur die Theorie lernen, sondern dass Sie sich ebenso gründlich mit den Beispielpartien beschäftigen. Denn nur durch das Studium auch der praktischen Probleme in tatsächlichen Partiestellungen ist sicherzustellen, dass Sie eine Eröffnung mit all ihren Motiven und Mechanismen sowie all ihren Feinheiten und Fallstricken wirklich *gründlich* kennenlernen.

Kapitel 1

Der Königsindische Angriff gegen Französisch

(Theorieteil)

1.e4 e6

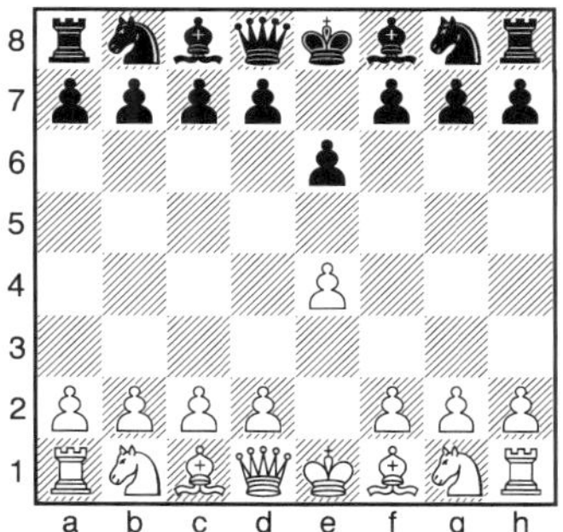

2.d3

Die richtige Zugfolge ist hier sehr wichtig, denn der Zug des d-Bauern macht das Feld d2 für den Damenspringer frei. 2.g3 wäre nämlich wegen 2...d5! nicht optimal, weil der Springer noch nicht nach d2 könnte. Es könnte weiter folgen:

A) 3.♗g2 dxe4 4.♘c3

(Oder 4.♗xe4 ♘f6 5.♗g2 ♗c5 6.♘f3 ♘c6 7.0–0 0–0 8.d3 e5 mit gutem Spiel für Schwarz.)

4...♘f6 5.♘xe4 ♘xe4 6.♗xe4 c5

(6...♘d7 7.♗g2 c5 8.♘f3 ♗e7 9.0–0 0–0 10.d4 cxd4 11.♕xd4 ♘c5=, Carlsen–Rodriguez Vila, Caxias do Sul 2014)

7.d3 ♘c6 8.♘e2 ♗e7 9.♗e3 e5 10.h3 ♗e6 11.♕d2 ♕d7 12.f4 0–0 13.fxe5 ♘xe5 14.♘f4 ♖ad8 15.♕g2 b6 16.0–0 f5 Schwarz steht ausgezeichnet, Gulden–Yurtseven, Kocaeli 2017.

B) Der frühe Damentausch nach 3.d3 dxe4 4.dxe4 ♕xd1+ 5.♔xd1 ist selbstverständlich absolut nicht im Sinne dieser Eröffnung.

2...d5

Mit dieser logischen Erwiderung im Geiste der Französischen Verteidigung greift Schwarz den Punkt e4 an. Auch 2...c5 ist möglich und kann über Zugumstellung zu später besprochenen Positionen führen – oder auch zu **Kapitel 2** (Der Königsindische Angriff gegen Sizilianisch).

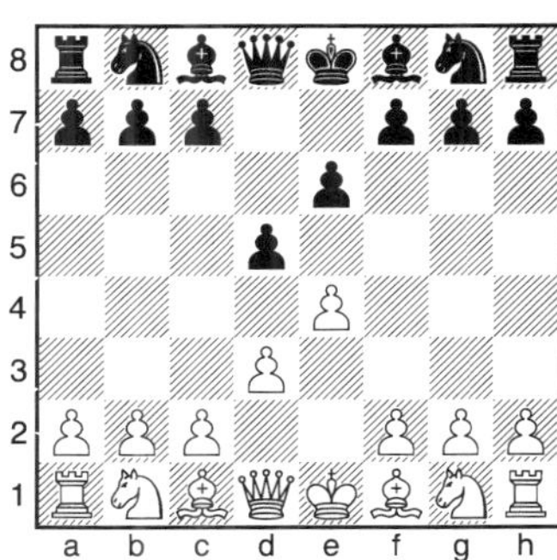

3.♘d2

So ist es richtig. Der Springer kommt unter gleichzeitiger Vermeidung von Damentausch ins Spiel. Die interessante Möglichkeit 3.♕e2 wird in **Abspiel 1** analysiert.

3...♘f6

Schwarz möchte schnell seinen Königsflügel entwickeln. Ein anderer Plan besteht darin, mittels 3...c5 auf der anderen Seite aktiv zu werden. Das Spiel kann sich weiter wie in der Französischen Verteidigung entwickeln oder es kann eine andere Richtung nehmen. So kann Schwarz nach 4.♘gf3 ♘c6 5.g3 zwei gänzlich unterschiedliche Wege einschlagen: 5...g6 (siehe **Abspiel 2**) oder 5...♗d6 (siehe **Abspiel 3**).

4.♘gf3

Das ist ein natürlicher Entwicklungszug. Allerdings kommt auch ein Plan mit dem frühen Vorstoß f2-f4 in Betracht; man sehe: 4.g3 c5 5.♗g2 ♘c6

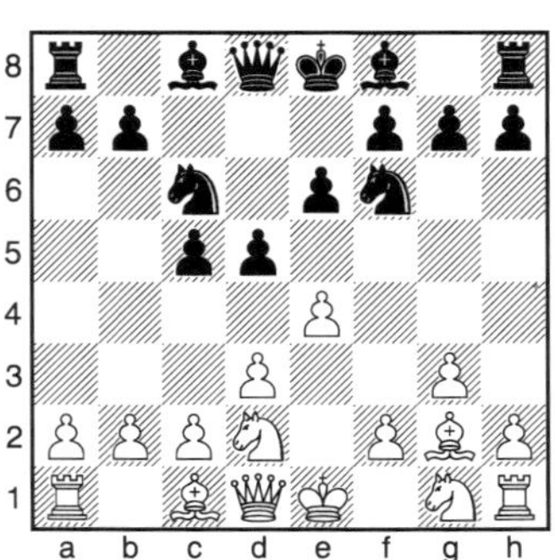

6.f4 (6.♘gf3 führt zur Hauptvariante.)

A) 6...♕c7 7.♘gf3

(7.e5!? ♘d7 8.♘gf3 h6 9.c3 b6 10.a3 a5 11.c4 d4 12.♘e4±, Kirchei–Ilina, Moskau 2017)

7...♗e7 8.0–0 b6 9.c3 ♗b7 10.♕e2 h6 11.♖e1 0–0–0 12.a3 d4 13.c4 ♘d7 14.e5 g5 15.♘e4 g4 16.♘h4 ♖dg8 17.b4! mit weißem Angriff, Garma–Nadera, Manila 2010.

B) zu 6...♗e7 siehe **Partie Nr. 1**: Swetuschkin–Salem, Abu Dhabi 2003.

C) 6...dxe4 7.dxe4 ♗e7 8.♘gf3

(Eine interessante Idee ist 8.♘h3!?; siehe **Partie Nr. 2**: Fedorow–Kuroschkin, Ekaterinburg 2002.)

8...0–0 9.0–0 ♕c7 10.c3 ♖d8 11.♕e2 b6 12.e5 ♘e8 13.♘e4 ♗b7 14.♘fg5±, Stefan–Buescu, Tusnad 2000.

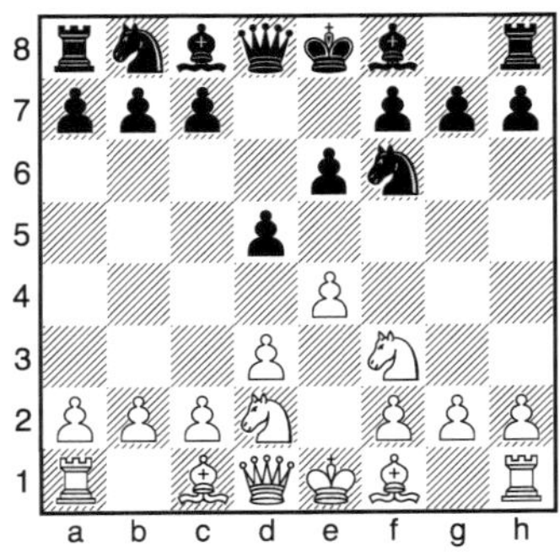

4...c5

Da Weiß nicht d2-d4 gezogen hat, nimmt Schwarz dieses wichtige Zentralfeld selbst unter Kontrolle. Eine andere Idee besteht in 4...b6, um den Damenläufer schnell per Fianchetto zu entwickeln. Darauf kann Weiß 5.g3 spielen, um seinen Königsläufer ebenfalls zu fianchettieren.

(Weiß kann auch 5.c3!? versuchen, und zu diesem Thema werden wir die **Beispielpartie Nr. 3**: Adams–Barejew, Sarajewo 1999, untersuchen.)

A) 5...♗b7 6.♕e2!?

(Eine originelle Lösung des Stellungsproblems. Nach 6.♗g2 dxe4 7.♘g5 ♘c6 8.♘gxe4 ♗e7 9.0–0 0–0 hat Schwarz nämlich keine positionellen Probleme.)

6...dxe4 7.dxe4 ♗a6 8.♕e3 ♗xf1 9.♔xf1 ♗e7 10.♔g2 0–0 11.e5 ♘d5 12.♕e4 ♘d7 13.a3 ♘c5 14.♕e2 c6 15.c4 ♘c7 16.♖d1 ♕c8 17.♘e4 (17.b4!? ♘a4 18.♘e4±) 17...♘xe4 18.♕xe4 ♘a6 19.b4 ♕c7 20.♗g5 ♖ac8 21.♗xe7 ♕xe7 22.♖d6 f5 23.♕d3 ♘b8 24.♖d1 ♖fe8 25.h4 mit klarem weißem Vorteil, Timman–Speelman, Dordrecht 2000.

B) 5...dxe4 6.dxe4 ♗c5

(Nach 6...♗b7 kann Weiß 7.♗b5+ c6 8.♗d3 oder 7.♕e2 nebst ♗f1-g2 usw. spielen.)

7.♗g2 ♗a6 8.c4 ♕d3

(In Amin–Shyam, Dubai 2011, folgte 8...e5 9.b4 ♗d6 10.♗b2 ♕e7 11.a3 0–0 12.0–0 ♗b7 13.c5 bxc5 14.bxc5 ♗xc5 15.♘xe5 ♖d8 16.♕c2 ♘a6 17.♘b3±.)

9.b4! ♗e7

(Natürlich verbietet sich 9...♗xb4?? 10.♕a4+, denn Schwarz verliert seinen Läufer.)

10.♖b1 ♗b7 11.♖b3 ♕d8 12.♕e2 a5?

(Schwarz sollte zuerst mit 12...0–0! seinen König sichern.)

13.♖d3 ♘fd7 14.b5 ♕c8 15.e5 ♘c5 16.♖d4 ♘bd7 17.0–0 h6 18.h4 ♕b8 19.h5 ♕a7 20.♖g4 ♖g8

(Nach 20...0–0 21.♘d4! ♗xg2 22.♔xg2 bekommt Weiß durch den Vorstoß f4-f5 starken Königsangriff.)

21.♘d4 ♗xg2 22.♔xg2 ♕b7+ 23.♘2f3 f5 24.exf6 ♘xf6 25.♘c6 ♘xg4 26.♘fd4 ♘f6 27.♘xe6 ♔f7 (27...♘xe6 28.♕xe6+–) 28.♘g5+, 1-0, Petrosjan–Wintzer, Gibraltar 2008.

Nach 4...♘c6 empfiehlt sich hingegen 5.c3!?, worauf folgende Antworten die wichtigsten sind.

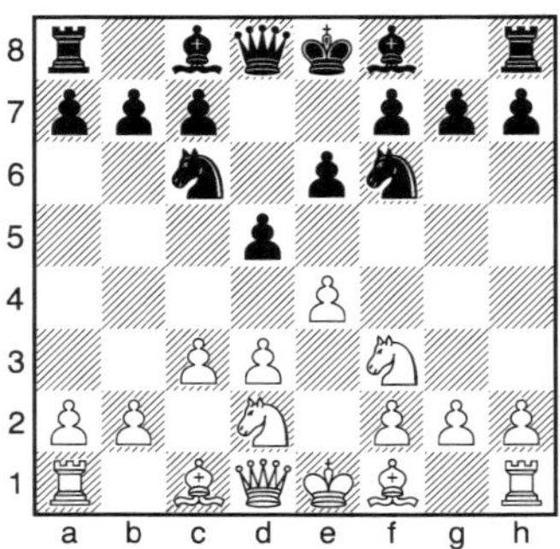

A) 5...a5 6.♗e2 e5 7.0–0 ♗c5 8.b3!

(Weiß möchte mittels a3 und b4 mehr Raum am Damenflügel gewinnen, was nach dem anderen Ansatz 8.♖b1 0–0 9.a3 wegen 9...a4! nicht funktioniert. Also muss dieser Plan entsprechend vorbereitet werden.)

8...0–0 9.a3 b6 10.♖b1 ♗b7 11.b4 axb4 12.axb4 ♗d6 13.♕c2 ♕e7 14.♖e1 ♖fe8

(Auf 14...d4 folgt 15.b5!.)

15.♗f1 ♕d7 16.exd5 ♘xd5 17.♘c4 f6 18.♘xd6 ♕xd6 19.♘d2 Weiß beabsichtigt g3 nebst Läufer-Fianchetto, Schmaltz–Feygin, Niederlande 2002.

B) 5...♗e7 6.♗e2 0–0 7.0–0 a5 8.a4 b6 9.♖e1 ♗a6 10.e5 ♘d7 11.d4 ♗xe2 12.♕xe2 ♕c8 13.♘f1 ♕a6 14.♕c2 ♖ae8 15.♘g3 ♘cb8 16.♗g5 h6

(Schwarz sollte ohne Zeitverlust mittels 16...c5!? Gegenspiel am Damenflügel organisieren.)

17.♗xe7 ♖xe7 18.♘h5 c5 19.♖e3 ♘c6 20.g4

(Stark war 20.♘h4!? und nach 20...cxd4 21.♖g3 f5 22.♘g6 mit Qualitätsgewinn.)

20...cxd4 21.cxd4 ♘b4 22.♕d2 ♖c8 23.♖c1 ♘a2 24.♖xc8+ ♕xc8 25.♔g2 ♘f8 26.g5 hxg5 27.♖a3 g4 28.♘f6+! gxf6 29.exf6 gxf3+ 30.♖xf3 ♘g6 31.fxe7 ♘xe7 32.♕g5+ ♘g6 33.h4 ♕c1 34.♕f6 Weiß hat entscheidenden Angriff, Swiercz–Cordova, Atlantic City 2016.

C) 5...♗d6 6.g3

(Der ganz andere Plan mit 6.♗e2 wird in **Partie Nr. 4**: Carlsen–Caruana, Sao Paulo/Bilbao 2012, unter die Lupe genommen.)

6...0–0 7.♗g2 dxe4

(7...e5 8.0–0 ♖e8 9.♖e1 ♗g4 10.h3 ♗h5 11.♕c2 dxe4 12.dxe4 ♕d7 13.♘h4 ♗c5 14.♘f1 ♖ad8 15.♗g5 ♕e6 16.♘e3 h6 17.♗xf6 ♕xf6 18.♘d5 ♕g5 19.♘f5±, Worobiow–Lahiri, Woronesch 2005)

8.dxe4 e5 9.0–0 a5 10.♕c2 ♗c5 11.♘c4 ♕e7 12.♘h4 ♖d8 13.♘e3 ♗e6 14.♘ef5 ♕d7 15.♗g5 ♕d3 16.♕c1 ♘xe4 17.♗xd8 ♖xd8 18.♗xe4 ♕xe4 19.♕g5 g6 20.♖ae1 ♕c2 21.♖xe5 ♘xe5 22.♕xd8+ ♗f8 23.♘d4 ♕xb2 24.♕xc7 ♘d3

25.♘xe6 fxe6 26.♘f3 h6 27.♘e5 ♘xe5 28.♕xe5 ♕xa2 29.♖d1 a4 30.♕f6 ♕c2 31.♕xe6+ ♔h7 32.♖d7+ ♔h8 33.♕f6+, 1-0, E. Miller–J. Schneider, Apolda 2017.

5.g3

Im Sinne der Eröffnung entwickelt Weiß seinen Läufer nach g2, wovon er sich Aktivität in der Diagonale a8-h1 verspricht. Zugleich wird eine Bastion für den König errichtet.

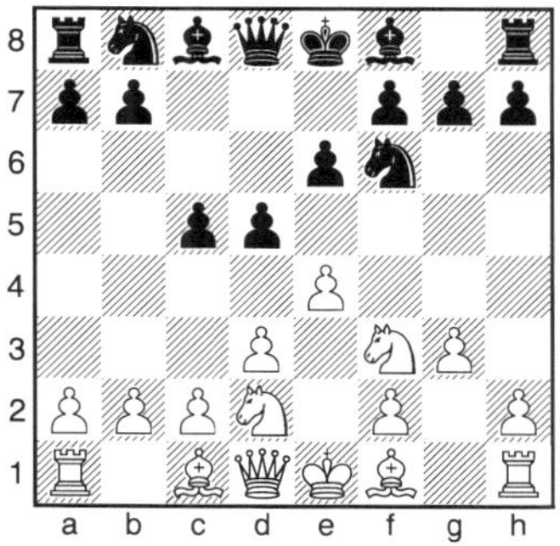

5...♘c6

Schwarz entwickelt konsequent seinen Damenspringer und legt seine Figurenaufstellung am Königsflügel noch nicht fest. Selten gespielt werden folgende Fortsetzungen:

I. 5...dxe4 6.dxe4 b6 7.♗g2 ♗a6

(Nach 7...♗b7 kann Weiß seine Kräfte mit 8.e5 ♘fd7 9.0–0 ♗e7 10.♖e1 usw. weiterentwickeln.)

8.e5 ♘d5 9.c4

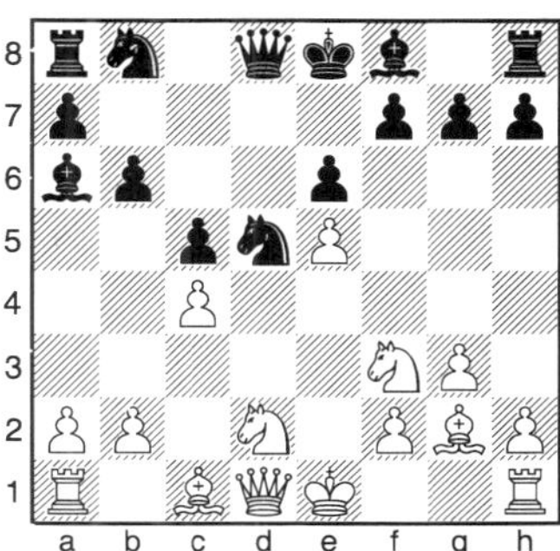

A) 9...♘b4 10.0–0 ♗b7 11.b3 ♘8c6

(Nach 11...♘d3 kann man den Läufer mit 12.♗a3! in Sicherheit bringen.)

12.♗b2 ♕c7 13.a3 ♘d3 14.♗c3 0–0–0 15.♕e2 ♗e7 16.♖fd1 ♖d7 17.♘f1 ♖hd8 18.♖d2 f6 19.exf6 gxf6 20.♖ad1 Weiß steht auf Gewinn, Morosewitsch–Kogan, London 1994.

B) 9...♘c7 10.0–0 ♗b7 11.♕c2 ♘c6 12.♕e4 ♗e7 13.♕g4 g6

(Da dies nur den Königsflügel schwächt, wäre13...0–0! besser gewesen.)

14.♘e4 h5 15.♕f4 ♔f8 16.♗e3 ♘b4 17.♘d6 ♗xd6 18.exd6 ♘e8 19.♘e5 ♘xd6 20.♗xb7 g5 21.♕f3, 1-0 Radlovacki–Maric, Belgrad 2013.

II. 5...b6 6.♗g2

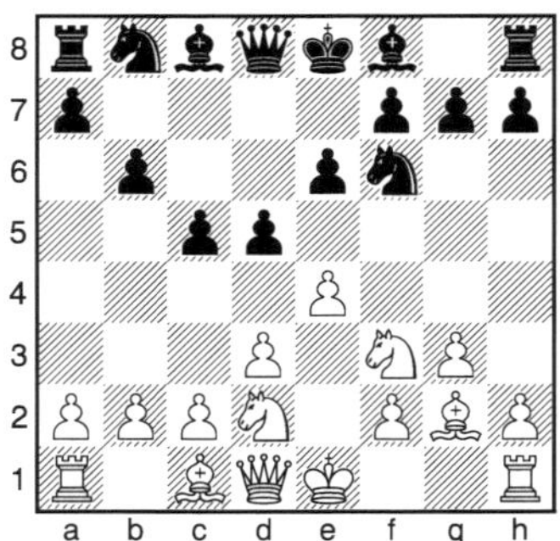

A) 6...♗b7 7.0–0 ♘c6 8.♖e1 ♗e7 9.c3 ♕c7 10.♕e2 0–0–0

(Zu der Alternative 10...0–0 untersuchen wir die äußerst taktische **Partie Nr. 5**: Hera–Ganguly, Biel 2017.)

11.exd5 ♘xd5 12.♘c4 h6 13.a4 ♗f6 14.a5 bxa5 15.♘fe5 ♘xe5 16.♘xe5 g5 17.♘c4 Weiß hat entscheidenden Angriff, Pablo Marin–Gayson, Sabadell 2017.

B) 6...dxe4 7.♘g5 (zu 7.dxe4 siehe I.) 7...♗b7 8.0–0 h6

(Eine andere Variante lautet 8... ♕c7 9.♘dxe4 ♘xe4 10.♘xe4 ♗e7 11.♗f4 ♕d7 12.♕g4 g6 13.♗e5 f5 14.♕f4 ♖f8 15.♘d6+ ♗xd6 16.♗xb7 ♕xb7 17.♗xd6 ♖f6 18.♗e5 ♖f7 19.♖fe1 ♘c6 20.♗c3 mit weißem Vorteil, Ragni–Pitrola, Turin 2007.)

9.♘gxe4 ♘xe4 10.dxe4 ♗e7 11.♕g4 h5 12.♕e2 ♘c6 13.♖e1

(13.c3!? wurde noch nicht in der Praxis geprüft.)

13...♘d4 14.♕d1 h4 15.c3 hxg3 16.hxg3 ♘c6 17.e5 ♕c7 18.♘c4 ♖d8 19.♕g4 ♔f8 20.♗f4 ♖g8 21.♘d6 mit weißem Vorteil, Bentancor–Martinez, Pinamar 2006.

6.♗g2 ♗e7

Das ist der beste Platz für den Läufer, denn nach 6...♗d6 7.0–0 0–0 8.♖e1 ♕c7 9.♕e2 muss Schwarz ständig mit der Gabeldrohung e4-e5 rechnen.

7.0–0

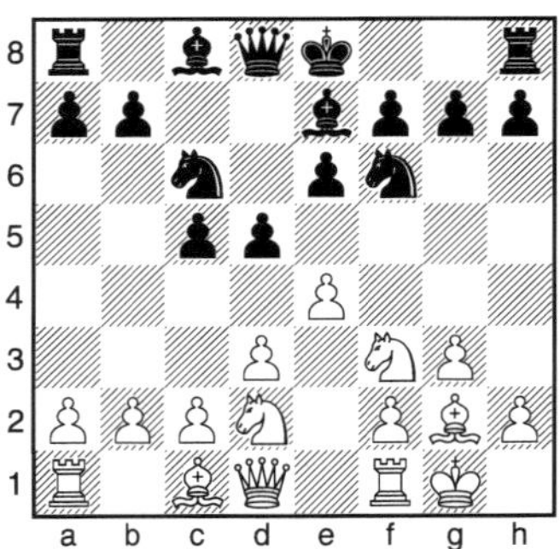

In der Diagrammstellung kann sich das Spiel wie folgt weiterentwickeln:

I. 7...0–0 (siehe **Abspiel 4**)

II. 7...♕c7 (siehe **Abspiel 5**)

III. 7...b6 (siehe **Abspiel 6**)

IV. 7...a5 8.♖e1 (Auch der Zwischenzug 8.a4!? kommt in Frage.)

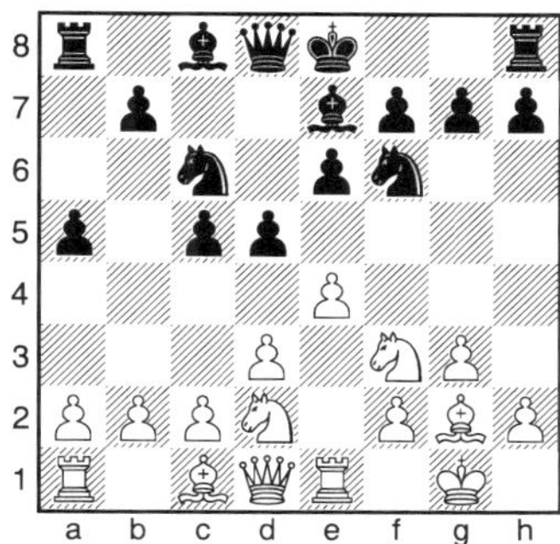

A) 8...h6 9.h4

(Dieser Zug leitet den systemtypischen Königsangriff ein. Im Duell Dizdar–Joecks, Berlin 1988, wählte Weiß einen anderen Plan; und zwar 9.c3 a4 10.a3 0–0 11.e5 ♘h7 12.♘f1 b5 13.h4 ♗d7 14.♗f4 b4. Schwarz hat Gegenspiel am Damenflügel, aber die gegnerische Aktion am anderen Flügel ist schneller; man sehe: 15.♘1h2 bxc3 16.bxc3 ♖b8 17.♘g4 ♖b3 18.c4 ♘a5 19.♕c2 ♕b6 20.♘d2 ♖b2 21.♕c1 d4 22.♗xh6! gxh6 23.♘e4 f5 24.exf6 ♘xf6 25.♕xh6 ♘xg4 26.♕g6+ ♔h8 27.♕h5+ ♔g7 28.♕xg4+ ♔h6 29.♘g5 ♖bxf2 30.♘xe6 ♖xg2+ 31.♔xg2 ♕c6+ 32.♔g1 1-0.)

9...a4 10.e5 ♘h7 11.♘f1 0–0 12.♘1h2 ♖b8 13.♗f4 ♖e8 14.♘g4 Weiß beabsichtigt ♕d2 mit der Drohung, durch das Opfer auf h6 starken Königsangriff zu erhalten, Dolmatow–Bernan, Mexico 1980.

B) 8...a4 9.e5

(Oder 9.a3 0–0 10.e5 ♘e8 11.♘f1 ♗d7 12.h4 b5 13.♘1h2 b4 14.h5 ♔h8 15.h6 mit dem Plan ♘g4 und guten Angriffsmöglichkeiten, Dirr–Hornung, Deutschland 2007.)

9...♘d7 10.a3 ♕c7 11.♕e2 b5 12.♘f1 0–0 13.h4 b4 14.♗f4 ♗b7 15.♘e3 bxa3 16.bxa3 ♘a5 17.h5 ♗a6? (Notwendig war 17...h6!, um den nächsten weißen Zug zu vermeiden.)

18.h6 g6 19.♘xd5! Ein typischer Schlag im Zentrum. 19...exd5 20.e6 ♗d6 21.♗xd6 ♕xd6 22.exd7 ♕xd7 23.♘e5 ♕d6 24.♕g4 Weiß steht aktiver, Schuster–Gresshoff, Deutschland 1990.

V. 7...b5 8.♖e1

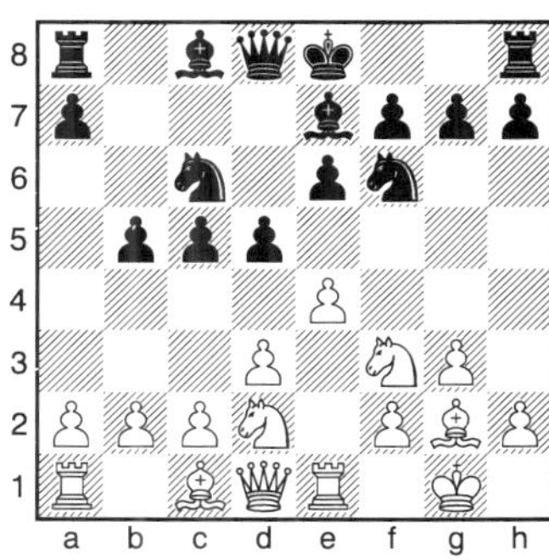

A) 8...0–0 9.e5

(Dieser Vorstoß zur Vertreibung des schwarzen Schutzspringers ist ganz im Geiste des Eröffnungssystems. In der Partie Karjakin–Meier, chess.com INT 2017, entschied sich Weiß für einen anderen Weg; und zwar 9.exd5 exd5 10.a4 b4 11.♘b3 ♗g4 12.h3 ♗h5 13.g4 ♗g6 14.♗f4 ♖c8 15.♘e5 ♘xe5 16.♗xe5 ♗d6 17.♕d2 ♗xe5 18.♖xe5 h6 19.♖ae1 c4 20.♘d4 ♕b6 21.♕e3 cxd3 22.cxd3 ♕a6 23.f4 ♗xd3 24.g5 hxg5 25.fxg5 ♘e4 26.♘f5 ♖ce8 27.♘e7+ ♔h8 28.♕d4 ♕d6 29.♖xd5 ♕xe7 30.♕xd3 mit Gewinn.)

9...♘d7 10.♘f1 b4 11.h4 a5

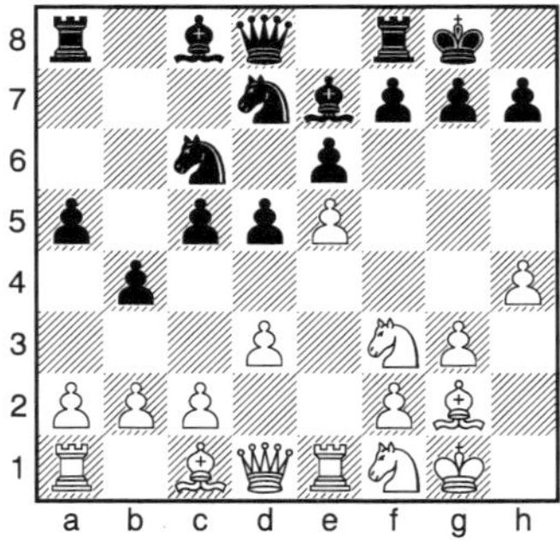

A1) 12.♗f4 a4 13.♘1h2 a3

Das ist praktisch erzwungen, weil Weiß sonst selbst 14.a3 spielen und die schwarze Initiative am Damenflügel bremsen könnte.

14.b3 ♗b7 15.♗h3 ♖c8 16.♖c1 ♖e8 17.♘g5 ♗xg5 18.hxg5 ♘f8 19.♕h5 ♘d4 20.♗g2 ♖e7 21.♘g4 c4 22.♘f6+! ♔h8

(22...gxf6 23.exf6 ♖d7 24.♗e5 ♘f5 25.g4+−)

23.dxc4 dxc4 24.♖cd1

(24.♗xb7! ♖xb7 25.♖cd1 gxf6 26.gxf6 ♘g6 27.♗e3 ♕d5 28.♖xd4 ♕xe5 29.♕f3 ♖bb8 30.bxc4±)

24...cxb3 25.cxb3 ♗xg2 26.♔xg2 ♕b6 Nun hätte Weiß in der Partie Duda–So, Leon 2017, 27.♘e4! spielen sollen, um sich die besseren Chancen zu sichern.

A2) 12.h5 ♗a6 13.h6 g6 14.a4 bxa3 15.bxa3 ♕c7 16.♗f4 ♖fc8 17.♘e3 ♘b6 18.♘g4 ♕d8 19.♕d2 mit der Idee ♕f4-g5 und guten Angriffsaussichten, Jell–Epding, Deutschland 2015.

B) 8...h6 9.c3 a5 10.a4 b4 11.e5 ♘d7 12.c4 ♘b6 13.b3 ♗g5?

(Schwarz sollte zuerst mit 13... 0–0!? seinen König sichern.)

14.♗b2 ♗xd2 15.♘xd2 ♗a6 16.♖c1 ♖c8 17.cxd5 exd5 18.e6 Weiß hat entscheidenden Vorteil, Ruge–Nino, Medellin 2012.

VI. 7...dxe4 8.dxe4

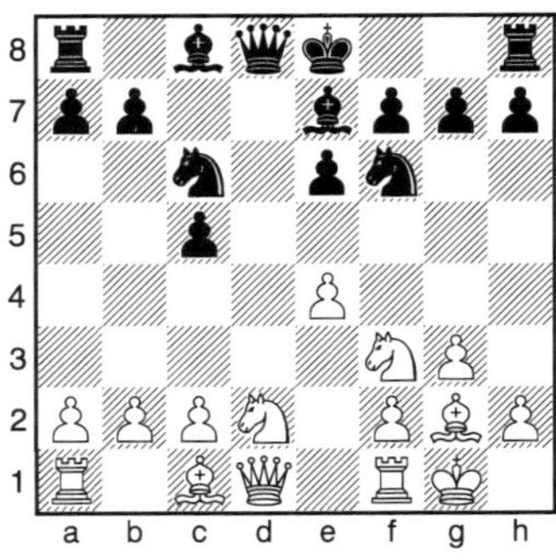

A) 8...0–0 9.♖e1 b6

(In der Partie Badea–Danilov, Bukarest 1998, bekam Weiß nach 9...e5 10.c3 h6 11.♘c4 ♕xd1 12.♖xd1 ♘xe4 13.♘fxe5 ♘xe5

14.♘xe5 die bessere Position, die er später zum Gewinn führte.)

10.e5 ♘d7

(Nach der Alternative 10...♘d5 11.♘e4 ♘db4 12.♘d6 ♗xd6 13.exd6 ♗b7 14.c4 ♕d7 15.a3 ♘a6 16.♗f4 steht Weiß besser, da der Bauer d6 die gegnerischen Kräfte stark einschränkt.)

11.♘e4

(Auch 11.♘d4!? cxd4 12.♗xc6 ♖b8 13.♘b3 usw. sieht nicht schlecht aus.)

11...♗a6 12.♗f4 b5 13.c3 ♕b6 14.♕c2 ♖fd8 15.h4 ♘f8 16.h5 ♖ac8?

(Stärker war 16...h6!?.)

17.h6 ♘g6 18.hxg7 ♔xg7

(Nach 18...♘xf4 19.gxf4 ♔xg7 20.♘f6 ♗xf6 21.exf6+ ♔xf6 22.♘g5 h6 23.♘xf7! ♔xf7 24.♕h7+ ♔f8 25.♕xh6+ kann das Matt nicht mehr pariert werden.)

19.♕c1 ♖d3 20.♗g5 Weiß hat entscheidenden Angriff, Petrosjan-Kann, Moskau 1955.

B) 8...♕c7 9.c3

(Interessant ist das Bauernopfer 9.e5!? ♘xe5 10.♘xe5 ♕xe5 11.♘c4 ♕d4 12.♕e2 0–0 13.♖d1 usw. Die Variante ist bestimmt eine weitere Erprobung wert.)

9...e5

(Nach 9...0–0 empfiehlt sich 10.♕e2 e5 11.♘c4 b5 12.♘e3 ♗a6 13.♖d1 ♖ad8 14.♘d5, denn der aktive Springer auf d5 garantiert dem Weißen Positionsvorteil, Damljanovic–Larino Nieto, Lorca 2006.)

10.♕e2 ♗e6 11.♘c4 0–0 12.♘g5

(Möglich ist auch 12.♘h4!? mit der Idee ♘f5!; z.B. 12...♖ad8 13.♘f5 ♖fe8 14.♗g5 h6 15.♗xf6 ♗xf6 16.♘ce3 ♘e7 17.h4 ♔h7 18.♔h2 ♘g8 19.♘c4 ♘e7 20.♘fe3 b5 21.♘a3 a6 22.♘ac2 ♖d7 23.a4 ♕b6 24.axb5 axb5 25.♘d5 ♗xd5 26.exd5 ♘c8 27.♗h3 ♖dd8 28.♕e4+ ♔g8 29.♗xc8 ♖xc8 30.♘e3, wonach Weiß mit einem starken Freibauern und entsprechendem Vorteil verblieb, Vallejo Pons–Bellia, Gallipoli 2017.)

12...♗xc4 13.♕xc4 h6 14.♘f3 ♖ad8 15.♘h4 ♖fe8 16.♘f5 ♗f8 17.♕e2 Weiß hat den aktiven Folgeplan, mit h4 und g4 usw. gegen den schwarzen König vorzugehen.

Beispielpartien

Partie Nr. 1
Swetuschkin – Salem
Abu Dhabi 2003

1.e4 c5 2.d3 ♘c6 3.g3 d5 4.♘d2 ♘f6 5.♗g2 e6 6.f4 ♗e7

Andere Züge finden sich im obigen Theorieteil.

7.♘gf3 b6 8.0–0 0–0 9.e5 ♘g4

Danach wird der Springer am Rand landen und dort ziemlich passiv stehen. Deshalb war hier 9...♘d7!? zu empfehlen, wonach Weiß mit 10.c4!? reagieren und kompliziertes Spiel herbeiführen könnte.

10.♖e1 ♗b7 11.♘f1 ♕d7?

Das ist reiner Zeitverlust. Richtig war 11...♘h6! 12.c3.

(Nach 12.h3 folgt 12...♘f5 und nach 13.g4? wäre 13...♘h4! stark.)

12...d4 13.c4 a6 14.b3 Und nun kann Weiß mit a3, ♖b1 und ♗d2 den Vorstoß b4 vorbereiten.

12.h3 ♘h6 13.g4!

Dieser Vorstoß leitet einen typischen Bauernsturm im Sinne dieser Stellung ein.

13...♔h8 14.♘g3 ♖ad8 15.♕e2 a6 16.♗d2 ♔g8 17.♖f1 b5 18.♖ae1 a5

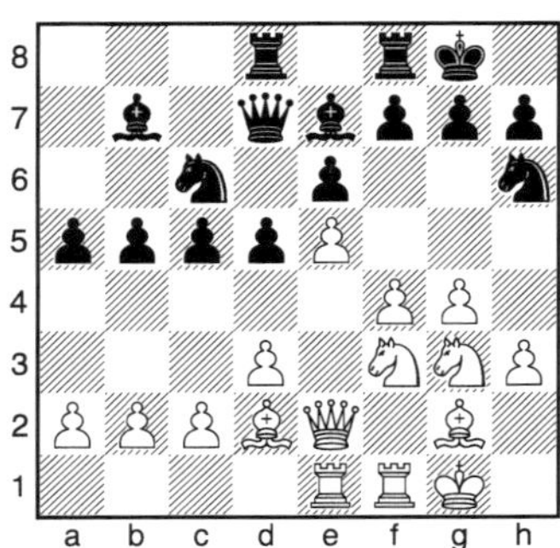

19.♘h5

Weiß konnte in diesem Moment energisch spielen: 19.f5! exf5 20.♗xh6 fxg4 (20...gxh6 21.♘xf5±) 21.♘h2! gxh3 (21...gxh6 22.♘xg4+–) 22.♘f5 mit starker Initiative.

19...c4 20.d4

Auch hier ginge 20.f5! exf5 21.g5 ♗c5+ 22.♔h1 ♘g4 23.hxg4 fxg4 24.♘h2 usw.

20...♖fe8 21.c3

Statt dieser Verstärkung des Punktes d4 war auch hier 21.f5! aktiver.

21...♔h8 22.♕f2 b4 23.♘g5 ♗c8 24.♕g3

Weiß mobilisiert seine Kräfte systematisch zum Angriff. Aber der energische Ansatz 24.f5! exf5

(24...♗f8 25.f6 g6 26.♘g7! ♗xg7

27.fxg7+ ♔xg7 28.♕h4 ♕e7 29.♖f6+–)

25.e6 fxe6 26.♘xe6 war einfach stärker.

24...♖f8 25.h4 a4 26.♗h3 a3 27.f5!

Na endlich! Besser zu spät als nie!

27...axb2 28.f6 gxf6 29.♘xh7! bxc3

29...♔xh7 30.♕e3! ♘g8 31.♖xf6 ♗xf6 32.♘xf6+ ♘xf6 33.exf6+–

30.♘7xf6 ♕a7

Eine scharfe Variante würde nach 30...cxd2 entstehen; und zwar 31.♕f4! ♘f5 (31...♘g8 32.♕g5+–) 32.gxf5 ♖g8+ 33.♔h1 ♗f8 34.♘g7!! ♗xg7 35.♕g5 mit unparierbarem Matt.

31.♗e3?

Statt dieser riskanten Entscheidung war einfach 31.♗xc3! stärker.

31...♖g8!

Schwarz reagiert richtig und geht zum Gegenspiel über. Falsch wäre nämlich 31...♗xf6? 32.♖xf6 ♘g8 33.♕f4 und Schwarz könnte aufgeben.

32.♘xg8?

In der scharfen Stellung hat Weiß den Überblick verloren. Er sollte besser 32.♗xh6! spielen.

32...♖xg8 33.♘f6 ♗xf6 34.♖xf6 c2

34...♘f5!? war eine gute Möglichkeit.

35.♕f4 ♘xg4 36.♗xg4 ♖g7 37.h5 b1♕ 38.♔f2 ♘b4 39.♗e2 ♘d3+ 40.♗xd3 cxd3 41.h6 ♖h7 42.♖g6 ♕e7 43.♖g7

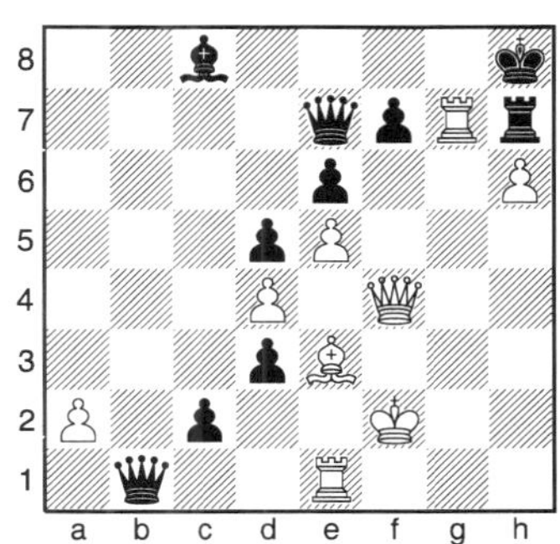

43...♕xa2?

Schwarz schätzt die Lage falsch ein. Richtig war 43...♕d1! mit Gewinn.

44.♗d2 ♕a4?

Dadurch wir die Situation auf den Kopf gestellt. Notwendig war 44...c1♕! 45.♖xc1 ♕h4+ 46.♕xh4 ♕xd2+ 47.♔g3 ♕e3+ mit Dauerschach.

45.♖eg1 ♕ae8 46.♕g4 ♕7f8 47.♗g5! f5??

Der letzte Fehler. Nach 47...♕xg7! 48.hxg7+ ♔g8 usw. hätte Schwarz noch kämpfen können Nach dem Partiezug hingegen gewinnt letztendlich und nach weiter dramatischem Verlauf der Weiße.

48.♕h4! ♕xg7

Oder 48...d2 49.♗f6! d1♘+ 50.♔f3 (Aber nicht 50.♔e1?? ♕b4+ mit schwarzem Gewinn.)

50...♕a3+ 51.♔g2 ♘e3+ 52.♔h1 und Weiß gewinnt.

49.♗f6!

Schwarz gab auf.

Partie Nr. 2
Fedorow – Kuroschkin
Ekaterinburg 2002

1.e4 c5 2.d3 d5 3.♘d2 ♘c6 4.g3 ♘f6 5.♗g2 e6 6.f4 dxe4 7.dxe4 ♗e7 8.♘h3!?

8.♘gf3 wurde im obigen Theorieteil analysiert.

8...♕c7 9.0–0 b6 10.c3 ♗a6 11.♖e1 ♖d8 12.♘f2

Weiß erhält die Spannung aufrecht, denn nach 12.e5 ♘d5 13.♕g4 0–0 14.♘f2 b5 15.a4 b4 16.c4 ♘b6 17.b3 ♘d4 hätte Schwarz keine Probleme.

12...h5

Statt dieser Schwächung des Königsflügels sollte Schwarz einfach mit 12...0–0 den König sichern.

13.e5 ♘g8?

Das ist eine völlig unlogische Entscheidung. Richtig war 13...♘d5! und nach eventuellem 14.c4 ♘db4 15.♕a4 ♗b7 16.a3 ♘a6 entstünde eine Stellung mit etwa gleichen Chancen.

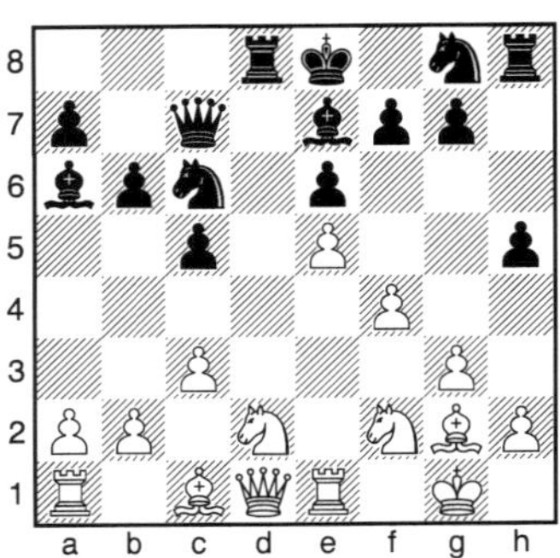

14.f5!?

Nach diesem richtigen Herangehen übernimmt Weiß die Initiative.

14...exf5

Die Folge 14...♗c4 15.♕c2 ♗d5 16.fxe6 ♗xe6 17.♕a4 ♗d7 18.♕e4 wäre vorteilhaft für Weiß, denn es droht schon 19.e6!.

15.e6

Weiß bleibt konsequent bei seinem Plan. In Frage kam jedoch auch 15.♕f3!? ♗b7 (15...♘xe5? 16.♕f4 f6 17.♕a4+ +–) 16.♕xf5 h4 17.♘c4±.

15...fxe6 16.♕a4 ♗b7 17.♘c4!

Es ist wichtig und kann kaum schaden, zuerst die Reserven ins Spiel zu bringen. Allerdings wäre auch 17.♖xe6 ♖h6 18.♖e1 h4 19.♘f1 gut für Weiß.

17...♕c8

Die Folge 17...h4 18.♗f4 ♕c8 19.♘e5 hxg3 20.hxg3 wäre günstig nur für Weiß.

18.♘e5 ♖d6 19.♘g6 ♖h7 20.♗f4 ♖d7 21.♖xe6 ♘d8 22.♗xb7 ♕xb7 23.♖e2 ♕c6

23...♘c6 24.♕b3 ♘f6 25.♗g5 ♘a5 26.♕e6+-

24.♕c4 ♕d5

Auch nach dem Damentausch ist und bleibt die schwarze Stellung verloren.

25.♕xd5 ♖xd5 26.♖ae1 ♖d7

26...♘c6 27.♖e6 ♔d7 28.♖xe7+! ♘gxe7 29.♘f8+ +-

27.♗g5 ♘c6 28.♖e6 ♘d8

Oder 28...♔f7 29.♖xc6 ♗xg5 30.♘e5+ ♔e8 (30...♔e7 31.♘f3+ mit Läufergewinn) 31.♖c8+ ♖d8 32.♖c7 ♗e7 33.♘c6 und Weiß gewinnt.

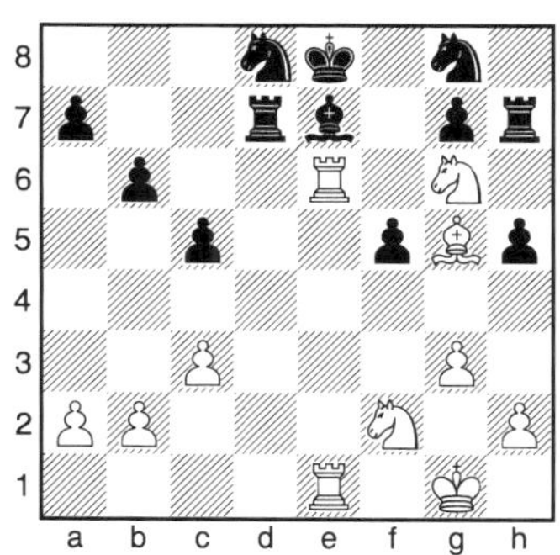

29.♖6e5

Stark war 29.♖6e3!? ♘c6 30.♘d3 ♔d8 31.♘xe7 ♘gxe7 32.♘f4 g6 33.♘xg6 ♖g7 34.♖e6 usw.

29...♘c6 30.♖xf5 ♘f6

30...♖d6 31.♘f8 g6 32.♖f4 ♖f7 33.♘e4 ♖d8 34.♘xg6 ♖xf4 35.♘xf4+-

31.♗xf6 gxf6 32.♖xf6 ♖c7 33.♖f8+ ♔d7 34.♖d1+

Schwarz kapitulierte.

Partie Nr. 3
Adams – Barejew
Sarajewo 1999

1.e4 e6 2.d3 d5 3.♘d2 ♘f6 4.♘gf3 b6 5.c3!?

5.g3 wurde im obigen Theorieteil besprochen.

5...♗e7

Gespielt wird auch 5...c5, wonach sich 6.e5 ♘fd7 7.d4 ♗e7 8.♗b5 ♗a6 9.a4! 0–0 10.0–0 usw. empfiehlt.

Eine weitere Alternative lautet 5...♗b7 6.e5 ♘fd7 7.d4 c5 8.♗d3 ♘c6 9.a3 ♗e7 10.0–0 usw.

Und schließlich geht auch 5...♗a6 6.♗e2 ♗e7 7.0–0 0–0 8.e5 ♘fd7 9.♖e1 c5 10.♘f1 ♘c6 11.♗f4 ♖b8 12.♕a4 ♕c8 13.♗g3 c4 14.d4 b5 15.♕c2 b4 16.♗h4 ♖e8 17.♗xe7 ♖xe7 18.♕d2 f6 19.exf6 ♘xf6 20.♘g3 bxc3 21.bxc3 ♖eb7 22.♗d1 ♘d8 23.♗c2 ♗b5 24.♖e2 ♗e8 25.♕c1 ♕c7 26.♘g5 ♕d6 27.f4 g6 28.♕e3 ♖b2 29.a4 ♗d7 30.h4 ♕f8 31.h5 mit starker Initiative, Judassin-Gelman, Chicago 1997.

6.e5 ♘fd7 7.d4 c5

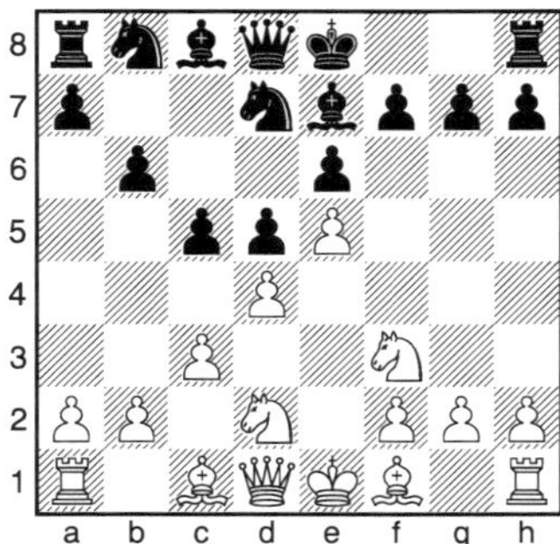

8.♗b5!?

Weiß konfrontiert den Gegner mit einer interessanten Idee, denn nach 8.♗d3 ♗a6 9.♗xa6 ♘xa6 10.0–0 0–0 11.♕e2 ♘c7 hätte Schwarz keine Probleme. Nach dem Partiezug hat Weiß hingegen eine Feinheit in petto.

8...♗a6

Auf 8...a6 folgt 9.♗a4 b5 10.♗c2 und der Läufer nimmt in der Diagonale b1-h7 eine aktive Position ein.

9.a4!

Das ist die Pointe. Falls Schwarz nun auf b5 schlägt, würde die Öffnung der a–Linie zu weißem Positionsvorteil führen.

9...0–0 10.0–0 cxd4

Es wurde auch 10...♕c8 gespielt – mit der Idee, den Läufer a6 zu verteidigen und den Springer b8 zu entwickeln. Darauf kann Weiß das Spiel wie folgt fortsetzen: 11.♕e2!? ♗xb5 12.axb5 a6 13.c4! ♕b7 14.cxd5 ♕xd5 15.dxc5 ♘xc5 16.♘c4 mit der Absicht ♗g5 und aktivem Spiel, Psachis–Raicevic, Moskau 1986.

11.cxd4 ♕c8 12.♖e1 ♘c6 13.♖e3!

Das ist ein sehr starker Zug, denn der Turm kann im weiteren Verlauf auf beide Flügel überführt werden.

13...♕b7 14.♘f1 ♖fc8 15.♗d2 ♗xb5 16.axb5 ♘a5

Zu beachten war 16...♘b4!? 17.♖c3 a5=.

17.b3!

Damit verhindert Weiß den Rösselsprung nach c4. Nach 17.♗xa5 bxa5 18.♖xa5 ♗b4 würde übrigens der Bauer b5 erobert.

17...a6 18.bxa6 ♖xa6 19.h4 ♘c6 20.♖c1 ♖aa8 21.♖ec3 b5 22.♘g3 b4 23.♖3c2 h6?

Statt dieser Schwächung der Königsstellung sollte besser 23...♘a7!? 24.♘g5 ♖xc2 25.♕xc2 (25.♖xc2 ♘b5!) 25...♘f8 geschehen, wonach Schwarz alles unter Kontrolle hat. Nach der Partiefortsetzung entwickelt Weiß hingegen starken Königsangriff.

24.♘h5 ♗f8 25.g4! ♘e7 26.♖xc8 ♖xc8 27.♖xc8 ♘xc8 28.g5 ♘e7

Noch schlimmer wäre 28...g6 wegen 29.gxh6! gxh5 30.♘g5 ♗xh6 31.♕xh5 ♗xg5 32.♕xg5+ ♔h7 (32...♔f8 33.♕d8+ ♔g7 34.h5! ♔h7 35.h6 f5 36.exf6+–) 33.♕h5+

♔g8 34.♗h6 ♘e7 35.♕g5+ ♘g6 36.h5 ♔h7 37.hxg6+ fxg6 38.♕h4 mit weißem Gewinn.

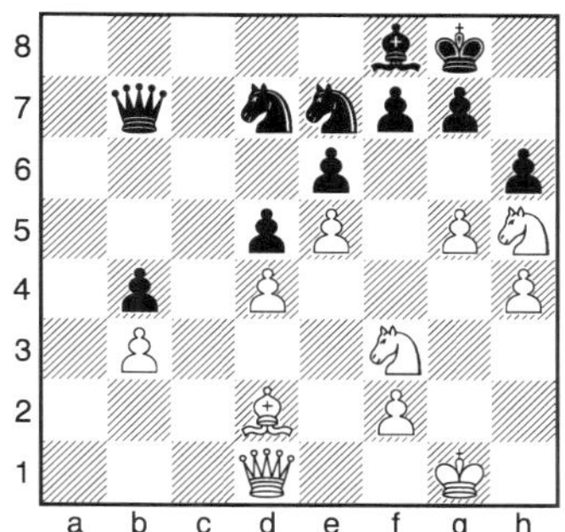

29.gxh6

Dieser Zug führt leider nur zum Ausgleich. Nur mit 29.♘xg7! hätte Weiß um Vorteil kämpfen können; z.B. 29...♗xg7

(29...♔xg7 30.gxh6+ ♔h8 31.♘g5 mit klarem Vorteil)

30.gxh6 ♗f8

(30...♗h8 31.♘g5 ♘f5 32.h7+ ♔f8 33.♕g4 ♘g7 34.h5+-)

31.h7+ ♔h8

(31...♔xh7 32.♘g5+ ♔g6 33.h5+ ♔g7 34.h6+ ♔g6 35.h7 ♗g7 36.♕g4 f5 37.♕h4+-)

32.♘g5 ♘xe5 33.dxe5 ♘f5 34.♕h5 ♘h6 35.♗e3 Schwarz befände sich in einer sehr schwierigen Lage.

29...gxh6 30.♕c1 ♕c6! 31.♗xh6 ♕xc1+ 32.♗xc1 ♘c6 33.♗g5 ♘a5 34.♘d2 ♘c6 35.♘f3 ♘a5

Remis

Partie Nr. 4
Carlsen – Caruana
Sao Paulo/Bilbao 2012

1.e4 e6 2.d3 d5 3.♘d2 ♘f6 4.♘gf3 ♘c6 5.c3 ♗d6 6.♗e2

6.g3 wurde im obigen Theorieteil analysiert.

6...0–0 7.0–0 a5

Die Fortsetzung 7...e5 würde mit 8.b4 beantwortet.

8.♖e1 e5 9.exd5 ♘xd5 10.♘c4 ♖e8 11.♗f1 ♗g4 12.h3

Nach 12.g3 ♕d7 könnte der lästige Läufer nicht mehr mit h2-h3 vertrieben werden.

12...♗h5 13.g3 ♘b6 14.♘xb6 cxb6 15.♗g2

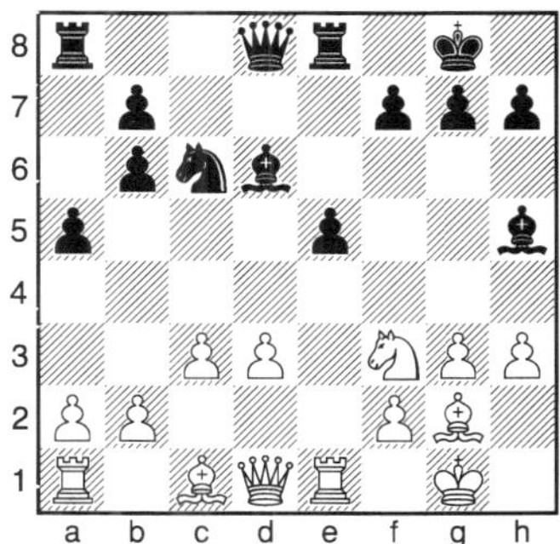

15...b5?

Wie sich nach ein paar weiteren Zügen herausstellen wird, ist dieser Zug schwach. Hingegen hätte 15...a4 gleiche Chancen bewahrt.

16.a4!

Das ist die richtige Reaktion, denn dadurch werden die schwarzen Damenflügelbauern auf dunklen Felder fixiert.

16...b4

Die Variante nach 16...bxa4 17.♕xa4 wäre günstig für Weiß.

17.♗e3 ♗c7 18.♕b3!

Hier steht die Dame aktiv. Der weiße Plan sieht vor, den Springer über d2 nach e4 zu überführen.

18...h6

Den Bauern d3 zu nehmen wäre zu gefährlich; man sehe: 18...♕xd3? 19.♖ad1 ♕a6 (19...♕e4 20.♘h4 ♗xd1 21.♖xd1+–) 20.g4 ♗g6 21.♗f1 mit Damenfang.

Besser ist 18...♗xf3 19.♗xf3, doch auch nach nach der möglichen Folge 19...♕xd3 20.♖ad1 ♕f5 21.♗g4 ♕g6 22.♖d7 ♖ac8 23.♗e2! mit der Drohung ♖xf7 hätte Schwarz eine sehr unangenehme Stellung.

19.♕c4

19.♘h4!? sieht gut aus und kam entsprechend in Betracht; z.B. 19...♕c8

(Aber nicht 19...♕xd3?? 20.♖ad1 ♗xd1 21.♖xd1 ♕h7 22.♖d7 ♖e7 23.♗xc6 mit weißem Gewinn.)

20.g4 ♕d8! 21.♘f5 ♗g6 22.♗e4 mit kleinem weißem Vorteil.

19...bxc3 20.bxc3 e4 21.dxe4

21.♘d4!? war zu beachten.

21...♗xf3 22.♗xf3 ♘e5 23.♕e2 ♘xf3+ 24.♕xf3 ♕d3 25.♔g2

Das Turmendspiel mit einem Mehrbauern nach 25.♖ab1!? ♕xe4 26.♕xe4 ♖xe4 27.♖xb7 ♗e5 28.♗d2 ♖xe1+ 29.♗xe1 ♖c8 30.♖b5 ♗xc3 31.♗xc3 ♖xc3 32.♖xa5 wollte Carlsen offenbar nicht spielen. Stattdessen wollte er die Spannung aufrecht erhalten, um mehr aus der Stellung herauszuholen.

25...♕xe4 26.♗d4 ♕xf3+ 27.♔xf3 b6 28.♖ab1 ♖ac8 29.♖e4

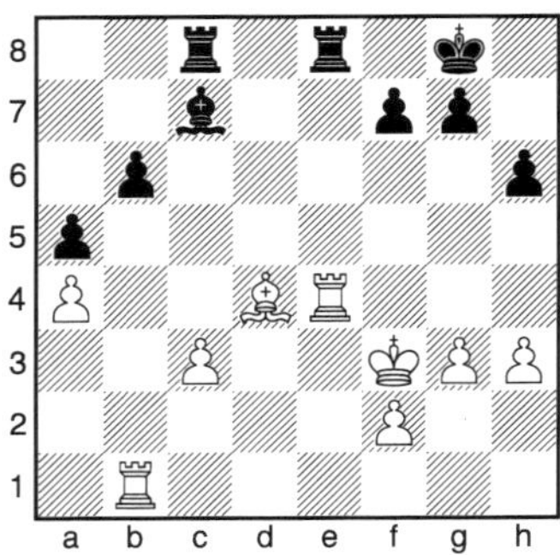

29...g6?

Laut Carlsen war 29...f6!? womöglich die beste Art, die Bauern zu postieren, doch wird Schwarz auch dann nach g4 nebst h5 Probleme an beiden Flügeln bekommen.

30.g4!

Fixiert den Bauern auf h6.

30...♔f8 31.h4 ♖xe4 32.♔xe4 ♖e8+ 33.♔d3 ♖e6 34.♗e3 ♔g7 35.♖b5 ♗d8 36.h5 ♖d6+ 37.♔c4

♖c6+ 38.♔d5 ♖e6 39.♗d4+ ♔f8 40.f4 ♗c7 41.f5 ♖d6+ 42.♔e4 ♖c6 43.♖b1 ♔e8 44.hxg6 fxg6 45.♖h1 ♔f7

Oder 45...gxf5+ 46.gxf5 ♗d8 (46...♖c4 47.♔d5 ♖xa4 48.♖xh6+–) 47.f6! ♗xf6 48.♖xh6 ♖xc3 49.♗xf6! ♖c4+ 50.♔d5 ♖xa4 51.♔e6 ♖e4+ 52.♗e5 und Schwarz kann die Partie aufgeben.

46.♔d5 ♖d6+ 47.♔c4 gxf5

Auf 47...g5 folgt 48.♔b5! ♗d8 49.♔a6 ♖c6 50.♖h3! ♖d6 (50...♔g8 51.f6!) 51.♔b7 ♔e8 52.♖h1 ♔f7 53.♔c8 mit totalem Zugzwang (Carlsen).

48.gxf5 ♗d8 49.f6 ♗xf6

49...♔g6 50.♖g1+ ♔f7 51.♖g7+ ♔e8 52.♖g6 ♔f7 (52...h5 53.f7+ ♔xf7 54.♖xd6+–) 53.♖xh6+–

50.♖xh6 ♗e7

50...♔e7 51.♗xf6+ ♖xf6 52.♖xf6 ♔xf6 53.♔b5 mit gewonnenem Bauernendspiel.

51.♖xd6 ♗xd6 52.♔b5 ♔e6 53.♗xb6 ♔d7 54.c4 ♔c8 55.♗xa5 ♔b7 56.♗b4 ♗f4 57.c5 ♔a7 58.c6 ♔b8 59.a5 ♔a7 60.a6 ♔a8 61.♗c5 ♗b8 62.♔c4 ♗c7 63.♔d5 ♗d8 64.♔e6 ♗c7 65.♔d7 ♗a5 66.♗e7

Schwarz gab sich geschlagen.

Partie Nr. 5
Hera – Ganguly
Biel 2017

1.♘f3 d5 2.g3 c5 3.♗g2 ♘f6 4.0–0 e6 5.d3 ♘c6 6.♘bd2 ♗e7 7.e4 b6 8.♖e1 ♗b7 9.♕e2 ♘b4 10.♕d1 ♘c6 11.c3 ♕c7 12.♕e2 0–0

12...0–0–0 wurde im obigen Theorieteil besprochen.

13.e5 ♘d7 14.h4

Wie schon in einigen weiter oben behandelten Varianten, geschieht diese energische Fortsetzung ganz im Geist der Eröffnung, denn Weiß will ja am Königsflügel angreifen.

14...b5

Es ist klar, dass Schwarz nicht passiv bleiben darf, und deshalb wird er auf der anderen Seite aktiv.

15.♘f1 b4 16.h5 bxc3 17.bxc3 ♗a6

17...h6!? war beachtenswert, um den nächsten weißen Zug zu verhindern.

18.h6! g6 19.♗f4 ♕a5 20.♖ac1 c4 21.d4 ♗a3 22.♖c2 ♖fe8?

Der Turm sollte noch an Ort und Stelle bleiben, um den Königsflügel besser zu schützen. Ohne Zweifel war 22...♗b5!? mit der Idee ♗a4 besser.

23.♘g5 ♗f8 24.♘e3 ♖ab8

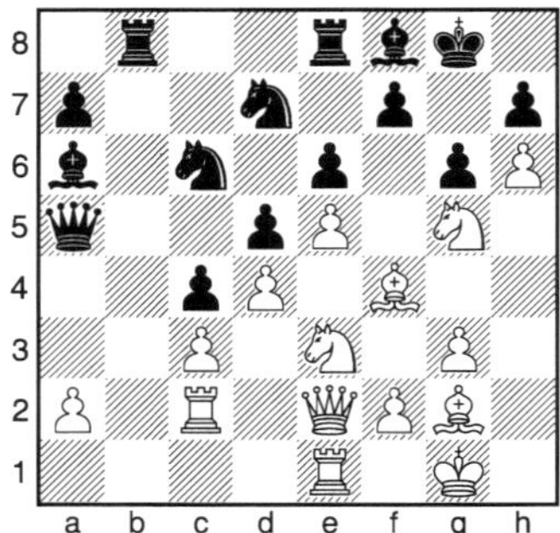

25.♘xd5!

Das ist ein für diese Eröffnung typischer taktischer Schlag.

25...exd5 26.e6 f5??

Das verliert endgültig. Zu versuchen war noch 26...fxe6!? 27.♗xb8 ♘dxb8 28.♕f3 ♘d8 29.♖ce2 mit klarem weißem Vorteil, aber der Kampf würde noch weitergehen.

27.exd7! ♖xe2 28.♖cxe2 ♖b7

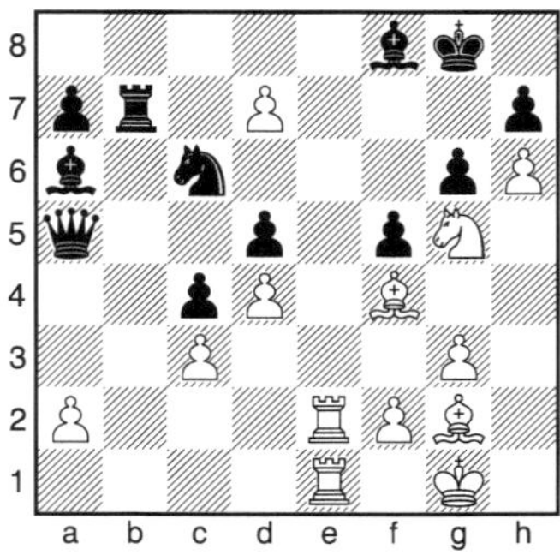

29.♗d6!

Weiß krönt seinen Angriff mit dieser hübschen Pointe.

29...♖xd7

Oder 29...♗xd6 30.♖e8+ ♗f8 31.♖xf8+! ♔xf8 32.♖e8#.

30.♗xf8 ♕xc3 31.♗d6

Schwarz gab auf.

Abspiel 1
Die Fortsetzung 3.♕e2

1.e4 e6 2.d3 d5 3.♕e2

Das Ziel dieses Zuges ist (ähnlich wie nach 3.♘d2) die Verstärkung des Punktes e4 und die Vermeidung von Damentausch. Zwei wichtige Unterschiede bestehen offenbar darin, dass die Läuferdiagonale c1-h6 nicht versperrt wird und dass der Damenspringer unter Umständen auch nach c3 entwickelt werden kann. Im weiteren Verlauf kann das Spiel natürlich jederzeit unter Zugumstellung in die Hauptvariante übergehen.

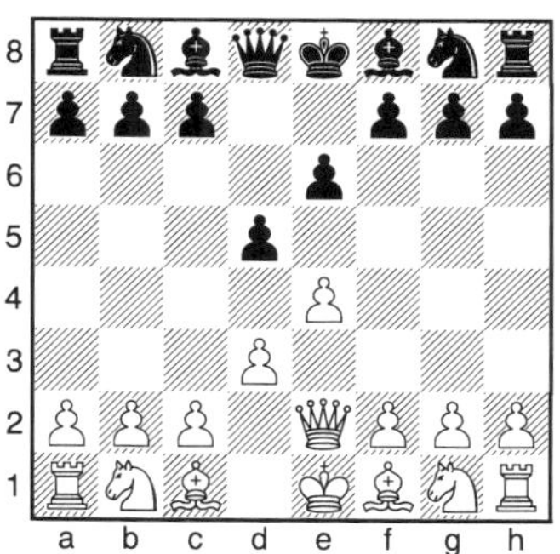

3...dxe4

In der Hoffnung, die ungewöhnliche gegnerische Damenstellung unter Beschuss nehmen zu können, strebt Schwarz die Öffnung der Position an. Natürlich kann die Spannung auch auf verschiedene Weise aufrecht erhalten werden.

I. 3...♘f6

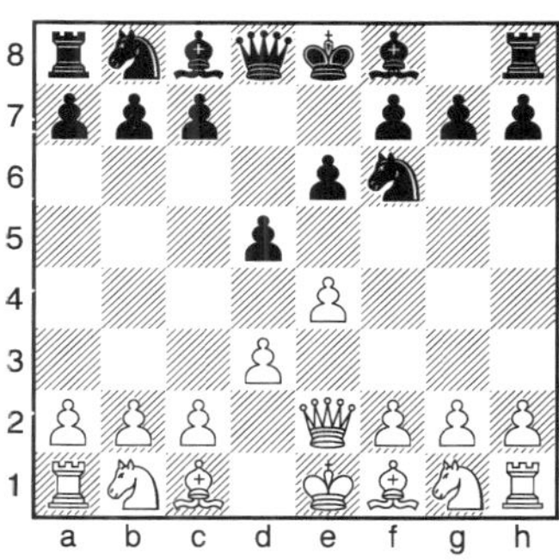

A) 4.♘f3 ♗e7

(Die Erwiderung 4...c5 analysieren wir anhand der **Partie Nr. 6**: Bologan–Dvirnyy, Caleta 2012.)

5.g3 b5

(Nach 5...c5 kann Weiß seine Kräfte schematisch wie folgt postieren: 6.♗g2 ♘c6 7.0–0 b6 8.e5 ♘d7 9.c4 dxc4 10.dxc4 ♗b7 11.♘c3 h6 12.♖d1 a6 13.h4 ♕c7 14.h5 0–0–0 15.♗f4±; Carlsen–Gorozhanin, chess.com INT 2018.)

6.♗g2

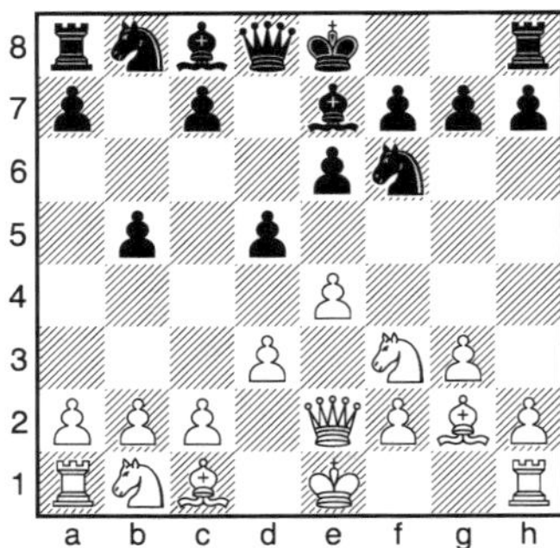

A1) 6...dxe4 7.dxe4 b4 8.♘bd2 ♗a6 54 9.♘c4 0–0 10.b3 ♘c6 11.♗b2 ♗c5 12.♖d1 ♕e7 13.0–0 e5 14.♗h3 ♖fd8 15.♖d3 ♗d4 16.♗xd4 ♗xc4 17.bxc4 ♘xd4 18.♘xd4 44 ♖xd4 19.♖xd4 exd4 20.e5 ♖e8 21.f4 ♘d7 22.♖e1 ♘c5? (Besser war 22...♘f8=.) 23.♕d2 ♖d8 24.♕xb4 Weiß konnte seinen Mehrbauern verwerten und die Partie zum Sieg führen, Pancevski–Nguyen, Sautron 2012.

A2) Zu 6...c5 – siehe **Partie Nr. 7**: Lobzhanidze–Wolkow, Aix les Bains 2011.

B) 4.g3 ♗e7

(Nach 4...b6 kann man 5.e5 ♘fd7 6.♗g2 nebst ♘f3, 0–0 usw. spielen.)

5.♗g2 b5

(Oder 5...c5 6.e5 ♘fd7 7.♘f3 0–0 8.0–0 mit Übergang zur Hauptvariante.)

6.e5 ♘fd7 7.f4 c5 8.♘d2 ♘c6 9.♘df3 ♕b6 10.♘h3 c4

(Nach 10...b4 sollte Weiß auf der anderen Seite aktiv werden – also 11.f5! exf5 12.♘f4 mit Initiative.)

11.♗e3 ♗c5 12.♗xc5 ♕xc5 13.♘f2 ♗a6 14.c3 b4

(Auf 14...cxd3 folgt 15.♘xd3 ♕b6 16.a3 ♘a5 17.♘d4 0–0 18.♕f2 nebst 0–0 mit dem Plan f4-f5!.)

15.d4 ♕a5 16.♕d2 Nach der Rochade kann Weiß Königsangriff entwickeln.

II. 3...♘e7

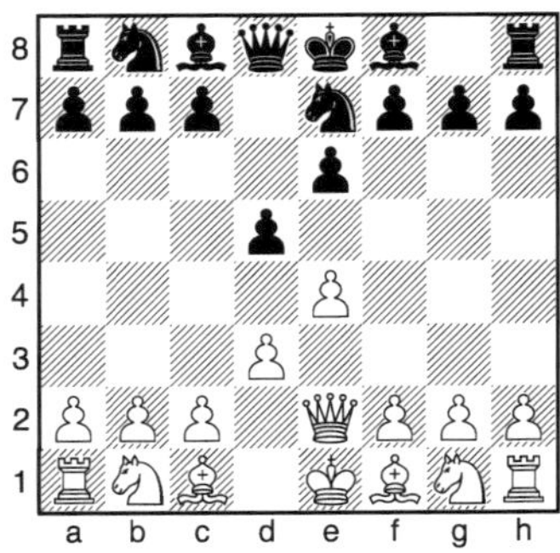

A) 4.g3 c5 5.♗g2

(In der Partie Fedorow–Moisejew, Kaluga 2016, wählte Weiß einen anderen Plan: 5.f4 ♘bc6 6.♘f3 g6 7.♗g2 ♗g7 8.0–0 0–0 9.e5 f6 10.exf6 ♗xf6 11.c3 ♕d6 12.♘a3 a6 13.♗d2 ♗d7 14.♖ae1 ♖ae8 15.♘c2 ♘f5 16.♘e5 ♗c8 17.g4 ♘fe7 18.d4 mit Raumvorteil.)

5...♘bc6 6.♘f3 g6 7.0–0 ♗g7 8.c3 b6 9.e5 ♗a6 10.♖e1 h6 11.h4 ♕c7

12.a4 ♘a5 13.♗f4 c4 14.d4 ♗b7 15.♘h2 ♘f5 16.♘g4 0–0–0 17.♘d2 ♖df8 18.♖eb1 ♘c6 19.b3 ♗a6 20.a5 mit Königsangriff, Blom–Di Marino, Fernpartie 2003.

B) 4.♘f3 c5 5.g3 ♘bc6 6.♗g2 g6 7.0–0 ♗g7 8.e5

(Mit diesem Zug kann man warten und erst 8.♖e1 ziehen.)

8...♕c7 9.♖e1 b6 10.c3 a5 11.a4 ♗a6 12.♘a3 0–0 13.h4 ♘f5 14.♗f4 h6 15.♘b5 ♕d7 16.♕d2 ♔h7 17.g4 ♘fe7 18.♖ad1 Weiß steht aktiver, Huschenbeth–Yang, Rockville 2017.

III. 3...♘c6 4.♘f3

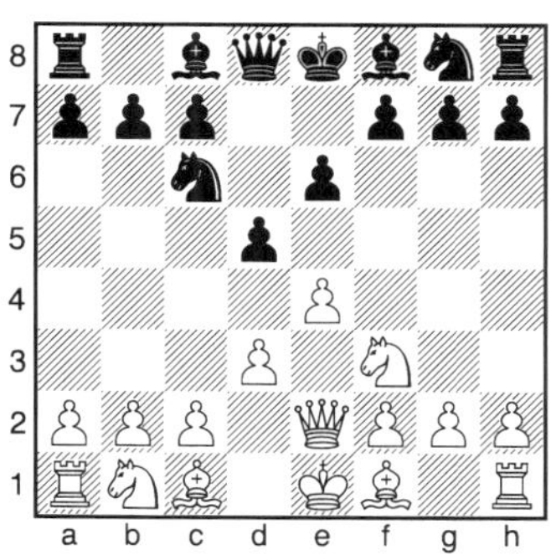

A) 4...d4!? Das ist eine interessante und noch wenig erforschte Idee. 5.g3 e5 6.♗g2 ♗e7

(Nach 6...♘f6 kann Weiß 7.0–0 mit der Eventualfolge 7...♗e7 8.c3 usw. spielen.)

7.♘bd2 h5 8.h3 ♗e6 9.♘c4 ♗f6 10.♗d2 b5 11.♘a5 ♘xa5 12.♗xa5 ♕d7 13.c3 c5 14.cxd4 cxd4 15.♕d2 ♘e7 16.♘g5 ♘c6 17.♘xe6 ♕xe6 18.h4 ♗e7 19.♗h3 ♕f6 20.a3 ♖b8 21.0–0 0–0 22.♖fc1 ♖b7 23.♕e1 b4 24.♗xb4 ♘xb4 25.axb4 ♕f3 26.♕d1 ♕xd1+ 27.♖xd1 ♗xb4 mit gleichem Endspiel, Manakowa–Schukowa, Ruma 2017.

B) 4...e5 5.c3 ♘f6 6.g3 ♗g4 7.♘bd2 d4 8.h3 ♗xf3 9.♕xf3 dxc3 10.bxc3 ♕d7 11.♘b3 ♗e7 12.♗e2 ♖d8 13.♗e3 0–0 14.♔f1 ♕e6 15.♔g2 a5 16.♖ab1 b6 17.a4 ♘d7 18.d4 exd4 19.cxd4 ♘b4 20.♖hc1 Weiß steht besser, Tazbir–Mlacnik, Ohrid 2017.

4.dxe4

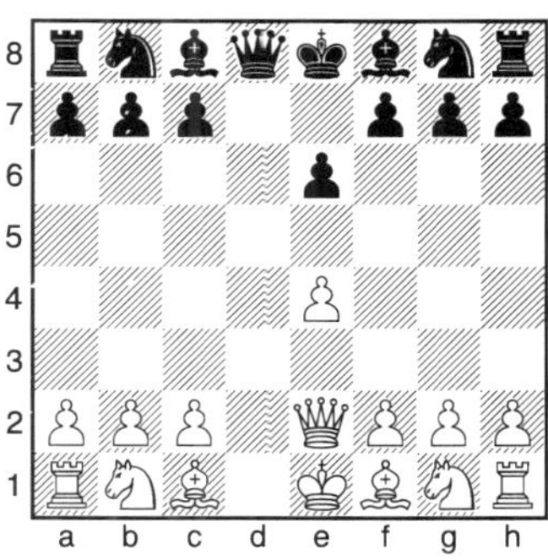

4...e5

Schwarz öffnet seinem Damenläufer den Weg und stabilisiert gleichzeitig das Zentrum. Nach 4...b6 kann sich das Spiel wie folgt entwickeln:

A) 5.♘d2 ♗a6 6.♘c4 ♘f6 7.♘f3 ♘c6 8.c3 ♗e7

(Auf 8...♘a5 folgt 9.♕c2! ♗xc4 10.♗xc4 ♘xc4 11.♕a4+ ♕d7

12.♕xc4 mit der Idee ♗c1-f4, ♖a1-d1 und aktiverem Spiel für Weiß.)

9.e5 ♘d7 10.♕e4 ♗b7 11.♕g4 g6

(Aber nicht 11...0–0?, denn nach 12.♗h6 verliert Schwarz die Qualität.)

12.♗h6 b5

(Die Abwicklung 12...♗f8 13.♗xf8 ♖xf8 14.a4 ist günstig für Weiß, denn Schwarz kann nicht mehr kurz rochieren.)

13.♘e3 ♘dxe5 14.♘xe5 ♘xe5 15.♗xb5+ c6 16.♕g3!?

(16.♕e4 analysieren wir anhand der **Partie Nr. 8:** Morosewitsch–Lputjan, Wijk aan Zee 2000.)

16...f6 17.♗e2 ♘f7 18.♕h3 Angesichts der Drohungen ♕h6-g7 nebst Schlagen auf h7 oder ♘c4 nebst ♖d1 hat Weiß die besseren Chancen.

B) 5.♘f3 ♗c5

(Nach 5...♗a6 kann man 6.c4 spielen oder sogar 6.♕d2 ♕xd2+ 7.♗xd2 ♗xf1 8.♖xf1 ♘c6 9.♘c3 ♗d6 10.0–0–0, denn Weiß ist etwas besser entwickelt.)

6.c3

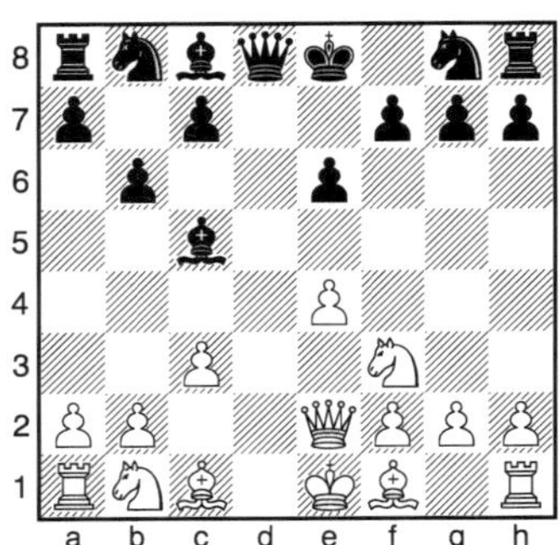

B1) 6...a5 7.♕c2 ♘f6 8.e5

(Zu 8.♗g5 siehe **Partie Nr. 9**: Morosewitsch–Kiriakow, St Petersburg 1997.)

8...♘fd7

(Nach 8...♘d5 9.♕a4+ ♗d7 10.♕g4 steht Weiß besser, denn Schwarz darf nicht rochieren wegen 11.♗h6 mit Qualitätsverlust.)

9.♕e4 Weiß hat die Initiative.

B2) 6...♗a6 7.♕c2 ♗xf1 8.♖xf1 a5 9.♗f4 ♘f6 10.♘bd2 0–0 11.0–0–0 Weiß hat gute Perspektiven.

5.♘f3

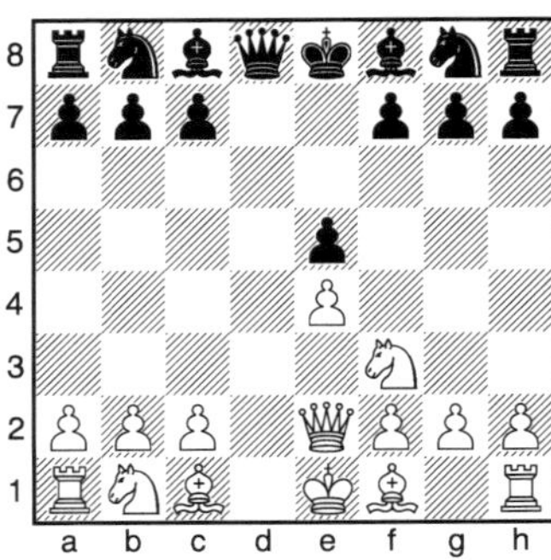

5...♘c6

Eine andere Möglichkeit ist 5...♘d7 6.♘bd2 und nun:

A) 6...♗c5

A1) 7.♘b3 ♗b6 8.a4 a5

(Die Erwiderung 8...c6 analysieren wir anhand der **Partie Nr. 10:** Duda–Nakar, Gjakova 2016.)

9.♘fd2 ♘gf6 10.♘c4 0–0 11.♘xb6 cxb6 12.♕e3 ♕c7 13.♗d3 ♘c5 14.♘xc5 bxc5 15.♗c4 ♕d6 16.f3 Nach der Eventualfolge 16...♕d4 17.♕b3 nebst ♗e3 hat Weiß angesichts des Läuferpaars die besseren Perspektiven.

A2) Nach 7.g3 ♘gf6 8.♗h3 0–0 9.0–0 c6 10.♘b3 mit dem Plan ♕d2-c3 hat Weiß Druck gegen den Bauern e5.

B) 6...c6 7.b3 ♕c7 8.♗b2 a5 9.g3 ♘h6 10.♗h3 f6 11.a4 ♗b4 12.0–0 0–0 13.♘c4 ♘f7 14.♘e1 ♖e8 15.♘d3 Weiß steht aktiver, Morosewitsch–Nikolic, Wijk aan Zee 2000.

6.c3

Der Bauer nimmt das Feld d4 unter Kontrolle und macht das Feld c2 für die Dame frei.

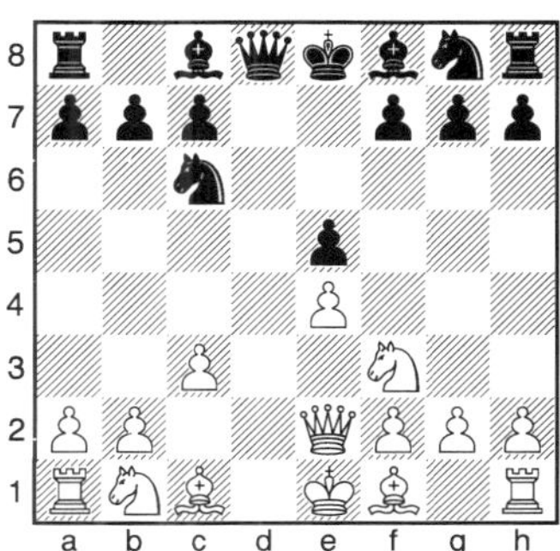

6...♘f6

Das ist ein normaler Entwicklungszug. Nach 6...a5 kann Weiß seine Figuren wie folgt umgruppieren: 7.♕c2

A) 7...♗g4 8.♘bd2 ♗d6

(Auf 8...♗c5 kann Weiß seinen Läufer auch nach b5 entwickeln.)

9.♗b5 ♘ge7 10.0–0 0–0 11.h3 ♗h5 12.g4 ♗g6 13.♘c4 ♘a7 14.♘xd6 cxd6 15.♗d3 ♘ac6 16.♗e3 ♕c7 17.♖ad1 a4 18.♘h4 mit dem Plan ♘f5 und aktivem Spiel am Königsflügel, Huschenbeth–Malachatko, Bastia 2017.

B) 7...♗c5 8.♗b5 ♕f6 9.♘bd2 ♘ge7 10.♘c4 0–0 11.♗e3 ♗xe3 12.♘xe3 ♘d8 13.♗e2 ♘g6 14.g3 ♗h3 15.♘g1 ♗e6 16.h4 ♖e8 17.♘f3 c6 18.a4 h6 19.♖d1 ♘e7 20.♘h2 ♕g6 21.♘c4 f6 22.♘d6 ♖f8 23.h5 ♕h7 24.♘f3 ♖b8 25.♘h4 mit klarem Vorteil, David–Lagarde, Antalya 2017.

7.♕c2

Der Läufer f1 sollte endlich ins Spiel gebracht werden. Allerdings wäre das Fianchetto in diesem Moment nicht angebracht; man sehe: 7.g3 a5

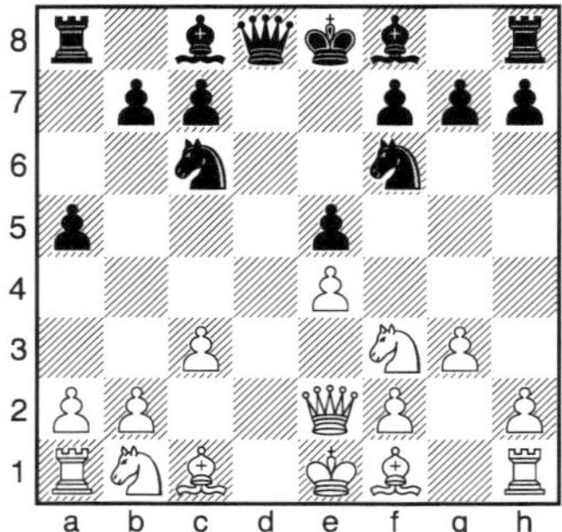

A) 8.♘bd2 ♗c5 9.♗g2 0–0 10.♘c4 ♕e7 11.0–0 b6 12.♘h4 ♗a6 13.♗h3 ♔h8 14.b3 b5 15.♘e3 b4 16.c4 Hier hätte Schwarz in dem Duell Szeberth–Sebestyen, Ungarn 2010, mit dem einfachen Zug 16...♘d4! Vorteil erhalten können.

B) 8.♗g2

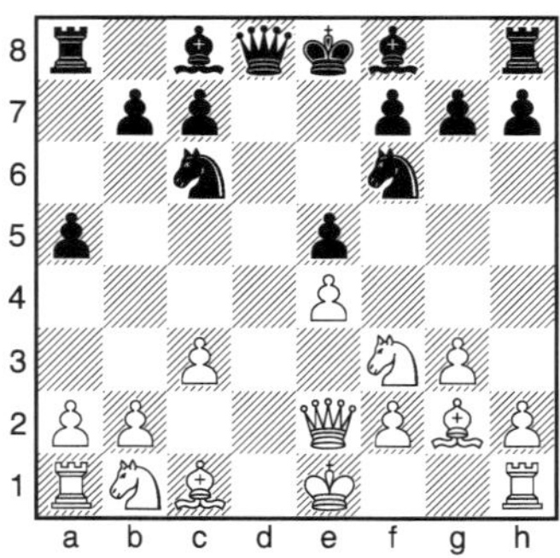

B1) 8...♗c5 9.0–0 0–0 10.♗g5 h6 11.♖d1 ♕e7 12.♗xf6 ♕xf6 13.♘bd2 ♖d8

(13...b6 14.♘f1 ♗a6 15.♕c2 ♖fd8=; Bauer–Fernandez Romero, Elgoibar 2005)

14.♘c4 ♗e6 15.a4 b6 16.♖xd8+ ♖xd8 Mit seinem starken Läuferpaar steht Schwarz sehr aktiv, Frois–Yu, Linares 2002.

B2) 8...♗d6 9.0–0 0–0 10.♖d1 ♕e7 11.♘bd2 b6 12.♘f1 ♗a6 13.♕c2 ♗c5 14.♗e3 ♗xf1 15.♗xc5 ♕xc5 16.♗xf1 ♖ad8 17.a4 ♘d4 18.♘xd4 exd4 19.♖ac1 dxc3 20.♖xd8 ♖xd8 21.♕xc3 ♘xe4 22.♕e1 ♕f5 23.♖xc7 ♘d2 24.♗g2 ♘f3+ 25.♗xf3 ♕xf3 26.♖d7 ♖c8 Remis, Becker–Svane, Osterburg 2012.

C) 8.a4 ♗c5 9.♗g2 b6 10.♘a3 ♗xa3 11.♖xa3 ♗a6 mit ausgezeichnetem Spiel für Schwarz.

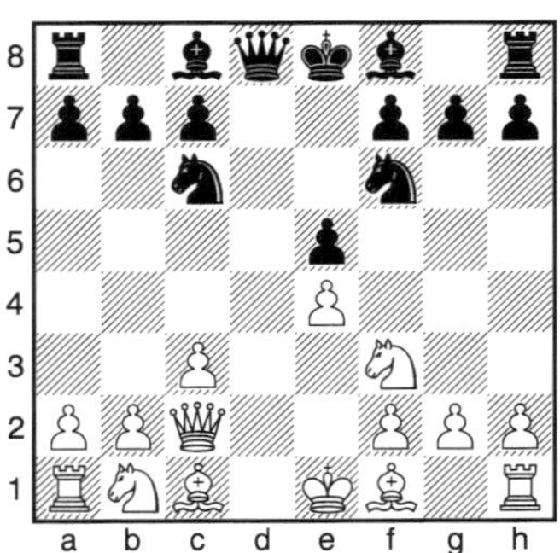

7...♗d6

Schwarz beabsichtigt, die Entwicklung des Königsflügels schnellstmöglich zu beenden.

Schauen wir uns andere Möglichkeiten an:

I. 7...a6 8.♗e2

(Spielbar ist auch 8.a4!?, um den Springer mittels ♘d2-c4 im Zentrum zu postieren. Ansonsten kann man nach b4 und a5 am Damenflügel aktiv um Vorteil kämpfen.)

8...♗d6 9.0–0

(Ein interessanter Plan mit langer Rochade wurde in dem Duell Zhang Zhong–Ali Marandi, Doha 2015, angewandt: 9.h3!? 0–0 10.g4 b5 11.♗g5 ♕e7 12.♘bd2 ♘d8 13.♘h4 ♘e6 14.♘f5 ♕d8 15.♗h4 ♘f4 16.♗f3 b4 17.0–0–0 bxc3 18.♕xc3 mit scharfem Spiel und späterem Sieg von Weiß.)

9...0–0 10.♖d1 ♕e7 11.♘bd2 ♗g4 12.♘c4 ♖ad8 13.♗g5 h6 14.♗h4 ♗c5 15.b4 ♗a7 16.a4 ♕e6 17.♗xf6 ♕xf6 18.♖xd8 ♖xd8 19.♖d1 ♖xd1+ 20.♕xd1 ♗e6 Die Stellung ist etwa gleich, aber nach schwachem gegnerischem Spiel konnte Weiß die Partie am Ende gewinnen, Orlow–Blübaum, Dortmund 2012.

II. 7...♗c5 8.b4 ♗d6 (Nach 8...♗b6 geht 9.a4!.) 9.♘bd2 0–0 10.♗e2 ♘e7 11.♘c4 ♘g6 12.0–0 b6 13.♖e1 ♗b7 14.♗f1 ♖e8 15.a4 ♗f8 16.♘fd2 a6 17.♘b3 ♕d7 18.f3 h6 19.♗e3 Weiß hat gute Aussichten, Gofshtein–Haimovich, Israel 2008.

8.♘bd2 0–0 9.♘c4 h6

Um den unangenehmen Zug ♗g5 zu verhindern.

10.♗e2

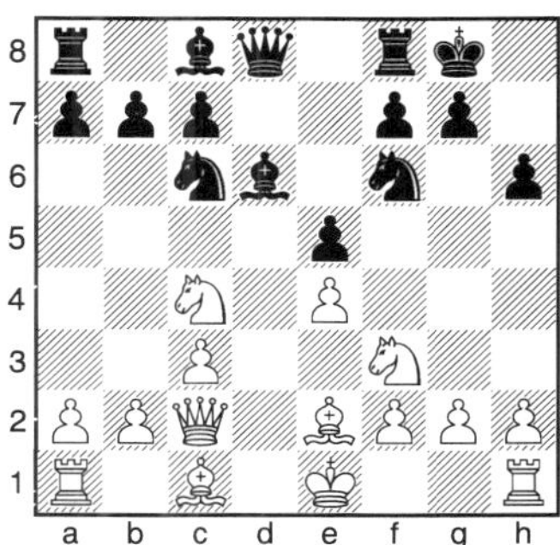

10...♖b8

Mit der Absicht gespielt, den weißen Springer mit b7-b5 von seinem Aktivposten zu vertreiben. In der Partie Glek–Brynell, Izmir 2004, folgte. 10...a6 11.a4 ♕e7 12.a5 ♘h5 13.g3 ♘f6 14.h3 ♗e6 15.g4 ♘d7 16.b4 und Schwarz erzielte Raumvorteil am Damenflügel.

11.a4 b6 12.0–0 ♗b7 13.♖e1 ♘a5 14.♘xd6 cxd6 15.♗f1 ♕c7 16.b4 ♘c6 17.♗a3 ♘d8 18.♘h4 ♘e6 19.♖ad1 ♖fd8 Die Stellung ist etwa ausgeglichen, Zhang Zhong–Speelman, Bled 2002.

Zusammenfassung:

Die Variante mit der frühen Entwicklung der Dame nach e2 hat den Vorteil, dem Damenläufer die Diagonale c1–h6 freizulassen, was nach ♘d2 nicht der Fall ist. Andrerseits kann die Dame nach b6 mittels ♗a6 angegriffen werden. Prinzipiell ist die Variante jedoch durchaus spielbar für Weiß. Es ist zu beachten, dass das Spiel jederzeit in die Hauptvariante münden kann, worauf wir in der Folge noch zurückkommen werden.

Beispielpartien

Partie Nr. 6

Bologan – Dvirnyy

Caleta 2012

1.e4 e6 2.d3 d5 3.♕e2 ♘f6 4.♘f3 c5

Zu 4...♗e7 siehe Abspiel 1.

5.g3 ♘c6 6.♗g2 ♗e7 7.0–0 b6 8.e5 ♘d7 9.c4

Eine Alternative zu dieser energischen Reaktion im Zentrum besteht in 9.c3 mit Kontrolle des Punktes d4.

9...d4 10.h4

Der Anfang aktiver Handlungen am rechten Flügel. Zu beachten war eine spielbare Alternative nach 10.♘fd2!?; z.B. 10...♗b7 11.f4 0–0 12.♘e4 nebst ♘d2-f3 – ebenfalls mit Vorbereitung aktiver Aktionen am Königsflügel.

10...h6 11.h5 ♕c7 12.♗f4 ♗b7 13.♘bd2 0–0–0 14.♖fe1

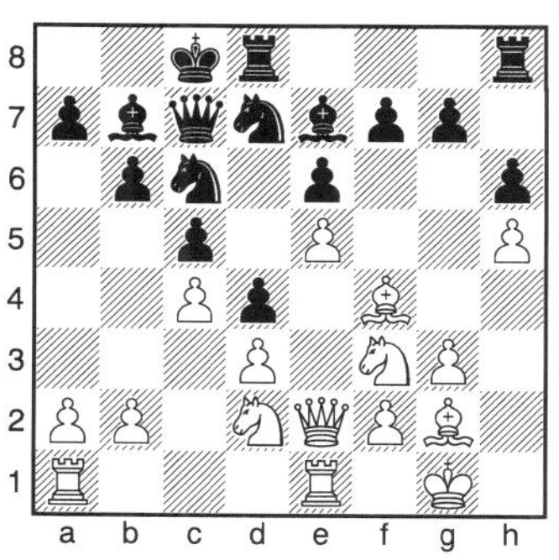

14...♖dg8

Mit 14...g5! könnte Schwarz offensichtlich energisch vorgehen; z.B. 15.hxg6 fxg6 16.♘e4 g5 17.♘d6+ ♗xd6 18.exd6 ♕b8 19.♗c1 ♕xd6 20.a3 ♘a5 21.b4 ♘b3 22.♖b1 ♘xc1 23.♖bxc1 ♖hf8 24.♘e5 (24.♖b1? ♖f5!) 24...♗xg2 25.♔xg2 ♖de8 mit etwa gleichen Chancen.

15.♘e4 g5 16.hxg6 ♖xg6

Die Variante 6...fxg6 17.♘d6+ ♔b8 (17...♗xd6 18.exd6+–) 18.♘xb7 ♕xb7 19.a3 wäre vorteilhaft für Weiß.

17.a3 h5 18.b4 ♖hg8 19.♘d6+ ♗xd6 20.exd6 ♕d8 21.b5 ♘a5 22.♘e5 ♘xe5 23.♕xe5 ♗xg2

Sehr spannend könnte es nach 23...h4 weitergehen; man sehe: 24.♗xb7+ ♘xb7 25.♕e4 ♕d7 26.a4 hxg3 27.fxg3 ♔d8 28.a5 bxa5

(28...♘xa5 29.♕a8+ ♕c8 30.♕xa7 ♕b7 31.♕xb7 ♘xb7 32.♖a7+–)

29.♔f2 ♘xd6 30.♕c6 ♘b7 31.♖e5 ♖h8 32.♗g5+ f6 33.♖d5! exd5 34.♗xf6+ ♖xf6+ 35.♕xf6+ ♔c7 36.♕xh8 mit besserem Endspiel für Weiß.

24.♔xg2 h4 25.♕e4 ♔d7 26.♖h1 ♖g4 27.♖h3 ♕f6 28.♔f3

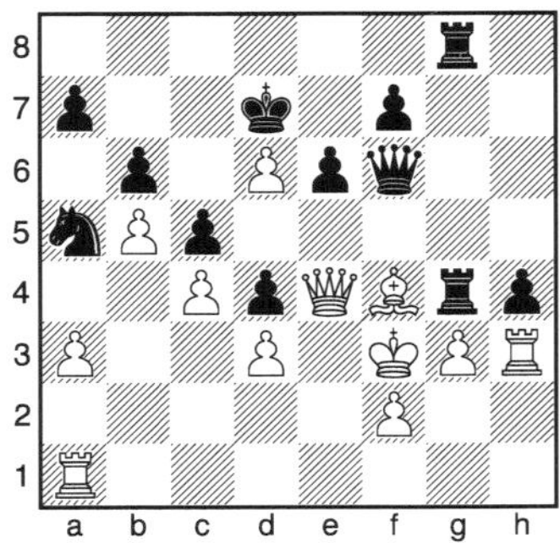

28...♕h8?

Ein Fehler in spannungsgeladener Position. Notwendig war 28...hxg3!, denn nach 29.fxg3 ♕g6 30.♕xg6 ♖4xg6 31.♖h7 ♖6g7 32.♖ah1 f6 33.♖xg7+ ♖xg7 34.♖h8 e5 35.♗h6 ♖f7 sollte Schwarz die Stellung retten können.

29.♖ah1 f5 30.♕e5 ♖xf4+

Oder 30...♕h5 31.♔g2 ♘b7 32.f3 ♖4g7 33.♖xh4+–.

31.♕xf4 ♖g4 32.♕c1 ♕a8+ 33.♔e2 ♘b3

33...hxg3 34.f3 g2 35.fxg4 gxh1♕ 36.♕xh1+–

34.♕c2 hxg3 35.f3! ♖g5 36.♕xb3 f4 37.♕d1

Schwarz gab auf.

Partie Nr. 7

Lobzhanidze – Wolkow

Aix les Bains 2011

1.e4 e6 2.d3 d5 3.♕e2 ♘f6 4.♘f3 ♗e7 5.g3 b5 6.♗g2 c5

Die Antwort 6...dxe4 wurde in Abspiel 1 analysiert.

7.0–0 ♘c6

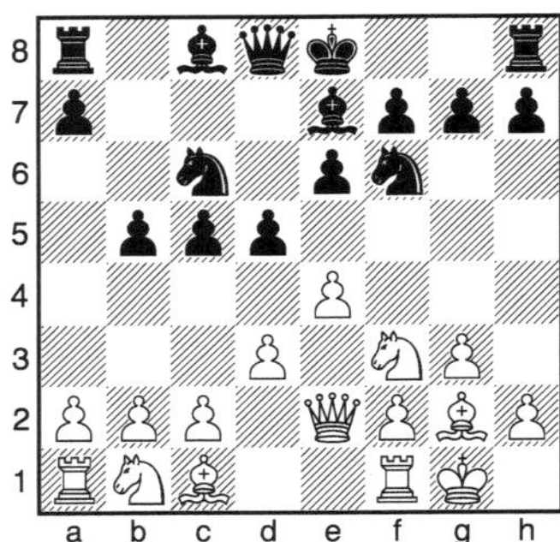

8.♖e1

Nach 8.c3!? ist ein anderer Plan möglich. Hier ist ein Partiebeispiel: 8...0–0 9.e5 ♘d7 10.h4 a5 11.♗f4 ♖b8 12.♘bd2 c4 13.d4 b4 14.♖fb1 ♘a7 15.♗g5 ♘b5 16.♕e3 ♗xg5 17.hxg5 ♕e7 18.cxb4 axb4 19.♗f1 f6 20.exf6 gxf6 21.♖e1 ♖b6 22.♗h3 f5 23.♘h4 ♕g7 24.♘df3 ♔h8 25.♘g2 ♘d6 26.♕xe6 ♘e4 27.♕xd5 c3 28.bxc3 bxc3 29.♗xf5 ♘xg5 30.♘xg5 ♕xg5 31.♘e3 ♖b2 32.♖ac1 ♕f6 33.♕h1 ♕f7 34.♖xc3 ♘b6 35.♖c5 ♗b7 36.♕h6 ♘d5 37.♘xd5 ♕xf5 38.♘f4, 1-0 Lobzhanidze–Uhlmann, Dresden 2003.

8...♗b7 9.e5 ♘d7 10.h4 h6 11.h5

a5 12.a4 b4 13.c4 bxc3 14.bxc3 ♘b6 15.♗f4 c4 16.d4 ♘a7 17.♕d1

Zu überlegen war 17.♘h2!? nebst ♘g4 usw.

17...♗c6 18.♖e2 ♕d7 19.♖ea2 ♔d8?

Nach diesem Fehler geht es mit Schwarz rapide bergab. Er sollte einfach mit 19...0–0! seinen König sichern; z.B. 20.g4 ♖fb8 21.g5 ♘xa4 22.gxh6 ♖xb1! 23.♕xb1 ♘xc3 24.♕c1 ♘xa2 25.♖xa2 ♘b5 mit haltbarer Position.

20.♘h2 ♔c7 21.♗f3 ♖hb8 22.♘d2 ♘xa4 23.♖xa4 ♗xa4 24.♖xa4 ♘b5 25.♕a1 ♘xc3 26.♖xa5 ♘a4

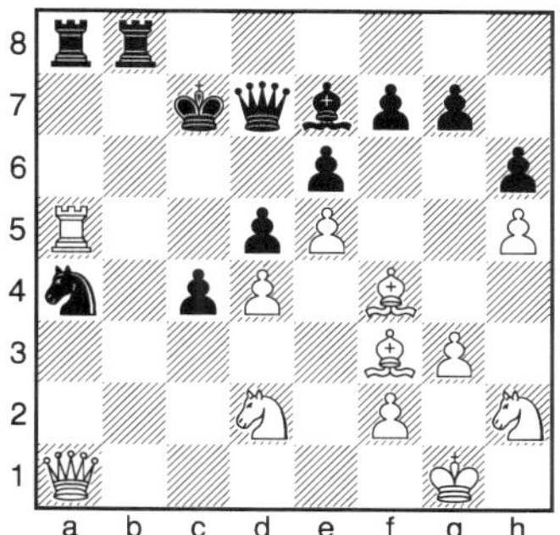

27.♖xd5!

Der Anfang einer hübschen Kombination.

27...♕e8 28.♖d6 c3 29.♗xa8 ♖xa8 30.♘e4 ♗xd6 31.exd6+ ♔d8 32.♘xc3 ♘b6 33.♕b1 ♕c6 34.♕h7 ♖a3

Oder 34...♕xc3 35.♕g8+ ♔d7 36.♕xf7+ ♔c8 37.d7+! ♘xd7 38.♕e8+ ♔b7 39.♕xd7+ ♔b6 40.♗e3 mit Gewinn für Weiß.

35.♘e4 ♘d5 36.♕g8+ ♕e8 37.♕xg7 ♖a1+ 38.♘f1 ♕b5 39.♕h8+ ♕e8 40.♕xh6 ♘xf4 41.♕xf4 ♕b5 42.♕g5+ ♕xg5 43.♘xg5 f6 Schwarz kapitulierte.

Partie Nr. 8
Morosewitsch – Lputjan
Wijk aan Zee 2000

1.e4 e6 2.d3 d5 3.♕e2 dxe4 4.dxe4 b6 5.♘d2 ♗a6 6.♘c4 ♘f6 7.♘f3 ♘c6 8.c3 ♗e7 9.e5 ♘d7 10.♕e4 ♗b7 11.♕g4 g6 12.♗h6 b5 13.♘e3 ♘dxe5 14.♘xe5 ♘xe5 15.♗xb5+ c6 16.♕e4

Zu 16.♕g3!? siehe Abspiel 1.

16...♕c7 17.♗e2 f5! 18.♕a4 ♘f7

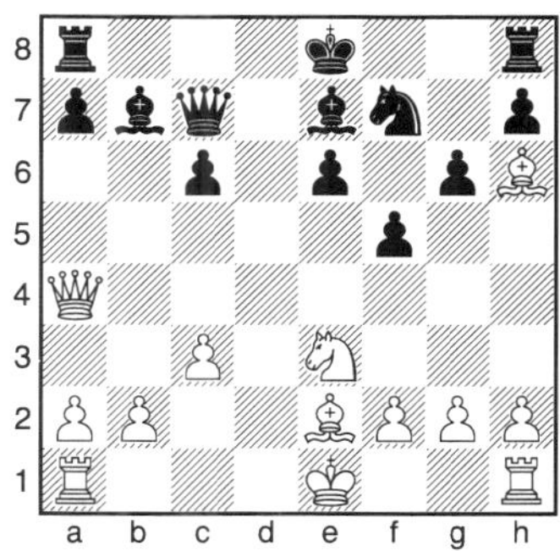

19.♗f4?!

Das ist eine riskante Entscheidung, denn für sein Figurenopfer bekommt Weiß nur geringe

Schwindelchancen. Aber Morosewitsch rechnete wohl damit, dass der Gegner in undurchsichtiger Situation eher daneben greifen könnte. Stellungsgemäß war jedenfalls 19.♗g7 ♖g8 20.♗d4 f4

(20...e5 21.♘d5! ♕d7 22.♘xe7 ♕xe7 23.♗e3±)

21.♘c4 e5 22.♕a5 ♕xa5 23.♘xa5 exd4 24.♘xb7 ♖b8 25.♗a6 dxc3 26.bxc3 mit gleichen Chancen.

19...e5 20.♗g3 f4

Nach 20...0–0 würde Weiß nämlich selbst 21.f4 spielen.

21.♘d5 ♕d6 22.0–0–0!?

Da Weiß nach 22.♘xf4 exf4 23.♗xf4 ♕e6 24.♗e3 0–0 eigentlich keinerlei Kompensation für die Figur hätte, opfert Morosewitsch das Material in einer anderen Version.

22...fxg3 23.♘f4 ♕f6 24.♘d5 ♕d6

Schlecht wäre 24...♕xf2? 25.♘c7+ ♔f8 26.♖hf1 ♕xe2 27.♕b3 ♗g5+ (27...♔g7 28.♕xf7+ ♔h6 29.♕xe7+–) 28.♔b1 ♗f4 29.♕xb7 mit weißem Vorteil.

25.♘f4 ♕b8

Mit 25...♕f6 könnte Schwarz die Züge wiederholen, aber offenbar hat er beschlossen, auf Gewinn zu spielen.

26.♘e6 ♘g5 27.♗c4 ♘xe6 28.♗xe6 gxh2

In der späteren Analyse hat sich herausgestellt, dass der bessere Zug 28...gxf2! nach der Folge 29.♖hf1 ♖f8 30.♗d7+ ♔f7 31.♖xf2+ ♔g7 zu schwarzem Vorteil geführt hätte.

29.♖xh2

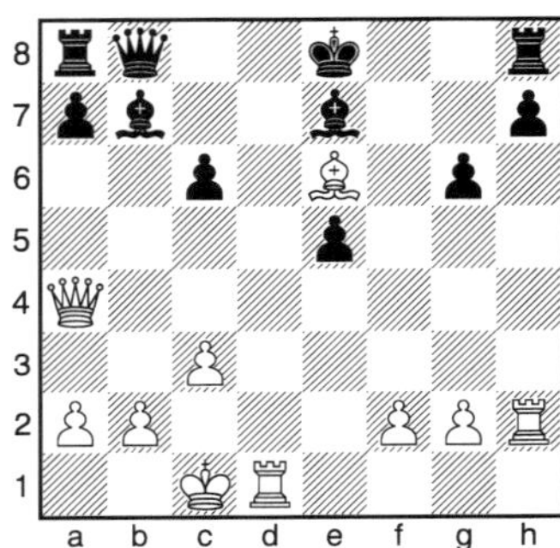

29...♗d6?

Durch diesen Fehler macht Lputjan seine ausgezeichnete Vorarbeit zunichte. Besser war 29...♕c7!, denn nach 30.♖d7 ♕xd7! 31.♗xd7+ ♔xd7 32.♕g4+ (32.♖h1 ♖ad8 33.♕xa7 ♔c8∓) 32...♔c7 33.♕e6 ♖ae8 hätte Schwarz klaren Vorteil.

30.f4! e4?

Und gleich noch ein Fehler. Richtig war 30...♕c7!.

31.g3 ♕c7 32.♕d4 ♖f8

32...♔e7 33.♗c4 ♖ae8 34.♖hd2+–

33.♕xe4!

So ist es richtig, denn das Endspiel nach 33.♕xd6? ♕xd6 34.♖xd6 ♔e7 35.♖d7+ ♔xe6 36.♖xb7 h5 wäre ausgeglichen.

33...♕e7

Auch nach 33...♖d8 34.♗f7+! ♔xf7 35.♖xh7+ ♔f6 36.♕d4+ ♗e5 37.fxe5+ ♕xe5 38.♖f1+ ♔e6 39.♖e7+ ♔xe7 40.♕xe5+ +– wäre die Lage von Schwarz hoffnungslos.

34.♖xh7! ♕xh7 35.♖xd6 ♕c7

Trotz seines Mehrturms kann Schwarz sich nicht verteidigen: 35...♖f6 36.♗f7+! ♔xf7 37.♖d7+ ♔g8 38.♖xh7 ♔xh7 39.♕e7+ +– oder; 35...♕e7 36.♕xg6+ ♖f7 37.♗xf7+ ♕xf7 38.♖e6+ +–.

36.♗f7+ ♔xf7 37.♕xg6+

Schwarz gab sich geschlagen.

Partie Nr. 9
Morosewitsch – Kiriakow
St Petersburg 1997

1.e4 e6 2.♕e2 d5 3.d3 dxe4 4.dxe4 b6 5.♘f3 ♗c5 6.c3 a5 7.♕c2 ♘f6 8.♗g5

8.e5 wurde in Abspiel 1 analysiert.

8...h6 9.♗h4 ♗e7 10.♘a3 ♘fd7 11.♗g3 ♗xa3

Der Springer wird eliminiert, denn nach 11...0–0 könnte 12.♘b5 ♘a6 13.0–0–0 usw. geschehen.

12.bxa3 ♗a6 13.c4 ♗b7 14.♖d1 ♕c8 15.♗e2 0–0 16.0–0 ♘c6 17.e5 ♘e7 18.♘d4 ♘c5 19.f3 ♘f5 20.♗f2

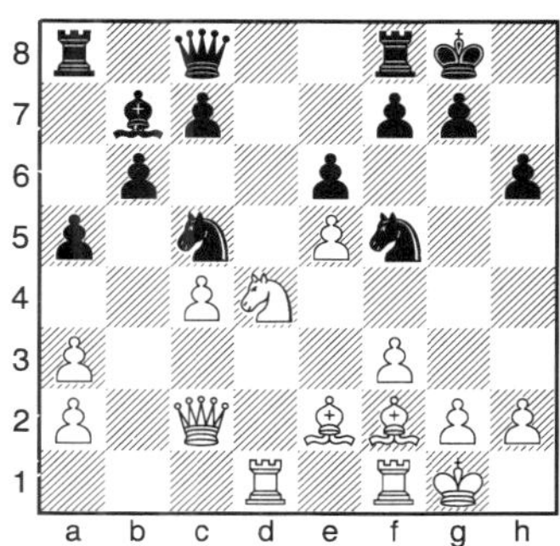

20...♘xd4?

Dies leistet nichts, sondern aktiviert nur die weißen Figuren. Zu beachten war eine dynamische Variante, die in einer nachträglichen Analyse vorgeschlagen wurde: 20...♖d8! 21.♘xf5 exf5 22.♖xd8+ ♕xd8 23.♗xc5 bxc5 24.♕xf5 ♕d2 mit Gegenspiel für den geopferten Bauern.

21.♖xd4 ♖d8 22.♖g4 ♖d7

Auch nach 22...♘d7 23.f4 ♘f8 24.♗h4 ♖d7 25.f5 exf5 26.♕xf5 ♕e8 27.♗d3 wäre die Lage von Schwarz nicht erfreulich.

23.♗h4 ♔h8 24.♕c1 ♕f8 25.♕e3 ♘a4 26.♔h1 ♕c5 27.♕f4 ♖g8 28.♖d1 ♘c3

Keine Rettungschancen hätte Schwarz nach 28...♕c6 29.♗f6 ♔h7 30.♖h4+– oder 28...♖xd1+ 29.♗xd1 ♘c3 30.♗f6 ♔h7 31.♗c2+ g6 32.♕xh6+ ♔xh6 33.♖h4#.

29.♖xd7 ♘xe2 30.♕xh6+! Im Hinblick auf die Folge 30...gxh6 31.♗f6+ ♔h7 32.♖xf7+ nebst Matt gab Schwarz sich geschlagen.

Partie Nr. 10
Duda – Nakar
Gjakova 2016

1.e4 e6 2.d3 d5 3.♕e2 dxe4 4.dxe4 e5 5.♘f3 ♘d7 6.♘bd2 ♗c5 7.♘b3 ♗b6 8.a4 c6

Die Möglichkeit 8...a5 wird in Abspiel 1 behandelt.

9.a5

Zu probieren ist 9.♗d2!? nebst langer Rochade.

9...♗c7 10.♗d2 ♕e7 11.g3 ♘gf6 12.♕c4 0–0 13.♘h4 ♘b8 14.♗b4

Nach 14.♗g2!? könnte man die Entwicklung des Königsflügels fortsetzen und den schwarzfeldrigen Läufer bewahren.

14...♗d6 15.♗xd6 ♕xd6 16.♗g2 ♗e6 17.♕c3 ♘a6 18.0–0 ♖fd8 19.♖fe1 ♘d7 20.♗f1 ♕b4 21.♕e3 ♘ac5 22.♘xc5 ♕xc5 23.♕c1 ♘f6 24.c3 ♘g4 25.♕c2 ♗c4 26.b4 ♕b5 27.♖ad1 g6 28.♗h3 ♘f6 29.♕c1 ♕a4

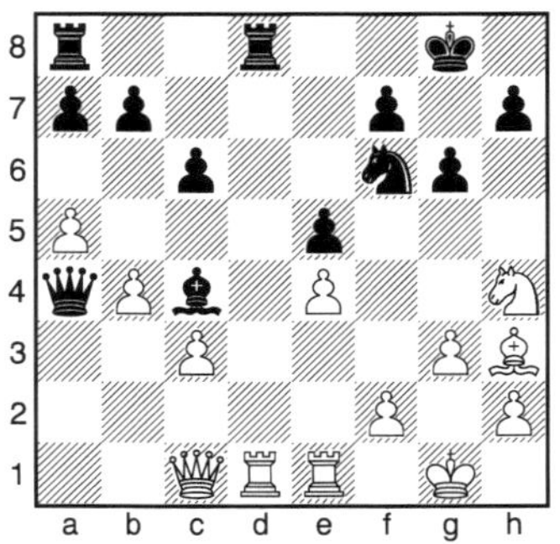

30.♘f5!?

Das ist der Anfang eines Angriffs gegen den schwarzen König, der allerdings, wie man gleich sehen wird, mit einigem Risiko verbunden ist. Der junge polnische Großmeister Duda ist bekannt für seinen scharfen Stil.

30...♖xd1 31.♖xd1?

Um auf Gewinn zu spielen, ist Weiß aufs Ganze gegangen, ohne jedoch die Konsequenzen ausreichend zu würdigen. Nach der soliden Folge 31.♘h6+ ♔g7 32.♖xd1 ♘xe4 33.♖e1 ♖d8 34.♘g4 ♘d2 35.♘xe5 ♕a2 hätte Schwarz keine Probleme. Deshalb setzt Duda jetzt alles auf eine Karte.

31...♘xe4??

Es hat geklappt! Hingegen hätte Schwarz nach dem richtigem 31...gxf5! 32.♗xf5 h6 33.♖d6 ♔g7 eine Figur mehr und entsprechend gute Gewinnchancen.

32.♖e1 gxf5

Die Alternative lautet 32...♘f6 33.♕h6 (33.♕g5!?) 33...♘h5

(33...gxf5 34.♕g5+ ♔f8 35.♕xf6 ♖e8 36.♕h6+ ♔g8 37.♗xf5+–)

34.♗g4 ♖e8 35.♘d6 ♘f6 36.♕g5 ♘xg4 37.♘xe8 h5 38.h3 c5 39.hxg4 ♕xe8 40.gxh5 mit weißem Gewinn.

33.♗xf5

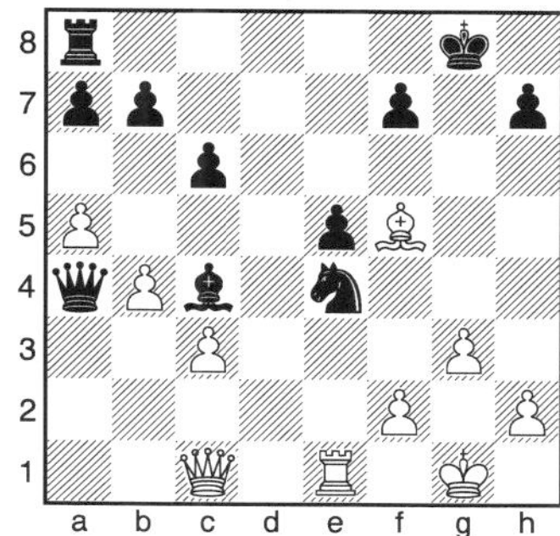

33...♘d6?

Auch nach 33...f6 34.♗xe4 ♖f8 35.f4 hätte Schwarz wegen der zu weit entfernten Dame schlechte Perspektiven. Der Partiezug jedoch beschleunigt sein Schicksal.

34.♕g5+ ♔f8 35.♕h6+ ♔e7 36.♖xe5+ ♗e6 37.♖xe6+! fxe6 38.♕xe6+ ♔f8 39.♕xd6+ ♔e8 Schwarz gab auf – im Hinblick auf die Folge 40.♗d7+ ♔f7 41.♗e6+ und nun 41...♔f6 42.♗b3+ mit Eroberung der Dame oder 41... ♔g7 42.♕e7+ mit schnellem Matt.

Abspiel 2

Die Fortsetzung 5...g6

1.e4 e6 2.d3 d5 3.♘d2 c5 4.♘gf3 ♘c6 5.g3 g6

Die Einleitung eines interessanten Plans. Der Königsläufer soll eine bedeutende Rolle in der langen Diagonale a1-h8 spielen und dort speziell die wichtigen Felder e5 und d4 kontrollieren. Das einzige Problem besteht darin, dass der Zug die schwarzen Felder am Königsflügel schwächt und dass Weiß diesen Umstand ausnutzen kann.

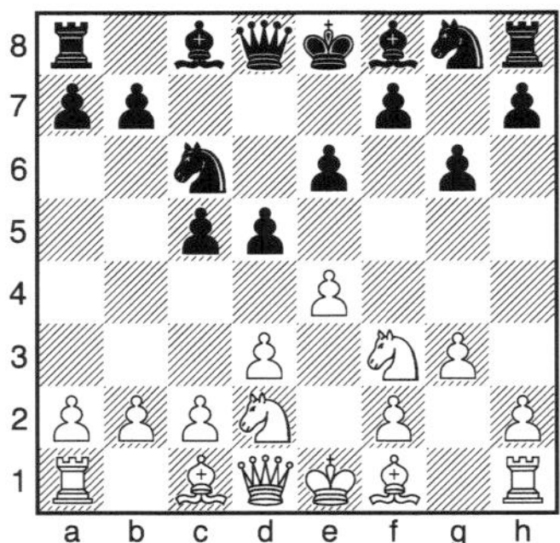

6.♗g2 ♗g7 7.0–0

Bevor Weiß etwas Konkretes unternimmt, will er erst seinen König in Sicherheit bringen. Noch wenig erforscht ist der aggressive Ansatz 7.h4!?.

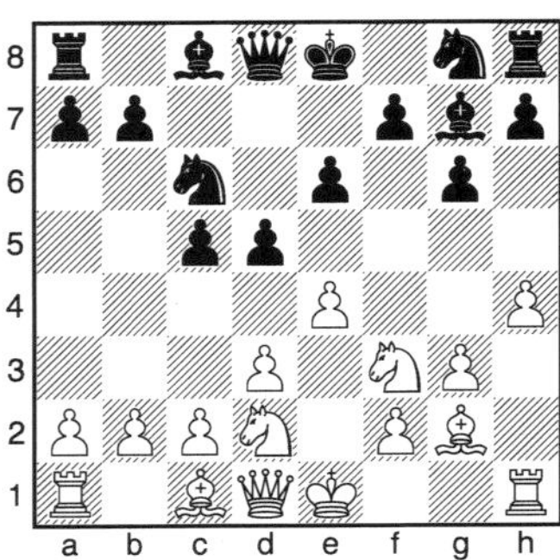

7...h6

(Auf 7...♘ge7 kann natürlich 8.h5 folgen.)

8.0–0

(Auf 8.h5 kann Schwarz mit 8...g5 reagieren.)

A) 8...♘ge7 9.♖e1 b6 10.c3

(Die Konsequenzen von 10.♕e2 dxe4 11.dxe4 a5 12.c3 ♗a6 sind gut für Schwarz, Bednarek–Bajarani, Warschau 2015.)

10...♗a6 11.♕a4 ♕c8 (Besser war 11...♗b7!.) 12.exd5 exd5 13.d4 0–0 14.dxc5 bxc5 15.♘b3 mit weißem Vorteil, Rahman–Vasquez Schroder, ICC INT 2009.

B) 8...♘f6 9.♖e1 0–0 10.c3 b6 11.a3 ♕c7 12.♕c2 ♗a6 13.exd5 ♘xd5 14.♘c4 ♖ad8 15.♘h2 ♔h7 16.♗d2 ♖d7 17.♖ad1 ♖fd8 18.♗c1 b5 19.♘e3 ♘de7 20.h5 ♘e5 21.hxg6+ ♘7xg6 22.♗f1 ♗b7 23.f4

♘c6 24.♗g2 ♘ce7 25.♘f3 ♔h8 26.♔f2 ♖g8 27.♖h1 ♗f8 28.♖h3 ♗g7 29.♘g5 mit guten Angriffsmöglichkeiten für Weiß, Pähtz-Fataliyewa, Baku 2017.

7...♘ge7

Hier steht der Springer gut und so wird heutzutage meistens gespielt. In den letzten Jahren hat man allerdings auch Interesse an 7...♘f6 gefunden.

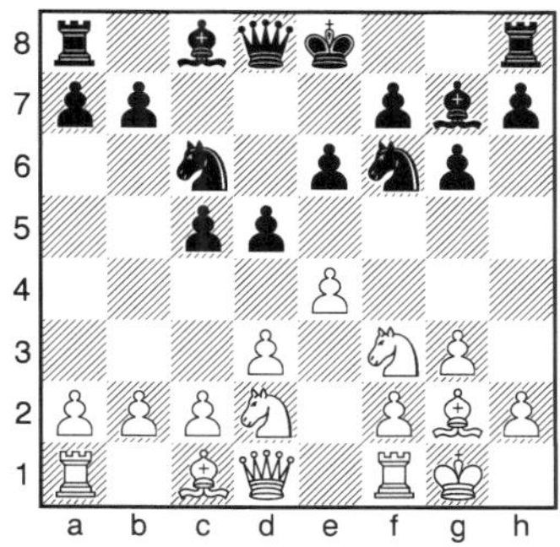

Nun kann man Weiß verschiedene Fortsetzungen empfehlen:

A) 8.♖e1 0–0 9.c3

(9.♕e2 a5 10.♘f1 b5 11.e5 ♘d7 12.♗f4 b4 13.h4 ♗a6 14.h5 c4 15.h6 ♗h8 16.♘1h2 a4 mit Gegenspiel Onischuk-Mirzoev, Ukraine 2017)

9...a5 10.a4 b6 11.♘b1 ♗a6 12.e5 ♘d7 13.♗f4 h6 14.h4 f6 15.exf6 ♕xf6 16.♘a3 ♖ae8 17.♘b5 e5 18.♘c7 ♖d8 Und jetzt wäre in der Partie Amin-Stripunsky, Internet 2017, die Fortsetzung 19.♗e3! ratsam gewesen; z.B. 19...d4 20.♘xa6 dxe3 21.♖xe3 mit weißem Vorteil.

B) 8.exd5

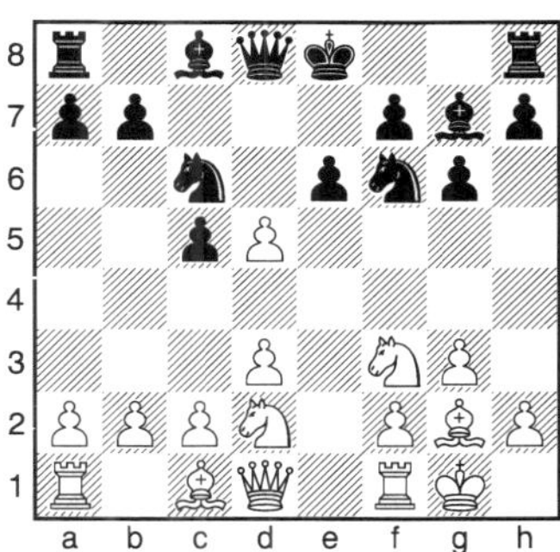

8...♘xd5

(Auf 8...exd5 folgt 9.♖e1+ ♗e6 10.♘g5 ♕c8 11.♘xe6 fxe6 12.♗h3 ♘d8 13.♕e2 mit unangenehmem Druck auf den Bauern e6.)

9.♖e1

(Weiß kann auch 9.c3!? spielen; hier ist eine Beispielvariante: 9...b6 10.♘b3 ♗b7 11.d4 cxd4 12.♘bxd4 ♘xd4 13.♘xd4 ♕d7 14.c4 ♘f6 15.♘xe6! ♗xg2 16.♘xg7+ ♔f8 17.♕xd7 ♘xd7 18.♘e6+ fxe6 19.♔xg2 mit einem Mehrbauern, Kokarjew-Schewtschenko, Sankt Petersburg 2015.)

9...0–0

(9...b6 10.♘c4 0–0 11.a4 h6 12.c3 ♖b8 13.♗d2 ♗b7 14.♕c1 h5 15.♘g5 ♘ce7 16.♘e4 mit aktivem weißem Spiel, Oratovsky-Vidarte Morales, Sitges 2011)

10.a4 b6 11.h4 h5 12.♘c4 ♗b7 13.c3 mit der Absicht ♘g5-e4 und weißem Vorteil.

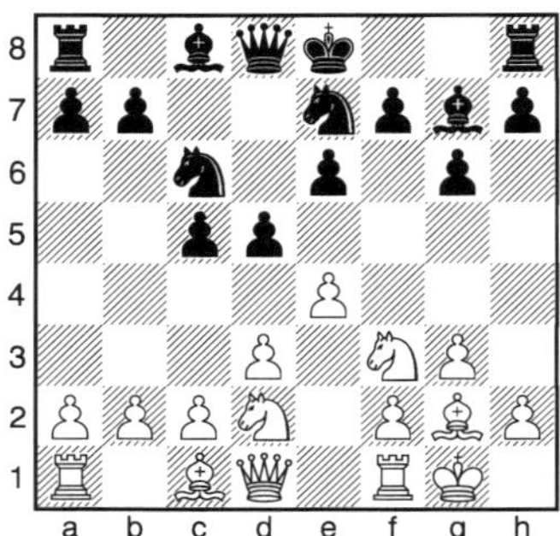

8.♖e1

Das ist an dieser Stelle der weiße Standardzug. Für den Fall, dass der Zentrumsbauer mit e4-e5 vorgehen sollte, erhält er bereits vorab die nötige Rückendeckung. Eine andere Idee ist 8.exd5!?, wonach der Bauer auf zwei Arten geschlagen werden kann:

A) 8...exd5 9.♘b3

(Anzutreffen ist auch 9.d4!? cxd4 10.♘b3 ♕b6 11.♗f4 ♗f5 12.♗d6 d3 13.cxd3 ♕d8 14.♗f4 0–0 15.♕d2 ♖e8 16.♖fe1 a5 17.♘c5 ♕b6 18.d4 ♘xd4 19.♘xd4 ♕xc5 20.♘xf5 ♘xf5 21.♕xd5 ♕xd5 22.♗xd5 mit bequemerem Endspiel für Weiß, Mutschnik–Vernay, Schweiz 2017.)

9...b6 10.♖e1

(10.c3 0–0 11.♗f4 h6 12.h4 ♔h7 13.d4 c4 14.♘bd2 ♗f5 15.♖e1 ♕d7 16.♘h2 ♖ad8 17.♘df1 ♖fe8 18.♘e3 ♗e6 19.g4 b5 20.♕f3 a5 21.♕g3±, Wasjukow–Taimanow, Tallinn 1965)

10...0–0 11.c3 a5 12.a4 ♖e8 13.d4 c4 14.♘bd2 ♗f5 15.b3 cxb3 16.♕xb3 ♗d3 17.♗a3 ♖b8 18.♗f1 ♗xf1 19.♔xf1 ♗h6 20.♔g2 ♗xd2 21.♘xd2 ♕d7 22.♘f3 ♔g7 23.♕b5 Weiß steht besser, Anton Guijarro–De la Villa Garcia, Linares 2013.

B) Die Fortsetzung 8...♘xd5 9.♘b3 mit der Idee d3-d4 wird (unter Zugumstellung) im Fortgang der Variante analysiert.

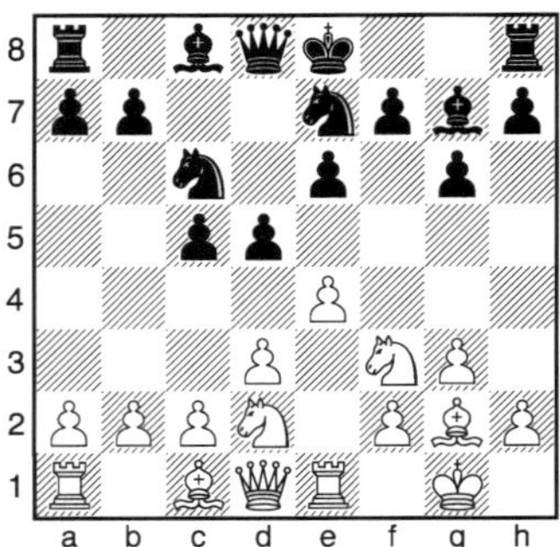

8...b6

Schwarz will so schnell wie möglich seinen Damenflügel entwickeln, und bei diesem Plan ist es gebräuchlich, dass die kurze Rochade hinausgezögert wird. Aber schauen wir uns auch einige Varianten nach 8...0–0 an.

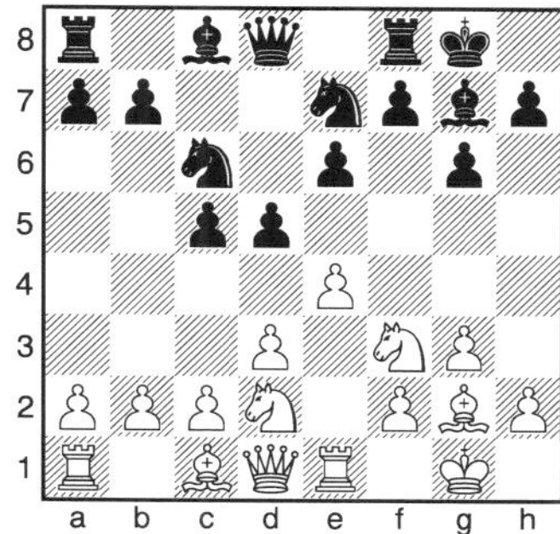

Hier hat Weiß zwei Fortsetzungen zur Verfügung:

A) 9.e5 ♕c7 10.♕e2 Jetzt wird die Fortsetzung 10...a5 anhand der **Partie Nr. 11**: Dworetski–Ubilawa, Tiflis 1979, vorgestellt. Andere Möglichkeiten für Schwarz sind:

A1) 10...♗d7 11.♘b3

(Mit 11.h4!? kann Weiß auch sofort am Königsflügel aktiv werden; dazu ein lehrreiches Beispiel: 11...♘f5 12.c3 h5 13.♘f1 d4 14.c4 ♖ab8 15.♗f4 ♘a5 16.♘1d2 b5 17.b3 bxc4 18.bxc4 ♖b2 19.♘g5 ♖fb8 20.♗h3 ♘h6 21.♘ge4 ♖c2 22.♘f6+ ♔h8 23.♘xh5! ♖bb2 24.♘xg7 ♔xg7 25.♖ad1 ♖xa2 26.♗xh6+ ♔xh6 27.♕g4 mit starkem Angriff, Cochet–Costagliola, Frankreich 2007.)

11...b6 12.h4 a5 13.a4 f6 14.exf6 ♖xf6 15.c3 ♖e8 16.d4 c4 17.♘bd2 ♖ff8 18.♘f1 ♗c8 19.h5 mit aktivem weißem Spiel am Königsflügel, Gergacz–Boe, Fredericia 2015.

A2) 10...♘f5 11.c3 b6 12.♘f1 ♗a6 13.♗f4 ♖ad8 14.g4 ♘fe7 15.♕d2

(Auch hier ist 15.h4!? möglich.)

15...d4 16.c4 b5 17.b3 bxc4 18.bxc4 ♕a5 19.♕xa5 ♘xa5 20.♘1d2 ♖b8 21.♘e4 Der Bauer c5 ist schwach, was dem Weißen einen positionellen Vorteil garantiert, Lorscheid–Pajeken, Stockholm 2016.

A3) 10...b6 11.h4 ♗a6 12.♘f1 ♘d4 13.♘xd4 cxd4 14.♗f4 ♘c6 15.a3 ♕d7 16.♘h2 ♖ae8 17.♘g4 f6 18.exf6 ♗xf6 19.♘xf6+ ♖xf6 20.♗h3 mit Druck auf den Bauern e6, Dworetski– Chalifman, UdSSR 1987.

A4) 10...g5!? Das ist eine interessante Idee, die bestimmt mehr Aufmerksamkeit verdient. 11.h3

(Nach 11.♘xg5 ♕xe5 ist es schwer, um Vorteil zu kämpfen. Der Bauernzug gilt als die stärkste Fortsetzung, weil die Möglichkeit g5-g4 verhindert wird.)

11...♘g6

(Auch nach 11...h6 kann man ♘b3 ziehen.)

12.♘b3 h6

(In dem Duell Gaponenko–Kostiukowa, Alushta 2003, erhielt Weiß nach 12...♘cxe5 13.♘xg5 h6 14.♘f3 ♘xf3+ 15.♗xf3 c4 16.dxc4 dxc4 17.♘d2 c3 18.bxc3 ♕xc3 19.♘b3 ♕c7 20.♖b1 Druck in der b–Linie.)

13.♘xc5 ♘cxe5 14.♘xe5 ♗xe5 15.♘b3 a5 16.a4 In der Folge kann Weiß – je nach Lage der Dinge – c2-c3 oder c2-c4 spielen, mit jeweils guten Perspektiven.

B) 9.h4

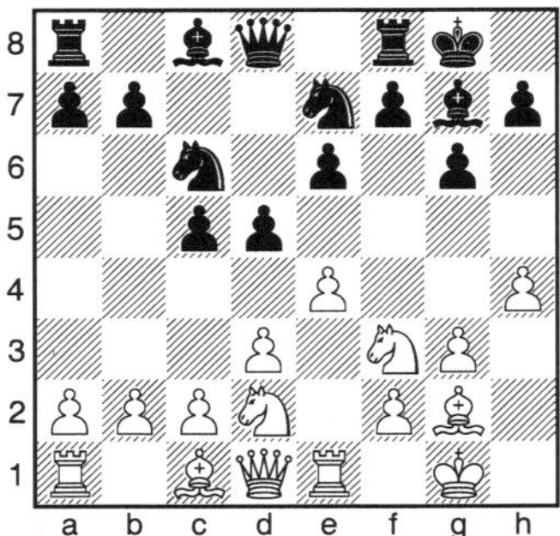

B1) 9...h6 10.e5

(10.h5 wäre wegen 10...g5! verfrüht.)

10...♕c7

(Nach 10...f6 11.exf6 ♖xf6 ist 12.c4!? interessant. Nach der Folge 12...♕d6 13.♘b3 b6 14.d4! ♖b8 15.♗e3 dxc4 16.♘bd2 stand Weiß besser, Predke-Kowtunenko, Moskau 2016.)

11.♕e2

(11.♘f1 f5 12.exf6 ♖xf6 13.♗e3 b6 14.c4 ♗d7 15.♘1h2 ♔h7 16.d4⩲, Mamedjarow-Pelletier, Mallorca 2004)

11...g5?

(In dieser Situation, das heißt nach der Einschaltung von h2-h4 und h7-h6, ist dieser Zug schwach. Besser sollte 11...f6! geschehen.)

12.hxg5 hxg5 13.♘xg5 ♕xe5 14.♘de4! ♘d4

(14...dxe4 15.♕h5 ♕f5 16.♗xe4)

15.♕d1 f6 16.♗f4 ♕f5 17.♘d6 ♕g6 18.♘xc8 ♖axc8 19.♘xe6 Weiß hat einen Bauern mehr und eine glatte Gewinnstellung, Nanu-Puscas, Baile Tusnad 1999.

B2) 9...e5 10.exd5 ♘xd5 11.c3 h6

(11...♘de7 12.♘c4 ♕c7 13.h5 ♗e6 14.hxg6 hxg6 15.♘g5 ♗d7 16.a4 f6 17.♘e4±, Juroszek-Szoen, Wysowa 2003)

12.♕b3 ♘de7 13.♘c4 ♗e6 14.♕xb7 ♖b8 15.♕a6 ♕xd3 16.♘fd2 f5 17.♗f1 ♕d5 18.♘e3

(Zu beachten ist 18.♘b3!?, denn nach z.B. 18...f4 19.♘cd2 fxg3 20.fxg3 hat Weiß wegen der schwarzen Bauernschwächen die besseren Aussichten.)

18...♕d8 19.♘b3 f4 20.♗c4 ♗xc4 21.♕xc4+ ♔h8 22.♘f1 ♕c8 23.♕e4 ♘f5 24.♘xc5 fxg3 25.♘xg3 ♘d8 26.b4 ♘f7 27.♗e3 ♘7d6 28.♕g4 ♘xg3 29.♕xc8 ♖bxc8 30.fxg3 Weiß konnte die Partie letztendlich gewinnen, Amin-Andreikin, Kazan 2013.

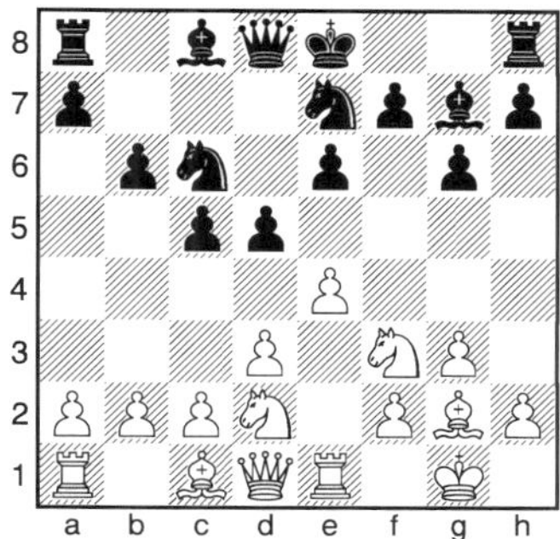

9.exd5!?

Gegenwärtig wird dieser Zug sehr oft gespielt und er gilt als der beste für Weiß. Schauen wir uns andere Möglichkeiten an:

I. 9.c3 Weiß nimmt den Punkt d4 unter Kontrolle und hält gleichzeitig die Spannung aufrecht.

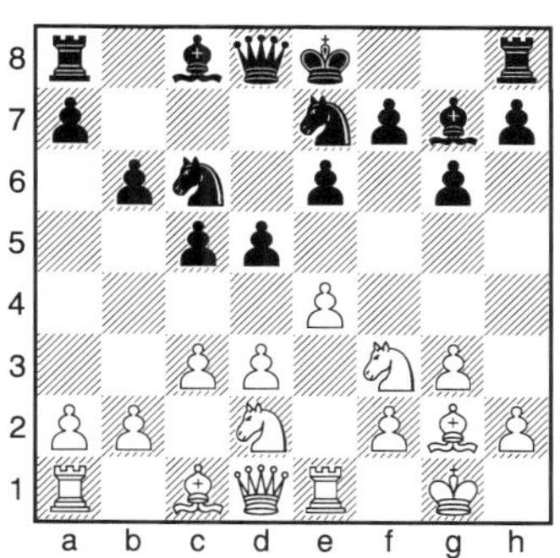

A) 9...0–0 10.e5 ♕c7

(Nach 10...♗a6 kann Weiß seine Figuren nach dem bereits bekannten Schema postieren: 11.♕e2 ♕c7 12.♘f1 ♖ad8 13.♗f4 b5 14.♘e3 d4 15.♘g4 usw.)

11.♕e2 g5! 12.h3

(Die Fortsetzung 12.♘xg5 besprechen wir anhand der **Partie Nr. 12**: Berry–Gershon, Dresden 2003.)

12...♘g6 13.♘f1 ♘cxe5 14.♗xg5 ♗a6 15.♘xe5

(Zu beachten ist 15.♖ad1!?, um das Spiel noch nicht zu forcieren.)

15...♕xe5 16.♕d2 ♕f5 17.d4 cxd4 18.cxd4 ♗xd4 19.♕xd4 ♕xg5 20.f4 ♕h6 21.f5 ♗xf1 22.♖xf1 ♘e7 Weiß hat nichts erreicht, Bojkov–Lahiri, Canberra 2010.

B) 9...a5 Diesem Flügelvorstoß wohnt die Idee inne, mit a5-a4 Raum am Damenflügel zu gewinnen.

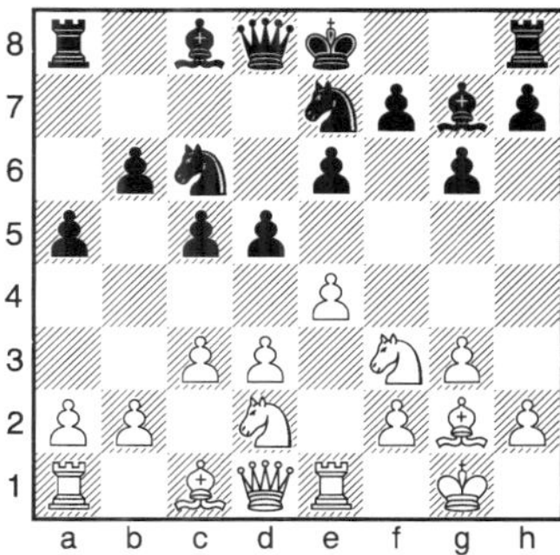

10.exd5

(Die Folgen von 10.a4 analysieren wir anhand der **Partie Nr. 13**: Kaidanow–Zapata, New York 1993.)

10...exd5

(Nach 10...♘xd5 kann Weiß das Feld c4 sofort mit seinem Springer besetzen; z.B. 11.♘c4 0–0

12.a4 ♖a7 13.♕b3 ♗a6 14.♗d2 h6 15.♖ad1 ♕b8 16.♗c1 ♖d8 17.♘fd2 ♘ce7 18.♘b1 ♖ad7 19.♘ba3 ♗b7 20.♘b5 e5 21.♖d2 ♗a8 22.♖de2 mit aktivem Spiel und späterem Sieg von Weiß, Klundt–Pollmann, Frankfurt 2010.)

11.♘f1 0–0 12.♗f4 ♖a7

(Oder 12...h6 13.h4 ♖a7 14.♕d2 ♔h7 15.♘e5 ♘xe5 16.♗xe5 ♗e6 17.♗xg7 ♔xg7 18.♘h2 ♘f5 19.♘g4 h5 20.♘e5 ♕c8 21.♕g5 ♘e7 22.♕f4 f6 23.♘f3 ♕d7 24.♖e2 ♖f7 25.♖ae1 ♗g4 26.♖e3 ♘c6 27.♘h2 ♗h3 28.♗xh3 ♕xh3 29.♖e6 und Weiß steht positionell besser, denn er beherrscht die e–Linie und droht stark ♕d6, Salami–Acunzo, Crema 2009.)

13.♖c1 d4 14.c4 a4 15.a3 h6 16.h4 ♗f5 17.♖c2 ♘a5 18.♘1h2 ♘ec6 19.♖ce2 ♖e7 20.♖xe7 ♘xe7 21.g4 ♗d7 22.♗e5 ♗c6 23.♕e2 ♘c8 24.♗xg7 ♔xg7 25.g5 h5 26.♕e5+ ♔g8 27.♕f4 ♕d6 28.♘e5 ♗xg2 29.♔xg2 ♘c6 30.♘hf3 Weiß steht aktiver, Roos–Milliet, Montpellier 2015.

II. 9.e5 Dieser Zug ist verfrüht und daher nicht zu empfehlen.

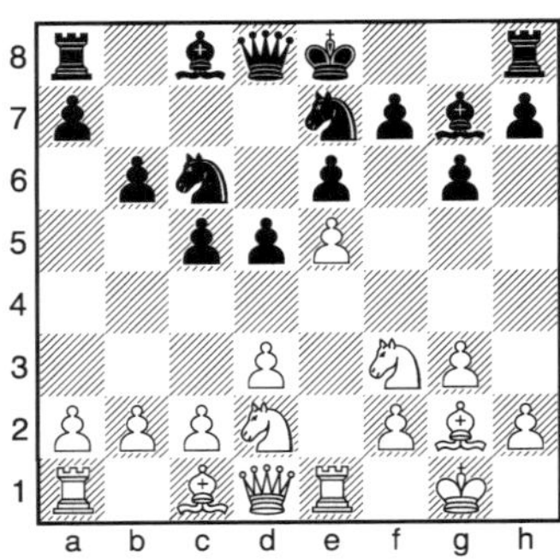

9...♕c7 10.♕e2

A) 10...♗a6 11.h4!?

(Das ist am besten, denn nach 11.c3 folgt 11...g5! 12.♘xg5 ♕xe5 13.♘de4 dxe4 14.♗f4 ♕f6 15.♗xe4 h6 16.♘h7 ♖xh7 17.♗xh7 ♘g6 18.♕e4 ♖c8 19.♗xg6 ♕xg6 20.♕xg6 fxg6 21.♖xe6+ ♔f7 22.♖d6 g5 23.♖d7+ ♔g6 24.♗e3 ♘e5 25.♖xa7 ♗xd3 mit schwarzem Endspielvorteil, Dzhumaev–Mahjoob, Dubai 2001.)

11...h6 12.♘f1 0–0–0 13.♗f4 ♖dg8 14.♘1h2 ♘f5 15.♘g4 ♘cd4 16.♘xd4 ♘xd4 17.♕d2 ♖d8 18.c3 ♘f5 19.b4 Und der weiße Angriff am Damenflügel war schneller, Burovic–Janev, Chania 1989.

B) 10...h6! 11.h4 g5 (11...0–0 ist wenig energisch.) 12.hxg5 hxg5 13.♘xg5 ♕xe5 14.♕xe5 ♘xe5 15.♘gf3 ♘5c6 16.c3 ♗a6 17.♗f1 ♘g6 18.a4 ♔d7 Schwarz steht gut,

Nakamura–Ponomariow, Moskau 2010.

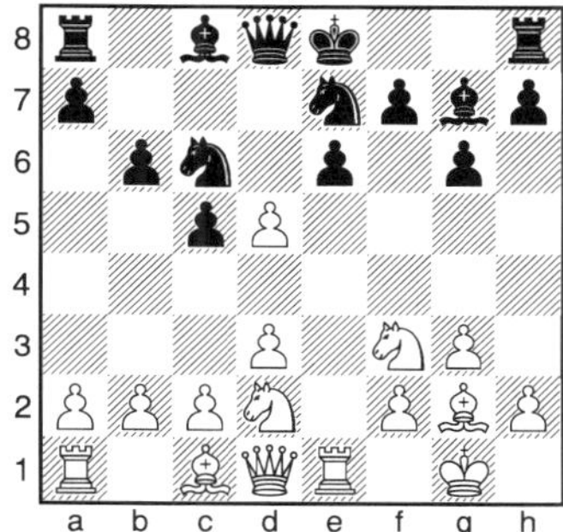

9...♘xd5

Oder 9...exd5 10.♘f1

(Eine andere Empfehlung lautet 10.d4!? cxd4 11.♘b3 ♗g4 12.♗g5 0–0 13.♗xe7 ♘xe7 14.♘bxd4 mit einem isolierten Bauern auf d5, der ein leichtes Angriffsziel abgeben kann. Hingegen sollte Weiß nach 10...c4 mit 11.♘e5! fortsetzen, um aktives Spiel zu erhalten.)

10...0–0

(Nach 10...a5 führt 11.c3 über Zugumstellung zur Hauptvariante.)

11.c3 ♗b7 12.h4 ♕d7 13.h5 d4 Und hier hätte Weiß in der Partie Tavoularis–Gardiner, Wetherby 2016, den Ansatz 14.h6!? ♗h8 15.c4 mit der Idee ♗f4 usw. wählen sollen.

10.d4!?

Scheinbar ist dieser Zug nicht möglich, weil Schwarz den Punkt d4 ja dreifach gedeckt hat. Tatsächlich jedoch ist er ein für Schwarz sehr gefährlicher Schlag, schließlich hat der König noch nicht rochiert.

10...cxd4

Auf 10...♘xd4? folgt 11.c4 ♘c7 12.♘xd4 ♕xd4 13.♗xa8 und Schwarz hat Schwierigkeiten.

11.♘b3

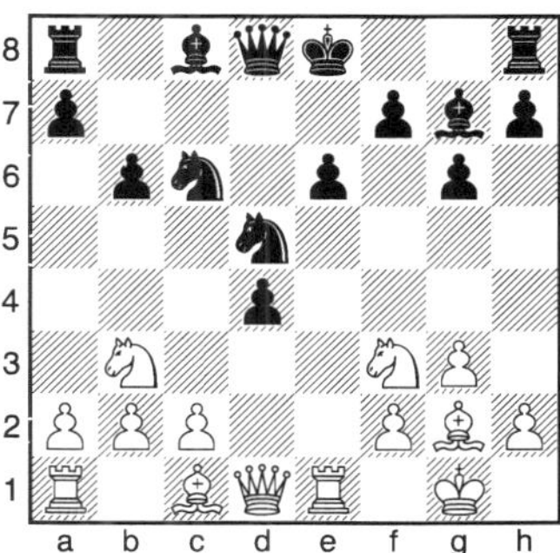

11...♗b7

Einen scharfen Verlauf nahm die Partie Wysoczin–Malachatko, Bydgoszcz 2000: 11...♘c7 12.♗g5 ♕d7 13.♘fxd4 ♘xd4 14.♘xd4 ♗xd4 15.c3. Und da jetzt der Läufer d4 wegen 16.♗c6! nicht wegziehen durfte, musste Schwarz einen anderen Weg wählen. 15...f6 16.♗f4 ♗e5 17.♖xe5! ♕xd1+ 18.♖xd1 ♖b8?

(Besser war 18...fxe5 19.♗xe5 0–0 20.♗xc7 ♗a6 21.♗xa8 ♖xa8 22.♗e5 ♗b5, denn angesichts der ungleichfarbigen Läufer wäre der weiße Mehrbauer schwer zu verwerten.)

19.♖ee1 e5 20.♖xe5+! fxe5 21.♗xe5 ♗g4 22.♖d4 ♖f8 23.♗c6+ ♔f7 24.♖xg4 mit weißem Gewinn.

Zu beachten ist jedoch die Sicherung des Königs mit 11...0–0!? und der möglichen Folge 12.♘bxd4 ♘xd4 13.♘xd4 ♗a6 14.♘c6 ♕c7

(Günstig für Weiß ist 14...♕f6 15.c3 ♗b7 16.♗xd5 exd5 17.♘d4 ♖ae8 18.♗e3 h6 19.♕d2 ♔h7 20.f3 ♗c8 21.h4±, Hera–Khismatullin, Dresden 2007.)

15.♗xd5 exd5 16.♘e7+ ♔h8 17.♘xd5 ♕c8 18.♗e3 ♗b7 19.♕d3 ♗xd5 20.♕xd5 ♕xc2 21.♗d4 ♖ad8 22.♗xg7+ ♔xg7 23.♕e5+ ♔g8 24.♖ac1 ♕a4 25.a3 ♖fe8=, Safarli–Moisejenko, Tromso 2014.

12.♘bxd4

Die Ereignisse nach 12.♘fxd4!? werden anhand der **Partie Nr. 14:** Solomon–Szuveges, Suncoast 1999, besprochen.

12...♘de7 13.♘b5 0–0 14.c3

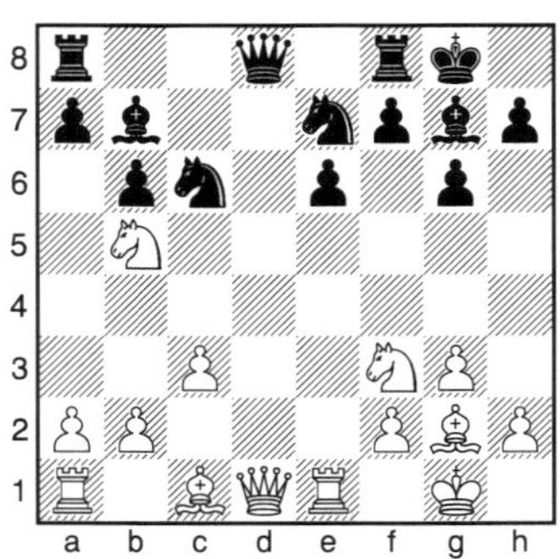

14...♕xd1!

Nur so kann Schwarz die Stellung im Gleichgewicht halten. Nach 14...♘f5? hingegen erhält Weiß einige Initiative; und zwar 15.♗f4 ♕e7 16.♘d6 ♖fd8 17.♘xf5 gxf5 18.♕a4 ♕c5 19.♗g5 ♘e7 20.♖ad1 ♖xd1 21.♖xd1 ♘g6 22.♕d7 ♗d5 23.♗e3 ♕c4 24.♘g5 ♘e5 25.♗xd5 ♕e2 26.♗f3 ♘xf3+ 27.♘xf3 ♕xf3 28.♕d8+! ♗f8

(28...♖xd8 29.♖xd8+ ♗f8 30.♗h6+–)

29.♕g5+ ♗g7 30.♖d8+ ♖xd8 31.♕xd8+ ♗f8 32.♗h6 1-0, Figuero Toro–Fernandez Garcia, Lissabon 2014.

15.♖xd1 ♖ad8 Die Stellung ist etwa ausgeglichen.

Zusammenfassung:

Dieses System, in dem Schwarz seinen Königsläufer ebenfalls fianchettiert, ist noch nicht ausreichend untersucht, um eine genaue Beurteilung abgeben zu können. Die aufgezeigten Varianten deuten jedoch darauf hin, dass Schwarz bei genauem Spiel gute Chancen hat, das Spiel auszugleichen.

Beispielpartien

Partie Nr. 11

Dworetski – Ubilawa

Tiflis 1979

1.e4 c5 2.♘f3 e6 3.d3 d5 4.♘bd2 ♘c6 5.g3 g6 6.♗g2 ♗g7 7.0–0 ♘ge7 8.♖e1 0–0 9.e5 ♕c7 10.♕e2 a5

Andere Erwiderungen wurden im einleitenden Text von Abspiel 2 erwähnt.

11.h4

Weiß will den Standardplan mit ♘f1-h2-g4 folgen lassen.

11...h6 12.♘f1 a4 13.a3

Das ist das gegebene Mittel, um den schwarzfeldrig schwächenden Zug a4-a3 zu verhindern.

13...b5 14.♘1h2 b4

Beide Seiten spielen auf ihrem strategisch vorgegebenen Flügel.

15.♗f4 ♔h7 16.♘g4 ♘g8 17.c4

Mit dem Angriff auf den Bauern d5 will Weiß das Feld e4 für seine Figuren freikämpfen. In Frage kommt übrigens auch 17.♘f6+!? ♗xf6 (Auf 17...♔h8 ist 18.♕d2! stark.) 18.exf6 ♕d8 19.♕e3 bxa3 20.♖xa3 ♕xf6 21.♕xc5 mit besseren Aussichten für Weiß.

17...bxc3 18.bxc3 ♗a6 19.c4! dxc4 20.dxc4 ♖ab8 21.h5 ♔h8

Auf 21...g5 folgt 22.♗xg5! hxg5 23.♘xg5+ ♔h8 24.♗xc6 ♕xc6 25.♕d3 mit schnellem Matt.

22.hxg6 fxg6 23.♘f6

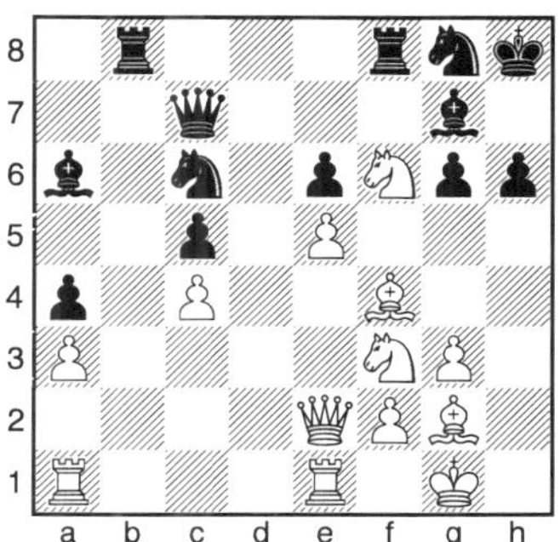

23...♘ge7?

Das ist ein schwacher Zug, wie man gleich sehen wird. Notwendig war 23...♘d4!? mit praktischen Rettungschancen.

24.♖ad1 ♖bd8 25.♖d6 ♗b7 26.♖xe6 ♘d4

Oder 26...♘f5 27.♘d5 ♕f7 28.♖xc6 ♗xc6 29.e6 nebst 30.e7 mit Gewinn.

27.♘xd4 cxd4 28.♕d3 ♗xg2 29.♔xg2 ♖f7 30.♖h1!

Dieser starke Zug bringt die Entscheidung.

30...♘f5 31.g4 ♕b7+ 32.♔g1 ♘e3 33.♗xe3 ♕f3 34.♕xg6 ♗xf6

35.♖xh6+

Schwarz kapitulierte.

Partie Nr. 12
Berry – Gershon
Dresden 2003

1.e4 c5 2.♘f3 e6 3.d3 ♘c6 4.g3 d5 5.♘bd2 ♘ge7 6.♗g2 g6 7.0–0 ♗g7 8.♖e1 b6 9.c3 ♕c7 10.♕e2 0–0 11.e5 g5 12.♘xg5

Anmerkungen zu 12.h3 finden sich im einleitenden Text zu Abspiel 2.

12...♕xe5 13.♘de4!

Da Schwarz nach Damentausch sehr gut stünde, sollte Weiß diesen besser vermeiden.

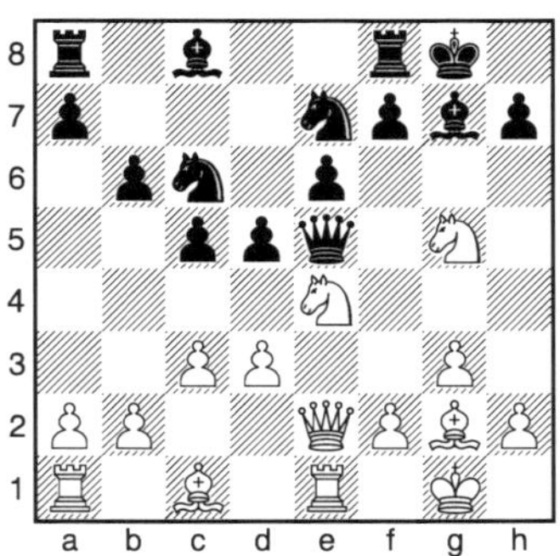

13...dxe4

Schauen wir uns die Folgen an, wenn Schwarz das Opfer nicht annimmt: 13...♘g6 14.f4

(Nach 14.♘xh7!? ♔xh7 15.f4 ♕c7 16.♘g5+ ♔g8 17.f5 exf5 18.♗xd5 ♕e5 19.♗xc6 ♕xe2 20.♖xe2 ♖b8 21.♗b5 behält Weiß einen Mehrbauern.)

14...♕c7 15.♕h5 h6 16.f5! dxe4

(Oder 16...exf5 17.♘f6+! ♗xf6 18.♕xh6 ♗xg5 19.♗xg5 ♕d6 20.♗xd5 ♗d7 21.♗e6! fxe6 22.♕xg6+ ♔h8 23.♖e3 mit starkem Angriff; z.B. 23...♘e7 24.♕h6+ ♔g8 25.♗f4 ♕c6 26.♗e5 ♔f7 27.♕h5+ ♘g6 28.♕h7+ ♔e8 29.♕xg6+ ♔d8 30.♕g7 ♖e8 31.♖d1 ♔c8 32.c4 mit der Drohung d3-d4!)

17.fxg6 fxg6 18.♕xg6 hxg5 19.♗xe4 ♖f7 20.♗xg5 ♘e5 21.♕h7+ ♔f8 22.♗h6 ♗b7 23.♗xg7+ ♖xg7 24.♕h8+ ♖g8 25.♕h6+ ♔e7 26.♗xb7 ♕xb7 27.♖xe5 und Weiß steht auf Gewinn.

14.♕h5?

Statt dieses Fehlers bestand der richtige Weg in 14.♗f4! ♕f6

(14...♕d5? 15.♗xe4 ♕d8 16.♗xh7+ ♔h8 17.♕h5+–)

15.♗xe4

(15.♘xh7 ♔xh7 16.♗xe4+ ♔g8 17.♕h5 ♘f5 18.♗xc6 e5 19.♗xa8 exf4) 15...e5 16.♗xh7+ ♔h8 17.♕h5 (17.♘e4? ♕e6 18.♕h5 ♕g4–+)

17...♗g4! 18.♕xg4 exf4 19.♗e4 ♕h6 20.♕xf4 mit kompliziertem Spiel.

14...h6 15.♗f4 ♕f6 16.♗xe4 e5! 17.♘h7 ♕d6 18.♗g5

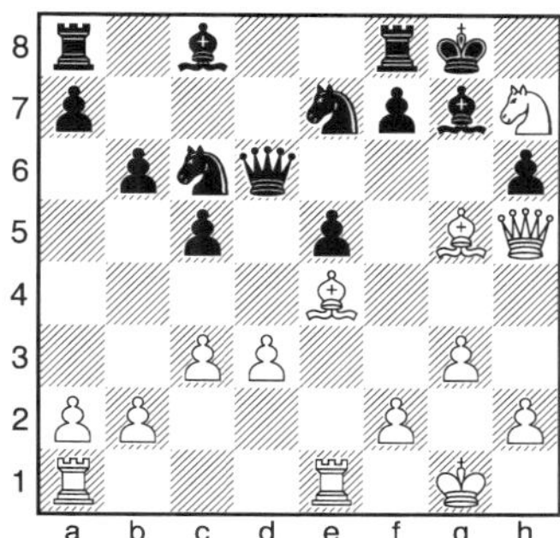

18...♖d8!

Das ist die richtige Verteidigung, denn der Bock 18...hxg5? führt nach 19.♘f6+ ♗xf6 20.♕h7# zum Matt.

19.♗xe7

Nach 19.♘f6+ ♗xf6 20.♕xh6 wird die schwarze Dame vom Turm gedeckt.

19...♕xe7 20.♗xc6 ♗b7 21.♗xb7 ♕xb7

Zwar hat Weiß einen Mehrbauern erwirtschaftet, aber dafür bleibt der Springer h7 nicht lange auf dem Brett.

22.f4

22.♕f5 ♕c6!–+

22...♔xh7

Der Springer ist gefallen und die Partie ist entschieden.

23.fxe5 ♔g8 24.♖e3 ♖d5 25.♖f1 ♖e8 26.♖f5 ♖e7 27.♕e2 ♕c8 28.g4 ♕e8

Weiß gab auf.

Partie Nr. 13
Kaidanow – Zapata
New York 1993

1.e4 c5 2.♘f3 e6 3.d3 d5 4.♘bd2 ♘c6 5.g3 g6 6.♗g2 ♗g7 7.0–0 ♘ge7 8.♖e1 b6 9.c3 a5 10.a4

Die Hauptvariante 10.exd5 wurde im einleitenden Text von Abspiel 2 behandelt.

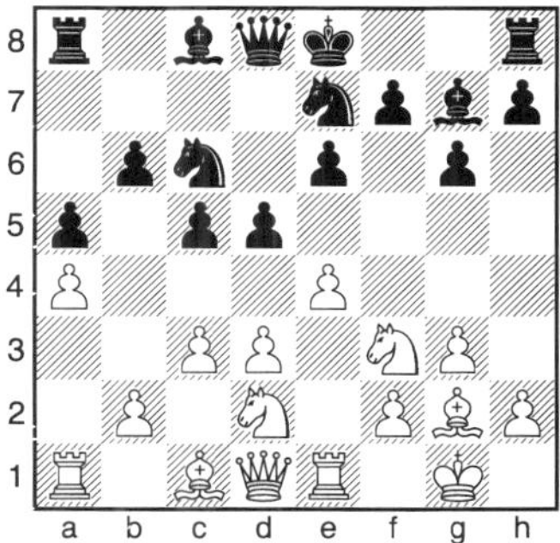

10...♗a6

Die Postierung des Läufers auf b7 hätte an dieser Stelle keinen Sinn. Allerdings gibt es eine viel bessere Verwendung für ihn, nämlich den Angriff auf den Punkt d3.

Und auf die Alternative 10...0–0 könnte folgen: 11.exd5 ♘xd5

(11...exd5 12.♘b3 ♖a7 13.d4 c4 14.♘bd2 ♗f5 15.b3 cxb3 16.♕xb3 ♘c8 17.♗a3±, Zolnierowicz-Borchardt, Bydgoszcz 2000)

12.♘c4 h6 13.♘fd2 ♗a6 14.♘e4 ♕c7 15.♘ed6 ♖ad8 16.♘b5 ♕b8 17.♕b3 ♖d7 18.♘ba3 ♖fd8 19.h4

Weiß steht aktiver, Todorcevic–Birmingham, Las Palmas 1993.

11.exd5 ♘xd5

Nach 11...exd5 empfiehlt sich 12.♘b3!; z.B. 12...0–0 13.d4 c4 14.♘bd2 ♘f5

(14...h6 15.♘f1 ♗c8 16.♘e5 ♗e6 17.♘e3 ♖c8 18.♘xc6 ♖xc6 19.♘g4 ♔h7 20.♘e5 ♖c8 21.h4 mit weißer Initiative, Rasik–Camarena Gimenez, Olomouc 2016)

15.b3! cxb3 16.♕xb3 ♖b8 17.♗a3 Weiß steht besser, M. Müller–Glek, Berlin 1994.

12.♘c4 0–0 13.h4!

Dieser Vorstoß geschieht mit dem Plan h5!.

13...♕c7?

Statt dieses Schablonenzuges sollte Schwarz hier 13...h6! spielen, um 14.h5 mit 14...g5 beantworten zu können.

14.h5 ♖ad8 15.♕e2 ♖fe8 16.hxg6 hxg6 17.♘g5 e5 18.♕e4 ♗b7 19.♕h4 ♘f6 20.♘e4 ♘h7

Im Falle von 20...♘xe4 21.dxe4 käme für Weiß die Drohung ♘e3-d5 mit positionellem Vorteil in Sicht.

21.g4!

Dieses Bauernopfer beruht auf der Idee, das Manöver ♖e3-h3 folgen zu lassen!

21...♖xd3 22.♗f1 ♖d7 23.♖e3

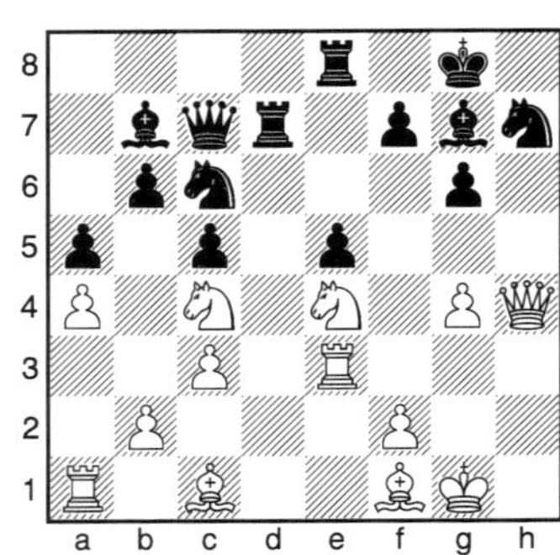

23...♘d8?

Das ist der entscheidende Fehler. Schwarz sollte den Bauern mit 23...g5! zurückgeben und könnte sich nach 24.♘xg5 ♘xg5 25.♕xg5 ♖d1 26.♖h3 ♗a6 erfolgreich verteidigen.

24.♖h3 ♗xe4

Auf 24...♘f8 folgt 25.♗h6! ♗xe4 26.♗xg7 ♔xg7 27.♕h8#.

25.♕xh7+ ♔f8 26.♗h6 f6 27.♖e1 ♕b7 28.g5 fxg5 29.♕h8+

Schwarz gab sich geschlagen.

Partie Nr. 14
Solomon – Szuveges
Suncoast 1999

1.e4 c5 2.♘f3 e6 3.d3 ♘c6 4.g3 g6 5.♗g2 ♗g7 6.0–0 ♘ge7 7.♖e1 d5 8.♘bd2 b6 9.exd5 ♘xd5 10.d4 cxd4 11.♘b3 ♗b7 12.♘fxd4!?

Die Alternative 12.♘bxd4 wird im einleitenden Text von Abspiel 2 besprochen.

12...♘xd4?

Schwarz sollte zuerst mit 12...0–0! seinen König sichern, wonach Weiß am besten zu 13.♘xc6 ♗xc6 14.♘d4 mit der Drohung c2-c4 greift.

13.♘xd4 ♖c8

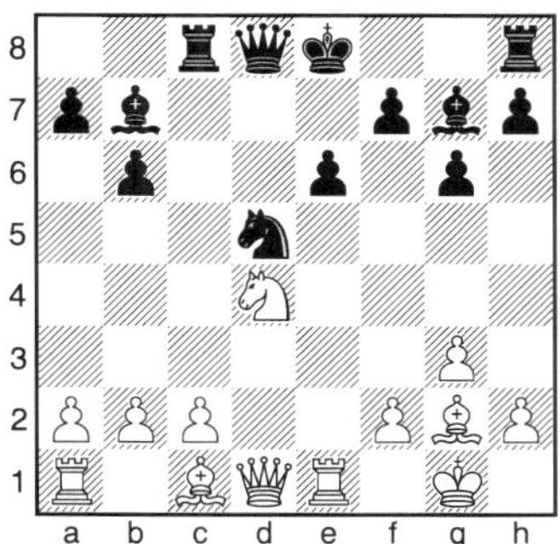

14.♖xe6+!

Mit diesem effektvollen Schlag will Weiß die Lage des noch im Zentrum befindlichen gegnerischen Königs ausnutzen.

14...fxe6

Schwarz konnte sich nicht zu dem besseren Verteidigungszug 14...♘e7 entschließen; z.B. 15.♗xb7 fxe6 16.♗e3

(Aber nicht 16.♗xc8? ♗xd4 17.♗h6 ♘xc8 18.♕e2 ♕f6, denn Schwarz bleibt mit einer Mehrfigur.)

16...♖c4

(Oder 16...♖c7 17.♕g4 ♗xd4 18.♗xd4 h5 19.♕e4 0–0 20.♕e5 ♘f5 21.♗c3 ♖xb7 22.♕h8+ ♔f7 23.♕h7+ ♔e8 24.♕xb7 mit weißem Vorteil.)

17.♘xe6 ♕xd1+ 18.♖xd1 ♗xb2 19.c3!

(Eine Remisvariante besteht in 19.♖d8+ ♔f7 20.♘g5+ ♔g7 21.♘e6+ mit Dauerschach.)

19...♗xc3

(19...♖xc3 20.♖d8+ ♔f7 21.♘g5+ ♔g7 22.♗d4+ +–)

20.♗a6 ♖g4 21.♗e2 h5 22.♗xg4 hxg4 23.♖d8+ ♔f7 24.♘g5+ ♔g7 25.♖d7 mit klarem weißem Endspielvorteil.

15.♘xe6 ♕d7 16.♘xg7+ ♕xg7

In dem Duell Howell–Soln, Bled 1995, geschah: 16...♔f7 17.♗h6 ♖hd8 18.♕e2 ♔g8 19.♕e5 ♘b4?

(Stärker war 19...♖xc2! 20.♘h5 ♕c7! 21.♕xc7 ♖xc7 22.♗xd5+ ♗xd5 mit etwa gleichem Endspiel.)

20.♘h5 ♖f8 (20...gxh5 21.♗h3!+–) 21.♗xf8 ♖xf8 22.♘f6+ ♖xf6 23.♕xf6 ♗xg2 24.♔xg2 ♘xc2 25.♖c1 ♕d5+ 26.♔g1 ♕d2 27.♕f4 mit weißem Gewinn.

17.♗xd5 ♗xd5 18.♕xd5 ♕d7 19.♕e5+ ♔f7 20.♗h6 ♖hg8 21.♖e1 ♖c5

Die Analyse nach der Partie ergab, dass 21...♖c6!? besser gewesen wäre.

22.♕f4+ ♕f5

Nach 22...♖f5 23.♕c4+ ♖d5 24.♖e5 ♖d8 25.♗g5 ♕d6 26.♕f4+ ♔g8 27.♖xd5 ♕xd5 28.♗xd8 ♕xd8 29.♕e4 hätte Weiß im Damenendspiel zwei Bauern mehr.

23.♕e3 ♕d7

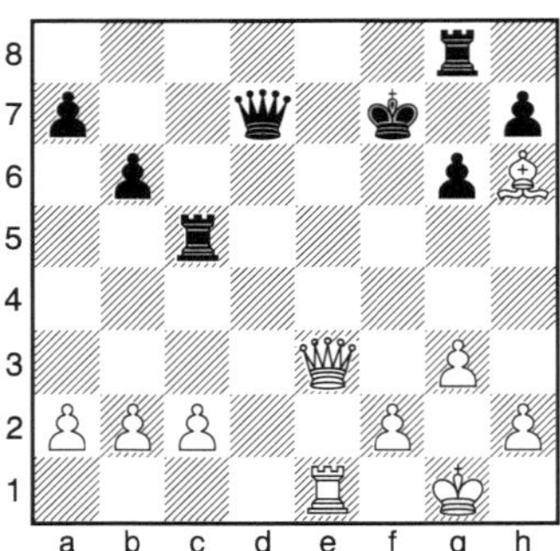

24.♕f3+

Die früher gespielte Partie Komliakow–Moskalenko, Noyabrsk 1995, nahm folgenden Verlauf: 24.b4 ♖c6 (24...♖d5!?) 25.b5 ♖e6 26.♕f4+ ♖f6 27.♕c4+ ♖e6 28.♖e4 ♖c8 29.♖f4+ ♔g8 30.h4 ♖ce8 31.a4 ♔h8 32.♔h2 ♔g8 33.♕b3 ♔h8? (Notwendig war 33...♕e7!?.) 34.♕f3! ♕e7 35.♖f7 mit weißem Gewinn.

24...♖f5 25.♖d1! ♕e7

Oder 25...♖xf3 26.♖xd7+ ♔e6 27.♖xa7 mit weißem Endspielvorteil.

26.♕b3+ ♕e6 27.♖d7+ ♔f6 28.♕c3+ ♖e5 29.♕d4! g5 30.♖d6 ♔e7 31.♖xe6+ ♔xe6 32.♕c4+ ♖d5 33.♕e4+ ♖e5 34.♕xh7

Schwarz gab sich geschlagen.

Abspiel 3

Die Fortsetzung 5...♗d6

1.e4 e6 2.d3 d5 3.♘d2 c5 4.♘gf3 ♘c6 5.g3 ♗d6

Dieser Aufbau (mit nachfolgendem ♘e7 und 0–0) sieht die unverzügliche Entwicklung des Königsflügels vor.

6.♗g2 ♘ge7 7.0–0 0–0

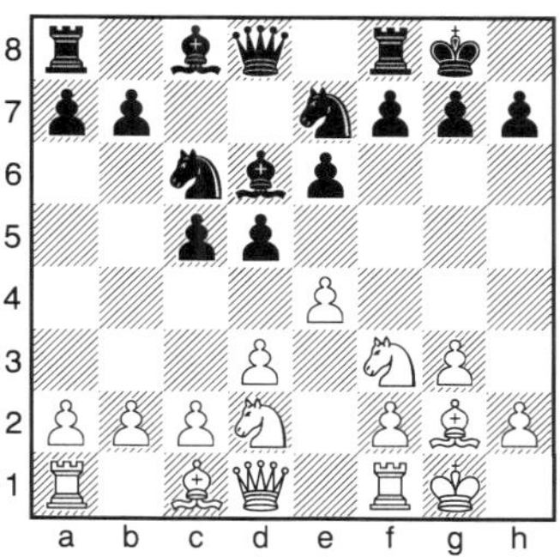

8.♘h4

Weiß bereitet den Vorstoß f2-f4 mit aktiven Absichten am Königsflügel vor. Dieser Ansatz hat ebenso viele Anhänger wie die traditionelle Fortsetzung 8.♖e1. Schauen wir uns einige Varianten zu dieser beliebten Alternative an.

A) 8...♕c7

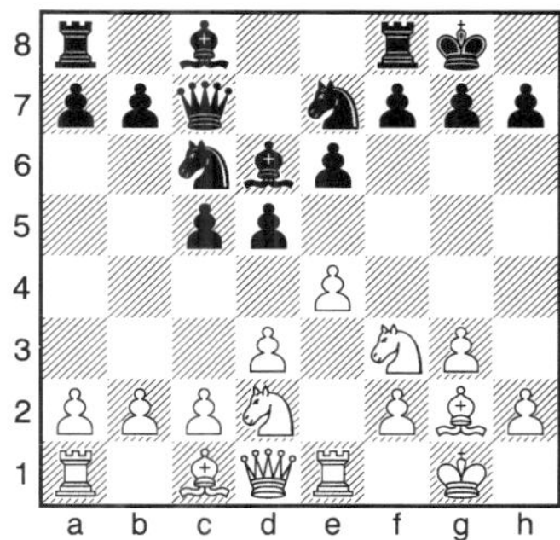

9.c3

(Der Vorstoß 9.h4 ist ein Patentzug, der praktisch in jeder Situation möglich ist; z.B. 9...♗d7 10.♕e2 f6 11.c3 b5 12.♘b3 dxe4 13.dxe4 e5 14.♗e3 ♘d8 15.c4 b4 16.a3 bxa3 17.♖xa3 ♘b7 18.♖a6 ♘c6 19.♖ea1 ♗e6 20.♘fd2 ♖fb8 mit beiderseitigen Chancen, Ziska-Della Pietra, Reykjavik 2017.)

9...d4

(In der Partie Fischer–Di Camillo, East Orange 1957, geschah: 9...♗d7 10.♕e2 f6 11.a3 ♖ae8 12.b4 b6 13.d4 cxd4 14.cxd4 dxe4 15.♘xe4 ♘d5 16.♗b2 ♕b8 17.♘fd2 ♘d8 18.♘xd6 ♕xd6 19.b5 ♗c8 20.a4 ♕d7 21.♗a3 ♖f7 22.♘c4 mit positionellem Vorteil für Weiß.)

10.cxd4 cxd4 11.a3 e5 12.b4

(Nach der Alternative 12.♘c4 mit der Eventualfolge 12...f6 13.♗d2 ♗e6 14.♖c1 ♘g6 15.h4 kann Weiß am Königsflügel aktiv werden.)

12...b5 13.♘b3 f6 14.♗d2 ♗e6 15.♘h4 ♖ac8 16.♖c1 Aufgrund der Felderschwäche c5 steht Weiß etwas besser. Nach schwachem gegnerischem Spiel konnte er die Partie allerdings gewinnen, Amin-Wageih, Tripolis 2009.

B) 8...f6

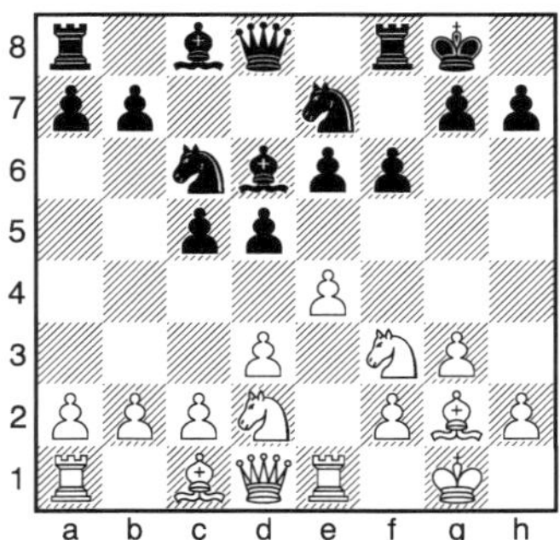

9.c3

(Möglich ist auch 9.exd5, um nach 9...exd5 mit 10.d4! energisch im Zentrum vorzugehen. Hingegen wird 9...♘xd5 mit 10.c4 ♘c7 11.a4 usw. beantwortet.)

9...d4

(9...♗d7 10.a3 a5 11.exd5 exd5 12.c4 ♗g4 13.cxd5 ♘d4 14.h3 ♗h5 15.♘c4 ♗xf3 16.♗xf3 b5 17.♘xd6 ♘xf3+ 18.♕xf3 ♕xd6 Hier hätte Weiß in der Partie Roy Chowdhury-Neverov, New Delhi 2017, mit 19.♗f4!? fortsetzen sollen; z.B. 19...♕xd5 20.♕xd5+ ♘xd5 21.♗d6 ♖fc8 22.♖ac1 c4 23.dxc4 bxc4 24.♖ed1 mit besserem Endspiel für Weiß.)

10.♘c4 ♗c7 11.cxd4 cxd4 12.♕b3 ♔h8 13.e5 (13.a4 e5!) 13...♖b8 14.a4 a6 15.♗d2 b5 16.axb5 axb5 17.exf6 gxf6

(17...bxc4 18.fxe7 ♖xb3 19.exd8♕ ♗xd8 20.♖ac1 ♖xb2 21.♖xc4 ♗d7 22.♗f4 ♗a5 23.♖f1 ♗c3 24.♘g5±)

18.♘a3 ♗d7 19.♘c2 e5 20.♘b4 Weiß hat die aktivere Figurenstellung.

C) 8...♗c7

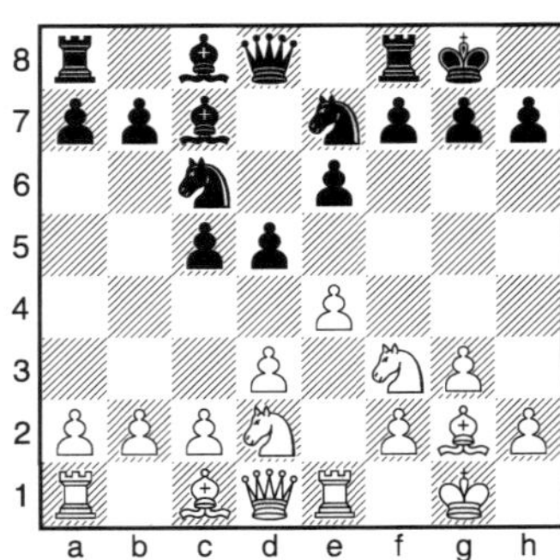

9.c3

(In einer Partie Radlovacki-Jakovljevic, Sarajevo 2017, folgte 9.exd5 exd5 10.d4 cxd4 11.♘b3 ♗g4 12.♘bxd4, und die sichere Blockade des Isolanis d5 sicherte dem Weißen einen kleinen Vorteil.)

9...♖b8

(Alternativen sind 9...d4 10.♘b3 ♗b6 11.e5 ♘a5 12.♘g5±, Bologan–Kasimdsanow, Evry 2008

– bzw. 9...b6 10.a3 a5 11.a4 ♗a6 12.♕c2 ♘g6 13.exd5 exd5 14.♘b3 ♘ce5 15.♘xe5 ♘xe5 16.♖d1 ♖c8 17.d4 ♘d3 18.♖xd3 ♗xd3 19.♕xd3 c4 20.♕f5 cxb3 21.♗xd5 g6 22.♕f3 ♔g7 23.♗xb3 ♗d6 24.h4 h5 25.♗g5 ♗e7 26.♗e3 ♗f6 27.♕f4 ♔g8 28.♕h6 1-0, Iwantschuk–Korobow, Doha 2016.)

10.a3 b5 11.e5

(11.b4!? c4 12.exd5 exd5 13.dxc4 dxc4 14.a4±)

11...d4 12.♘e4 dxc3 13.bxc3 ♘xe5 14.♘xc5 ♘d7 15.♘e4 ♗b7 16.a4 a6 17.axb5 axb5 18.♗a3 ♗xe4 19.dxe4 (19.♖xe4 ♘d5!) 19...♖e8 20.♖b1 ♘c6 21.♗f1 ♘de5 22.♘xe5 ♘xe5 23.♗xb5 ♕f6 24.♔g2 ♖ed8 25.♕e2 g5 26.h3 ♗b6 27.♖f1 Weiß hat Vorteil, weil Schwarz keine Kompensation für den geopferten Bauern erlangen konnte, Sadler–Peng, Haarlem 2013.

8...b6

Öffnet dem Läufer den Weg für die Entwicklung nach a6 oder b7. Andere Möglichkeiten sind:

I. 8...♗c7 Schwarz nimmt den Läufer nach c7 zurück, um die Kontrolle über seinen Zentrumsbauern d5 zu verstärken. 9.f4

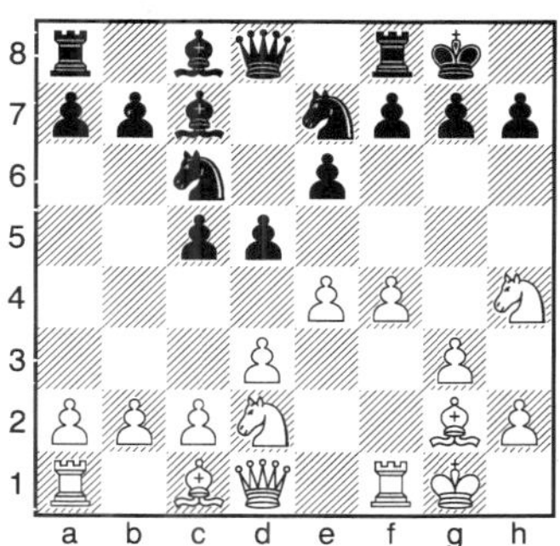

A) 9...dxe4 10.dxe4 f5

(Die Fortsetzung 10...b6 wird anhand der **Partie Nr. 15**: Gottardi–Harding, ICCF 1987, besprochen.

Hingegen sollte Weiß nach 10...f6 mit 11.c3 die Besetzung des Feldes d4 verhindern; z.B. 11...♖b8 12.♕e2 b5 13.♘b3 c4 14.♘c5 ♗b6 15.♗e3 mit dem Plan ♖a1-d1, ♕f2 und besserem Spiel für Weiß, Farah–Lima, Vitoria 2006.)

11.c3 ♖b8 12.exf5 exf5 13.♖e1 b5 14.a4 a6 15.axb5 axb5 16.♕e2 ♖f6 17.♘b3 ♖e6 18.♗e3! nebst ♖a1-d1 mit positionellem Vorteil für Weiß, Nevednichy–Florescu, Bukarest 1998.

B) 9...f5 10.exd5 exd5 11.♘df3 ♕d6 12.♖e1 ♗d7 13.c3

(In der Partie Stripunsky–Kriventsov, Boston 2001, verfolgte Weiß einen anderen Plan. Nach 13.♗e3 d4 14.♗f2 ♖ae8 15.c3 h6 16.cxd4 cxd4 17.♕b3+ ♔h7 18.♖e2 ♗b6 19.♖ae1 ♗a5 20.♘d2 ♗xd2 21.♖xd2 ♘a5 22.♕d1 ♘g6 23.♘f3

♖xe1+ 24.♕xe1 ♘c6 25.♖e2 hatte er die besseren Perspektiven, was letztlich zum Sieg führte.)

13...♗e6 14.♕e2 ♖f6 15.♘e5 ♖e8 16.♘hf3 ♘g6 17.d4 cxd4 18.cxd4 ♗a5 19.♖d1 ♘f8 20.♗e3 ♗c8 21.♘d2 ♗b6 22.♕b5 ♖d8 23.♘b3 ♘e6 24.♖ac1 mit weißem Vorteil, Rita–Paulino, ICCF 2010.

C) 9...f6 10.c3

(Auch 10.♘df3 ist spielbar, was über Zugumstellung zu weiter unten folgenden Varianten dieses Abspiels führen kann.)

10...♖b8 11.♕h5 b5 12.a3 ♗d7 13.♕e2 b4 14.axb4 cxb4 15.d4 bxc3 16.bxc3 dxe4 17.♘xe4 Da es im schwarzen Lager die Bauernschwächen a7 und e6 gibt, steht Weiß besser, Sevian–Popilski, Las Vegas 2015.

II. 8...♗e5 Diese Fortsetzung sieht paradox aus, weil Schwarz ein Tempo verliert. Jedoch besteht die Idee darin, den Läufer auf die lange Diagonale a1-h8 umzusetzen. 9.f4

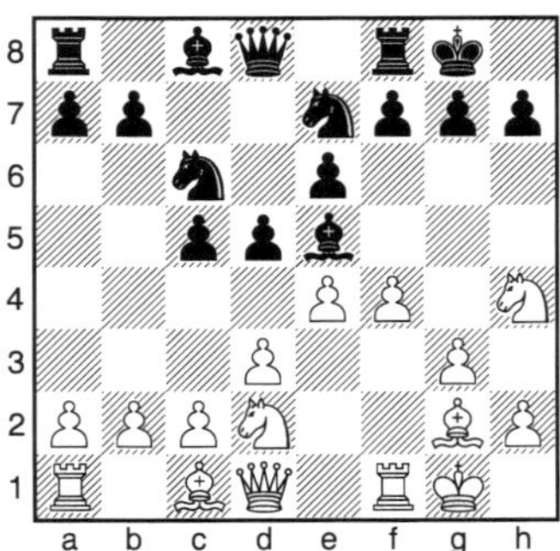

A) 9...♗d4+ 10.♔h1 ♗f6

(10...dxe4 11.dxe4 e5 12.c3 ♗e3 13.♕e2 exf4 14.gxf4 ♗xd2 15.♗xd2 ♘g6 16.♘f3 ♗g4 17.♕f2±, Dix–Wastell, Perth 1994)

11.♘hf3 g6 12.g4 ♗g7 13.♖g1 f5 14.gxf5 exf5 15.e5 ♕c7 16.h4 ♘d8 17.c3 ♘e6 18.♘f1 ♗h6 19.♘g5 ♗xg5 20.hxg5 b6 21.d4 In der Partie Szmetan–Garcia Gonzales, Bogota 1978, hatte Weiß sein Bauernzentrum verstärkt und verfügte über einen konkreten Angriffsplan am Königsflügel – nämlich ♗f3, ♔g2, ♖h1 usw.

B) 9...♗f6 10.♘hf3 g6 11.e5

(In Frage kommt 11.c3, um erst nach 11...♗g7 den Vorstoß 12.e5 folgen zu lassen.)

11...♗g7 12.♖e1 b5

(Nach 12...♖b8 kann Weiß 13.a4 a6 14.♘b3 b6 15.♗e3 usw. spielen.)

13.♘f1 a5 14.♗e3 (14.a4!? b4 15.♗e3±) 14...♕b6 15.♗f2 b4 16.c4

(Auf 16.g4 kann 16...f6 mit guten Gegenchancen folgen.)

16...dxc4 17.dxc4 ♖d8 18.♕a4 ♖b8 19.♘1d2 ♘f5 20.♘b3 ♗f8 21.g4 ♘h6

(21...♘fd4? 22.♘fxd4 ♘xd4 23.♕xa5±)

22.h3 Weiß hat die besseren Aussichten, denn seine Figuren besetzen aktivere Posten, und im schwarzen Lager gibt es die unschönen Bauernschwächen auf a5 und c5.

III. 8...dxe4 9.♘xe4

(Mit 9.dxe4 ♘g6 10.♘xg6 hxg6 11.♘c4 ♗c7 12.♕xd8 ♖xd8 13.c3 b5 erreicht Weiß nichts, denn offenbar hat Schwarz gutes Spiel, Kolanovic-Zovko, Bosnjaci 2016.)

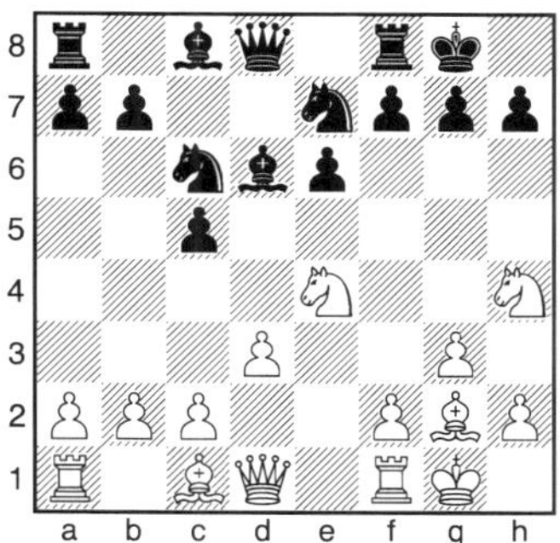

A) 9...f5 10.♘xd6 ♕xd6 11.♖e1 ♗d7

(Auf 11...e5 sollte Weiß aktiv 12.f4! spielen.)

12.♘f3 e5

(Schwarz muss seine Kräfte präzise entwickeln. Denn auf den fehlerhaften Versuch 12...♖ae8? folgte in der Partie Karakehajov-Tonchev, Sunny Beach 2013: 13.♗f4 e5 14.♘xe5! ♘xe5 15.♗xe5 ♕b6 16.d4 c4 17.d5 ♘g6 18.♗c3 ♖xe1+ 19.♕xe1 f4 20.♕d2. In Anbetracht des gesunden Mehrbauern hat Weiß eine klare Gewinnstellung.)

13.c3 Nun kann Weiß, je nachdem, wie Schwarz fortsetzt, mit 14.♕b3+ oder 14.b4 oder sogar mit 14.♗g5 fortfahren und gute Aussichten erhalten.

B) 9...♘d5 10.♘xd6 ♕xd6 11.♖e1 b6 12.b3 ♗b7 13.♗b2 f5 14.♘f3 ♖ae8 15.♘e5 Da Weiß den Punkt e5 beherrscht, steht er besser, Rathnakaran-Prakash, Dindigul 2007.

IV. 8...b5 9.a4

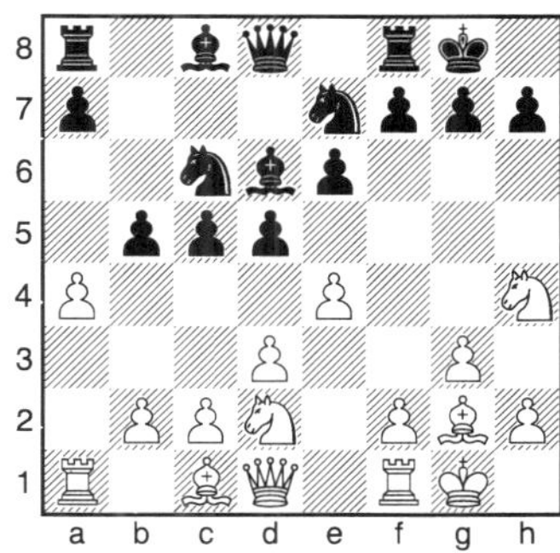

A) 9...b4 10.f4

(Mittels 10.♖e1!? kann Weiß die Spannung auch noch aufrecht erhalten.)

10...f5 11.exf5 exf5 12.♘df3 h6 13.♖e1±, Diez del Corral-Garcia Gonzales, Buenos Aires 1978.

B) 9...bxa4 10.f4 f6 11.♖xa4 d4 12.♘c4 e5 13.f5 ♗c7 14.g4 ♗d7 15.♖a3 ♘c8 16.♖f3 ♔f7 17.♖g3 ♔e7 18.g5 mit weißem Vorteil in der Partie Ciobanu-Paulet, Baile Tusnad 2005.

V. 8...g5 9.♘hf3 ♘g6 10.♘e1 ♗e7

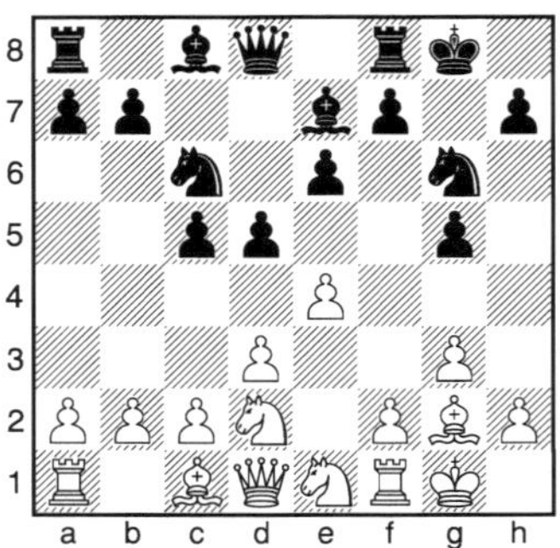

A) 11.♕h5 d4 12.♘df3 f6 13.h4 gxh4 14.♘xh4 ♘xh4 15.♕xh4 ♔h8 16.♗h6 ♖g8 17.f4 ♗f8 18.♔f2 ♗xh6 19.♕xh6 ♖g6 20.♕h5 c4 21.♖h1 ♖g7 22.dxc4 e5 23.♘d3 (Zu beachten ist 23.f5!?.) 23...♗e6 24.b3 ♕a5 Hier hätte Weiß in der Partie Drabke–Bronznik, Seefeld 2004, 25.f5!? spielen sollen, denn nach Turmverdopplung in der h–Linie erhält er gute Angriffschancen.

B) 11.c3 d4 (Zu überlegen ist 11...f5!?.) 12.a4 e5 13.♕h5 ♔h8 14.♘c4 ♗e6 15.♗h3 ♗xh3 16.♕xh3 ♘a5 17.♘xa5 ♕xa5 18.c4 ♖g8 19.♘g2 Weiß bereitet den aktiven Vorstoß f2-f4 vor.

VI. 8...♗d7 9.f4 f5 10.c3 ♖c8 11.♘b3 ♘a5 12.♗e3 ♗a4 13.♕e2 ♘xb3 14.axb3 ♗xb3 15.exf5 exf5 16.♖xa7 ♕b6 17.♖fa1 ♘c6 18.c4!

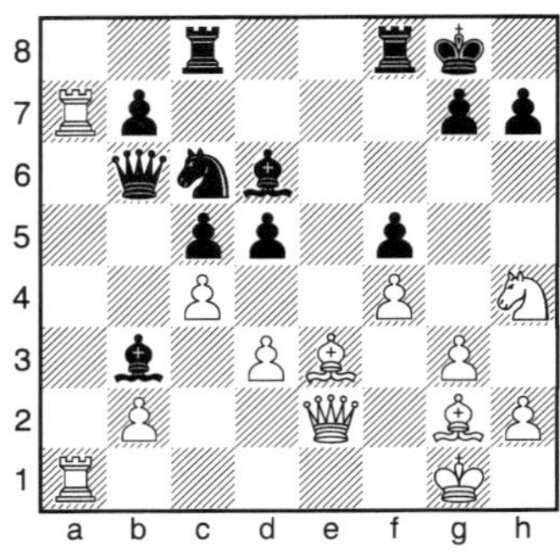

A) 18...♘xa7 19.♗xd5+ ♖f7 (19...♔h8 20.♘g6+! hxg6 21.♕g2 In der Partie Kulkarni–Sengupta, Bhopal 2013, gab Schwarz sich in Anbetracht der Folge 21...♗xf4 22.♕h3+ ♗h6 23.♗xh6 nebst schnellem Matt geschlagen.)

20.♗d2!

(Stark ist auch 20.♘xf5!?.)

20...♗f8 21.♘f3 Weiß hat eine Gewinnstellung.

B) 18...♘b4 19.♗d2! ♖ce8 20.♕f2 ♗b8 21.♖7a3 dxc4 22.♗xb4 ♕xb4 23.♗d5+ ♔h8 24.♘g6+! hxg6 25.♕f1 ♗xf4 26.gxf4 ♖e3 27.♕f2 ♖h3 28.♖a8 Schwarz sollte verlieren.

VII. 8...♕c7 9.f4 f6

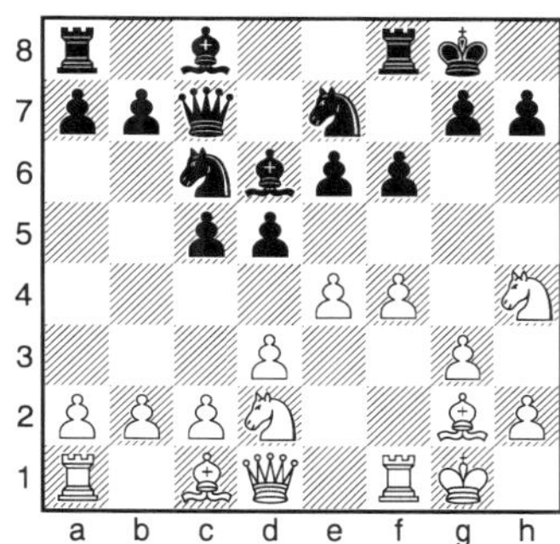

A) 10.♖e1 ♗d7 11.exd5

(Nach 11.♘f1 kann Schwarz mittels 11...d4 das Zentrum blockieren und nach der Folge 12.♗h3 b5 13.♘d2 ♔h8 14.♘df3 e5 15.♗xd7 ♕xd7 16.f5 c4 Gegenspiel erhalten, Pablo Marin–Akesson, Sabadell 2017.)

11...exd5 (11...♘xd5 12.♘c4 ♗e7 13.f5±) 12.c4 ♘b4 13.♘f1 d4 14.a3 ♘bc6 15.♘d2 g5 16.fxg5 fxg5 17.♘hf3 h6 18.♘e4 Weiß hat gute Angriffschancen am Königsflügel, und Schwarz muss immer mit dem Einschlag auf g5 rechnen, Diamant–Sebenik, Chanty-Mansijsk 2010.

B) 10.c3 a6 11.♖e1 b5 12.exd5 exd5 13.♕h5 f5?

(Notwendig war 13...g6!, worauf 14.♗xd5+ nicht ginge, denn nach 14...♔g7 15.♕f3 ♘xd5 16.♕xd5 c4 17.d4 ♘xd4! 18.cxd4 ♗b7 würde Schwarz gewinnen.)

14.♘df3 h6 15.♘g6 ♘xg6 16.♕xg6 ♗d7 17.♘g5 hxg5 18.♗xd5+ ♔h8 19.♕h5#, Li–Narayanan, Internet 2017.

C) Die Alternative 10.♘df3 werden wir anhand der **Partie Nr. 16**: Gazik–Stoleriu, Montevideo 2017, analysieren.

9.f4

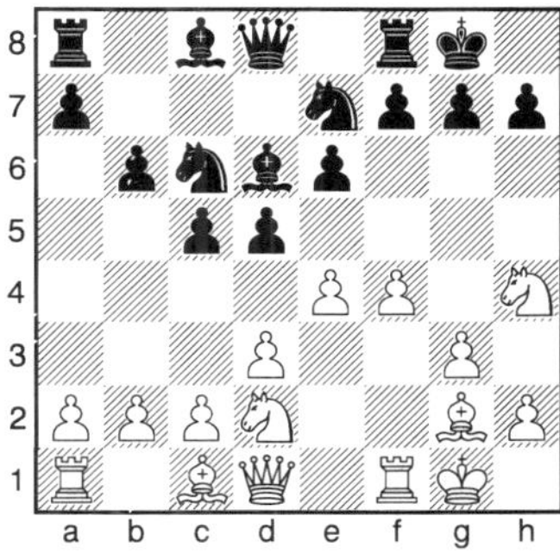

9...dxe4

Durch Vereinfachung der Zentrumsstellung hofft Schwarz auf Gegenspiel. Nach 9...f6 kann Weiß 10.♘df3 spielen; z.B. 10...♗c7

(Oder 10...d:e4 11.d:e4 ♗a6 12.♖f2 mit der Absicht, den Turm zwecks Druckentwicklung in der offenen Linie nach d2 zu stellen.)

11.♕e2

(Die starke Fortsetzung 11.♕e1 werden wir anhand der **Partie Nr. 17**: Jaracz–Haba, Koszalin 1999, erörtern.)

11...a5 12.♗d2 ♔h8 13.♖ad1 ♗a6 14.e5 ♘f5 15.exf6 ♕xf6 16.♗c3

♘fd4 17.♕f2 b5 18.♗xd4 cxd4 19.♖de1 ♖ae8 20.♗h3 ♗c8 21.♕g2 ♕e7 22.♘g5 Angesichts der Schwäche e6 hat Weiß Positionsvorteil, Polaczek–Finegold, Belgien 1991.

Oder 9...f5 10.exf5 exf5 11.♘df3

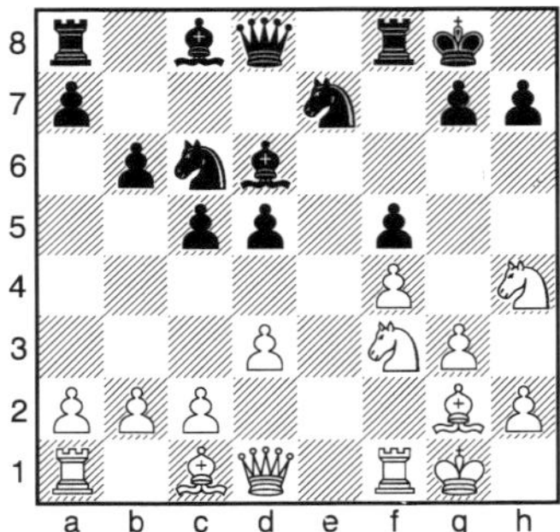

11...♗b7

(In dem Duell Dworetski–Tchechow, UdSSR 1987, erlangte Weiß nach 11...♕c7 12.c3 ♗a6 13.♖e1 ♖ae8 14.♗e3 h6 15.d4 die Herrschaft über den Punkt e5 für seine Leichtfiguren, was ihm Vorteil garantierte.)

12.♖e1 ♖f6 13.c3 d4 14.c4 ♕d7 15.♗d2 ♖e8 16.♕a4 ♖d8 17.a3 ♘e5 18.♕xd7 ♘xf3+ 19.♘xf3 ♖xd7 20.b4 ♘g6 21.b5 ♖f8 22.a4 ♖dd8 23.a5 ♖fe8 24.axb6 ♖xe1+ 25.♗xe1 axb6 26.♖a7 ♗c8 27.♘e5!

Ein Bauernopfer, um den Läufer e1 zu aktivieren.

27...♘xe5 28.fxe5 ♗xe5 29.♗d2 f4 30.♗d5+ ♔h8 31.♗xf4 ♗xf4 32.gxf4 ♗f5 33.♖b7! g5

(Nach 33...♗xd3 34.♖xb6 erhält der b–Bauer freie Fahrt zum Umwandlungsfeld.)

34.♖xb6 ♗xd3 35.fxg5 ♗g6 36.♔f2 d3 37.♔e3 1-0, Konikowski–Ambrosewicz, Fernpartie 1970.

10.dxe4 ♗a6

Jetzt wird die Konsequenz des Schlagens auf e4 ersichtlich: Der Läufer kann auf der freien Diagonale a6-f1 unangenehm in die gegnerische Stellung hineinleuchten.

11.♖e1

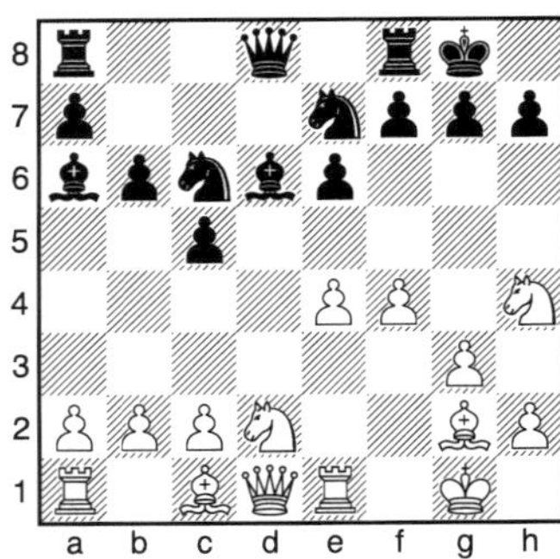

11...♗c7

Zwei alternative Varianten verdienen Beachtung:

I. 11...c4 12.c3!

So schränkt Weiß die Aktivität des Läufers a6 ein.

12...♘a5 13.e5 ♗c5+ 14.♔h1 ♘d5 (14...♖c8 15.b4!) 15.♘e4 ♗b7 16.♕h5! (16.♘xc5!? bxc5 17.f5±)

16...♘e7 17.g4! ♗xe4 18.♗xe4 g6 19.♕h6 ♘d5 20.f5! ♖e8 21.fxg6 fxg6 22.♘xg6! ♕d7

(Oder 22...hxg6 23.♕xg6+ ♔f8 24.♖f1+ mit Matt.)

23.♘f4 ♖ad8 24.♘h5 ♔h8 25.♘f6 ♘xf6 26.exf6 ♖g8 27.♗f4 ♖xg4 28.♖ad1 ♖dg8 (28...♕xd1 29.♕xh7#) 29.f7! 1-0, Fischer-Ivkov, Santa Monica 1966.

II. 11...e5 12.f5 c4 13.♗f1 ♘a5 14.c3 ♕c8 15.f6 gxf6 16.♕h5 ♔h8 17.♘df3 ♘g6 18.♘f5 ♗c5+ 19.♔h1 ♗b7 20.♗g5! ♕e6 (20...fxg5 21.♘xg5+-) 21.♗xf6+ ♕xf6 22.♘g5 Weiß steht auf Gewinn, Sale-P.Nikolic, Sarajevo 2017.]

12.c3

Ein wichtiger Zug, mit dem Weiß die Besetzung des Feldes d4 durch gegnerische Figuren verhindert. Nach 12.e5 ♕d4+ 13.♔h1 ♖ad8 hat Schwarz gute Gegenchancen.

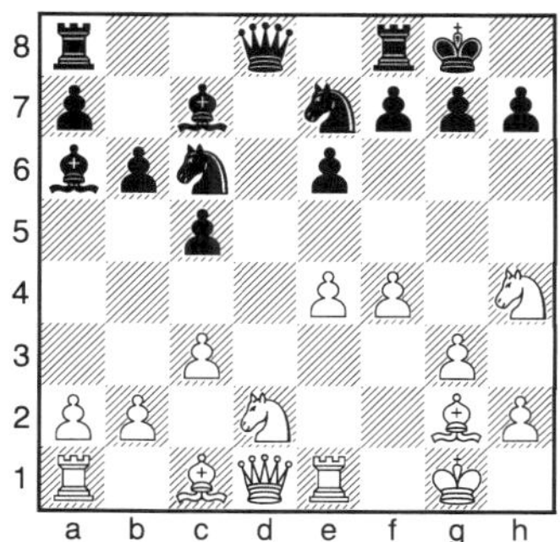

12...♗d3!

In der Diagonale mit Blick nach h7 steht der Läufer aktiv und kann gleichzeitig die Position des eigenen Königs verteidigen. Problematisch ist nun die Folge 12...♕d7 13.e5 ♖ad8 14.♕h5 mit den Abspielen:

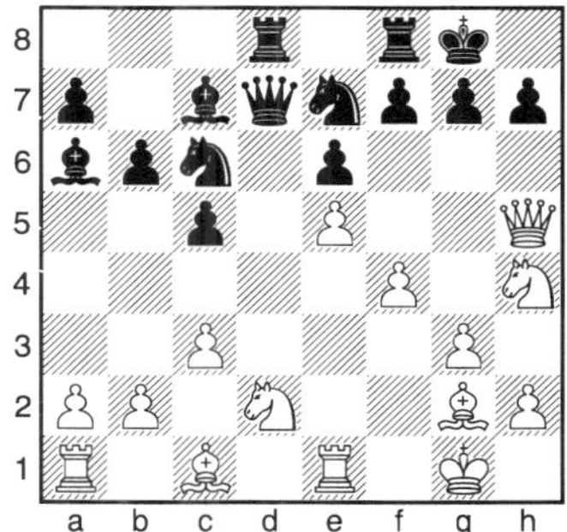

A) 14...♗d3 15.♘e4 c4

(15...♕e8 16.♘f6+ gxf6 17.exf6 ♔h8 18.f5 ♖g8 19.fxe7 ♘xe7 20.♗g5+-)

16.♘f6+ gxf6 17.exf6 ♔h8 18.♕h6 ♖g8 19.fxe7 ♘xe7 20.♗e3 mit der starken Drohung ♗d4+; z.B. 20...e5 21.♕f6+ ♖g7 22.fxe5 ♘g8 23.♕f4 f6 24.♗d4 und Weiß steht auf Gewinn.

B) 14...♘g6 15.♘e4

(Eine Alternative besteht in 15.♘hf3!? ♘ce7 16.♘e4 usw.)

15...♘xh4 16.♕xh4 ♘e7 17.♗e3 ♘f5 18.♕g5 ♕d3 19.♘f6+ ♔h8 20.♗e4 mit weißer Initiative am Königsflügel.

C) 14...f5 15.exf6 ♖xf6?

(Danach verliert Schwarz Material. Besser war 15...gxf6, obwohl Weiß nach 16.♕g4+ ♔f7 17.♘e4 klar besser stünde.)

16.♘e4 ♖h6 (16...♖ff8 17.♘g5+–) 17.♕xh6! gxh6 18.♘f6+ ♔f7 19.♘xd7 ♖xd7 20.f5 mit entscheidendem Angriff, Lerner–Dolmatow, UdSSR 1985.

13.e5

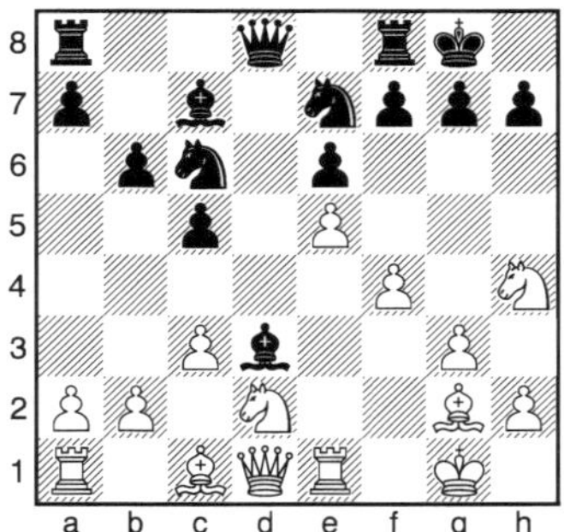

13...♕d7

Schwarz plant, mittels ♖d8 den Druck in der d-Linie zu verstärken. In Frage kommt auch 13...b5!? mit dem Plan der maximalen Aktivierung aller Kräfte nach dem Schema c4, ♗b6+ und ♘d5. Auf weißer Seite wird der Läufer d3 auch den Königsflügel im Auge halten; z.B. 14.♘e4 c4 15.♗e3 ♘d5 16.♗f2 ♗b6 (16...b4!?) 17.♘c5 b4 18.♘xd3 cxd3 19.♕xd3 ♗xf2+ 20.♔xf2 ♕b6+ 21.♔f1 ♖ad8 22.♗xd5 bxc3 23.bxc3 ♖xd5 24.♕e3 ♕b5+ 25.♕e2 ♕c5 26.♘f3 ♖fd8 (26...♕xc3?? 27.♖ac1+–) 27.♖ac1 und Weiß hat einen Bauern mehr, aber dieser Vorteil ist praktisch kaum zu verwerten. Die Stellung ist in dynamischem Gleichgewicht.

Spielbar ist übrigens auch 13...c4!?, was unter Zugumstellung zu bereits weiter oben analysierten Varianten führt.

14.♘e4 ♖ad8

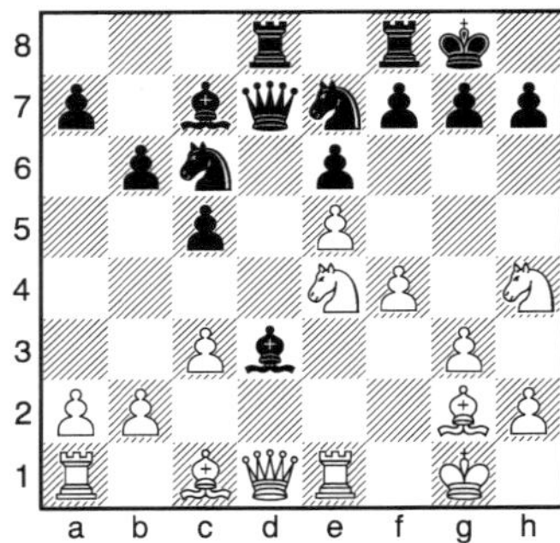

15.♕g4

Wie üblich wird die Dame am Königsflügel aktiv.

15...♗xe4

Die Beseitigung des Springers soll die Aktivität der weißen Figuren eindämmen, obwohl Schwarz auf den Überfallversuch 16.♘f6+ einfach mit ♔h8 reagieren könnte. Zu probieren war also 15...♔h8, wonach Weiß schleunigst die Entwicklung seines Damenflügels beenden sollte. Nach etwa 16.♗e3

♘f5 17.♖ad1 c4 18.♘f2 hat Weiß seine Kräfte elastisch postiert.

16.♗xe4 ♘g6 17.♘f3 ♘ce7

Nach 17...f5 18.exf6 ♖xf6 19.♘g5 steht Weiß klar besser und es droht schon der Einschlag auf h7.

18.♗c2 ♘f5 19.♘g5

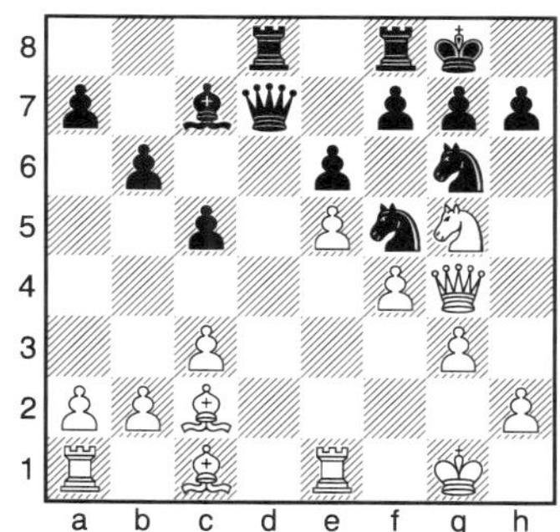

19...♖fe8

Der Versuch 19...f6 scheitert an 20.♘xe6! ♘h6 (20...♕xe6 21.♗xf5+–) 21.♕h3 ♖de8 22.♗b3 ♔h8 23.♖d1 ♕c8 24.f5 ♘xe5 (24...♘xf5 25.♘xf8+–) 25.♘xf8 mit weißem Vorteil.

20.♕h5 ♘h6

Auf 20...h6 folgt 21.♘xe6! ♘xe5 22.♘xd8 ♘f3+ 23.♕xf3 ♖xe1+ 24.♔f2 ♘e3 25.♗d3 ♕xd3 26.♔xe1 ♘c2+ 27.♔f2 ♕xd8 28.♖b1 und Weiß hat eine Qualität mehr.

21.h4 b5 22.♔h2 b4 23.♕e2 ♘f5 24.h5 ♘f8 25.♘e4 ♕c6 26.g4 ♘e7 27.h6 ♘d7 28.hxg7 ♔xg7 29.♔g3

Weiß hat mehr vom Spiel, denn ihm steht ein einfacher Plan zur Verfügung – nämlich mit ♖h1 usw. einen Königsangriff zu organisieren, Dolmatow–Lautier, Polanica Zdroj 1991.

Zusammenfassung:

Das Manöver 8.♘h4 (statt 8.♖e1) mit dem klarem Plan, den Vorstoß f2-f4 folgen zu lassen, gibt dem Weißen gute Angriffsmöglichkeiten am Königsflügel.

Beispielpartien

Partie Nr. 15

Gottardi – Harding

Fernpartie 1987

1.e4 e6 2.d3 d5 3.♘d2 c5 4.♘gf3 ♘c6 5.g3 ♗d6 6.♗g2 ♘ge7 7.0–0 0–0 8.♘h4 ♗c7 9.f4 dxe4 10.dxe4 b6

Zu 10...f5 siehe Abspiel 3.

11.e5 ♗a6

Hier ist ein lehrreiches Beispiel über die Konsequenzen, wenn Schwarz seinen Läufer nach b7 entwickelt.

11...♗b7 12.c3 ♘a5 13.♗xb7 ♘xb7 14.♕f3 ♕d5 15.♘e4 b5?

(Schwarz sollte zuerst mit 15...♖ad8!? seine Entwicklung beenden.)

16.♗e3 ♗b6 17.♖ad1 ♕c6 18.f5! ♘d5 19.f6 g6 20.c4

(Es ging auch sofort 20.♖xd5! exd5 21.♕f4 c4 22.♗d4 ♔h8 23.♕h6 ♖g8 24.♘g5 mit Matt.)

20...bxc4 21.♖xd5! 1-0, Dujkovic–Prastalo, Jahorina 2001.

12.♖e1 ♕d7 13.♕h5!

Das unmissverständliche Signal zum Angriff!

13...♕d4+ 14.♔h1 ♕f2 15.♘hf3 ♖ad8?

Das ist ein Fehler, weil Weiß nun starke Initiative am Königsflügel entwickeln kann. Auch nach 15...♘d4 16.♘e4 ♕xc2 17.♘xd4 cxd4 18.♗d2! hätte Weiß die beiden starken Drohungen ♖a1-c1 und ♗b4. Am besten war jedoch 15...♘f5!? mit Rettungschancen.

16.♘e4! ♕xc2 17.♘fg5 h6

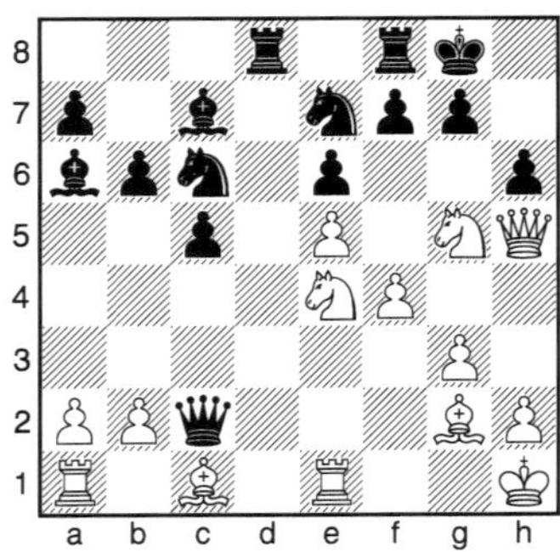

18.♘f6+!

Das ist eigentlich ein Standard-Springeropfer.

18...gxf6

Oder 18...♔h8 19.♘xf7+ ♖xf7 20.♕xf7+–.

19.♗e4 ♗d3

19...♕f2 20.♗e3!+–

20.♕xh6! ♗xe4+ 21.♘xe4 ♘d5 22.exf6

Schwarz gab auf.

Partie Nr. 16
Gazik – Stoleriu
Montevideo 2017

1.e4 e6 2.d3 d5 3.♘d2 c5 4.♘gf3 ♘c6 5.g3 ♗d6 6.♗g2 ♘ge7 7.0–0 0–0 8.♘h4 ♕c7 9.f4 f6 10.♘df3

Weiß bringt seine Reserven gegen den schwarzen König ins Spiel. Andere Züge wurden im einleitenden Text zu Abspiel 3 erwähnt.

10...♗d7

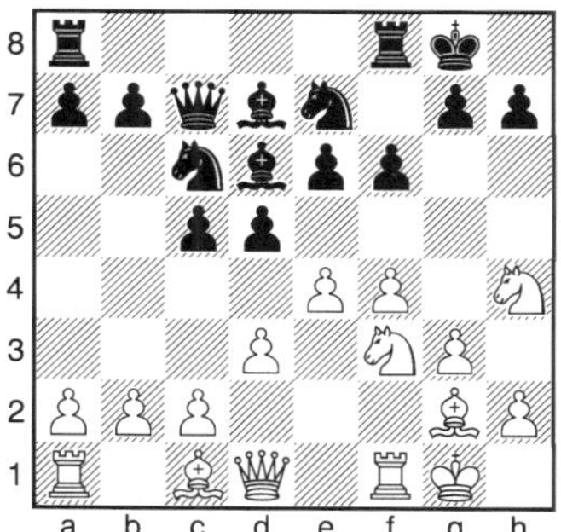

11.♕e2

So wird üblicherweise gespielt, weil dies eindeutig das beste Feld für die Dame ist. In dem Duell Lahtinen–Vestly, Kallithea 2002, wählte Weiß einen anderen Plan, der ihm nach 11.c3 c4 12.♗e3 b5 13.dxc4 bxc4 14.exd5 ♘xd5 15.♗f2 ♖ab8 16.♕e2 ♘ce7 17.♖ad1 ♗c5 18.♘d4 ♖b6 19.♖d2 ♖fb8 20.♗h3 e5 21.♗xd7 ♕xd7 22.fxe5 fxe5 23.♕xe5 Vorteil einbrachte.

11...d4

Anders verlief die Kurzpartie Gudmundsson–Halldorsson, Reykjavik 2010: 11...♘d4 12.♕f2 ♘xf3+ 13.♘xf3 ♘c6 14.♘h4 ♘e7 15.♗h3 ♖ac8 16.♕e2 d4 (16...e5!?) 17.c4 ♘g6 18.♘xg6 hxg6 19.♗d2 ♖ce8 20.a3 ♗c6 21.b4 b6 22.b5 ♗b7 23.a4 e5 24.f5 ♗c8?? (24...♕f7!?) 25.fxg6 1-0.

12.b3 ♖ac8 13.a4 a6 14.♗h3 e5 15.♗xd7 ♕xd7 16.f5 b5 17.♗d2 ♘d8 18.axb5 axb5 19.♘g2 c4 20.bxc4 bxc4 21.g4!

Das ist die Einleitung einer Aktion gegen den schwarzen König.

21...♘dc6 22.g5 ♕e8 23.♘fh4 fxg5?

Wie sich in der Folge zeigen wird, verhilft diese Entscheidung dem Weißen zur Entwicklung gefährlicher Initiative am Königsflügel. Ohne Zweifel besser war 23...cxd3!? 24.cxd3 ♔h8 25.g6 h6 26.♕h5 ♘g8 27.♖fb1 ♕d7 mit einer starken schwarzen Verteidigungsbastion.

24.♗xg5 h6

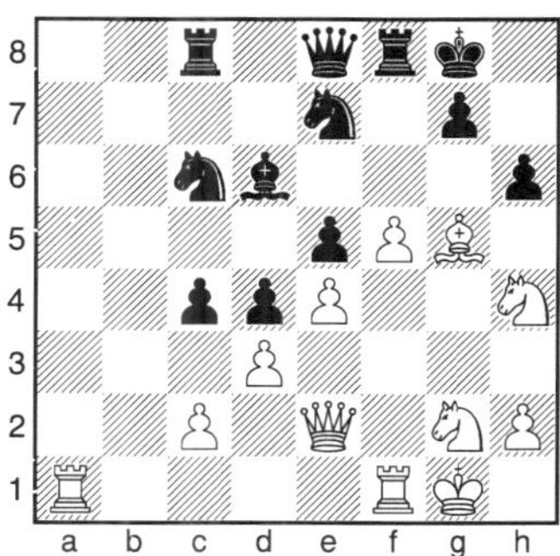

25.♗xh6!

Mit dieser präzisen Kombination erzwingt Weiß den Übergang zu einem vorteilhaften Spiel.

25...gxh6 26.f6 ♔h7 27.fxe7 ♗xe7

Zu probieren war 27...♘xe7 28.♕g4 ♖xf1+ 29.♖xf1 cxd3 30.cxd3 ♕g8 usw.

28.♖xf8 ♕xf8 29.♖f1 ♕g7

Höchstens 29...♕e8!? war noch einen Versuch wert.

30.♕h5 ♗xh4

Auch 30...♖f8 31.♖xf8 ♗xf8 32.♕f5+ ♔h8 33.♘g6+ ♔g8 34.♕e6+ verliert, denn Weiß gewinnt Material.

31.♖f7!

Auch nun geht Material verloren, wonach die Partie entschieden ist.

31...♗f2+ 32.♔h1 ♖f8 33.♕f5+ ♔g8 34.♖xg7+ ♔xg7 35.♕d7+ ♖f7 36.♕xc6 ♖a7 37.♕xc4 ♖a1+ 38.♘e1 ♖xe1+ 39.♔g2 ♗e3 40.♕c7+ ♔g6 41.♕xe5 ♖e2+ 42.♔g3 ♖xc2 43.♕f5+ ♔g7 44.e5 ♖c7 45.e6 ♖e7 46.h4 ♗d2 47.♕e5+ ♔g8 48.♕d6 ♗e1+ 49.♔h3 ♖g7 50.♕d8+ ♔h7 51.e7 Schwarz kapitulierte.

Partie Nr. 17
Jaracz – Haba
Koszalin 1999

1.e4 e6 2.d3 d5 3.♘d2 c5 4.♘gf3 ♘c6 5.g3 ♗d6 6.♗g2 ♘ge7 7.0–0 0–0 8.♘h4 b6 9.f4 f6 10.♘df3 ♗c7 11.♕e1

Die Alternative 11.♕e2 wurde im einleitenden Text von Abspiel 3 besprochen.

11...♖b8 12.♗e3 e5 13.f5!

Mit diesem Zug nimmt Weiß mehr Raum für weitere aktive Handlungen am Königsflügel.

13...♗a6 14.♘d2 c4

Dieser Vorstoß bringt das Zentrum in Bewegung. Nach hingegen 14...d4 15.♗f2 würde das Spiel geschlossen weitergehen, wobei Weiß einen simplen Plan verfolgen könnte, nämlich g4, ♘f3, h4 und g5!

15.dxc4 d4

Nach 15...dxc4 16.c3 stünde der Läufer auf a6 ziemlich nutzlos.

16.♗f2 b5

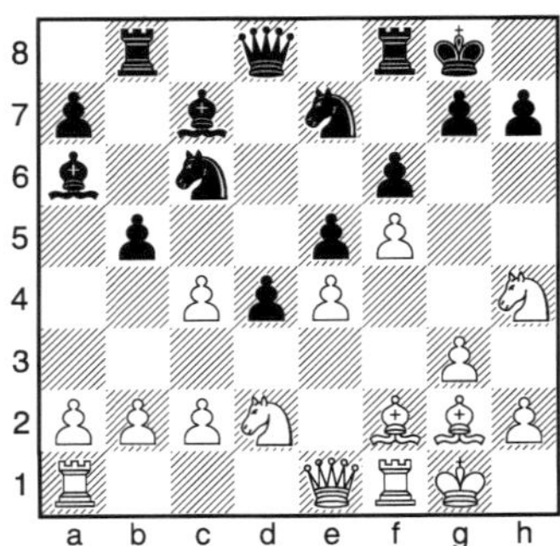

17.c5!

Das ist eine ebenso mutige wie auch logische Entscheidung. In einer eher geschlossenen Stellung bekommt Weiß für die geopferte Qualität die weißen Felder unter Kontrolle und erhält somit gute Angriffsmöglichkeiten am Königsflügel.

17...b4 18.♕d1 ♗xf1 19.♗xf1 ♘a5 20.♘b3 ♘ec6

Auch die folgende Beispielvariante illustriert eben jene Angriffschancen: 20...♘xb3 21.axb3 ♘c6? (21...a5!) 22.♗c4+ ♔h8 23.♘g6+! hxg6 24.fxg6 und das Spiel ist aus!

21.♗e1 ♖f7 22.♘xa5 ♘xa5 23.a3 bxa3 24.b4! ♘c6 25.b5 d3

Schwarz bereitet eine Falle vor.

26.♗xd3!

Es hat nicht geklappt! Schwarz erwartete wohl 26.bxc6? dxc2! 27.♕xd8+

(Nach 27.♕xc2? ♕d4+ geht der Turm verloren.)

27...♗xd8 28.♗d3 ♖b2 mit der entscheidenden Drohung a3-a2.

26...♘b4??

Ein schrecklicher Fehler, der zur sofortigen Niederlage führt. Notwendig war 26...♘d4, wonach Schwarz noch Widerstand leisten konnte.

27.♗c4 ♘xc2 28.♕xc2 ♕d4+ 29.♔g2 ♕xa1 30.♗xf7+ ♔xf7

31.♕c4+ ♔f8

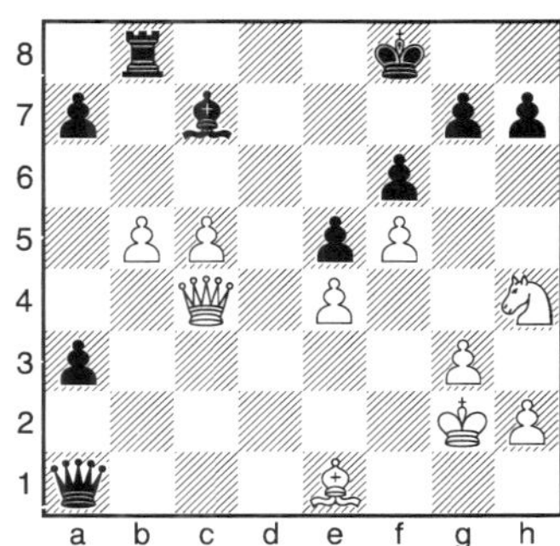

32.♘g6+!

Weiß krönt seinen Angriff mit einer eleganten Schlusskombination.

32...hxg6 33.fxg6 ♔e8 34.♕e6+ ♔d8 35.c6 Angesichts der Folge 35...♕d4 36.♕g8+ ♔e7 37.♗b4+! ♕xb4 38.♕f7+ ♔d6 39.♕d5+ ♔e7 40.♕d7+ ♔f8 41.♕f7# gab Schwarz sich geschlagen.

Abspiel 4

Die Fortsetzung 7...0–0

1.e4 e6 2.d3 d5 3.♘d2 ♘f6 4.♘gf3 c5 5.g3 ♘c6 6.♗g2 ♗e7 7.0–0 0–0

Die kurze Rochade wird an dieser Stelle sehr oft gespielt. Bevor Schwarz seine Damenflügelbauern nach vorne treibt, sichert er zunächst seinen König und lässt seinen Hauptplan zur Erlangung von Gegenspiel erst später folgen.

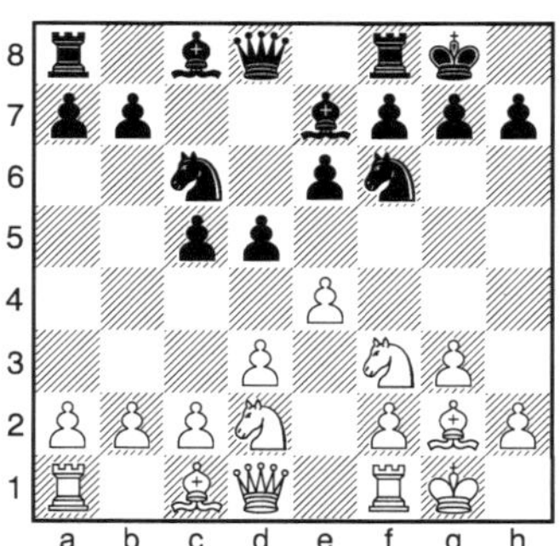

8.♖e1

Das ist praktisch der Standardzug. Weiß bereitet den Vorstoß e4-e5 vor, wonach der Turm die weiße Sturmspitze sicher verteidigen wird. Möglich ist auch 8.♕e2 oder 8.e5 ♘d7 9.♖e1, was beides über Zugumstellung zur Hauptvariante führen kann. Schauen wir uns zunächst einige Varianten an, in denen Schwarz auf die Postierung der Dame auf c7 verzichtet und stattdessen gleich am Damenflügel vorgeht. Nach 9...b5 10.♘f1 entsteht das für diese Eröffnung typische Spiel an entgegengesetzten Flügeln in geschlossener Position.

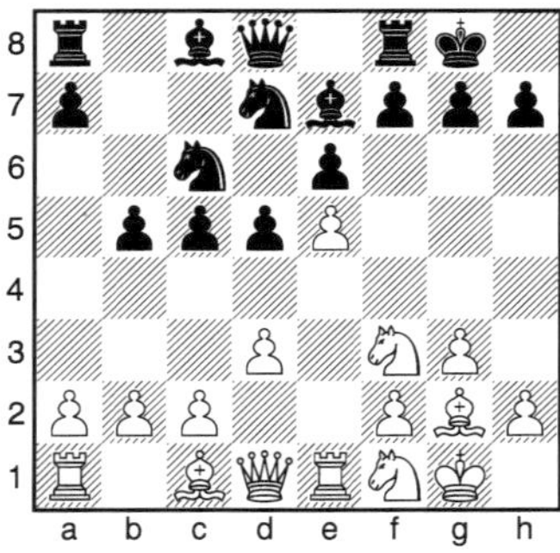

A) 10...♖b8 11.h4 b4 12.♘1h2 a5 13.h5 h6 14.♘g4 a4 15.a3 bxa3 16.♖xa3 ♘b6 17.♗f4 c4 18.d4 ♗xa3 19.bxa3 ♕e7 20.♕c1 c3?

(Dieser Fehler ermöglicht dem Weißen sofortiges Angriffsspiel. Notwendig war 20...♘d7! 21.♗xh6 gxh6 22.♕xh6 f5 23.exf6 ♘xf6, wonach Schwarz seine Stellung noch verteidigen kann.)

21.♗xh6! gxh6 22.♕xh6 f6 23.exf6 ♕h7 24.♕g5+ ♔h8 25.♘h4 ♗d7 26.♘g6+ ♔g8 27.♘h6+ 1-0; Kasparow–Rajkovic, Pula 2015.

B) 10...f6 11.exf6 ♘xf6 12.♗f4 ♗d6 13.♘e5 ♘xe5 14.♗xe5 ♗xe5 15.♖xe5 ♕b6 16.♕e2 ♗d7 17.♗h3 Weiß übt Druck auf den Bauern e6 aus und hat Angriff.

C) 10...♘b6 11.h4 f5 12.exf6 ♗xf6 13.♘g5 e5 14.c4 ♘d4 15.cxd5 h6 16.♘e4 Mit seinem starken Springer auf e4 hat Weiß die besseren Perspektiven.

D) 10...a5 11.h4 ♗a6

(Auf 11...a4 gilt 12.a3! als die beste Antwort. Die gleiche Position entstand mit Zugumstellung in dem Duell Van der Weide–Nijboer, Hoogeveen 1997. Allerdings spielte Weiß dort 12.♘1h2, was anhand der später folgenden **Beispielpartie Nr. 20** untersucht wird. Hingegen analysieren wir die Erwiderung 11...b4 anhand der **Partie Nr. 18**: Naroditsky–Mostertman, Groningen 2012.)

12.♘1h2 b4

(Im Falle von 12...a4 13.a3 kann Weiß seinen Standardplan mit ♗f4 nebst h5-h6 und ♘g4 folgen lassen.)

13.♗f4 a4 14.♘g5 ♕e8

(Auf 14...h6 folgt 15.♘h3 mit der Idee ♕d2, um anschließend durch den Einschlag auf h6 starken Königsangriff zu erhalten.)

15.♗h3 ♗d8 16.a3 ♗b5 17.axb4 cxb4 18.d4 ♗b6 19.c3 bxc3 20.bxc3 h6 21.♘h7! ♘a5?

(Nach 21...♔xh7 22.♕b1+ bekommt Weiß die Figur mit besserem Spiel zurück. Schwarz hat einen schwachen Bauern auf a4, der jederzeit verlorengehen kann. Trotzdem sollte er sich für diese Variante entscheiden, weil die Preisgabe der Qualität schnell verliert.)

22.♘xf8 ♘xf8 23.♘g4 ♕c6 24.♕f3 ♖a7 25.♗xh6! gxh6 26.♕f6 1-0; Ashton–Burnett, Birmingham 2016.

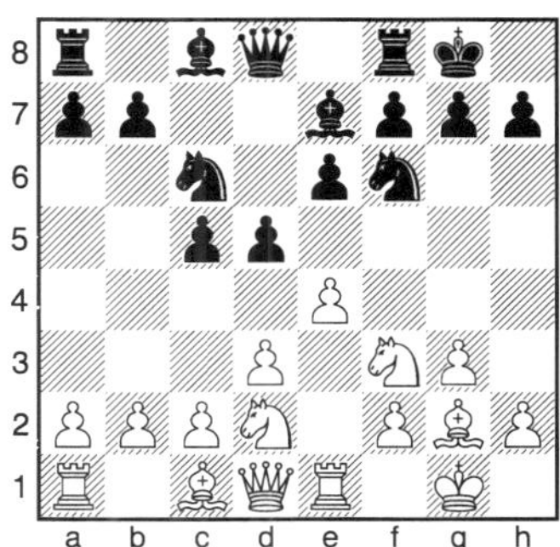

8...♕c7

Die Dame nimmt vorsorglich das Feld e5 unter Kontrolle, um den weißen Bauern nach dem eventuell folgenden Vorstoß e4-e5 unverzüglich unter Druck zu setzen. Andere Möglichkeiten sind:

I. 8...b5

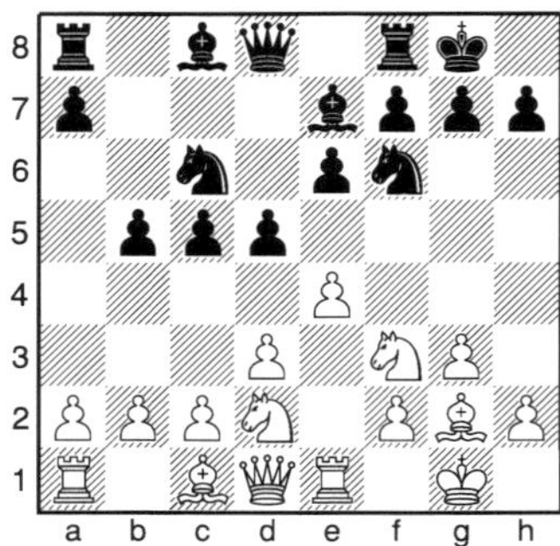

A) Zu 9.exd5!? – siehe **Partie Nr. 19**: Swidler–Karjakin, Baku 2015.

B) 9.a4 b4

(Zu anderen Stellungsbildern führt 9...bxa4; z.B. 10.♖xa4 a5 11.♘f1!? ♖b8 12.♘e3 ♖e8 13.exd5 exd5 14.b3 ♖b4 15.♖a2±; Haub–Dambacher, Deutschland 2011.)

10.exd5 exd5

(Nach 10...♘xd5 folgt 11.♘c4, und wie die Turnierpraxis zeigt, scheint Weiß dank der Kontrolle über das Feld c4 etwas besser zu stehen.)

11.d4 cxd4

(Andere Züge sind:

11...c4 12.♘e5! ♘xd4 13.♘dxc4 ♘e6 14.♘c6 ♕c7 15.♘xe7+ ♕xe7 16.♗g5 ♖d8 17.♘a5±; Har Zvi–Petrosian, ICC blitz 2008;

11...♗f5 12.dxc5 ♗xc5 13.♘b3 ♗b6 14.♘bd4 ♘xd4 15.♘xd4 ♗e4 16.a5 ♗c5 17.♗e3±; Kabanow– Hou Yifan, Chanty Mansyjsk 2009.)

12.♘b3 ♗g4 13.♕d3 ♖c8 14.♘fxd4 ♘xd4 15.♘xd4 ♗c5 16.♘b3 ♕d7 17.♘xc5 ♖xc5 18.♗e3 ♖c4 19.b3 ♗f5 20.♕d2 ♘e4 21.♗xe4 ♖xe4 22.f3 ♖e6 23.♕xb4 ♗xc2 24.♖ac1 ♖c8 Hiernach endete die Partie Kiik–Solozhenkin, Finnland 2008, mit einem Friedensschluss.

C) 9.e5 ♘d7

(Auch hier ist 9...♘e8 anzutreffen, wonach Weiß seine Kräfte nach dem bekannten Schema entwickeln kann; etwa 10.♘f1 ♘c7 11.h4 ♗d7 12.h5 b4 13.h6 g6 14.♗f4 ♘b5 mit beiderseitigen Möglichkeiten, Reinderman–Bischoff, Venlo 2000.)

10.♘f1 Nach dem typischem Gegenspiel 10...a5 sollte Weiß energisch mit 11.h4 vorgehen. Die möglichen Folgen nach den weiteren Zügen 11...a4 12.♘1h2 werden sehr anschaulich in der **Partie Nr. 20**: Van der Weide–Nijboer, Hoogeveen 1997, illustriert.

Auch nach 10...♗b7 ...

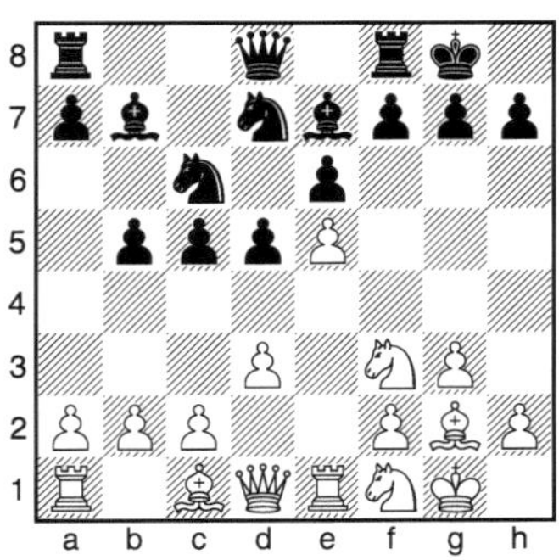

... folgt 11.h4 nebst ♘h2-g4, h5, usw.

(In der Partie Amin–Schroeder, Sharjah 2017, wählte Weiß die Alternative 11.♗f4. Weiter geschah: 11...♕b6 12.h4 ♖fc8 13.c4 dxc4 14.dxc4 ♖d8 15.♘1d2 ♘d4 16.cxb5 ♕xb5 17.♘xd4 cxd4 18.♕b3 ♕xb3 19.♘xb3 ♗xg2 20.♔xg2 ♘b6 21.♖e4 d3 22.♖d1 ♖ac8 23.♖d4 ♖xd4 24.♘xd4 ♘d5 25.h5 ♖b8 26.♖d2 ♔f8 27.a3 ♗c5 28.♘f3 ♖b3 29.♘e1 a5 30.♘xd3 ♗b6 31.♔f1 mit weißem Endspielvorteil.)

11...b4

(Nach 11...♕c7 kann Weiß seine Kräfte folgendermaßen aufstellen: 12.♗f4 ♖fc8 13.♘1h2 ♕d8 14.♘g4 a5 15.h5 h6 16.♕d2 mit aktivem Spiel am Königsflügel, Gukesh–Lokesh, Puchong 2017.

Und nach 11...c4 kann das Spiel so weitergehen: 12.d4 ♘b6 13.♘1h2 c3 14.b3 a5 15.♗e3 ♗a3 16.♗f1 ♗b2 17.♖b1 ♘b4 18.♗xb5 a4 19.♔g2 a3 20.♖h1 ♗a6 21.♗xa6 ♖xa6 22.♘g5 h6 23.♘g4 ♕e8 Hier hätte Weiß in der Partie Moreno del Pozo–Garcia Quiroz, Santa Clara 2017, seinen Springer opfern sollen, um nach 24.♘f6+! gxf6 25.exf6 ♘d7 26.♘e4! entscheidenden Angriff zu erhalten.)

12.♗f4 a5 13.♘1h2 ♖a6 14.c3 a4 15.a3 bxc3 16.bxc3 ♕a5 17.c4 ♘d4 18.♘xd4 cxd4 19.h5 h6 20.♘g4 ♔h7 21.♗d2 ♕d8 22.♗b4 ♘c5 23.cxd5 ♗xd5 24.♗xd5 ♕xd5 25.♖c1 ♖e8 mit kompliziertem Spiel, Nakamura–Hou Yifan, Moskau 2017.

Nach 10...b4 ...

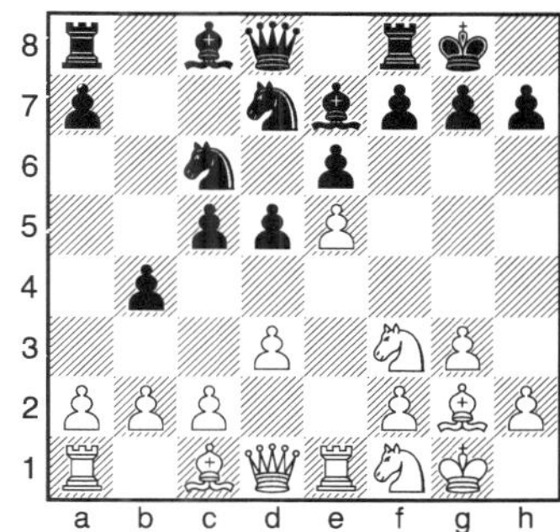

... sollte ebenfalls 11.h4 geschehen, z.B. 11...a5 12.♗f4 a4

(Nach 12...♗a6 kann Weiß 13.♘1h2 oder auch 13.♘e3 spielen.)

13.a3 bxa3

(Mit der Fortsetzung 13...♗a6 beschäftigen wir uns anhand der **Partie Nr. 21**: Kaidanow–Nijboer, Elista 1998 – und den Zug 13...b3 analysieren wir anhand der **Partie Nr. 22**: Mirkovic–Djokic, Belgrad 2017.)

14.bxa3

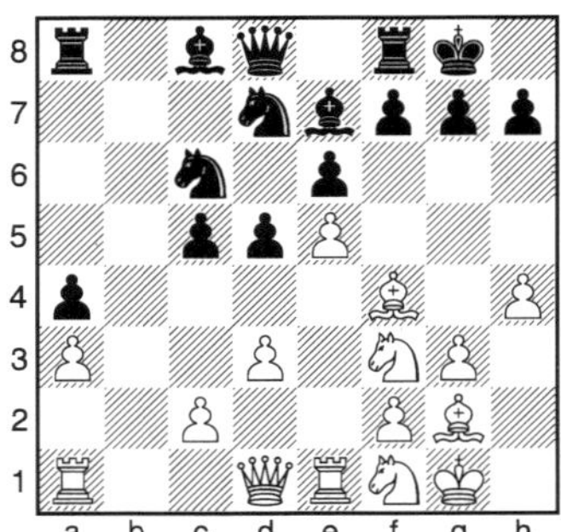

In der Diagrammstellung hat Schwarz verschiedene Möglichkeiten zur Verfügung, die wir der Reihe nach analysieren werden:

Zu 14...♘d4 – siehe **Partie Nr. 23**: Sasikiran–Reefat, Kelamabakkam 2000.

Zu 14...♘a5 – siehe **Partie Nr. 24**: Fischer–Mjagmasuren, Sousse 1967.

Zu 14...♖e8 – siehe **Partie Nr. 25**: David–Taylor, Anogia 2017.

Eine weitere Alternative besteht in 14...♖b8.

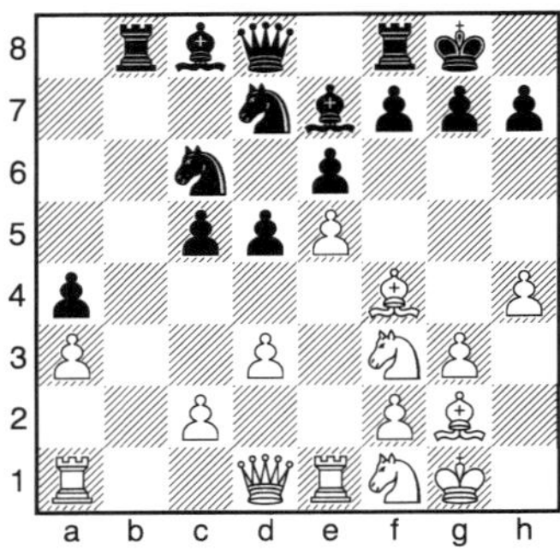

15.♘1h2 ♗a6 16.♘g4

(In der Partie Venkatesh–Guedon, Metz 2011, zeigte Weiß einen anderen Weg – und zwar 16.♘g5 ♕e8 17.c4 ♘b6 18.♘g4 mit Initiative am Königsflügel.)

16...♖b2 17.h5 ♘d4 18.♘xd4 cxd4 19.♗c1 ♖b5 20.♘h2 ♕b6 21.♕g4 ♖c8 22.♘f3 ♖xc2 23.♘xd4 In dieser dynamischen Position ließ Schwarz (in der Partie Minic–Plaskett, Banja Luka 1985) eine inkorrekte Kombination folgen: 23...♖xf2 24.h6 g6 25.♔xf2 ♗c5 26.♗e3 ♘xe5 27.♕h4 f6 28.♔g1 g5 29.♕h5 ♘g6 30.♘c2 ♖b2 31.d4 ♗d6 32.♕h3 f5 33.♗xd5! ♗c8 (33...exd5 34.♕xf5+–) 34.♕xf5 ♗xg3 35.♖f1 ♗f4 36.♗xf4 ♖xc2 37.♗e5 ♖g2+ 38.♔h1 1-0.

Auch 14...♗a6 ist spielbar – mit der möglichen Folge 15.♘e3.

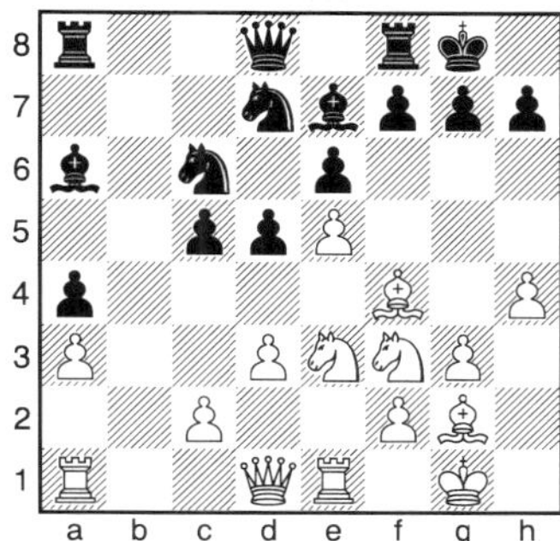

15...♖c8 16.♘g4

(Statt dieser typischen Verfahrensweise ist auch der positionelle Ansatz 16.c4!? möglich.)

16...♘d4 17.♘xd4 cxd4 18.♕d2 ♕b6 19.♖a2 ♖c3 20.♗g5 f6 21.exf6 gxf6? (Notwendig war 21...♘xf6!.) 22.♗xd5! ♘c5 23.♗h6 ♖f7 24.♗g2 e5 25.♕d1 ♕e6 26.♖b2 ♘d7 27.♗d2 ♖g7 28.♘h6+ ♔h8 29.♕h5 nebst ♗e4 und ♘f5 mit klarem Vorteil für Weiß, Visser-Rebers, Utrecht 2014.

Nach 15...♖b8 16.c4 dxc4 17.♘xc4 ♘b6 18.♕c2 ♘d4 19.♘xd4 ♕xd4 20.♗e3 ♕d7 21.♘d6 stand Weiß (in der Partie Skoberne-Kraemer, Österreich 2016) angesichts der schwarzen Bauernschwächen am Damenflügel positionell besser.

II. 8...b6 9.e5 ♘d7

(Die Folgen der Antwort 9...♘e8 werden anhand der **Partie Nr. 26**: Petrosjan-Barcza, Saltsjobaden1952, untersucht.)

10.♘f1

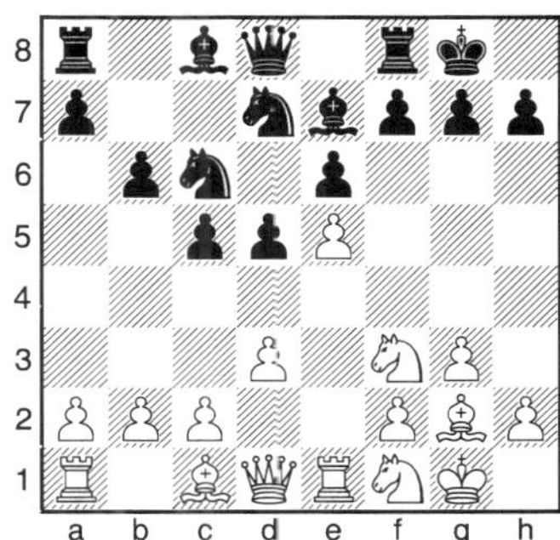

A) 10...♗b7 11.h4 ♕c7

(Nach 11...b5 kann Weiß 12.♗f4 oder 12.♘h2 wählen – jeweils mit Übergang zu bekannten Varianten.)

12.♗f4 ♖fd8

(Die Fortsetzung 12...b5 besprechen wir anhand der **Partie Nr. 27**: Dworetski - Damski, Moskau 1970.)

13.h5 ♘f8 14.♕d2 ♖ac8 15.h6 ♘g6 16.hxg7 ♔xg7 17.♘1h2 c4 18.♘g4 ♘a5 19.♗g5 ♖g8 20.♗f6+ ♗xf6 21.♕h6+ ♔h8 22.♘xf6 ♖g7 23.♘h5 ♖gg8 24.♘g5 f5 25.exf6 ♘f8 26.♖xe6 ♖g6

(26...♘xe6 27.f7 ♖xg5 28.♕f6+ ♖g7 29.♘xg7+-)

27.♖e7 ♖xh6 28.♘f7+ ♔g8 29.♘xh6+ ♔h8 30.♖g7 1-0; Le Quang Liem-Chiang, Cleveland 2015.

B) 10...♕c7 11.♗f4 ♗b7 12.h4 ♖fd8 13.♘1h2 ♘f8 14.♘g5 h6

(Nach 14...♗xg5 15.hxg5 kann Weiß den typischen Königsangriff mittels ♕h5, ♘g4 usw. durchführen.)

15.♕h5! hxg5 16.hxg5 ♘d4 17.♘g4 ♘f5

(17...♘xc2 18.♘f6+! ♗xf6 19.exf6 ♕d7 20.fxg7 ♘h7 21.♗e5 ♘xe1 22.♖xe1 mit starkem Angriff; z.B. ♖e3 nebst g4, ♖h3 usw. – oder ♗f3 nebst ♔g2, ♖h1 usw.)

18.♘f6+ gxf6 19.exf6

(Zu beachten war 19.gxf6!?.)

19...♗d6 20.♗h3 ♖d7?

(Danach kann Weiß starken Angriff entwickeln. Besser war daher 20...♗xf4! mit Rettungschancen.)

21.♗xf5 exf5 Und jetzt hätte Weiß in der Partie Congiu–Chiu, Saint-Lo 2001, folgendermaßen spielen sollen: 22.♕h6! ♘e6 23.g6 fxg6 24.♖xe6 ♗xf4 25.♕xg6+ ♔f8 26.♖ae1 ♖f7 27.♕h5 mit Gewinn.

C) 10...b5 11.h4 a5 12.♘1h2 a4 13.a3 b4 14.♗h3 bxa3 15.bxa3 ♖b8 16.♗f4 ♘b6 17.c3 ♘a7 18.♘g5 ♕e8

(Auf 18...h6 kann der Springer nach f3 zurückkehren und nach anschließendem ♕d2 droht der Einschlag auf h6 mit starkem Königsangriff. – Und sollte Weiß mit Ausgleich zufrieden sein, so kann er mit 19.♕h5!? hxg5 20.hxg5 ♘c6 21.♘g4 ♖b7 22.♘f6+ gxf6 23.g6 fxg6 24.♕xg6+ Dauerschach erzwingen.)

19.♘g4 ♖b7 20.♘f6+! gxf6 21.exf6 ♗xf6 22.♕h5 h6

(22...♗xg5 23.♕xg5+ ♔h8 24.♕f6+ ♔g8 25.♗e5+–)

23.♕xh6 ♗xg5 24.♕xg5+ ♔h7 25.♗f5+ exf5 26.♖xe8 ♖xe8 27.♖b1 ♖e6 28.♕xf5+ ♖g6 29.♕h5+ 1-0; Jensen–Christensen, Dänemark 1991.

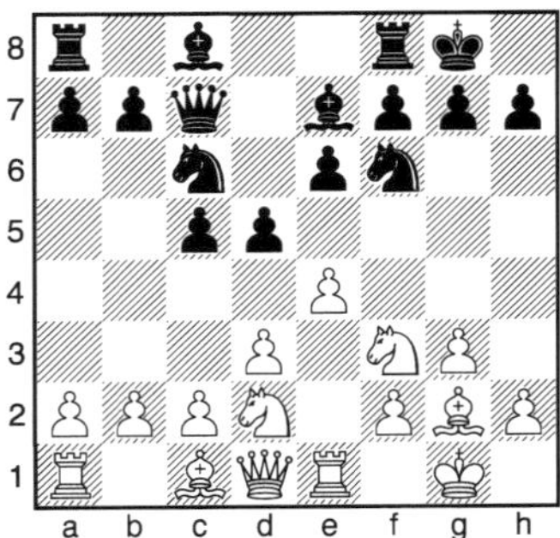

9.e5

Dieser starke Zug bildet immer den Eckpfeiler der weißen Strategie.

1. Der Bauer schnürt das gegnerische Zentrum und auch den Königsflügel ein.

2. Der Springer wird vom Feld f6 verjagt, wodurch die Verteidigung des Königsflügels geschwächt wird.

3. Bei geschlossenem Zentrum kann Weiß am Königsflügel frei mit seinen Figuren manövrieren – zumeist nach dem Schema h4 nebst ♘h2-g4 usw.

4. Das schwarze Gegenspiel würde eigentlich darin bestehen, mit f7-f6 den weißen Brückenkopf zu sprengen. Da jedoch nach exf6 der schwarze e-Bauer rückständig und äußerst verletzlich würde, setzt Schwarz üblicherweise auf den Vormarsch der Damenflügelbauern mit b7-b5, a7-a5 usw.

In aller Regel entsteht scharfes und kompliziertes Spiel, und wie die Turnierpraxis zeigt, hat Weiß die besseren Aussichten.

Die Fortsetzung 9.♕e2 kann nach 9...b5 10.e5 mit Zugumstellung zur Hauptvariante führen. In der Partie Fischer-Feuerstein, New York 1957, wählte Schwarz einen anderen Ansatz. Nach 9...♖d8 und der Folge 10.e5 ♘e8 11.c3 b5 12.♘f1 b4 13.♗f4 ♕a5 14.c4 ♘c7 15.h4 ♕b6 16.h5 b3 17.a3 dxc4 18.dxc4 ♗a6 19.♘1h2 ♖ac8 20.h6 g6 21.♗g5 ♘d4 22.♕e3 ♗xg5 23.♕xg5 ♘e8 24.♘g4 bekam Weiß gute Perspektiven am Königsflügel.

Statt 10.e5 kann Weiß zwei andere Wege wählen.

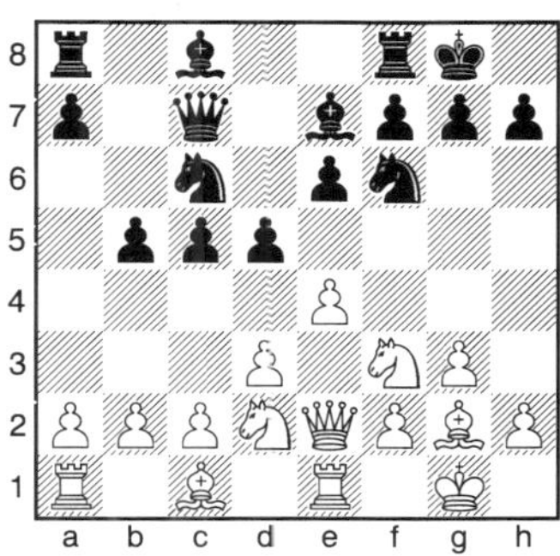

A) 10.exd5

Eigentlich ist dieser Zug an dieser Stelle nicht zu empfehlen, weil sich die e-Linie, in der sich ja die weiße Dame befindet, zu früh öffnet.

10...exd5

(Nach 10...♘xd5 11.a4 b4 12.♘c4 ♗b7 13.h4 h6 14.a5 ♖ad8 15.♗d2 ♗f6 16.♕d1 ♖fe8 17.♕c1 ♔h7 18.c3 ♗a6 ist die Stellung etwa ausgeglichen, Schimanow-Banik, chess.com INT 2017.)

11.a4 bxa4

(Den Vorstoß 11...b4 sollte Weiß mit 12.♘b3 beantworten.)

12.♖xa4 ♖e8 13.♕d1 h6 14.♘b3 ♗e6 15.♗f4 ♕b6 16.♘e5 ♘xe5 17.♗xe5 ♘d7 (17...a5 18.♕a1±) 18.♗c3 ♗f6 19.♕a1! a6 20.h3 ♖ec8 21.♕a3 ♖a7 22.♗xf6 ♘xf6 23.♖a1 c4 24.♖b4 ♕d8 25.♘d4 ♗d7 26.dxc4 dxc4 27.♕a5! ♕e7 28.♖b6 ♖c5 (28...c3 29.b4±) 29.♖b8+ ♔h7 30.♕b6 mit weißem Vorteil, Swidler-Lysyj, Chita 2015.

B) Die Alternative 10.a4 wird anhand der **Partie Nr. 28**: Giri–Nakamura, London 2015, besprochen.

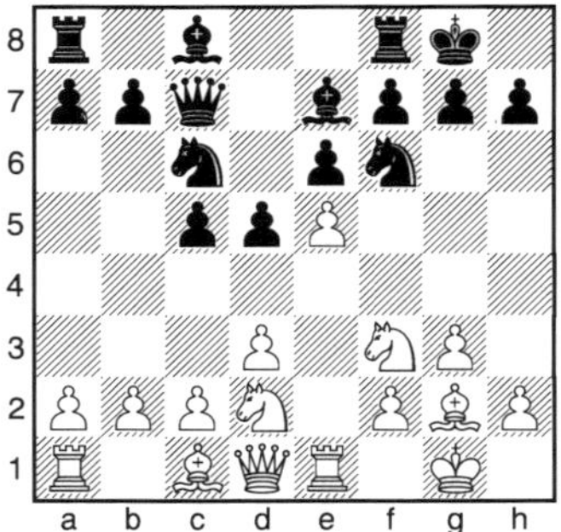

9...♘d7

Nach 9...♘g4 sollte Weiß folgendermaßen verfahren: 10.♕e2 f6 11.exf6 ♗xf6 12.♘b3 b6 13.c4 dxc4 14.dxc4 nebst h2-h3. Schwarz muss die Bauernschwäche e6 betreuen, was dem Weißen die besseren Aussichten garantiert. Hierzu ein Partiebeispiel: 14...e5 15.h3 ♘h6 16.♗xh6 gxh6 17.♘h2 ♗b7 18.♕h5 ♗g7 19.♘g4 ♘d4 20.♗xb7 ♕xb7 21.♘xd4 exd4 22.♘xh6+ ♗xh6 23.♕xh6 ♕f7 24.♕e6 ♖ae8 25.♕xf7+ ♔xf7 26.♔f1 mit Endspielvorteil, der später zum weißen Gewinn führte, Sawon–Radulow, Sinaia 1965.

Nach 9...♘e8 kann Weiß hingegen den bekannten Plan wählen: 10.♘f1 mit der Absicht, h4, ♘h2 usw. folgen zu lassen. Auch dazu ein Partiebeispiel: 10...b5 11.♗f4 ♖b8 12.h4 b4 13.h5 ♕b6 14.♘1h2 a5 15.♘g4 a4 16.h6 g6 17.♕d2 ♕b5 18.♗g5 ♕b7 19.♕f4 ♕c7 20.♗f6 ♕d8 21.♗xe7 ♕xe7 22.♗h3 ♖b6 23.♕e3 b3 24.axb3 axb3 25.c3 d4 26.cxd4 ♘b4 27.dxc5 ♘c2 28.♕f4 ♖b4 29.d4 ♘xe1 30.♖xe1 ♗b7 31.♘g5 ♕d8 32.♖d1 ♕d5 33.♔h2 ♕d8 34.♗g2 ♗xg2 35.♔xg2 ♖c4 36.♖d2 ♖b4 37.♘e4 mit weißem Gewinn, Gunajew–Ruszczycki, Zakopane 2000.

10.♕e2

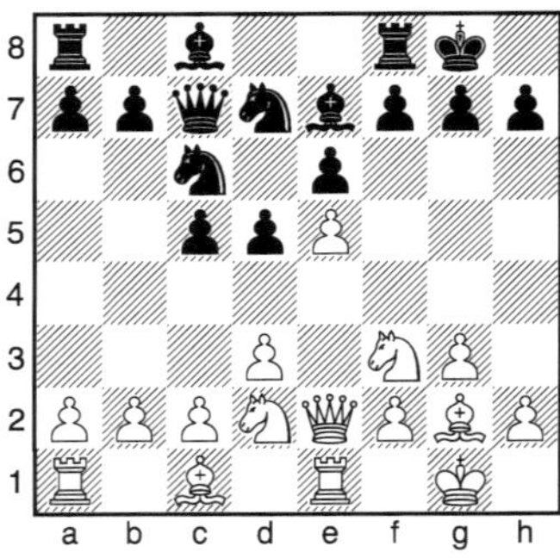

10...b5

Da Weiß klarerweise am Königsflügel angreifen wird, bereitet Schwarz Gegenspiel am anderen Flügel vor. Anzutreffen ist allerdings auch der zurückhaltendere Ansatz 10...b6 11.♘f1 ♗a6.

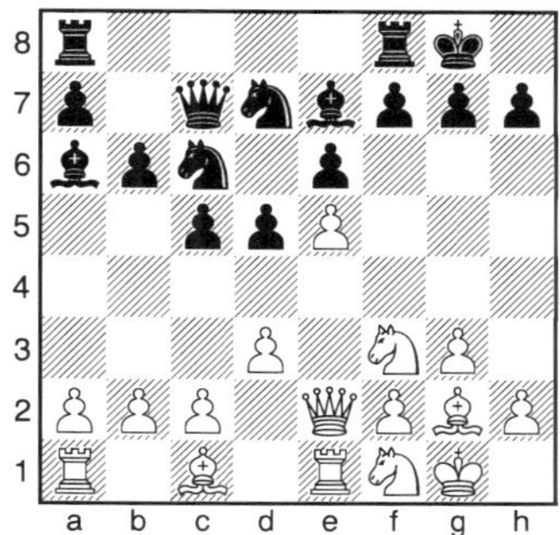

Danach hat Weiß zwei gute Methoden, auf Vorteil abzuzielen.

A) 12.♗f4 c4

(12...♕b7 13.c4 dxc4 14.dxc4 b5 15.♕e4 ♖fc8 16.b3 ♖ab8 17.♗g5 ♘b6 18.♘e3 h6 19.♗xe7 ♕xe7 20.♗f1 ♗b7 21.♗d3 g6 22.♕f4 ♘b4 23.♗b1 ♗xf3 24.♕xf3 bxc4 25.bxc4 ♘c6 26.♘g4 ♔g7 27.♗e4 h5 28.♕f6+ ♕xf6 29.exf6+ ♔f8 30.♗xc6 ♖xc6 31.♘e5 ♖d6 32.♖ab1±; Sevgi-Bayyurt, Kocaeli 2017)

13.d4 ♘b4 14.♕d1 ♘c6 15.c3 b5 16.♘e3 b4 17.♘xd5! exd5 18.e6 ♗d6 19.♗xd6 ♕xd6 20.exd7 ♕xd7 21.♘e5 ♘xe5 22.♖xe5 ♗b7 23.cxb4 ♖fe8 24.♕d2 Weiß hat einen Mehrbauern behalten und steht entsprechend besser, Murzin-Kirillov, Mamaia 2017.

B) 12.h4 ♖ac8

(Oder 12...♖fe8 13.♗f4 ♘f8 14.h5 h6 15.♘1h2 ♘h7 16.♕d2 c4 17.dxc4 ♗xc4 18.♘g4 mit Druck auf die gegnerische Position, Quinteros-Bjelajac, Novi Sad 1982.)

13.♗f4

(13.c3 ♖fd8 14.h5 h6 15.♗f4 d4 16.c4 b5 17.b3 ♘b6 18.a4 bxa4 19.bxa4 ♘b4 20.a5 ♘xc4 21.dxc4 d3 22.♕d2 ♗xc4 23.♗xh6 gxh6 24.♕xh6 ♗d5 25.♘1d2 mit starker weißer Initiative, die letztlich zum Sieg führte, Bodnaruk-Medina, Athen 2012.)

13...♘d4 14.♘xd4 cxd4 15.♖ac1 ♘c5 16.♕g4 ♖fe8 17.h5 ♗f8 18.♗g5 ♘a4 19.♕xd4 mit weißem Vorteil, Wiander-Petersson, Tylosand 2017.

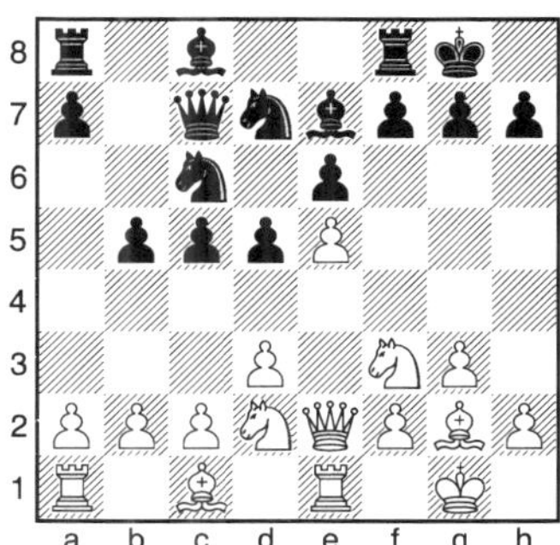

11.♘f1

Das ist das ideale Transferfeld für den Springer. Auf diese Weise gibt er nicht nur dem Damenläufer den Weg frei, sondern nach anschließendem h2-h4 kann er das Feld h2 nutzen, um direkt vor den gegnerischen König zu gelangen.

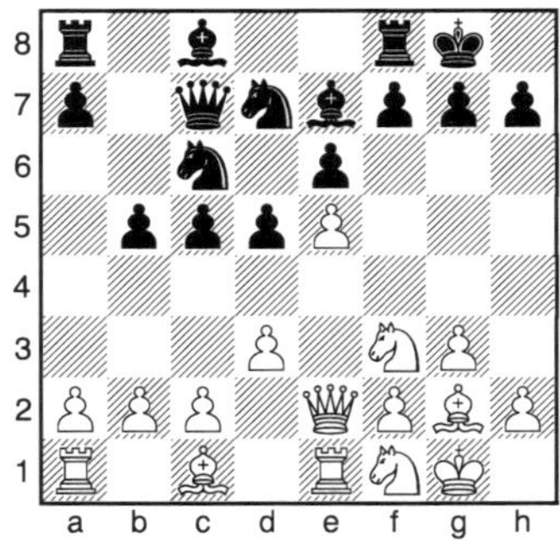

In Frage kommt auch sofort 11.h4 mit den zwei Varianten:

A) 11...a5 12.♘f1 ♖e8 13.♗f4 ♗a6 14.♘e3 b4

(Dieser Zug ermöglicht einen typischen Einschlag auf d5. In dem Duell Hillarp Person–Vas, Oslo 2011, spielte Schwarz zunächst 14...♘b6, um die Kontrolle über eben dieses Feld zu verstärken. Den weiteren Verlauf werden wir anhand der **Partie Nr. 29** besprechen.

Aufmerksamkeit verdient auch die Variante 14...♘dxe5 15.♘xe5 ♘xe5 16.♘xd5! exd5 17.♕xe5 ♕xe5 18.♗xe5 ♗b7 19.c4 bxc4 20.dxc4 ♖ad8 21.♖ad1 mit Eroberung des Bauern d5 und entsprechendem Endspielvorteil.)

15.♘xd5! exd5 16.e6 ♕b7 17.exf7+! ♔xf7 18.♕e6+ ♔f8 19.♘g5 ♗xg5 20.♗d6+ ♖e7

(Die Alternative 20...♗e7? führt nach 21.♗xd5 zum sofortigen Matt.

Und nach 20...♘e7 21.♗xd5 ♕xd5 22.♕xd5 ♗f6 23.♖xe7! ♗xe7 24.♗xe7+ ♔xe7 25.♖e1+ ♔f8 26.♕d6+ ♔g8 27.♖xe8+ ♖xe8 28.♕xd7 behält Weiß Materialvorteil.)

21.♗xd5 ♔e8 22.♗xe7 ♗xe7

(22...♘xe7 23.♗xb7 ♗xb7 24.hxg5+–)

23.♗xc6 mit weißem Gewinn.

B) Auch nach 11...b4 kann Weiß den bekannten Plan durchführen: 12.♘f1 ♗a6 13.♗f4 ♕b6 14.♘e3 ♖ac8 15.♗h3 ♕b7 16.♕d2 ♘d4 17.♘xd4!?

(Dieser Ansatz ist mit einem Qualitätsopfer verbunden. Wer das nicht möchte, kann jedoch mit 17.♘h2!? nebst c2-c3, ♘g4 usw. fortfahren.)

17...cxd4 18.♘g4 b3 19.axb3 ♗b4 20.♕e2 ♗xe1 21.♖xe1 ♖c6 22.♕d2 ♔h8?

(Das ist reiner Zeitverlust. Besser war 22...♖fc8! zwecks Anstrebung von Gegenspiel in der c-Linie.)

23.h5 f5 24.exf6 gxf6 25.♘h6 e5 26.♗xd7 ♕xd7 27.♖xe5! fxe5 28.♗xe5+ ♖cf6 29.♕b4 ♕g7 30.♘g4 ♔g8 31.♕xd4 ♖6f7 32.♗xg7 ♖xg7 33.♘h6+ ♔h8 34.♘f5 1-0; Flores–Quintiliano Pinto, Buenos Aires 2015.

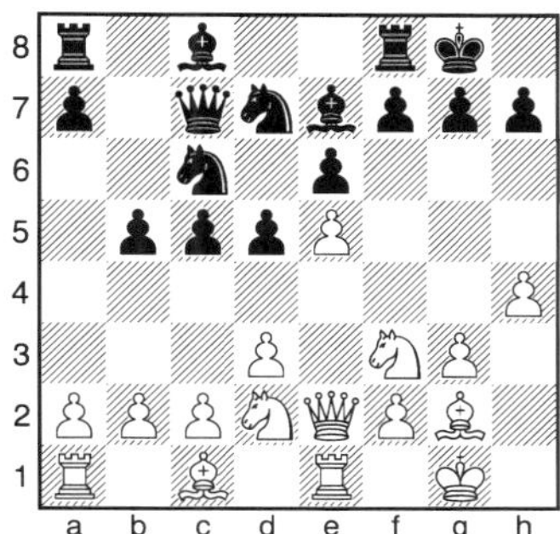

11...a5

Schwarz setzt unbeirrt den Gegenangriff an seinem Spielflügel fort. Anzutreffen sind auch folgende Alternativen:

I. 11...♗a6

(Schwarz beabsichtigt, mit 12...♖fc8 und 13...♘d4 fortzusetzen, um möglichst schnell die c-Linie zu öffnen.)

12.h4 ♖fc8 13.♗f4 ♘d4?

(Angesichts der schwarzen Schwerfiguren-Batterie in der c-Linie sieht dies irgendwie konsequent aus, aber bei näherem Hinsehen geht ein sehr wichtiger Bauer verloren. Besser wäre 13...♕b6!?)

14.♘xd4 cxd4 15.♗xd5!

(Das ist eine Standardkombination im Königsindischen Angriff, wann immer Schwarz sich für den Aufbau mit ♕c7 entscheidet. Die taktischen Nachteile der gegebenen Damenposition treten nun deutlich zutage.)

15...♗b7

(15...exd5 16.e6 ♗d6 17.exd7 ♕xd7 18.♗xd6 ♕xd6 19.♖ac1±)

16.♗xb7 ♕xb7 17.♖ec1 ♖c7 18.♘d2 ♖ac8 19.♘b3 ♕d5 20.♕e4 ♖xc2? (besser 20...♕xe4!) 21.♖xc2 ♖xc2 22.♕xd5 exd5 23.♘xd4 ♖xb2 24.♗c1+−; Votava-Stocek, Turnov 1996.

II. 11...♘b6 12.♗f4 b4 13.h4 c4 14.d4 ♘a4 15.♖ab1 ♕b6 16.♕e3 ♖b8 17.♘1h2 ♖b7 18.h5 b3 19.axb3 cxb3 20.c3±; Kopp-Poppner, Deutschland 1981.

III. 11...♗b7 12.h4 ♖fc8

(Nach 12...♘d4 13.♘xd4 cxd4 14.♗f4 ♖fc8 kann Weiß 15.♖ac1 oder auch 15.♖ec1 spielen.)

13.♗d2 b4 14.♘1h2 ♕d8 15.♗g5 h6 16.♗xe7 ♘xe7 17.♕d2 a5 18.h5 c4 19.♘d4 ♘c6 20.♘hf3 ♘xd4 21.♘xd4 cxd3 22.cxd3 ♗a6 23.♖ad1 ♘c5 24.♕e3 ♕g5 mit kompliziertem Spiel, Njepomnjaschi-Dominguez Perez, Saint Louis 2017.

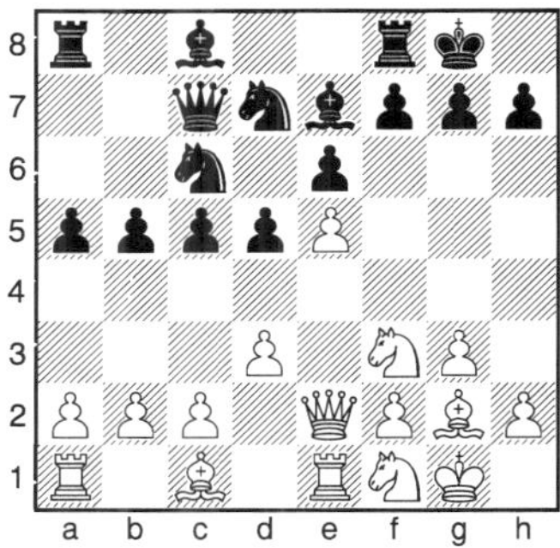

12.♗f4

Wenn Weiß ♘e3 spielen möchte, muss zuerst der Bauer e5 überdeckt werden. Natürlich kann Weiß auch erst 12.h4 ziehen, was normalerweise über Zugumstellung zur Hauptvariante führt; z.B.: 12...b4

(Auch auf 12...♗a6 kann Weiß natürlich 13.♗f4 spielen und dann den üblichen Plan ♘h2-g4 usw. folgen lassen.)

A) 13.♗f4

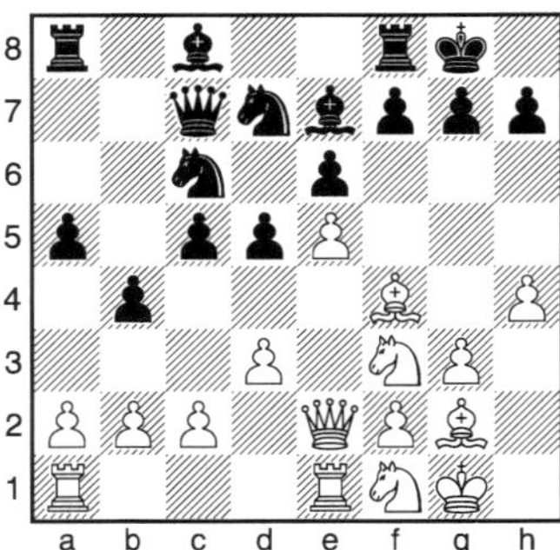

13...♗a6

(Die Fortsetzung 13...a4 wird anhand der **Partie Nr. 30**: Movsesian-Stern, Berlin 2015, analysiert.)

14.♘e3

(Danach taucht die Drohung 15.♘xd5 exd5 16. e6 auf. Einen anderen Plan wählte Weiß in der Partie Duong-Beaulieu, Quebec 2017: 14.h5 c4 15.h6 g6 16.♘e3 ♕a7 17.♘g4 ♘d4 18.♕d2 cxd3 19.cxd3 ♘xf3+ 20.♗xf3 ♖fc8 21.♖ac1 a4 22.♗g5 ♗f8 23.♗e2 a3 24.bxa3 bxa3 25.♕a5 ♖c5 26.♕xa3 ♖c4 27.♗e7 ♖xc1 28.♖xc1 ♘xe5 29.♘f6+ ♔h8 30.♗xf8 1-0.)

14...a4

(Die Fortsetzung 14...♘b6 überließ Weiß in der Partie Benkö-Csom, Palma de Mallorca 1971, nach 15.♘g4 ♕a7 16.h5 ♖fc8 17.h6 g6 18.c3 bxc3 19.bxc3 ♘d7 20.♗g5 ♘f8 21.♗xe7 ♕xe7 22.♕d2 die Initiative.)

15.b3 (verhindert 15...b3.) 15...♖a7 16.h5 ♖fa8

(Zu überlegen ist hier auch 16...h6!?.)

17.h6 g6?

(Da dies die typische Kombination zulässt, war 17...♕c8! notwendig.)

18.♘xd5! exd5 19.e6 ♕d8 20.exf7+ ♔h8

(Zwei Alternativen lauten:

20...♔f8 21.♘g5! ♗xg5 22.♗xg5 ♕xg5 23.♕e8+ ♖xe8 24.fxe8♕#;

20...♔xf7 21.♕e6+ ♔f8 22.♘g5 ♗xg5 23.♗d6+ ♗e7 24.♗xd5 mit Matt.)

21.♘e5 ♘cxe5 22.♕xe5+ ♗f6

(22...♘xe5 23.♗xe5+ ♗f6 24.♗xf6+ ♕xf6 25.♖e8+ ♖xe8 26.fxe8♕+ ♕f8 27.♕xf8#)

23.♕e8+ ♘f8 24.♗e5 ♕b6 25.♗xd5 ♖c8 26.♗e6 ♗xe5 27.♗xc8 ♗d6 28.♗xa6 ♖xa6

29.bxa4 ♖a7 30.♖e6 ♕c7 31.♖ae1 c4 32.♖xd6 ♕xd6 33.♖e6 1-0; Wasjukow–Uhlmann, Berlin 1962.

B) 13.♘1h2

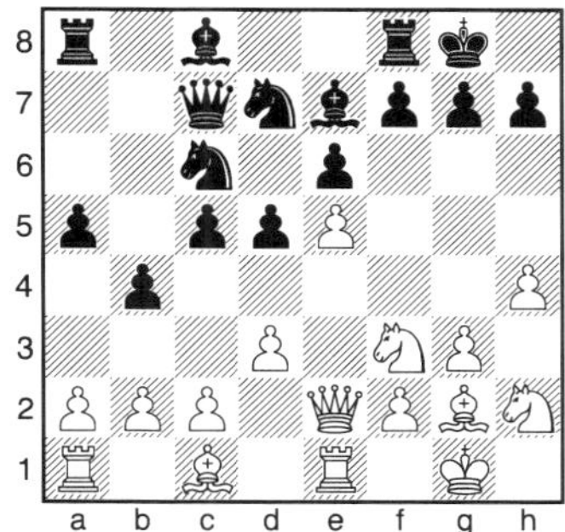

13...a4

(Den mit 13...♗a6 verbundenen Plan stellen wir anhand der **Partie Nr. 31**: Loginow–Stern, Budapest 1991, vor.)

14.♘g4 a3 15.b3 ♗a6 16.♗f4 ♖fc8 17.♕d2 ♕d8 18.♗g5 ♖a7 19.♕f4 ♖ac7 20.h5 ♘d4 21.♗xe7 ♕xe7 22.♘xd4 cxd4 23.h6 g6 24.♕xd4 ♖xc2 25.♗xd5! ♕c5 26.♕xc5 ♘xc5 27.♗c4 Weiß ist mit einem Mehrbauern verblieben, was zum späteren Sieg reichte, Petrosjan–Stern, Berlin 2015.

12...a4

Anzutreffen ist auch 12...♘d4, um nach 13.♘xd4 cxd4 Gegenspiel in der halboffenen c-Linie anzustreben. Die Konsequenzen dieser Idee zeigen wir anhand der **Partie Nr. 32**: Fischer – U.Geller, Netanya 1968.

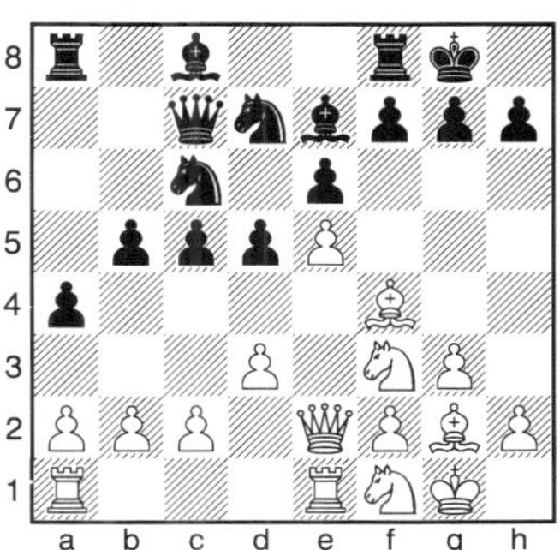

13.a3!

Das ist eine Idee von Fischer. Durch die Abwehr der positionellen Drohung a4-a3 wird das schwarze Gegenspiel am Damenflügel abgeschwächt. Zur Veranschaulichung schauen wir uns auch ein Beispiel an, in dem Weiß standardmäßig 13.h4 spielte: 13...a3! 14.b3 b4

(14...♗b7 15.h5 h6 16.♘1h2 ♖fc8 17.♘g4 ♘d4 18.♕d2 ♗f8 19.♘h4 b4 20.♖ac1 ♕d8 mit schwarzem Vorteil, Haselbeck–Zenker, Deutschland 2008.)

15.♘1h2 ♗b7 16.h5 h6 17.♘g4 ♖fe8 18.♖ac1 ♕b6 19.♕d2 ♘d4 20.♘fh2 ♕d8 21.c3 bxc3 22.♕xc3 ♘c6 23.♕d2 ♘b4 24.♘f3 ♗a6 25.♗f1 d4 26.♗xh6 ♗b7 27.♗g2 gxh6 28.♘xh6+ ♔g7 29.♘xd4 ♗g5 30.f4 ♗xg2 31.♘xf7 ♔xf7 32.fxg5 ♘xe5 0-1; Bes–Daatselaar, ICCF 2008.

13...b4 14.h4

Nun ist aber endlich die Zeit gekommen, mit dem Bauern vorzurücken.

14...bxa3 15.bxa3 ♗a6 16.♘e3

Die Fortsetzung 16.h5 stellen wir anhand der **Partie Nr. 33**: Juferow – Sacharow, Moskau 1995, vor.

Nach 16.♘1h2 hingegen gelangen wir über Zugumstellung zur **Partie Nr. 30**: Movsesian–Stern, Berlin 2015.

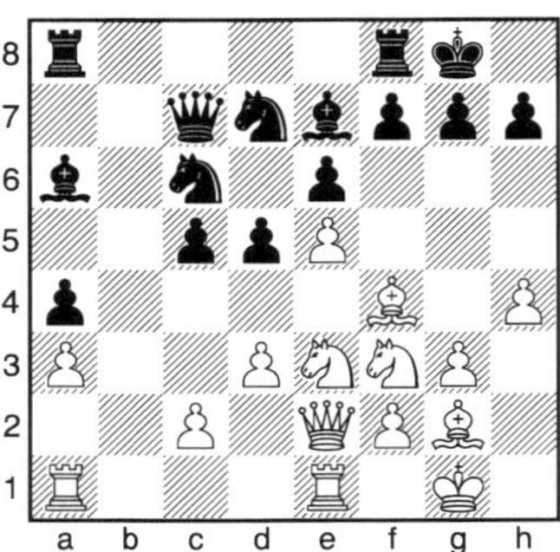

16...♘b6

In diesem Moment ist die Überdeckung von d5 die beste Lösung, denn andere Züge gestatten auf die ein oder andere Weise den thematischen taktischen Einschlag; man sehe:

I. 16...♖fe8 17.♘xd5! exd5 18.e6

A) 18...♕b7 19.exf7+! ♔xf7 20.♕e6+ ♔f8 21.♘g5 ♗xg5 22.♗d6+ ♘e7 (22...♗e7 23.♗xd5+–) 23.hxg5 nebst Schlagen auf d5 mit Gewinn.

B) 18...♘de5 19.exf7+ ♔xf7 20.♘xe5+ ♘xe5 21.♗xd5+ ♔f8 22.♗xe5 ♗f6 23.♗xc7 ♖xe2 24.♖xe2 g5 (24...♗xa1 25.♗xa8+–) 25.♗d6+ ♔g7 26.♗xa8 ♗xa1 27.♗e5+ 1-0; Gevorgyan–Iljin, Alushta 2010.

II. 16...♖fc8 17.♘xd5! exd5 18.e6 ♗d6

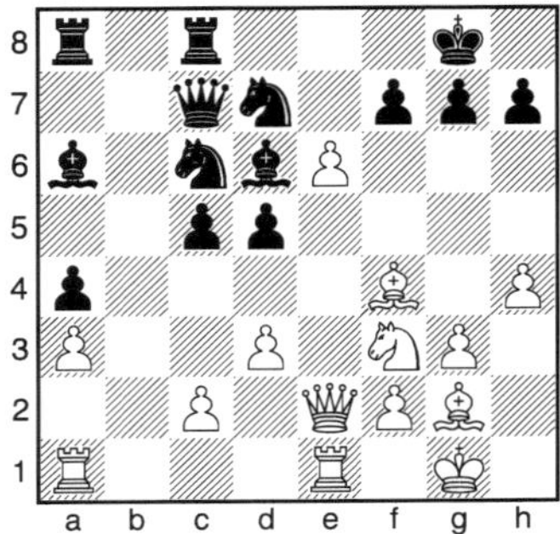

A) 19.♗h3 ♘f6 20.exf7+ ♔f8

(Der kapitale Fehler 20...♔xf7?? führt nach 21.♕e6+ ♔f8 22.♗xd6+ zum sofortigen Verlust.)

21.♗xc8 ♖xc8 22.♗xd6+ ♕xd6 23.♖ab1 Angesichts der Drohung ♖b6 hat Weiß die besseren Perspektiven.

B) 19.♗xd6 ♕xd6 20.exd7 ♕xd7 21.♘g5 ♖d8 22.♕h5 ♕f5 23.♖ab1 mit besseren Chancen für Weiß; z.B. 23...h6 24.♗h3 ♕g6

(24...♕f6 25.♘xf7! ♖f8 26.♖e6 ♕xf7 27.♕xf7+ ♖xf7 28.♖xc6+–)

25.♕xg6 fxg6 26.♘e6 mit Vorteil.

III. 16...Sd4 17.Sxd4 cxd4 18.Sxd5! exd5 19.e6

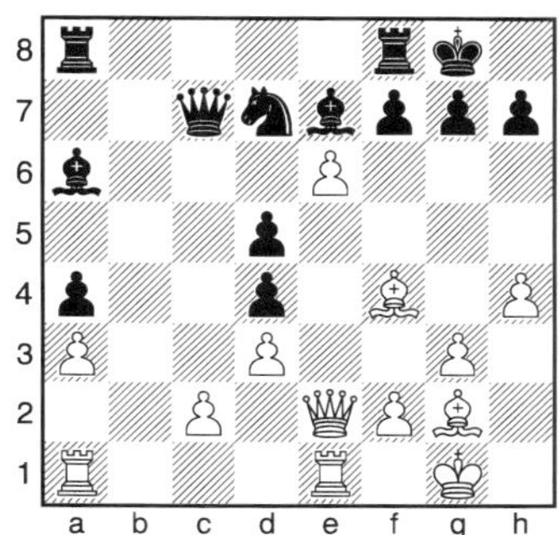

A) 19...Dc6 20.exd7 Ld8 (20...Lc5 21.Lh3!) 21.Lh3 f5 22.De6+ Dxe6 23.Txe6 Lb5 24.Td6 Ta7 25.Txd5 Lxd7 26.Le5 Weiß steht klar besser.

B) 19...Ld6 20.Lxd6 Dxd6 21.exd7 Dxd7 22.De5 Tac8 23.Tac1 Weiß erobert einen Bauern in der d-Linie und behält entsprechend das bessere Spiel.

IV. 16...Tab8 17.Sxd5! exd5 18.e6

A) 18...Da7 19.exd7 Tbd8

(Auch auf 19...Tb7 folgt 20.Lh3!.)

20.Lh3 c4 21.d4 Da der Bauer d7 die gegnerischen Kräfte spürbar einschränkt, steht Weiß besser.

B) 18...Ld6 19.Lxd6 Dxd6 20.exd7 Dxd7 21.Se5 Sxe5 22.Dxe5 Lb7 23.De7 Dc8

(Die Stellung nach 23...Dxe7 24.Txe7 Lc6 25.Tc7 Tfc8 26.Txc8+ Txc8 27.Tb1 ist günstig für Weiß, da er die b-Linie beherrscht.)

24.Tab1 Td8 25.Tb5 Td7 26.Dxc5 Tc7 27.Db4 1-0; Paragua-Roiz, St. Lorenzo 1995.

17.Sg4 Dd7 18.Tab1 Tab8 19.h5

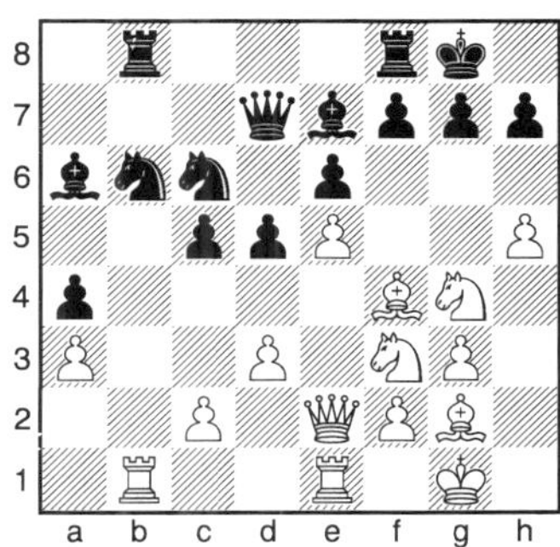

19...h6

Schwarz will den weiteren Vormarsch des h-Bauern mit Schwächung seiner Königsbastion nicht zulassen. In der Partie Weber-Lehtivaara, Balatonbereny 1988, spielte Schwarz 19...d4 und Weiß bekam dadurch das Feld e4 für seinen Springer. Dort folgte: 20.Sg5

(Auch 20.h6!? kommt in Frage.)

20...Sd5

(20...h6 21.Se4 Sd5 22.Lxh6! Txb1 23.Txb1 gxh6 24.Sef6+ Lxf6 25.Sxf6+ Sxf6 26.exf6 e5 27.Dd2+-)

21.Txb8 Txb8 22.Lxd5 Dxd5 23.h6 Tb2 24.hxg7 Kxg7 25.Sf6 Lxf6 26.exf6+ Kg6

(Es verliert 26...Kxf6 27.Dh5 e5 28.Se4+ Ke7 29.Lg5+ usw.)

27.♗c1 ♖b1 28.♘h3 ♔xf6 29.♗g5+ 1-0.

20.♕d2

Dies stellt die Drohung ♗h6 mit guten Angriffschancen am Königsflügel auf. Dazu ein lehrreiches Beispiel: 20...♖fc8 21.♗xh6 gxh6 22.♘xh6+

(Zu beachten ist 22.♕xh6!?.)

22...♔g7

(Nach 22...♔f8 23.♕f4 ♕e8 24.♘g4 ♕d8 25.♘f6 ♗xf6 26.exf6 ♔e8 27.♗h3 ♔d7 28.♘g5 sieht sich der schwarze König mit vielen Drohungen konfrontiert.)

23.♕f4 ♕e8 24.♘g4 ♕h8 25.h6+ ♔f8 26.♘g5 ♗xg5

(26...♘d8 27.♘f6 ♗xf6 28.exf6 ♔e8 29.♗h3+–)

27.♕xg5 ♘d4 28.♘f6 (mit der Drohung 29.♖xb6!) 28...♖d8 29.♖b2 mit der Absicht 30.♖eb1 nebst ♖xb6.

Zusammenfassung:

In diesem Abspiel haben wir viele taktische Motive und strategische Pläne vorgestellt, die alle von großer Bedeutung für beide Seiten sind. Es ist sehr wichtig, diese Ideen zu begreifen und sie sich gut einzuprägen. Von besonderer Bedeutung ist das Verständnis der strategischen Idee von Ex-Weltmeister Robert Fischer – nämlich 13.a3! mit dem Ziel, die schwarzen Aktivitäten am Damenflügel einzuschränken. Außerdem empfehlen wir die gründliche Beschäftigung mit den Beispielpartien, in denen alle Nuancen dieser Variante illustriert werden.

Beispielpartien

Partie Nr. 18

Naroditsky – Mostertman

Groningen 2012

1.g3 d5 2.♗g2 ♘f6 3.♘f3 e6 4.0–0 ♗e7 5.d3 0–0 6.♘bd2 c5 7.e4 ♘c6 8.♖e1 b5 9.e5 ♘d7 10.♘f1 a5 11.h4 b4

Andere Möglichkeiten für Schwarz wurden im einleitenden Text zu Abspiel 4 erörtert.

12.♗f4

Einen interessanten Verlauf hatte die Partie Swidler–Karjakin, Baku 2015: 12.♘1h2 ♖e8 13.h5 h6 14.♘g4 ♗f8 15.♗f4 a4 16.a3 bxa3 17.bxa3 ♖b8 18.♘e3 ♗b7 19.c4 dxc4 20.♘xc4 ♘b6 21.♘xb6 ♕xb6 22.♕xa4 ♖a8 23.♕c2 ♖a6?

(Stärker war 23...♖ed8! mit Druck auf den Bauern d3.)

24.♖eb1 ♕a7 25.♗e3 ♗a8 26.♕c3 ♖d8 27.♘d2 ♘d4 28.♗xd4 cxd4 29.♕c2

(Zu beachten war 29.♕b3!?.)

29...♗xg2 30.♔xg2 ♖xa3 31.♖xa3 ♕xa3 32.♘e4 ♕a6 33.♖b3 ♕a5 34.f4 ♖a8 35.♕b1 ♕d5 36.♖b5 ♕c6 37.♔f3 ♖a3 38.♖b8 ♖a8 39.♕b7 ♕xb7 40.♖xb7 ♖a3 41.♖b8 ♖xd3+ 42.♔f2 g6 43.♘c5 ♖d2+ 44.♔e1 ♖b2 45.♖xb2 ♗xc5 46.hxg6 fxg6 47.♔e2 mit gewonnenem Endspiel für Weiß.

12...♗a6 13.♘1h2 ♖c8 14.♗h3!

Nun spielt der Fianchetto-Läufer eine wichtige Rolle in der Diagonale h3-c8, denn nach ♘g5 kann der Defensivzug h7-h6 mit ♘xe6! beantwortet werden.

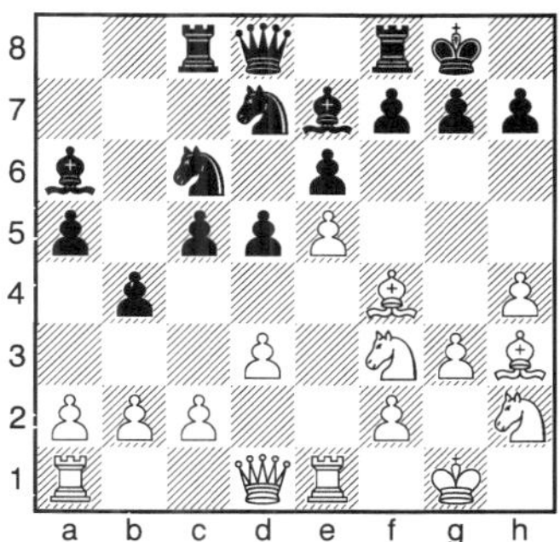

14...♕b6

Hier ein Blick auf einige andere Ideen für Schwarz:

I. 14...♘d4 15.♘xd4 cxd4 16.♖c1 ♖c6 17.♕g4 ♔h8 18.♘f3 ♕b6 19.♗g5 f5?

(Statt dieser Schwächung der eigenen Königsstellung war 19...♗c5!? richtig.)

20.♕f4 ♗c5 21.b3 ♖f7 22.g4 ♘f8 23.h5 ♔g8 24.♔h1 ♗c8 25.♖g1 ♕a7 26.♖g2 ♕c7 27.♖cg1 ♔h8 28.♗h6! fxg4 29.♕xg4 g6 30.♗xf8 ♖xf8 31.hxg6 mit entscheidendem Angriff, Visser–Kiriakow, Groningen 1995.

II. 14...♔h8 15.♘g5 ♕e8 16.♖c1 (16.♕h5 ♗xg5 17.hxg5 f5=) 16...♘b6 17.♘g4 ♘a4?

(Da der Springer sich in Königsnähe aufhalten sollte, war 17...♘d7! besser.)

18.♘f6!

(In der Partie Naiditsch-Brandenburg, Deutschland 2012, geschah 18.♖b1 c4 19.dxc4 ♗xc4 und nun hätte Weiß energischer spielen sollen – nämlich: 20.♘f6! gxf6 21.exf6 ♗xf6 22.♕h5 ♗xg5 23.♗f5 exf5 24.♗xg5 usw.)

18...gxf6 19.exf6 ♗xf6 20.♕h5 ♗xg5 21.♗f5 exf5 22.♗xg5 ♕xe1+ 23.♖xe1 f6 24.♗h6 Da die schwarzen Leichtfiguren sich weit vom Königsflügel entfernt haben, hat Weiß die besseren Aussichten.

III. 14...a4 15.♘g5 ♘d4 16.c3 ♘f5?

(Schwarz sollte besser mit 16...♘c6! den Springer zurücknehmen.)

17.♗xf5! exf5 18.e6 fxe6 19.♘xe6 Weiß steht auf Gewinn.

15.♘g5 ♗xg5

15...h6 16.♘xe6! fxe6 17.♗xe6+ ♔h7 18.♗xd7+−

16.hxg5 c4 17.dxc4 dxc4 18.♕h5

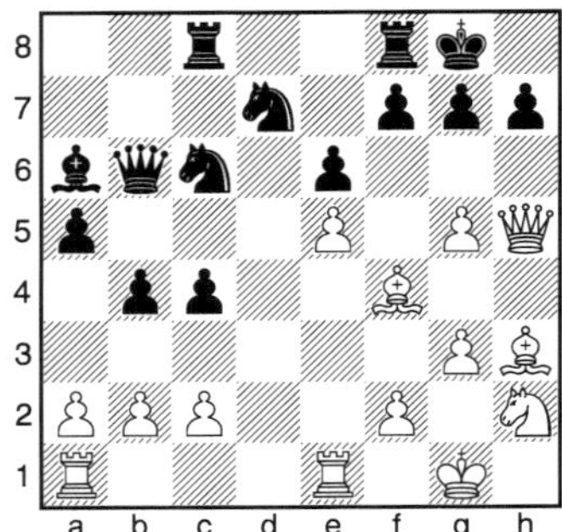

18...♘d4?

Ein Fehler in scharfer Stellung. Nach 18...♗b7! wäre der Kampf noch nicht zu Ende gewesen.

19.♗e3 ♗b7 20.♗xd4 ♕xd4 21.♖ad1 ♕b6 22.♖xd7 ♕c6 23.♖xb7 ♕xb7

Weiß hat nicht nur zwei Leichtfiguren für den Turm, sondern auch Angriff. Der Kampf ist also schon entschieden.

24.♗g2 ♕d7 25.♗e4 g6 26.♕h6 ♕d2 27.♘f3 ♕d7 28.♔g2 b3 29.♖h1 f5 30.exf6 bxa2 31.♘e5 ♕d4

31...♕c7 32.♘xg6!+− **32.♕g7#**

Partie Nr. 19

Swidler – Karjakin

Baku 2015

1.♘f3 ♘f6 2.g3 d5 3.♗g2 e6 4.0-0 ♗e7 5.d3 0-0 6.♘bd2 c5 7.e4 ♘c6 8.♖e1 b5 9.exd5!?

Andere Möglichkeiten werden im einleitenden Text von Abspiel 4 analysiert.

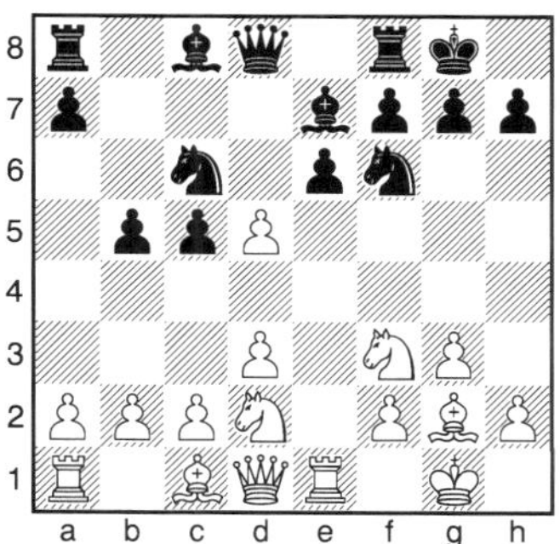

9...♘xd5

Nach 9...exd5 kann Weiß 10.a4 spielen.

(Auch 10.d4 ist anzutreffen.)

10...b4 11.♘b3 ♗g4 12.h3 ♗h5 13.g4 ♗g6 14.♗f4 ♖c8 15.♘e5 ♘xe5 16.♗xe5 ♗d6 17.♕d2 ♗xe5 18.♖xe5 h6 19.♖ae1 c4 20.♘d4 ♕b6 21.♕e3 cxd3

(Besser sieht 21...♖fe8!? aus.)

22.cxd3 ♕a6 23.f4 ♗xd3 24.g5 hxg5 25.fxg5 ♘e4?

(Notwendig war 25...♘d7!.)

26.♘f5 ♖ce8 27.♘e7+ ♔h8 28.♕d4 ♕d6 29.♖xd5 ♕xe7 30.♕xd3 mit weißem Gewinn, Karjakin-Meier, chess.com INT 2017.

10.♘e4

Eine Alternative besteht darin, mit 10.a4 das Feld c4 für den Springer freizukämpfen.

10...♗b7 11.c3 a6

Stark war 11...h6!?, um den positionellen Läuferausfall nach g5 zu verhindern.

12.a4 b4 13.♗g5! f6

Der Tausch des Läufers konnte verhindert werden, allerdings um den Preis einer gehörigen Schwächung des Königsflügels.

14.♗d2 e5 15.♖c1 ♖f7

Schwarz plant ♗f8 nebst ♖d7 mit Druck auf den Bauern d3. Jedoch zeigt der Partieverlauf, dass dieser Plan nicht umzusetzen ist. Deshalb kam die Beendigung der Entwicklung mit 15...♖c8!? in Frage.

16.d4!

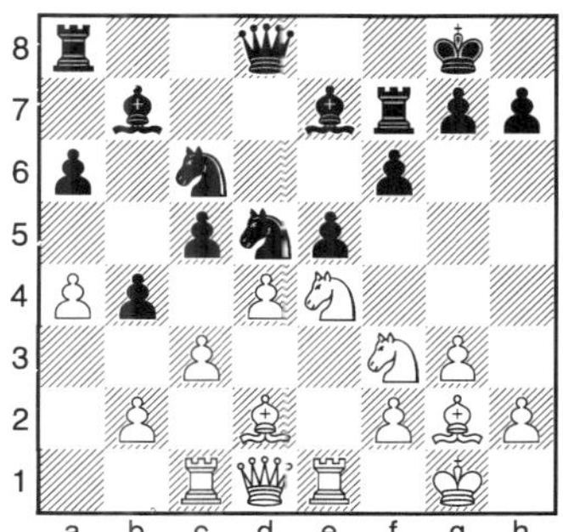

16...bxc3?

Wenn Schwarz 21.♖b1! vorhergesehen hätte, würde er wohl 16...cxd4! gespielt haben; z.B. 17.cxd4 exd4 18.♕b3 ♘a5 19.♕d3 ♘c3! 20.♘xd4

(Günstig für Schwarz wäre 20.bxc3? dxc3 21.♕xd8+ ♖xd8 usw.)

20...♘xa4 21.b3 ♘b6 mit dynamischem Ausgleich. Schwarz hätte zwar einen Bauern mehr, aber Weiß dafür aktives Spiel.

17.bxc3 cxd4 18.cxd4 ♘xd4 19.♘xd4 exd4 20.♕b3 ♖b8 21.♖b1!

Auch hier hat Schwarz zwar einen Bauern mehr, aber entscheidend ist die Fesselung des Läufers in der b-Linie.

21...♕d7 22.♖ec1 ♕e6 23.♘c5 ♗xc5 24.♖xc5 ♖d8

Der Läufer ist endlich entfesselt, aber nun entscheidet die Schwäche der Diagonale a2-g8.

25.♗a5 ♖d6 26.♕c4!

Es droht der Einschlag auf b7.

26...♘c3 27.♖xb7! ♕e1+ 28.♗f1 ♘e2+ 29.♕xe2

Schwarz gab auf.

Partie Nr. 20
Van der Weide – Nijboer
Wijk aan Zee 1997

1.e4 c5 2.♘f3 e6 3.d3 d5 4.♘bd2 ♘f6 5.g3 ♗e7 6.♗g2 ♘c6 7.0–0 0–0 8.♖e1 b5 9.e5 ♘d7 10.♘f1 a5

Andere Fortsetzungen werden im einleitenden Text von Abspiel 4 behandelt.

11.h4 a4 12.♘1h2

Die theoretisch Empfehlung lautet 12.a3!.

12...b4

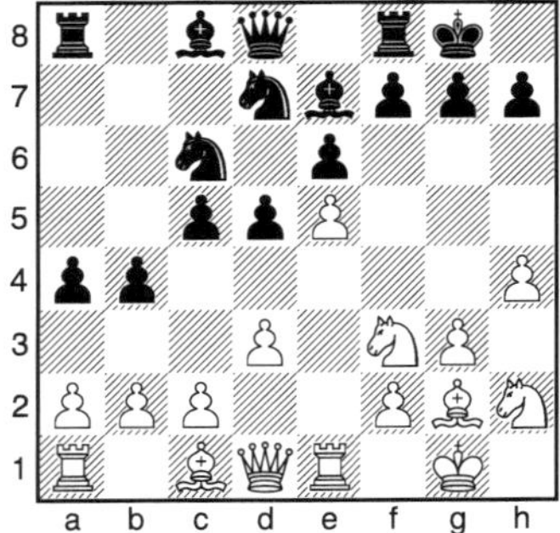

13.♗f4

Weiß möchte wie gewohnt seine Entwicklung beenden und dabei auch auf Fischers Idee 13.a3!? zurückgreifen, um das schwarze Gegenspiel am Damenflügel zu erschweren. Schauen wir uns einige denkbare Szenarien an: 13...bxa3 14.bxa3 ♗a6

(Nach 14...♖e8 15.♘g4 ♘d4 16.♘xd4 cxd4 17.♗f4 ♗a6 18.h5

♖c8 19.♗d2 ♖c6 20.♖a2 ♕c7 21.♗b4 ♗xb4 22.axb4 ♗b5 23.h6 g6 24.♕d2 ♖c8 25.♖e2 ♖a6 26.♕g5 ♔f8 27.♕f4 erhielt Weiß die gewünschten Angriffsmöglichkeiten, Azaladze–Shahinyan, Poti 2015.)

15.h5

(Auch in dem Duell Zivkovic–Zajic, Kragujevac 2015, erhielt Weiß nach 15.♗f4 ♕c7 16.♘g5 ♘dxe5 17.♕h5 ♗xg5 18.hxg5 f6 19.gxf6 gxf6 20.♘g4 Königsangriff.)

15...♖b8

(Oder 15...c4 16.d4 c3 17.♗f4 ♘a5 18.h6 g6 19.♕c1 ♖b8 20.♘g4 ♘c4 21.♗f1 ♖b2 22.♗xc4 dxc4 23.♗g5 ♗b7 24.♗xe7 ♕xe7 25.♘g5 mit aktivem Spiel am Königsflügel, welches letztlich zum Sieg führte, Nevednichy–Zontakh, Niksic 2000.)

16.h6 g6 17.♘g4 ♖e8 18.♗f4 Die Ereignisse haben zu einer typischen weißen Kräftekonzentration am Königsflügel geführt. Der Plan besteht in den weiteren Angriffsmaßnahmen ♕d2 und ♗g5, Pascua–Sadorra, Ho Chi Minh City 2015.

13...♖a6

In dieser Partie hat Schwarz also doch auf 13...a3 verzichtet, wonach z.B. folgen könnte 14.b3 ♗b7

(Nach 14...f6 sollte Weiß 15.exf6 ♘xf6 16.♘e5 mit Beherrschung des Feldes e5 spielen.

Und in der Partie Kopp–Huschens, Hofheim 2016, folgte 14...♘a7 15.h5 ♘b5 16.♘g4 ♗a6 17.♕d2 ♖c8 18.h6 g6 19.♗g5 mit Angriff.)

15.♗h3 ♖c8 16.♘g5 ♕e8 17.♘g4 ♘d4 18.♘e3 ♔h8 19.♗g2 ♘xe5 20.♗xe5 f6 21.♗xd4 cxd4 22.♘xe6 dxe3 23.♖xe3 ♖f7 24.d4 ♖c3 25.♖xc3 bxc3 26.♘f4 Weiß hat klaren Vorteil, weil im schwarzem Lager die Schwächen a3, c3 und d5 zu betreuen sind, Firouzja–Neelotpal, Doha 2015.

14.♗h3

Dies geschieht zum Ausschluss des Befreiungszuges f7–f6.

14...b3 15.cxb3 ♕b6

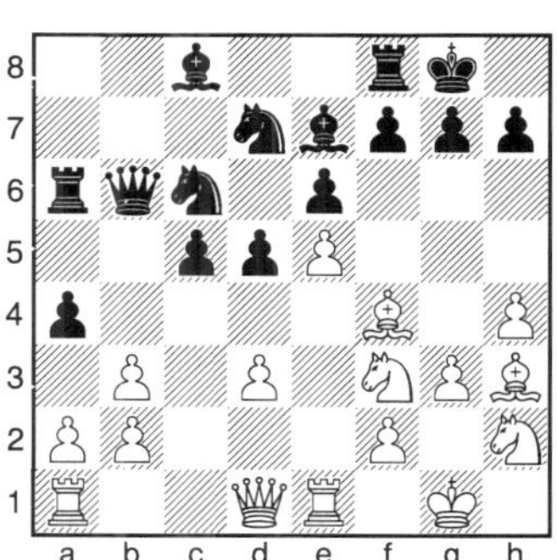

16.♘g5

Da Schwarz nach 16.bxa4 ♕xb2 ausreichendes Gegenspiel am Damenflügel erhielte, muss Weiß energisch am Königsflügel vorgehen.

16...axb3

Auf 16...h6 folgt 17.♘xf7! ♖xf7

(17...♔xf7 18.♗xe6+! ♔xe6 19.♕g4+ ♔f7 20.e6+ ♔g8 21.exd7 ♗xd7 22.♕xd7±)

18.♗xe6 mit Initiative für das geopferte Material.

17.♕h5!

Weiß spielt konsequent auf Angriff.

17...♗xg5

17...h6 18.♘xf7! ♖xf7 19.♗xe6+−

18.hxg5 ♖xa2

Die Alternative 18...bxa2 19.♘g4 ♕xb2

(Nach 19...♕d8 20.♔g2! gelangt der Turm entscheidend nach h1.)

20.♘f6+! gxf6

(20...♘xf6 21.gxf6 gxf6 22.♕g4+ ♔h8 23.♕h4 fxe5 24.♕f6+ ♔g8 25.♗h6+−)

21.gxf6 ♔h8 22.♔g2 ♘cxe5 23.♗f5! exf5 24.♕h6 ♖g8 25.♕xh7+! ♔xh7 26.♖h1+ ♔g6 27.♖h6# führt zum Matt.

19.♘g4 ♔h8

Nach 19...♖xb2 folgt natürlich 20.♘f6+! gxf6 21.gxf6 ♔h8 22.♔g2 c4 23.♗e3 d4 24.♗f5! exf5 25.♖h1 – ebenfalls mit Matt.

20.♔g2! ♖xa1 21.♖xa1 ♗a6

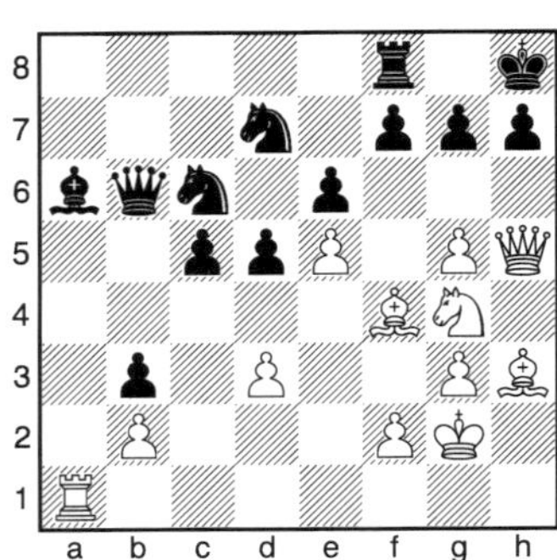

22.♘f6!

Der entscheidende Schlag!

22...♗xd3

Die Annahme des Opfers führt zu folgenden Varianten: 22...♘xf6 23.gxf6 ♗xd3 24.fxg7+ ♔xg7 25.♗h6+ ♔g8 26.♕g5+ ♗g6 27.♕f6+− oder 22...gxf6 23.♗f5! exf5 24.♖h1+−. Der Textzug verliert jedoch auch.

23.♘xd7 ♗e4+ 24.f3 ♗g6 25.♕xg6! ♕d8

Auch 25...hxg6 26.♘xb6 führt zu weißem Gewinn.

26.♕h5 ♕xd7 27.♖h1 h6

Oder 27...g6 28.♕xh7+ ♔xh7 29.♗xe6+ nebst Schlagen auf d7.

28.g6 fxg6 29.♕xg6 ♘d4 30.♗xh6 ♔g8 31.♗e3 ♕f7 32.♕xf7+ ♔xf7 33.♗xd4 cxd4 34.♖c1 d3 35.♔f2 ♔e7 36.♖c7+ ♔d8 37.♖c3 ♖h8 38.♗xe6 ♖h2+ 39.♔e3 ♖xb2 40.♖xd3 ♖b1 41.♗xd5

Schwarz kapitulierte.

Partie Nr. 21
Kaidanow – Nijboer
Elista 1998

1.e4 c5 2.♘f3 e6 3.d3 ♘c6 4.g3 d5 5.♘bd2 ♘f6 6.♗g2 ♗e7 7.0–0 b5 8.♖e1 0–0 9.e5 ♘d7 10.♘f1 a5 11.h4 b4 12.♗f4 a4 13.a3 ♗a6

Andere Züge werden im einleitenden Text zu Abspiel 4 behandelt.

14.♘1h2

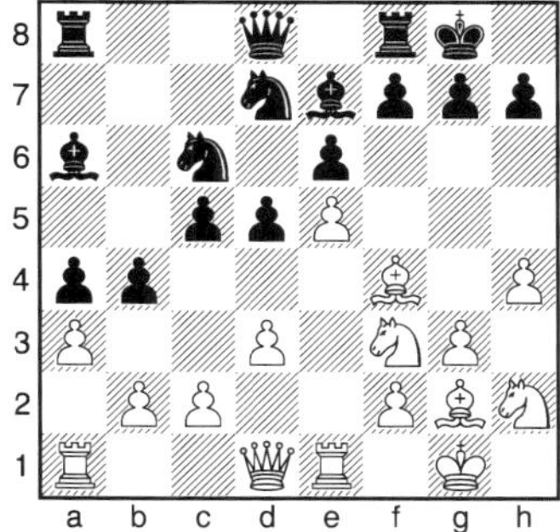

14...c4

Um am Damenflügel möglichst schnell Linien für dringend nötiges Gegenspiel zu öffnen. Andere Möglichkeiten sind:

I. 14...♗b5 15.h5 ♖c8 16.h6 g6 17.♘g4 c4

(Nach 17...♘d4 18.♘xd4 cxd4 19.axb4 ♗xb4 20.♖e2 behält Weiß Angriffsmöglichkeiten am Königsflügel, während er auf der anderen Seite alles unter Kontrolle hat.)

18.d4 c3 19.bxc3 bxa3 20.♗c1 ♘a5 21.♗xa3 ♗xa3 22.♖xa3 ♕e7

(22...♘c4 23.♖a1 a3 24.♘d2!)

23.♖a1 a3

(23...♖xc3 24.♕d2 ♖fc8 25.♘e3±)

24.♕b1 ♖b8 25.♕b4 ♕xb4 26.cxb4 ♘c4 27.♗f1 Wegen des schwachen Bauern auf a3 hat Weiß die besseren Aussichten.

II. 14...bxa3 15.bxa3 ♖b8 16.h5 c4

(16...♘d4 17.♘xd4 cxd4 18.♕g4 ♔h8 19.h6 g6 20.♘f3 ♕b6 21.♗d2 ♗c5 22.♕f4 ♕b2 23.♖ec1 ♗xa3 24.♘xd4 ♗b4 25.♗xb4 ♖xb4 26.c3 ♖bb8 27.♘c6 ♖b3 28.♘b4 ♖xc3 29.♖cb1 ♕e2 30.♘xa6+–, Balogh–A.Horvath, Bastia 2014)

17.h6 g6 18.d4 c3 19.♖e3 ♘a5 20.♖xc3 ♘c4 21.♗f1 ♘b2 22.♕c1 ♗xf1 23.♔xf1 ♘c4 24.♘g4 ♖c8 25.♔g2 Weiß hat einen Bauern mehr, Zahartsow–Drygalow, St Petersburg 2015.

15.d4 c3 16.bxc3 bxc3

16...bxa3 17.♘g5 ♖b8 (17...♕e8!?) 18.♕h5 h6 19.♘g4 hxg5 20.hxg5 ♖e8 (20...g6 21.♕h4+–) 21.♗xd5! ♘dxe5

(Oder 21...exd5 22.e6 fxe6 23.♘h6+! gxh6 24.♕g6+ ♔h8 25.♕xh6+ ♔g8 26.♕xe6+ ♔g7 27.♕h6+ ♔g8 28.♕g6+ ♔f8 29.♔g2 mit der entscheidenden Drohung ♖h1!.)

22.♗xe5 ♘xe5

(22...exd5 23.♗xg7! ♔xg7 24.♕h6+ ♔g8 25.♖xe7+–)

23.♖xe5 g6 (23...exd5 24.♖f5 ♖f8

25.♔g2±) 24.♕h4 mit weißer Gewinnstellung, in der der korrekte Plan in ♔g2 nebst ♖h1 besteht, Bojczuk–Wielecki, Bielsko Biala 1990.

17.♘g5

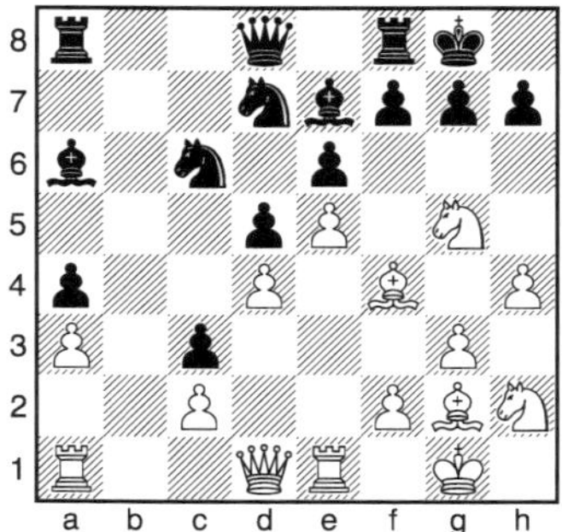

17...♘b6?

Das ist zu optimistisch gespielt, zumal der Springer sich zu weit vom Hauptkampfplatz entfernt. Angesichts der Drohung ♕h5 sollte Schwarz seinen Gegner mit 17...h6! zu einer sofortigen Entscheidung zwingen. In diesem Fall sollte Weiß den Springer nach h3 zurücknehmen – mit dem Anschlussplan ♗e3, ♕g4 usw. mit aktivem Spiel. Schlecht wäre nämlich 18.♕h5? hxg5 19.hxg5 ♘xd4 mit schwarzem Gewinn.

18.♕h5! ♗xg5

Jetzt war es für 18...h6 schon zu spät – und zwar wegen der Gewinnfolge 19.♘g4! hxg5 20.hxg5 ♘xd4 (20...g6 21.♕h6 ♘xd4 22.♘f6+ ♗xf6 23.exf6 ♘f5 24.♕h3 ♘c4 25.g4 ♘fd6 26.♕h6 ♘e8 27.♖xe6! fxe6 28.♕xg6+ ♔h8 29.♗e4! dxe4 30.♔g2+–)

21.♘f6+! gxf6 22.gxf6 ♗xf6 23.exf6 ♕xf6 24.♗e5+–.

19.♗xg5 ♕e8 20.♗f6!

Nur so, denn andernfalls folgt f7-f5 und bei Schwarz wäre alles in Ordnung.

20...♘xd4?

Das erleichtert die weiße Angriffsaufgabe nur. Mehr Probleme hätte er nach 20...gxf6 21.♘g4 ♘d7 22.♗xd5! exd5 23.exf6 ♔h8 24.♖xe8 ♖axe8 25.♕xd5 ♘cb8 usw. gehabt.

Hingegen gewinnt Weiß nach 20...♔h8 mittels der Opferkombination 21.♗xg7+! ♔xg7 22.♕g5+ ♔h8 23.♕f6+ ♔g8 24.♘g4 h6 25.♘xh6+ ♔h7 26.♘g4 ♘d7 27.♕h6+ ♔g8 28.♘f6+ ♘xf6 29.exf6 mit absehbarem Ende!

21.♘g4 ♘f5 22.♕g5 ♔h8 23.♗xg7+! ♘xg7 24.♘f6 ♕d8 25.♕h6 ♕xf6 26.♕xf6 ♖ae8 27.g4 ♘d7 28.♕f4 ♗c4 29.h5 ♖c8 30.♖ab1 f5 31.exf6

Schwarz gab auf.

Partie Nr. 22
Mirkovic – Djokic
Belgrad 2017

1.e4 c5 2.♘f3 e6 3.d3 ♘c6 4.g3 ♘f6 5.♗g2 ♗e7 6.0–0 d5 7.♘bd2 0–0 8.♖e1 b5 9.e5 ♘d7 10.♘f1 a5 11.h4 b4 12.♗f4 a4 13.a3 b3

So verfolgt Schwarz seinen strategischen Aufmarschplan am Damenflügel und ist dabei sogar zum Bauernopfer bereit. Andere Möglichkeiten werden im einleitenden Text zu Abspiel 4 angegeben.

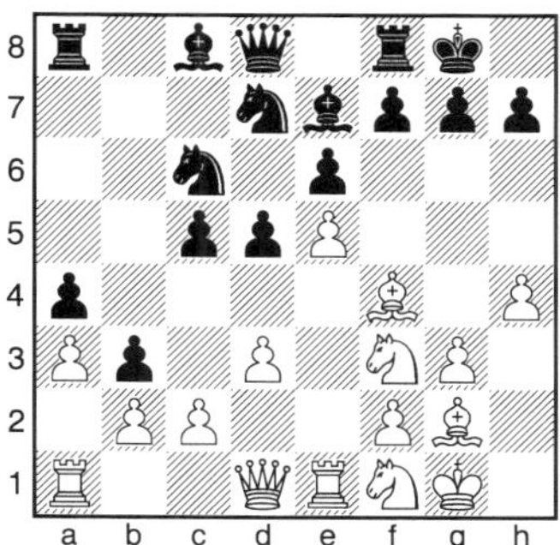

14.c3!

So ist es richtig, denn bei stabiler Lage am Damenflügel kann Weiß seinen Königsangriff viel einfacher durchführen. Nach 14.cxb3 axb3 15.♕xb3 ♗a6 bekäme Schwarz hingegen das gewünschte Gegenspiel.

14...♗a6 15.♘1h2 ♖e8 16.h5 h6 17.♘g4 ♘f8 18.♕d2

Alles läuft nach dem typischen Plan: Sämtliche weißen Kräfte nehmen Kurs auf den gegnerischen König.

18...♘h7 19.♖ad1 ♕b6 20.♗h3 ♗f8 21.♘h4 ♗b7 22.♘g6!

Die Zeit für den Schlussangriff ist gekommen!

22...fxg6 23.hxg6 ♘e7?

In einer derart dynamischen Position ist ein solcher Zug reiner Zeitverlust. Richtig war 23...d4! 24.gxh7+ ♔xh7 25.c4 und erst jetzt 25...♘e7, denn dank der offenen und nutzbaren Diagonale a8-h1 hätte Schwarz immer noch Chancen auf Gegenspiel.

24.gxh7+ ♔xh7

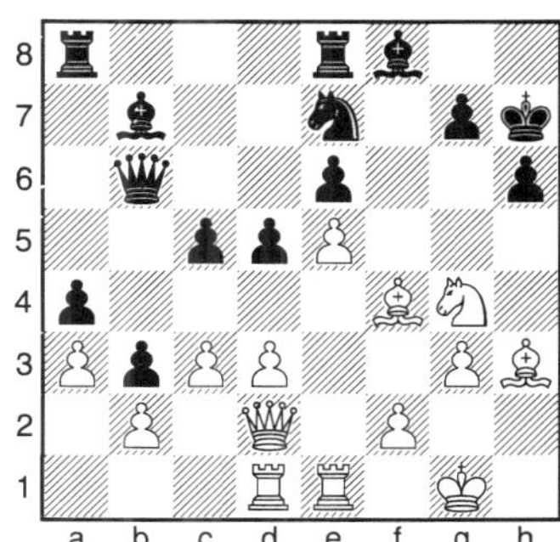

25.♗xh6!

Eine effektvolle und vernichtende Schlusskombination.

25...gxh6 26.♘f6+ ♔g7 27.♕f4 ♔h8 28.♘d7 ♕c7 29.♘xf8 ♖xf8 30.♕xh6+ ♔g8 31.♗xe6+ ♖f7 32.♕g5+ ♔f8 33.♗xf7 ♔xf7 34.e6+ ♔e8 35.♕h5+ Schwarz gab sich geschlagen, denn nach 35...♔d8 36.♕h8+ ♘g8 37.♕xg8+ behält er entscheidenden materiellen Nachteil.

Partie Nr. 23
Sasikiran – Reefat
Kelamabakkam 2000

1.♘f3 e6 2.g3 ♘f6 3.♗g2 d5 4.0–0 ♗e7 5.d3 c5 6.♘bd2 ♘c6 7.e4 b5 8.♖e1 0–0 9.e5 ♘d7 10.♘f1 a5 11.h4 b4 12.♗f4 a4 13.a3 bxa3 14.bxa3 ♘d4

Andere Pläne für Schwarz werden im einleitenden Text zu Abspiel 4 besprochen.

15.c4!

Weiß will die Diagonale a8–h1 öffnen, um dadurch den Aktionsradius seines Fianchetto-Läufers zu vergrößern. Und sein Königsangriff läuft ja nicht weg.

15...♘b6 16.♘xd4 cxd4 17.♕g4

Mit der Drohung ♗h6.

17...♔h8

Nach 17...f5 18.exf6 ♗xf6 folgt 19.♗e5 hat Weiß angesichts des passiven gegnerischen Damenläufers positionellen Vorteil.

18.♗g5

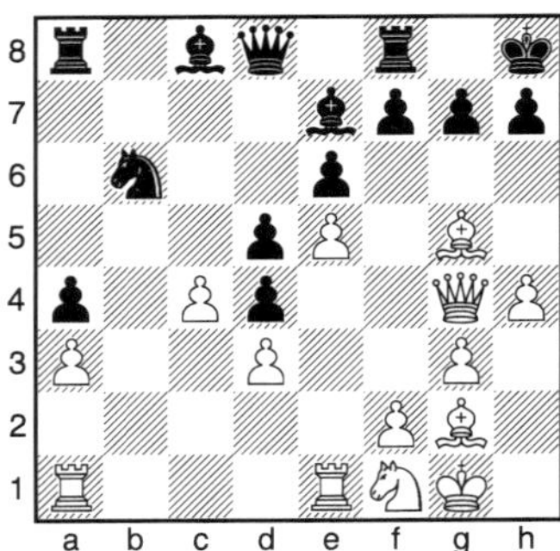

18...f6?

Nun hat Schwarz doch noch seine Königsstellung geschwächt. Notwendig war 18...♗xg5! 19.hxg5 ♖a5 20.♖ad1 ♗a6 21.♕xd4 dxc4 22.♕xd8 ♖xd8 23.dxc4 ♖f8 24.♘e3 ♘xc4 25.♘xc4 ♗xc4 mit guten Ausgleichsmöglichkeiten.

19.exf6 gxf6

Nach 19...♗xf6 folgt stark 20.c5! ♗xg5

(20...e5 21.♕h5±; 20...♘d7 21.♕xe6 ♘xc5 22.♕c6±)

21.hxg5 ♘d7 22.♕xd4 ♕xg5 23.c6 ♕f6 24.♕xf6 ♘xf6 25.♘d2 und angesichts seines starken Bauern auf c6 hat Weiß die besseren Perspektiven.

20.♗h6 ♖g8 21.♕xd4 e5 22.♕b2 ♖b8 23.cxd5 ♘d7 24.♕c2 ♘c5 25.♖ad1

25.♘d2!? sah eigentlich logischer aus.

25...♗g4 26.d4!?

Ein Qualitätsopfer im Angriffssinne.

26...♗xd1 27.♕xd1 ♘b3 28.dxe5 fxe5 29.♖xe5 ♗xa3 30.♖e4 ♖b4 31.♘d2

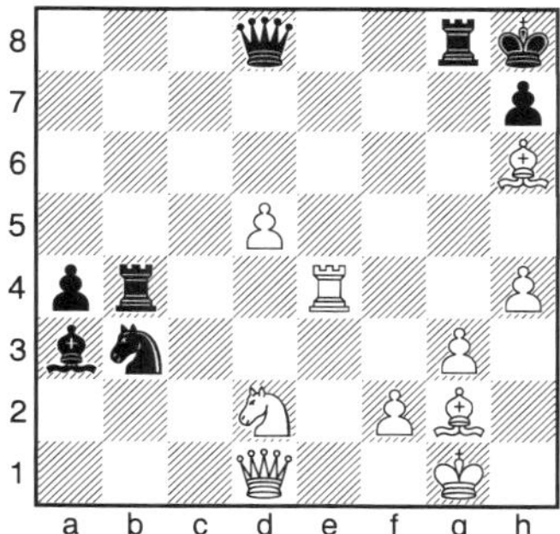

31...♘d4

Nach 31...♖xe4 32.♘xe4 ♗f8 33.♗f4 wäre die schwarze Position ungeachtet der Mehrqualität kritisch. Allerdings hat sich die Lage von Schwarz auch nach dem Partiezug nicht verbessert, denn die Königsstellung ist und bleibt fatal geschwächt.

32.♘c4 ♖xc4 33.♖xd4 ♖c8 34.♖xa4 ♗b2 35.♗e3 ♖g7 36.♔h2 ♗e5 37.♖e4 ♗f6 38.♕h5 ♕f8 39.♖f4

39.♗h6! war noch stärker.

39...♕d6 40.♗h3 ♖a8 41.♗e6 ♗e5 42.♖f3 ♕b8 43.♗h6 ♗xg3+ 44.♔h3

Natürlich war auch 44.fxg3+- möglich.

44...♗e5 45.♗xg7+ ♗xg7 46.♗f5 ♕g8 47.d6!

Nun entscheidet der Bauernvormarsch.

47...h6 48.d7 ♗f8 49.♗g4 ♖d8 50.♕e8! ♗g7 51.♖e3 ♗f6 52.♕h5

Schwarz kapitulierte.

Partie Nr. 24
Fischer – Mjagmasuren
Sousse 1967

1.e4 e6 2.d3 d5 3.♘d2 ♘f6 4.g3 c5 5.♗g2 ♘c6 6.♘gf3 ♗e7 7.0–0 0–0 8.e5 ♘d7 9.♖e1 b5 10.♘f1 b4 11.h4 a5 12.♗f4 a4 13.a3 bxa3 14.bxa3 ♘a5

Andere Möglichkeiten für Schwarz werden im einleitenden Text zu Abspiel 4 behandelt.

15.♘e3 ♗a6

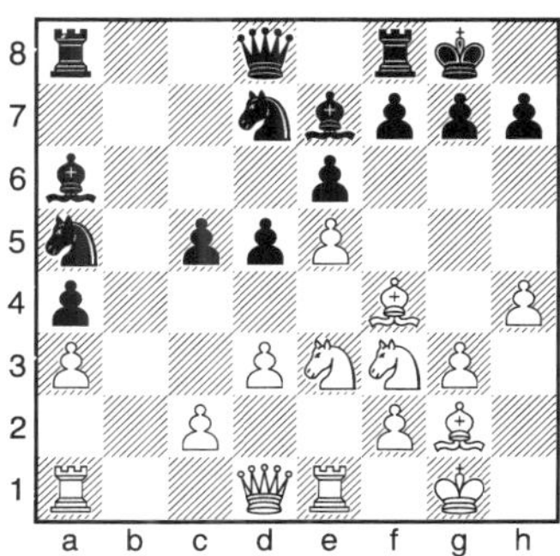

16.♗h3

Mit diesem Routinemanöver will Weiß den Befreiungszug f7–f6

verhindern. Energischer ist jedoch 16.♘g5! und nach 16...h6 die mutige Folge 17.♕h5!; dazu das Partiebeispiel Teran Alvarez–Dgebuadze, Leon 1996: 17...hxg5 18.hxg5 ♘c6

(Oder 18...♗b7 19.♘g4 g6 20.♕h4 ♖e8 21.♘f6+ ♘xf6 22.gxf6 ♗f8 23.♔h2 nebst ♖h1 und ♔g1 mit Gewinn.)

19.♘xd5! exd5 20.e6

(20.g6! fxg6 21.♗xd5+ ♖f7 22.♕xg6+–)

20...♗xg5 21.♗xd5

(21.♗xg5!? ♘f6 22.♗xf6 ♕xf6 23.♗xd5+–)

21...♘de5 22.exf7+ ♖xf7 23.c4 ♗xf4 24.gxf4 ♘e7 25.♗xa8 ♘xd3? (25...♘5g6!) 26.♖ad1 ♕d4 27.♖xe7 ♗xc4 28.♖e8+ ♖f8 29.♗e4 ♕d6 30.♗h7+ 1-0

16...d4 17.♘f1

Das ist besser als das nur scheinbar aktive 17.♘g4, was nämlich in Wirklichkeit der Dame den Weg zum Königsflügel versperren würde.

17...♘b6 18.♘g5 ♘d5?

Besser war wohl 18...h6!, um den Springer frühzeitig von seinem Aktivposten zu vertreiben.

19.♗d2 ♗xg5

Der Springer muss eliminiert werden, denn jetzt 9...h6? würde nach 20.♘xe6! fxe6 21.♗xe6+ ♔h8 (21...♖f7 22.♕f3+–) 22.♗xa5 ♕xa5 23.♗xd5 zu einer weißen Gewinnstellung führen. Die Preisgabe des Läufers zieht allerdings den Kontrollverlust über die schwarzen Felder in Königsnähe nach sich.

20.♗xg5 ♕d7 21.♕h5

Nachdem die stärkste weiße Figur sich in den Angriff einschaltet, ziehen sich dunkle Wolken über der schwarzen Königsstellung zusammen.

21...♖fc8 22.♘d2 ♘c3

Schwarz will den gegnerischen Springer von e4 fernhalten, trifft jedoch auf eine Überraschung durch eine andere gegnerische Figur.

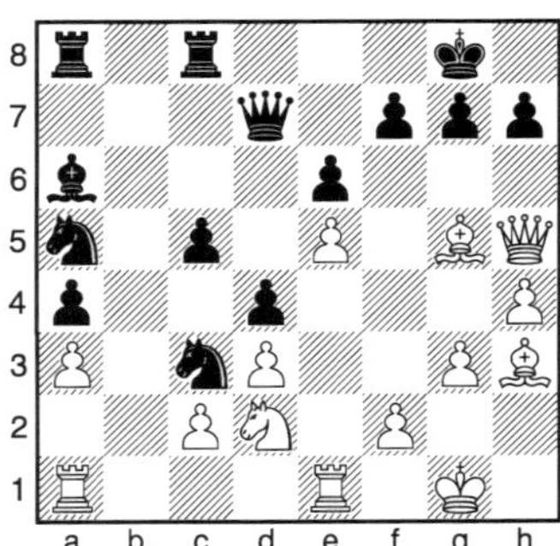

23.♗f6!

Nach Blockade des f–Bauern droht zunächst 24.♕g5!

23...♕e8

Der Läufer ist tabu; man sehe: 23...gxf6 24.exf6 ♔h8 25.♘f3 ♘d5 (25...♖g8 26.♘e5+–) 26.♘g5 ♘xf6 27.♕h6 ♕e7 28.♗f5! ♖g8 29.♗xh7

♖g7 30.♗e4+ ♔g8 31.♗xa8 mit Gewinn.

24.♘e4 g6 25.♕g5 ♘xe4 26.♖xe4 c4 27.h5! cxd3 28.♖h4! ♖a7

Auch 28...dxc2 29.hxg6 c1♕+ (29...fxg6 30.♖xh7!+–) 30.♖xc1 ♖xc1+ 31.♔h2! rettet nicht, sondern führt zu schnellem Matt.

29.♗g2 dxc2

29...♕f8 30.♗e4 dxc2 31.hxg6 fxg6

(31...c1♕+ 32.♖xc1 ♖xc1+ 33.♔h2 fxg6 34.♗xg6! hxg6 35.♖h8+ ♔f7 36.♖h7+ ♔e8 37.♖xa7+–)

32.♗xg6! hxg6 33.♖h8+ ♔f7 34.♖h7+ ♔e8 35.♖xa7+–

30.♕h6! ♕f8

Nach 30...c1♕+ 31.♖xc1 ♖xc1+ 32.♔h2 lässt sich das Matt nicht mehr abwenden.

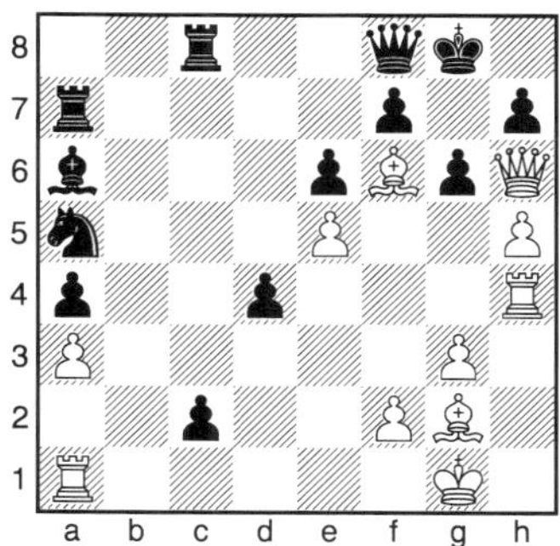

31.♕xh7+!!

Ein schöner Schlussakkord. Angesichts der forcierten Mattführung 31...♔xh7 32.hxg6+ ♔xg6 33.♗e4# gab Schwarz sich geschlagen.

Partie Nr. 25

David – Taylor

Anogia 2017

1.♘f3 ♘f6 2.g3 d5 3.♗g2 e6 4.0–0 ♗e7 5.d3 0–0 6.♘bd2 c5 7.e4 ♘c6 8.♖e1 b5 9.e5 ♘d7 10.♘f1 a5 11.h4 b4 12.♗f4 a4 13.a3 bxa3 14.bxa3 ♖e8

Andere Züge werden im einleitenden Text zu Abspiel 4 behandelt.

15.♘1h2 ♘f8 16.h5 ♗a6 17.♘g4 ♖b8

Um den nächsten weißen Zug zu verhindern, kam 17...h6 in Frage, obwohl nach 18.♕d2 die ganze Zeit das Damokles-Schwert eines Einschlags auf h6 über der schwarzen Rochadestellung schweben würde.

18.h6 g6 19.♕c1

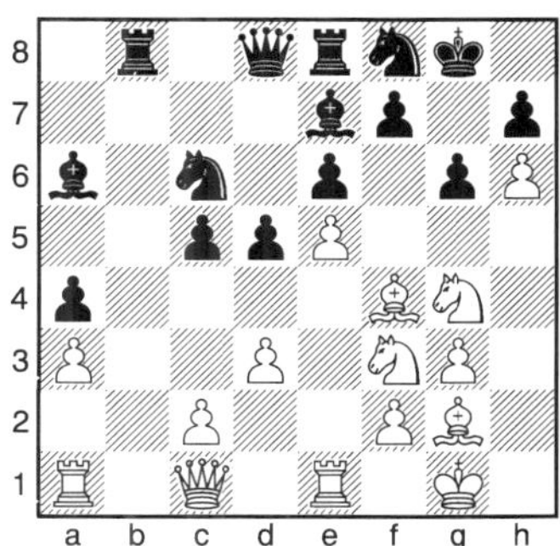

19...♘d7?

Das ist zu passiv, und Schwarz sollte aktiver 19...♘d4!? spielen; z.B. 20.♘xd4

(Oder 20.♘f6+ ♗xf6 21.exf6 ♘xf3+ 22.♗xf3 ♖c8 nebst d5-d4 und c5-c4 mit Gegenspiel.)

20...cxd4 21.♘f6+ ♗xf6 22.exf6 ♖c8 23.♕b2 ♘d7 24.♕xd4 ♖xc2 mit ausreichenden Gegenchancen.

20.♗g5 ♗xg5

20...c4 21.♗xe7 ♕xe7 22.d4±

21.♘xg5

Die Damen müssen natürlich auf dem Brett bleiben, denn nach 21.♕xg5 ♕xg5 22.♘xg5 ♘d4 wäre das Spiel ziemlich ausgeglichen.

21...♘d4 22.c4 dxc4 23.dxc4 ♗b7 24.♕f4 ♕e7 25.♗e4 ♖ed8 26.♖ad1 ♗xe4 27.♘xe4 ♖b3

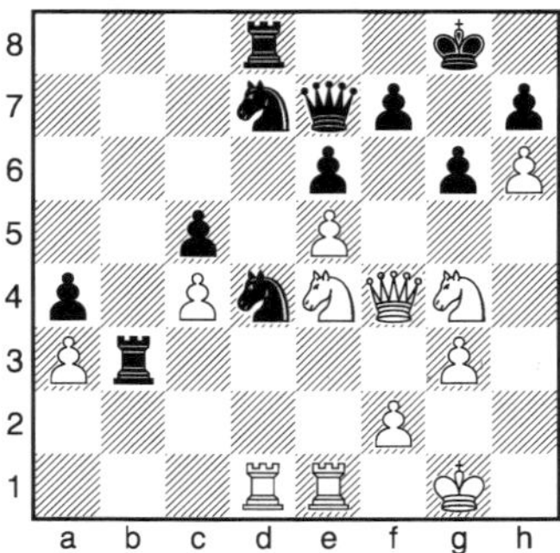

28.♖xd4!

Mit diesem energischen Opferspiel will Weiß seinem c-Bauern den Weg freiräumen.

28...cxd4 29.c5 ♖c8

Eine hübsche taktische Variante käme nach 29...♘xc5 aufs Brett; und zwar: 30.♕f6 ♕f8 (30...♕xf6 31.♘gxf6+ ♔f8 32.♘xh7+ ♔g8 33.♘hf6+ ♔h8 34.♘xc5 ♖xa3 35.♖b1 d3 36.♘xe6! ♖c8 37.♘g5 ♖f8 38.♘xf7+! ♖xf7 39.♖b8+ ♖f8 40.♖xf8#)

31.♘xc5 d3 32.♖d1 d2 33.♘xb3 axb3 34.♕f3 b2 35.♘f6+ ♔h8 36.♔g2 ♕xh6 37.♕b7 mit Gewinn.

30.♖c1 ♖xa3 31.c6 ♘b8

31...♘b6 32.♘gf6+ ♔h8 33.♘d6+–

32.c7

Die entscheidende und krönende Fortsetzung des Bauernvormarsches.

32...♘a6 33.♖c6 ♘xc7

33...♖xc7 34.♖xa6 ♖c8 35.♘d6+–

34.♘d6

Der Kampf ist beendet und der Rest ist leicht verständlich.

34...g5 35.♘f6+ ♔h8 36.♕xg5 ♕f8 37.♘d7 ♖a1+ 38.♔g2 ♖g1+ 39.♔xg1 ♖b8 40.♘xf8 ♖b1+ 41.♔g2 ♖g1+ 42.♔xg1 a3 43.♘xf7#

Partie Nr. 26
Petrosjan – Barcza
Saltsjobaden 1952

1.e4 c5 2.♘f3 ♘c6 3.d3 e6 4.♘bd2 d5 5.g3 ♘f6 6.♗g2 ♗e7 7.0–0 0–0 8.♖e1 b6 9.e5 ♘e8

Erläuterungen zur alternativen Springerführung 9...♘d7 – siehe im einleitenden Text zu Abspiel 4.

10.♘f1 ♔h8 11.♗f4 f5 12.h4! ♘c7 13.♘1d2 ♗b7

Nicht zu empfehlen war die Variante 13...d4 14.♘c4 ♘d5 15.♗g5 b5? 16.♘d6 ♘xe5 17.♘xe5 ♕xd6 18.♗xd5 exd5 (18...♕xd5 19.♗xe7 ♗b7 20.f3+–) 19.♗xe7 ♕xe7 20.♘g6+ mit weißem Gewinn.

14.c3

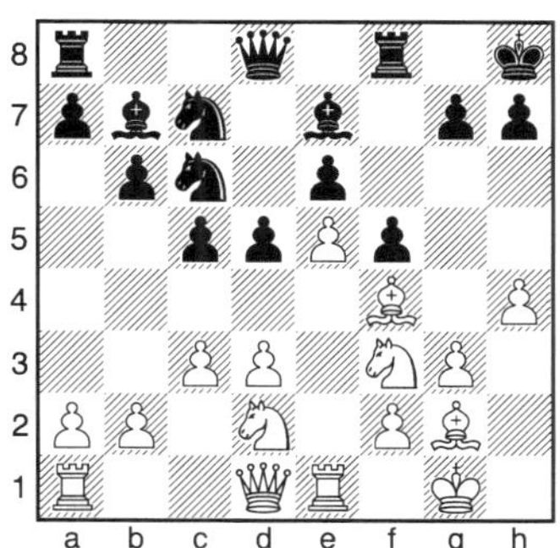

14...b5?!

Nach der Partie wurde 14...d4 empfohlen, um nach 15.♘c4 mit 15...♘d5 das Zentralfeld zu besetzen, was zu kompliziertem Spiel geführt hätte.

15.♘b3 a5 16.♗g5

Wegen der Kreuzfesselung des ♗e7 droht nun der Einschlag auf c5.

16...♘a6 17.d4!

Da es momentan am Königsflügel nicht vorwärts geht, dehnt Weiß seinen Angriff aufs Zentrum aus.

17...c4

Nach 17...cxd4 18.cxd4 (mit der Idee ♘d3) könnte der Springer an beiden Flügeln spielen – nämlich unter Nutzung des Transferfeldes c5 am Damenflügel oder via f4 in der rechten Bretthälfte.

18.♘c1 ♘c7

Zu überlegen war 18...b4!?.

19.♘e2 ♔g8 20.♘f4 ♕e8 21.♗xe7 ♕xe7 22.♘g5 g6 23.a4!

In dieser Eröffnung ist das Spiel an beiden Flügeln häufig wichtig.

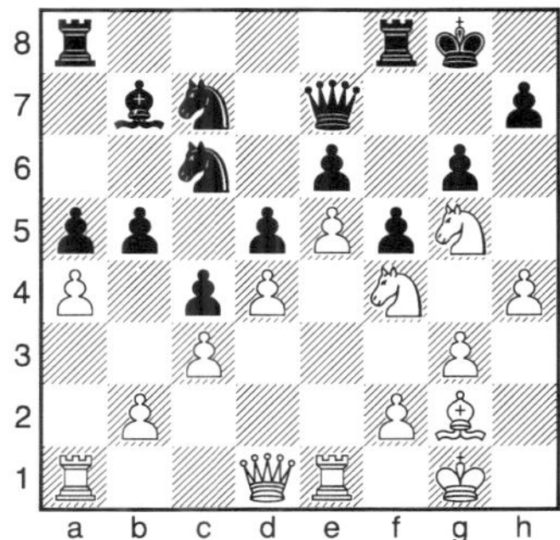

23...♗a6?

Das ist bereits der Verlustzug. Besser war 23...b4 24.b3! bxc3

(24...cxb3 25.♕xb3 ♖ad8 26.♖ac1±)

25.bxc4 dxc4

(25...♘b4 26.cxd5 ♗xd5 27.♗xd5 ♘bxd5 28.♘gxe6 ♘xe6 29.♘xd5+–)

26.d5 exd5

(26...c2 27.♕xc2 ♘b4 28.d6! ♘xc2 29.dxe7 ♖fb8 30.♗xb7 ♖xb7 31.♖ed1! ♘xa1 32.♖d8+ ♘e8 33.♖xa8 ♖xe7 34.♖c8+–)

27.♘xd5 ♘xd5 28.♕xd5+ ♔h8 29.e6 mit Vorteil für Weiß, aber der Kampf könnte noch weitergehen.

24.♘fxe6! ♘xe6 25.♗xd5 ♖ad8

Nach 25...♘cd8 führt einfach 26.♗xa8! zum Gewinn.

26.♗xe6+ ♔g7 27.axb5 ♗xb5 28.d5 f4 29.♕g4 h6 30.♘h3

Schwarz gab auf.

Partie Nr. 27
Dworetski – Damski
Moskau 1970

1.e4 e6 2.d3 d5 3.♘d2 c5 4.♘gf3 ♘c6 5.g3 ♘f6 6.♗g2 ♗e7 7.0–0 0–0 8.♖e1 b6 9.e5 ♘d7 10.♘f1 ♗b7 11.h4 ♕c7 12.♗f4 b5

Die Alternative 12...♖fd8 wird im einleitenden Text zu Abspiel 4 untersucht.

13.♘1h2 d4?

Mit einem solch verpflichtenden Zug sollte man äußerst vorsichtig sein, weil dadurch das Feld e4 für die weißen Figuren freigegeben wird. Logischer war also 13...a5! mit Gegenspiel am Damenflügel.

14.♘g5! h6

Die Preisgabe des Läufers mit 14...♗xg5 würde dem Weißen die Sache zu einfach machen, denn nach 15.hxg5! könnte er den einfachen Angriffsplan ♕h5 nebst ♘g4 und ♗e4 folgen lassen.

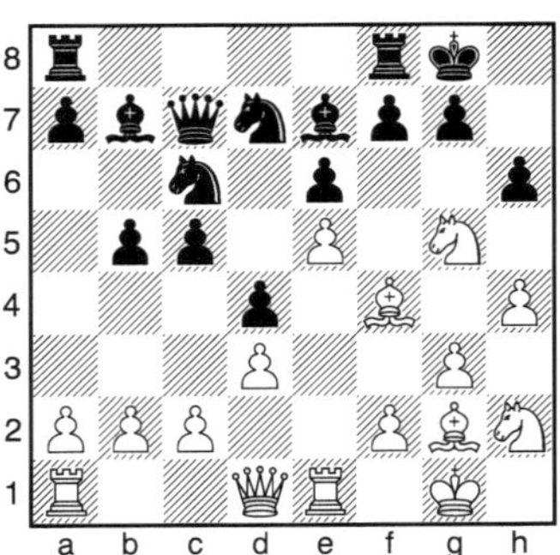

15.♕h5!

Es ist klar, dass Weiß keine Zeit verlieren, sondern den Angriff zügig und kompromisslos vorantreiben muss.

15...hxg5

Nach 15...♘b4 folgt 16.♘g4! ♘xc2

(16...hxg5 17.hxg5 ♘xc2 18.♘f6+ ♗xf6 19.gxf6 ♖fc8 20.♕g5 ♔f8 21.fxg7+ ♔g8 22.♕h6 f6 23.exf6 e5 24.♗xe5 ♘xe5 25.♗xb7 ♕xb7 26.♖xe5 ♘xa1 27.f7+! ♔xf7 28.♕e6+ ♔xg7 29.♖g5+ ♔h8

30.♕h6+ ♕h7 31.♕f6+ nebst Matt)

17.♘xh6+! gxh6 18.♕xh6 ♗xg5 19.♕xg5+ ♔h7 20.♕h5+ ♔g8 21.♗h6 ♔h7 22.♗g5+ ♔g8 23.♗f6 ♘xf6 24.♕g5+! ♔h7 25.exf6 und Schwarz kann aufgeben.

16.hxg5 ♖fb8 17.♘g4 ♘f8

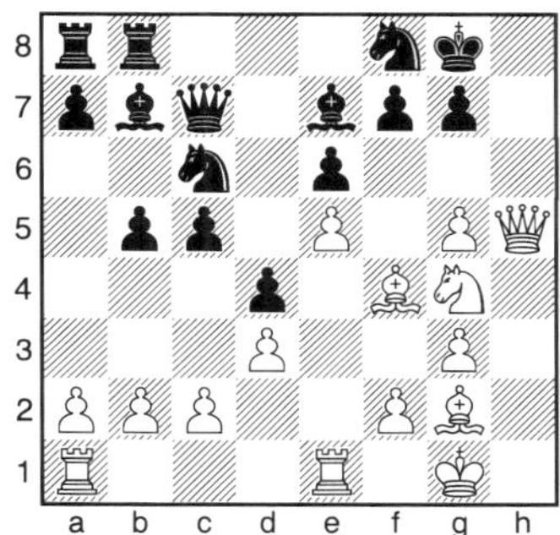

18.♘f6+!

Die logische Konsequenz des zielstrebigen weißen Spiels.

18...♗xf6

Oder 18...gxf6 19.exf6 e5 20.♕h6 ♘e6 21.♗e4 und Weiß gewinnt.

19.exf6 e5 20.♗d5! ♖e8

Hübsche Varianten könnten sich nach 20...♖d8 21.♔g2! ♘b4 22.♖h1 ♗xd5+ 23.f3 ♘g6 24.♕h7+ ♔f8 25.♕h8+! ♘xh8 26.♖xh8# oder 20...exf4 21.♖e7 ♘xe7 22.♗xf7# ergeben.

21.g6 ♘d8 22.gxf7+ Im Hinblick auf das Schlussspiel 22...♘xf7 23.♕g5 g6 24.♕h6 nebst Matt gab Schwarz auf.

Partie Nr. 28
Giri – Nakamura
London 2015

1.♘f3 d5 2.g3 ♘f6 3.♗g2 e6 4.0–0 ♗e7 5.d3 0–0 6.♘bd2 c5 7.e4 ♘c6 8.♖e1 ♕c7 9.♕e2 b5 10.a4

Mit anderen Fortsetzungen für Weiß haben wir uns im einleitenden Text zu Abspiel 4 beschäftigt.

10...b4

Dank seiner intakten Bauernstruktur ist die Position nach 10...bxa4 11.♖xa4 für Weiß leichter zu spielen; z. B. 11...♖d8 12.b3 ♗d7 13.♖a1 a5 14.♗b2 mit der Idee 15.exd5 exd5 16.♘e5 bzw. 16.c4 usw.

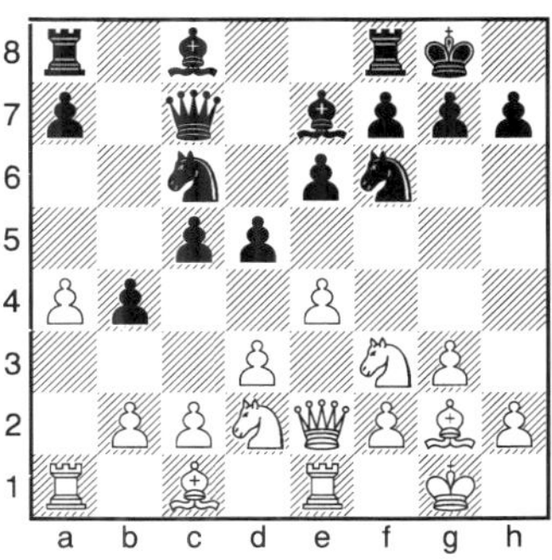

11.exd5

Der bekannte Schachschriftsteller und Kommentator Waleri Bronznik schreibt zu diesem Zug: „Unter den gegebenen Umständen muss Weiß bei diesem Tausch nicht fürchten, dass er später mittels ♖e8 zu dem Rückzug ♕d1 gezwungen wird, denn er hat Zeit genug, seiner Dame das Ausweichfeld d2 vorzubereiten."

Es wird auch 11.b3 gespielt; z.B. 11...♗a6 12.♗b2 ♖ac8 13.♖ac1

(13.♗f1 ♖fe8 14.♖ad1 h6 15.h4 ♖ed8 16.e5 ♘d7 17.♕e3 ♘a5 18.♕f4 ♖f8∞; Prates-Lujan, Vicente Lopez 2007)

13...♖fd8 14.exd5 exd5 15.♘h4 ♕d7 16.♕f1 ♕c7 17.♘f5±; Djosic-Pecelj, Kragujevac 2012.

11...exd5

Nach 11...♘xd5 wird das Feld c4 für den weißen Springer frei. Über die möglichen Konsequenzen gibt die Partie Schimanow-Banik, chess.com INT 2017, Auskunft: 12.♘c4 ♗b7 13.h4 h6 14.a5 ♖ad8 15.♗d2 ♗f6 16.♕d1 ♖fe8 17.♕c1 ♔h7 18.c3 ♗a6 19.♕c2 ♔g8 20.♘h2 ♗e7 21.♘g4 ♗f8 22.f4 bxc3 23.bxc3 ♘de7 24.♗e3 ♘f5 25.♗f2 ♗b7 26.a6 ♗a8 27.♖ab1 h5 28.♘ge3 ♘xe3 29.♗xe3 ♘a5 30.♘xa5 ♗xg2 31.♘b7 ♗xb7 32.♖xb7 ♕c6 33.♖a1 ♖e7? (besser 33...e5!) 34.♕g2 ♕xg2+ 35.♔xg2 ♖xd3 36.♗xc5 ♖ed7 37.♖b8 mit gewonnenem Endspiel für Weiß.

12.♘b3 ♖e8

Auch nach 12...h6 kann Weiß 13.♗f4 spielen.

13.♗f4 ♕b6 14.a5 ♕b5 15.♕d2 ♗e6

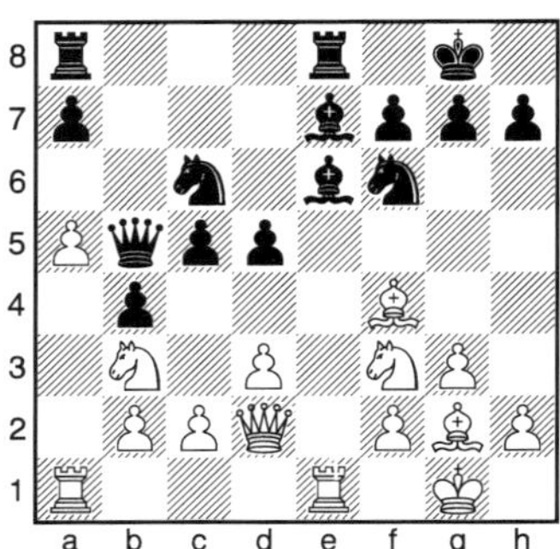

16.a6

Und noch ein Kommentar von Waleri Bronznik: „Eine zweischneidige Entscheidung. Einerseits gewinnt Giri dadurch Raum am Damenflügel, denn sollte sich z.B. der Springer c6 bewegen, erhält Weiß die zusätzlichen Optionen ♖a5 bzw. ♘a5. Auch verschafft er sich einen sogenannten „potentiellen Freibauern", der dem Gegner später (besonders bei herannahendem Endspiel) große Sorgen bereiten kann. Andererseits aber ist der vorgepreschte Bauer a6 momentan ziemlich anfällig. Wie dem auch sei, wenn es dem Weißen gelingt, das Spiel am Damenflügel zu öffnen bzw. seinen weißfeldrigen Läufer auf der langen Diagonale zu aktivieren, kann er unter Umständen eine starke Initiative bekommen. – Eine interessante Alternative bestand übrigens in 16.♖e2!?, um mittels ♖a1-e1 Druck in der e-Linie zu erzeugen und eventuell ein Qualitätsopfer auf e6 folgen zu lassen."

16...♗f8

Nach der Partie analysierte man hier vor allem die Alternative 16...♖ac8!?

17.♘e5 ♘xe5 18.♗xe5 ♘d7 19.♗f4 ♕b6

Zu beachten war sowohl 19...♖ac8!? als auch 19...♖ad8!?

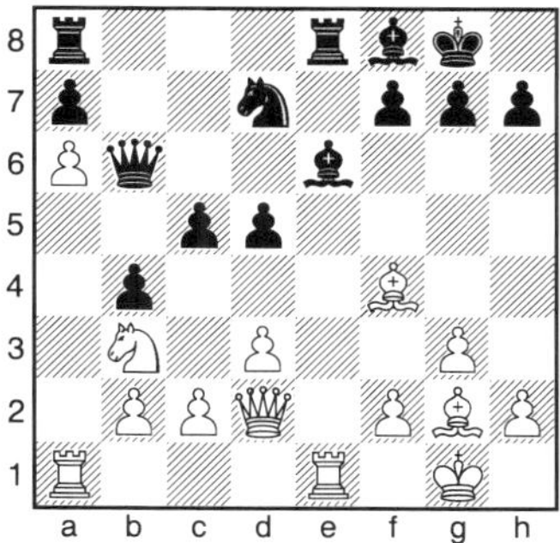

20.c3

Eigentlich war hier 20.c4!? energischer, denn nach 20...bxc3 21.bxc3 ♗d6 (21...♕xb3? 22.♖eb1+–) 22.♘a5 ♕xa6 23.c4 ♗xf4 24.♕xf4 hätte Weiß sehr gute Kompensation für den Bauern.

20...♖ac8 21.♕c2 d4 22.♘d2 h6 23.h4 dxc3

Auf 23...♗d6 würde bereits 24.♖xe6! ♖xe6 25.♘c4 ♕b8 26.♘xd6 ♖xd6 27.♗xd6 ♕xd6 28.cxb4± folgen.

24.bxc3 bxc3?

Es ist wirklich ein großes Rätsel, warum Nakamura darauf verzichtet, sich mit 24...b3!? einen Freibauern zu verschaffen und sich stattdessen freiwillig in eine passive Lage drängen lässt.

25.♕xc3 ♘f6 26.♘c4 ♕d8

Oder 26...♕b4 27.♕c1 ♗f5 (27...♗d5 28.♗h3! ♖cd8 29.♗e5±) 28.♘e5 ♘g4 29.♘xg4 ♗xg4 30.♗b7 ♖cd8 31.♖xe8 ♖xe8 32.♖b1 ♕d4±, (laut einer Analyse von Waleri Bronznik).

27.♗b7 ♘d5 28.♕d2 ♘xf4 29.♕xf4 ♕xd3?

Besser war wohl 29...♖c7!?.

30.♘e5 ♕d6 31.♖ad1 ♕c7 32.♘c6! ♕xc6

Das Endspiel nach 32...♕xf4 33.gxf4 ♖xc6 34.♗xc6 ♖b8 35.♗d5 wäre vorteilhaft für Weiß.

33.♗xc6 ♖xc6 34.♕a4 ♖ec8 35.♖d8 c4

Keine Rettung bringt 35...♖xa6 36.♖xf8+ +– oder auch 35...♖xd8 36.♕xc6 c4 37.♖xe6! fxe6 38.♕xe6+ ♔h8 39.♕xc4+–.

36.♖xc8 ♖xc8 37.♖xe6!

Damit beschleunigt Weiß den Gewinn.

37...fxe6 38.♕d7 ♖c5 39.♕xe6+ ♔h7 40.♕f7! ♗d6 41.h5 ♖g5

Nach 41...♗c7 folgt 42.♕g6+ ♔h8 43.♕e8+ ♔h7 44.♕e4+ ♔g8 45.♕a8+ ♔h7 46.♕xa7 mit gewonnenem Endspiel für Weiß.

42.♔g2 c3 43.f4 Schwarz gab auf.

Partie Nr. 29

Hillarp Persson – Vas

Oslo 2011

1.g3 d5 2.♗g2 ♘f6 3.♘f3 e6 4.0–0 ♗e7 5.d3 0–0 6.♘bd2 c5 7.e4 ♘c6 8.♖e1 ♕c7 9.♕e2 b5 10.e5 ♘d7 11.h4 a5 12.♘f1 ♖e8 13.♗f4 ♗a6 14.♘e3 ♘b6

Über Zugumstellung ist eine für unsere Analysen interessante Stellung entstanden. Andere Möglichkeiten werden im einleitenden Text zu Abspiel 4 behandelt.

15.♘g4 b4?

Zwar sieht dieser Zug auf den ersten Blick logisch aus, jedoch ist er unter den gegebenen taktischen Umständen schwach, weil er dem Weißen die Ausführung einer typischen Kombination gestattet. Zu überlegen war deshalb 15...h5!? (Auch 15...♗f8!? wäre durchaus interessant.), um nach 16.♘f6+ gxf6 17.exf6 e5! zu spielen.

Hier ein Blick auf den denkbaren weiteren Verlauf: 18.♘xe5 ♗xf6 19.♘g4 ♕xf4

(19...♕e7?? 20.♘h6+ ♔f8 21.♕xh5 ♕xe1+ 22.♖xe1 ♖xe1+ 23.♔h2 ♖a7 24.♗d6+ ♔e8 25.♗xc5+–)

20.gxf4 ♖xe2 21.♘xf6+ ♔g7 22.♘xh5+ ♔g6 23.♖xe2 ♔xh5 24.♖ae1 Nun könnte Weiß zwar mit ♖e8 Turmtausch anstreben, jedoch hätte Schwarz nach 24...b4 noch gute Konterchancen am Damenflügel. Wie auch immer wäre das Endspiel äußerst kompliziert.

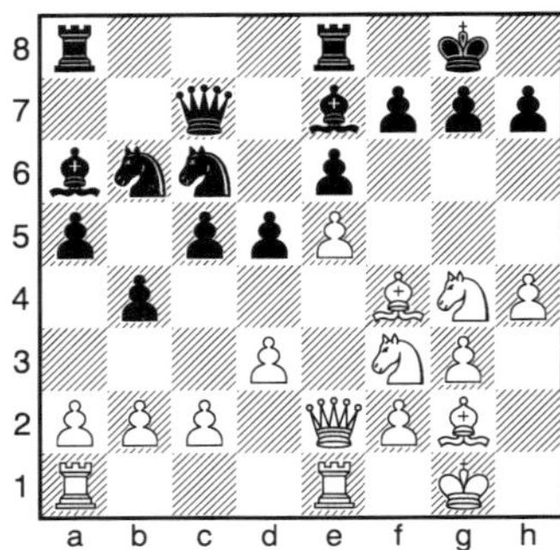

16.♕d2

Es ist ebenso schade wie erstaunlich, dass ein ausgesprochener Taktiker wie der Schwede Hillarp Persson hier auf die Standard-Kombination 16.♘f6+! verzichtet, nach der die Sache ganz reibungslos über die Bühne gegangen wäre; und zwar:

1) gxf6 17.exf6 ♗d6 18.♘g5! ♗xf4

(18...♘d7 19.♗xd6 ♕xd6 20.♕h5 ♘xf6 21.♕xf7+ ♔h8 22.♕xf6+ ♔g8 23.♕f7+ ♔h8 24.♕xh7#)

19.♕h5! ♗xg5 20.♕xg5+ ♔h8 21.♕g7#;

2) 16...♗xf6 17.exf6 ♕d8 18.fxg7 ♕f6 19.♘e5 ♘d4 20.♕h5 ♘xc2 21.♘g4 ♕g6 22.♘h6+ ♔xg7 23.♕e5+ f6 24.♕c7+ ♔h8 25.♕xb6 ♘xa1 26.♖xe6 ♖xe6 27.♕xe6 ♗c8 28.♕e7 jeweils mit weißem Gewinn.

16...c4

Weicht Schwarz (zur Entkräftung des Springerschachs auf f6) mit 16...♕b7 aus, so folgt 17.h5! und nach 17...h6

(17...g6 18.♗g5! ♗f8 19.♘f6+ ♔h8 20.♗h6 ♕e7 21.♗xf8 ♕xf8 22.♘g5+–)

natürlich die Exekution 18.♗xh6! gxh6 19.♕xh6 ♘d7 20.♘g5 ♗xg5 21.♕xg5+ ♔h7 (21...♔f8 22.h6) 22.♕h6+ ♔g8 23.♘f6+ mit schnellem Matt.

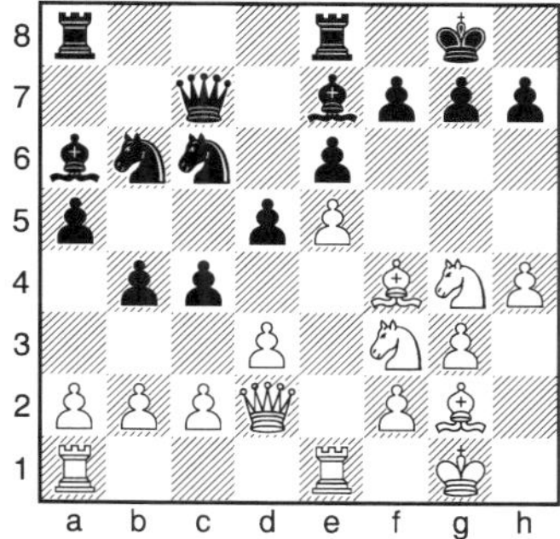

17.♘f6+!

Endlich kann Weiß sich doch noch zu dem lange überfälligen Springeropfer durchringen.

17...♗xf6

Auch die Alternative 17...gxf6 rettet nicht; man sehe: 18.exf6 ♕b7

(18...♗d6 19.♗xd6 ♕xd6 20.♕g5+ mit Matt)

19.fxe7 ♕xe7 20.♘e5 ♘xe5

(20...♗b7 21.♘g4 f6 22.♘h6+ ♔h8 23.♘f5 ♕d7 24.♘d6 ♖e7 25.dxc4 ♘xc4 26.♘xc4 dxc4 27.♕xd7 ♖xd7 28.♖xe6 ♘d4 29.♗xb7 ♖xb7 30.♖xf6+–)

21.♗xe5 ♘d7 22.♗d4 cxd3 23.♗xd5 ♖ad8 24.♕h6 e5 25.♕xa6 und Weiß behält eine Mehrfigur.

18.exf6 e5 19.♗g5 ♕d6

Auf 19...h6 würde 20.♗xh6! folgen.

20.fxg7 ♔xg7 21.d4 f6

Oder 21...e4 22.♗f4 nebst ♘e5!.

22.♗h6+ ♔h8 23.dxe5 fxe5 24.c3 ♖ad8 25.♖ad1 ♖d7 26.♗e3 bxc3 27.bxc3 ♘a4 28.♘xe5! ♘xe5

28...♖xe5 29.♗d4 ♘xd4 30.♕xd4 ♖de7 31.f4+–

29.♗d4 ♘c5 30.♕g5 ♖de7 31.♖xe5 ♖xe5 32.f4 ♘d3 33.fxe5 ♕e6 34.♖f1

Schwarz gab auf.

Partie Nr. 30
Movsesian – Stern
Berlin 2015

1.♘f3 d5 2.g3 ♘f6 3.♗g2 e6 4.0–0 ♗e7 5.d3 0–0 6.♘bd2 c5 7.e4 ♘c6 8.♖e1 ♕c7 9.♕e2 b5 10.e5 ♘d7 11.♘f1 a5 12.h4 b4 13.♗f4 a4

Die Alternative 13...♗a6 wird im einleitenden Text zu Abspiel 4 besprochen.

14.a3!

Und noch einmal Fischers Patent zum Ausschluss des weiteren Vorstoßes a4-a3.

14...bxa3 15.bxa3 ♗a6 16.♘1h2 ♖fc8 17.h5 h6 18.♘g4 ♔h7 19.c4 dxc4 20.dxc4 ♗b7 21.♘f6+ ♔h8

Oder 21...gxf6 22.exf6 e5 23.♕c2+ ♔g8 24.fxe7 exf4

(24...♘xe7 25.♘xe5 ♘xe5 26.♗xe5+-)

25.♕f5 ♘d4 26.♘xd4 cxd4

(Nach 26...♗xg2 27.♘e6! fxe6 28.♕xe6+ kann Schwarz aufgeben.)

27.♗xb7 ♕xb7 28.♖ad1 mit weißem Gewinn.

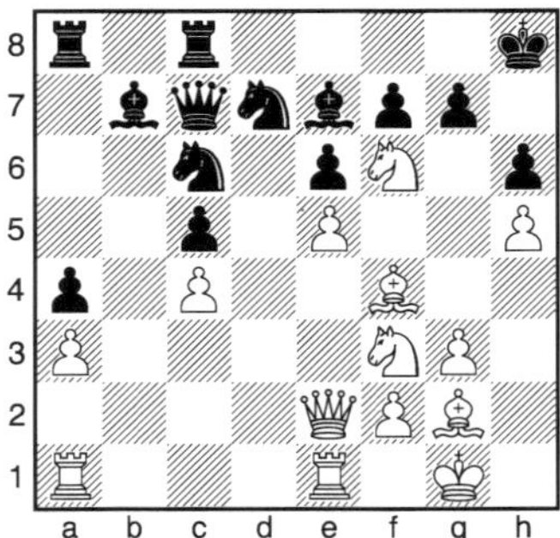

22.♘d5!

Die geringfügige Abwandlung einer bekannten taktischen Operation.

22...exd5 23.cxd5 ♘cxe5 24.♘xe5 ♘xe5 25.♗xe5 ♗d6 26.♗c3 ♕d7 27.♖ab1 ♗a6 28.♕d2 ♖ab8??

Ein sofortiger Verlustzug in schlechter Stellung. Natürlich sollte der schwarze König unbedingt nach g8 gehen.

29.♕xh6+ Schwarz kapitulierte.

Partie Nr. 31
Loginow – Stern
Budapest 1991

1.♘f3 d5 2.g3 e6 3.♗g2 ♘f6 4.0–0 ♗e7 5.d3 0–0 6.♘bd2 c5 7.e4 ♘c6 8.♖e1 ♕c7 9.e5 ♘d7 10.♕e2 b5 11.h4 a5 12.♘f1 b4 13.♘1h2 ♗a6

Die Alternative 13...a4 wird im einleitenden Text zu Abspiel 4 untersucht.

14.h5 a4 15.h6 g6 16.♘g4 ♘d4 17.♘xd4 cxd4 18.♗f4 ♕b6!

Die Dame verlässt vorsorglich die kritische Diagonale b8-h2, weil die Konsequenzen andernfalls etwa folgendermaßen aussehen könnten: 18...b3? 19.cxb3 axb3 20.♗xd5! exd5 21.e6 ♗d6 22.exd7 ♗xf4 23.♕e7 ♕d6 24.♕f6 ♕xf6 25.♘xf6+ ♔h8 26.gxf4 und Weiß gewinnt.

19.♕d2 ♖fc8 20.♗g5 ♗f8

Der Läufer wird langfristig zur Kontrolle der schwarzen Felder benötigt. Entsprechend schlecht wäre 20...♗xg5? 21.♕xg5 ♖xc2 22.♘f6+ ♘xf6 23.♕xf6 ♔f8 24.♗xd5 ♖ac8 25.♖e4 ♕d8 26.♕g7+ ♔e7 27.♖f4 ♕g8

(Nach 27...♕f8 28.♕f6+ ♔d7 29.♗xe6+ fxe6 30.♕xf8 ♖xf8 31.♖xf8 ♗xd3 32.♖f7+ hat Weiß ein gewonnenes Endspiel.)

28.♕f6+ ♔d7 29.♖xd4 ♔e8 30.♗e4 und nun scheitert 30...♖xb2? an 31.♗c6+ ♖xc6 32.♖d8#.

21.b3 ♖c3 22.♖ec1

Zur Überdeckung des c-Bauern wäre alternativ auch das Manöver 22.♗f3 ♖ac8 23.♗d1 spielbar.

22...♖ac8 23.f4

Bei seinem Verzicht auf das solide Manöver ♗f3-d1 hatte Weiß bereits die nun folgende scharfe Aktion am Königsflügel im Auge.

23...♕c6 24.f5!

Weiß geht aufs Ganze – allerdings blieb ihm kaum noch eine andere Wahl, nachdem er am Damenflügel alle Brücken hinter sich abgebrochen hatte.

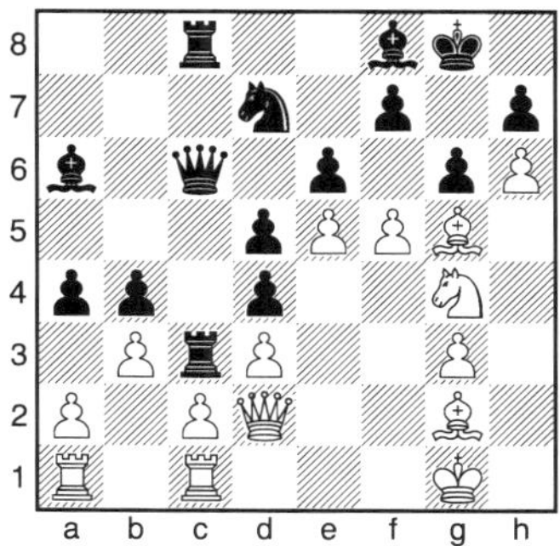

24...♖xc2?

Hurra! Wieder einmal ist ein hinterhältiger Betrugsversuch gelungen. Zwar war leicht ersichtlich, dass 24...gxf5? nach 25.♗f6+– zum Verlust führte, aber nach dem richtigen 24...exf5! hätte Schwarz sich siegreich verteidigen können: man sehe: 25.♘f6+ ♘xf6 26.exf6

(26.♗xf6 ♖xc2 27.♖xc2 ♕xc2 28.♕xc2 ♖xc2 29.♗xd5 ♗xh6 30.e6 fxe6 31.♗xe6+ ♔f8 32.♗xd4 ♗xd3 33.bxa4 ♗g7 34.♗xg7+ ♔xg7–+)

26...♖xc2 27.♖xc2 ♕xc2 28.♕xc2 ♖xc2 29.♗xd5 ♗xd3 30.bxa4 ♗e4 31.♗b3 ♖g2+ 32.♔f1 ♖xg3–+.

25.♖xc2 ♕xc2 26.fxe6 fxe6 27.♗xd5 exd5 28.♕xc2 ♖xc2 29.e6 ♗b5?

Nun ist Schwarz endgültig verloren. Dabei gab es noch die Rettung 29...♘c5! 30.♘f6+ ♔h8 31.♖e1

(31.e7?? ♗xe7 32.♖e1 ♘e4! 33.♘xe4 dxe4 34.♗xe7 ♗xd3–+)

31...♗e7 32.♘xd5 ♗xg5 33.e7 ♗xe7 34.♖xe7 ♔g8 35.♘f6+ ♔f8 36.♖g7 ♗b7 37.♘xh7+ ♔e8 38.♘f6+ ♔f8 39.♘h7+ ♔e8 40.♘f6+ mit ewigem Schach.

30.bxa4 ♗xa4 31.exd7 ♗xd7 32.♘f6+ ♔f7 33.♘xd7

Weiß hat eine Figur erobert und der Rest ist entsprechend leicht verständlich.

33...♗d6 34.♖f1+ ♔e6 35.♘b6 ♗e5 36.♖f2 ♖c3 37.♖e2 ♔f5 38.♘xd5 ♖c5 39.♘f4 ♖b5 40.♗e7 b3 41.axb3 ♖xb3 42.♖e4 ♗h8 43.g4+ ♔xg4 44.♘xg6+ ♔f3 45.♘h4+ ♔g3 46.♗d6+ ♔h3 47.♘f3 ♗f6 48.♔h1

Schwarz gab auf.

Partie Nr. 32
Fischer – U.Geller
Netanya 1968

1.e4 e6 2.d3 d5 3.♘d2 c5 4.g3 ♘f6 5.♗g2 ♗e7 6.♘gf3 0–0 7.0–0 ♘c6 8.♖e1 ♕c7 9.e5 ♘d7 10.♕e2 b5 11.h4 a5 12.♘f1 ♘d4

Die Alternative 12...a4 wird im einleitenden Text zu Abspiel 4 behandelt.

13.♘xd4 cxd4 14.♗f4 ♖a6 15.♘h2

Das ist die beste Reiseroute für den Springer, denn von hier aus kann er nach g4 und somit vor den gegnerischen König verlegt werden – oder später von f3 aus den Bauern d4 angreifen. Selten gespielt wird 15.♕g4 wegen der Folge 15...♔h8!

(Nur nicht 15...♖c6? wegen 16.♗h6 mit Qualitätsgewinn.)

16.♖e2 ♖c6 17.♖c1 ♘c5 mit aktivem schwarzem Spiel, Van Leuken-Etman, Niederlande 1993.

15...♖c6 16.♖ac1 ♗a6?

Schwarz sollte mittels 16...♕b6! den nächsten gegnerischen Zug verhindern – mit der denkbaren Folge: 17.♕g4 ♔h8 18.♘f3 nebst ♗d2. Der Angriff auf den Bauern d4 gibt Weiß das etwas bessere Spiel.

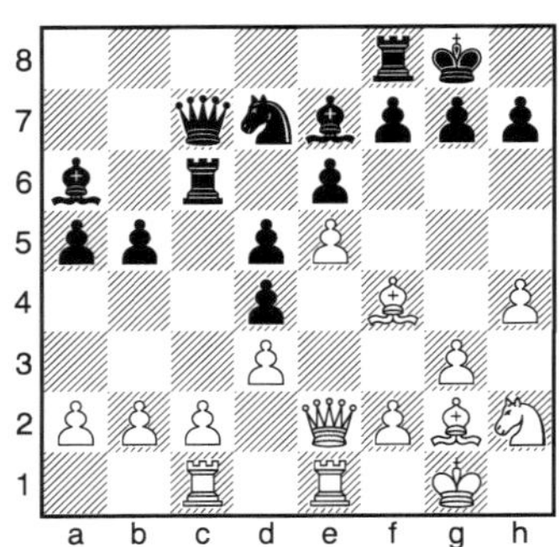

17.♗xd5!

Und noch einmal: Thema mit Variationen!

17...exd5 18.e6 ♕d8 19.exd7 ♖e6 20.♕g4 f5

Nach 20...♕xd7 21.♗e5 gewinnt Weiß den Bauern d4.

21.♕h5 ♕xd7 22.♘f3 g6 23.♕h6 ♗f6 24.♖xe6 ♕xe6 25.♗e5!

Stark war auch 25.h5!? – falsch hingegen 25.♖e1? ♕xe1+! 26.♘xe1 ♗g7 27.♕g5 ♗f6 mit Zugwiederholung.

25...♗xe5 26.♖e1 f4 27.♖xe5 ♕d7 28.h5! fxg3 29.hxg6! gxf2+

Keine Rettung bringt 29...♖xf3 30.♖e8+! ♕xe8 31.♕xh7+ ♔f8 32.g7+ ♔e7 33.g8♕+ mit weißem Gewinn.

30.♔xf2 hxg6 31.♕xg6+ ♕g7 32.♖g5 Schwarz kapitulierte.

Partie Nr. 33
Juferow – Zacharow
Moskau 1995

1.♘f3 d5 2.g3 c5 3.♗g2 ♘c6 4.0–0 ♘f6 5.d3 e6 6.♘bd2 ♗e7 7.e4 0–0 8.♖e1 ♕c7 9.e5 ♘d7 10.♕e2 b5 11.♘f1 a5 12.♗f4 a4 13.a3 b4 14.h4 bxa3 15.bxa3 ♗a6 16.h5

Mit der Absicht, durch den weiteren Vorstoß h5-h6 die schwarzen Felder im gegnerischen Lager zu schwächen. Die Fortsetzung 16.♘e3 wird im einleitenden Text zu Abspiel 4 besprochen.

16...♖fb8

Nach 16...h6 könnte ♕d2 den Bauern als Angriffsobjekt brandmarken. Auch könnte der Vormarsch g3-g4-g5 zur Öffnung der g-Linie führen.

17.h6 g6 18.♘e3 ♘d4?

Statt dieses Verlustzuges hätte Schwarz mit 18...♘b6! seine Verteidigungsressourcen unter Beweis stellen können.

19.♘xd4 cxd4

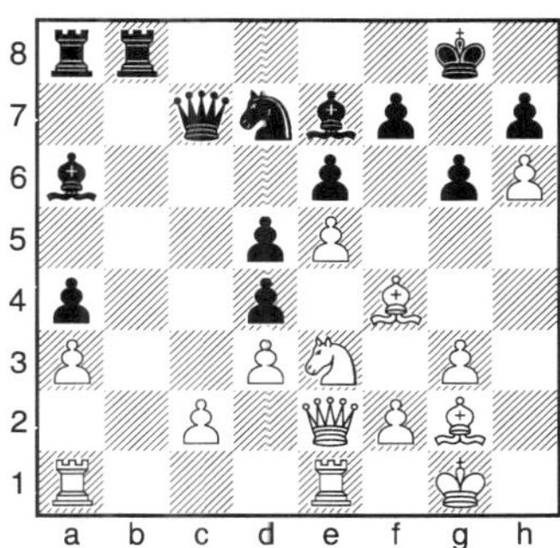

20.♘xd5!

Solche Züge schüttelt man einfach „blind“ aus dem Handgelenk.

20...♕c5

Zum Verlust führte auch 20...exd5 21.e6 ♗d6

(21...♕d8 22.exf7+ ♔f8 23.♗c7!+–)

22.exf7+ ♔h8

(22...♔f8 23.♕e6! ♗xf4 24.♕e7#)

23.♕e8+! ♖xe8 24.fxe8♕+ ♖xe8 25.♖xe8+ ♘f8 26.♗e5+! ♔g8 27.♗xd5+ ♕f7 28.♗xd6 ♕xd5 29.♖xf8#.

21.♘xe7+ ♕xe7 22.♗xa8 ♖xa8 23.♕e4 ♖d8 24.♕xd4

Schwarz gab auf.

Abspiel 5

Die Fortsetzung 7...♕c7

1.e4 e6 2.d3 d5 3.♘d2 ♘f6 4.♘gf3 c5 5.g3 ♘c6 6.♗g2 ♗e7 7.0–0 ♕c7

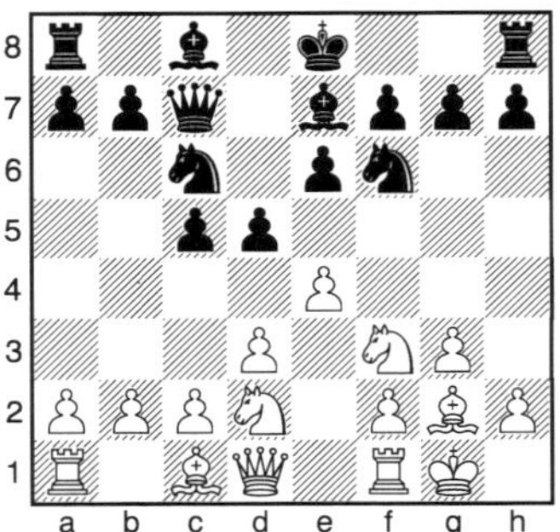

Schwarz entwickelt seine Dame und nimmt zugleich das Feld e5 unter Kontrolle, so dass der sofortige weitere Vorstoß des weißen e-Bauern verhindert wird.

8.c3

Nach 8.♕e2 oder 8.♖e1 kann das Spiel über Zugumstellung in bereits analysierte Varianten übergehen. In diesem Abspiel stellen wir einen anderen Plan für Weiß vor, der ebenfalls gute Perspektiven garantiert. Das Ziel des Zuges 8.c3 besteht darin, die Kontrolle über den Punkt d4 zu verstärken.

8...0–0

Mit dieser elastischen Fortsetzung lässt Schwarz seine künftigen Pläne noch offen. Nach dem sofortigen 8...b6 gefolgt von 9.♖e1 würde das Spiel in Abspiel 6 übergehen. Hingegen analysieren wir die Alternative 9.♕e2 anhand der **Partie Nr. 34**: Kubecka–Jurek, Klatovy 2011.

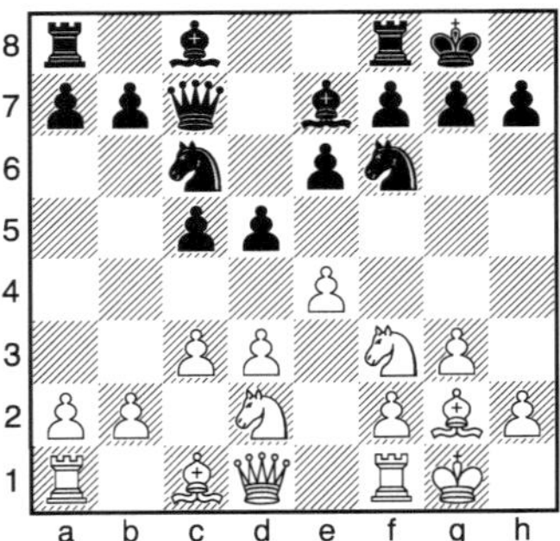

9.♖e1

Natürlich kann es auch an dieser Stelle mit 9.♕e2 dxe4 weitergehen.

(Möglich ist auch 9...b5, was in der Regel über Zugumstellung zur Hauptvariante führt und was wir entsprechend dort analysieren werden.)

10.♘xe4

(Mit 10.dxe4!? kann Weiß Figurentausch vermeiden.)

10...♘xe4 11.♕xe4 h6 (Stärker ist 11...e5!) 12.♗f4 ♗d6 13.♗xd6 ♕xd6

14.♖ad1 ♖b8 15.d4 cxd4 16.♘xd4 ♘xd4 17.♖xd4 ♕c7 18.♖fd1 Angesichts der Beherrschung der d-Linie ist Weiß positionell im Vorteil, Sturz-Novak, Tschechische Republik 2010.

9...b5

Es folgt das typische Gegenspiel am Damenflügel. Andere Möglichkeiten sind:

I. 9...b6 10.e5

A) 10...♘g4 11.♕e2 ♗a6

(Nach 11...f6 kann Weiß mit 12.exf6 ♗xf6 13.♘f1 usw. fortfahren.)

12.h3 ♘h6 13.♘f1 ♘f5 14.♘1h2 ♖ad8 15.♗f4 ♖fe8 16.♘g4 ♕d7 17.h4 mit der Absicht h5-h6, Ore Leon-Petru, Madrid 2013.

B) 10...♘d7 11.♕e2

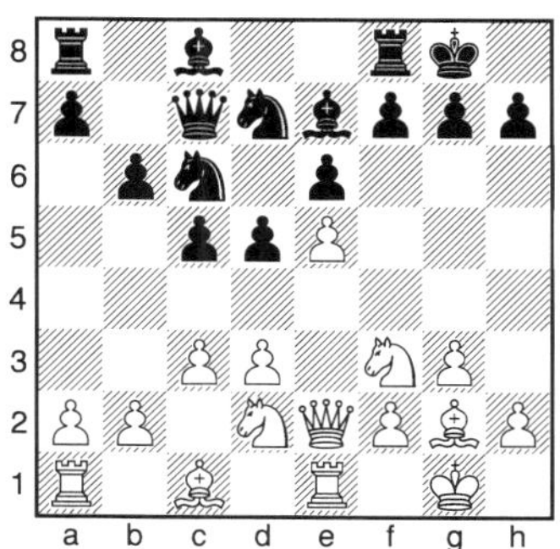

B1) 11...a5 12.♘f1 a4 13.♗f4 ♗b7

(Die Folgen von 13...♖d8 werden wir anhand der **Partie Nr. 35**: Markovic-Hjelmaas, Novi Sad 2017, analysieren.)

14.h4 ♖fc8 15.♘e3 ♕d8 16.h5 b5 17.♘xd5!?

(Dieses Figurenopfer ist mit gewissem Risiko verbunden. Deshalb wäre 17.♘g4 h6 18.♕d2 mit Angriffsvorbereitungen am Königsflügel zu überlegen.)

17...exd5 18.e6 ♘f8 19.exf7+ ♔xf7 20.h6 (20.d4!?) 20...♗f6 21.♘h2 ♘e7 22.♗h3 ♖c6 23.♘g4 ♘eg6 24.♗d2 d4 25.hxg7 ♔xg7 26.♕f3 ♖b6 27.♕f5 ♕d5 28.♗h6+ ♔f7 29.♕xd5+ ♗xd5 30.♘xf6 ♖xf6 31.cxd4 ♘h4 Schwarz hat vollständig die Initiative übernommen, Morosewitsch-Hou Yifan, Biel 2017.

B2) 11...♖e8 12.♘f1 h6 13.h4 ♗b7 14.♘1h2 ♖ad8 15.♘g4 ♗f8 16.♗f4 ♕c8 17.♕d2 ♔h7 18.♖ac1 a5 19.d4 ♕a8 20.♗f1 ♗a6 21.♔g2 ♘e7 22.♗d3+ ♗xd3 23.♕xd3+ ♔g8 24.h5 cxd4 25.cxd4 ♖c8 26.♕b5 ♕b7? (besser 26...♖c6!) 27.♗xh6 ♖c4

(27...gxh6 28.♕xd7 ♕xd7 29.♘f6+ ♔g7 30.♘xd7±)

28.♗d2 ♖ec8 29.h6 ♕c6 30.♕b3 gxh6 31.♘xh6+ ♗xh6 32.♗xh6 ♘f5 33.♗d2 Weiß ist mit einem Mehrbauern verblieben, den er auch zum Sieg verwerten konnte, Matnadze-Pavlidou, Reykjavik 2015.

II. 9...♖d8 10.e5

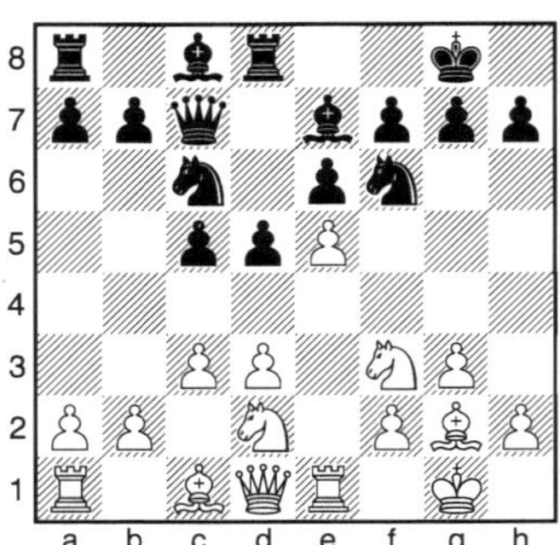

A) 10...♘d7 11.♕e2 ♖b8

(Den sofortigen Vorstoß 11...b5 untersuchen wir anhand der **Partie Nr. 36**: Chernyak–Amrayeva, Batumi 2014.)

12.h4 b5 13.♘f1 b4 14.♗f4 bxc3 15.bxc3 ♗a6 16.♘e3 ♕a5 (Notwendig war 16...♘b6!) 17.♘xd5! ♗f8 18.c4 exd5 19.e6 dxc4 20.dxc4 ♖b4 21.exd7 ♖xd7 22.♗d2 ♗xc4 23.♗xb4 ♗xe2 24.♗xa5 ♗xf3 25.♗xf3 ♘xa5 26.♖ad1 ♖xd1 27.♖xd1 mit weißem Gewinn, Magana–Degondo, Windhoek 2014.

B) Nach 10...♘e8 11.♘f1 b5 12.h4 b4 13.♘1h2 bxc3 14.bxc3 ♖b8 15.h5 ♗a6 16.h6 g6 17.♗f1 ♖d7 18.♘g4 verspricht der Plan ♗g5 nebst ♕d2 usw. dem Weißen gute Aussichten am Königsflügel, Krogius–Dzieciolowski, Ploiesti 1957.

III. 9...dxe4 10.dxe4

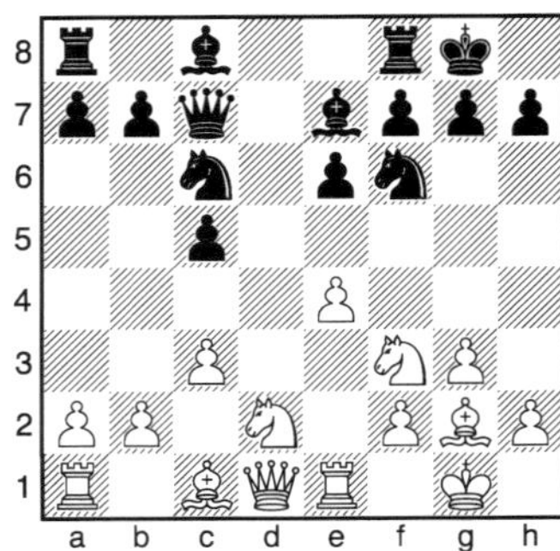

A) 10...♖d8 11.e5 ♘d7 12.♕e2 ♘f8 13.h4

(Weiß kann seine Figuren auch nach dem bekannten Schema 13.♘f1 nebst h4, ♘1h2 usw. entwickeln.)

13...h6 14.h5 b6 15.♘e4 a5 16.♗f4 ♗a6 17.c4 ♖ab8 18.♘d6 ♘h7 19.♖ad1 Die weißen Kräfte sind aktiver postiert, Radovanovic–Haria, Paracin 2017.

B) 10...e5 11.♕e2

(Im Normalfall steht die Dame auf e2 ideal, aber Weiß kann deren Postierung auch flexibel handhaben. So kommt an dieser Stelle durchaus auch 11.♕c2!? in Betracht. In der Partie Khotenashvili–Moaataz, Chanty-Mansijsk 2017, erhielt Weiß nach den weiteren Zügen 11...♖d8 12.♘c4 b5 13.♘e3 ♗b7 14.♘f5 b4 15.♗f1 ♖ac8 16.♗d2 ♖d7 17.♗g5 gute Aussichten am Königsflügel. Es droht sowohl der Einschlag auf e7 als auch der Vorstoß f6 mit Schwächung des schwarzen Königsflügels.)

11...h6 12.♘c4 ♗e6 13.♘h4 ♘d7 14.♘f5 ♗g5 15.♗xg5 hxg5 16.♕g4 ♕d8 17.♖ed1 g6 18.♘ce3 ♕f6 (18...gxf5 19.exf5+–) 19.♕f3 ♖ad8 20.♘g4 ♕h8 21.♘d6 f5 22.exf5 gxf5 23.♘xb7 e4 24.♕e3 fxg4 25.♗xe4 ♘ce5 26.♘xd8 ♖xd8 27.♖d6 ♔f7 28.♕xg5 Weiß steht auf Gewinn, Anurag-Gokerkan, Skopje 2017.

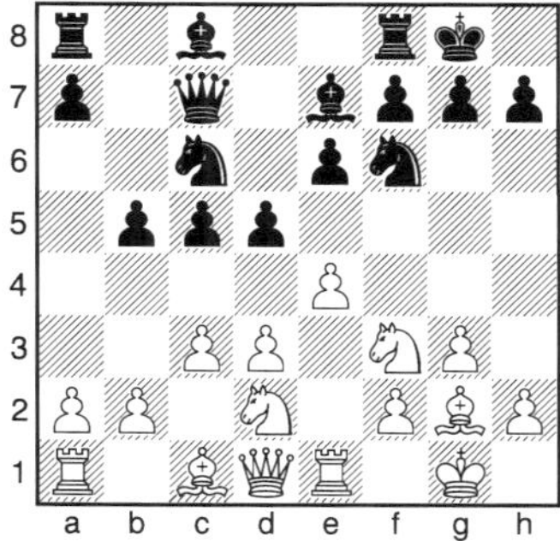

10.e5

Diesen Standardplan – der Bauer geht vor, um den Spielraum der gegnerischen Figuren einzuschränken – haben wir schon an vielen Stellen angetroffen und weiterverfolgt. Allerdings besteht hier ein wichtiger Unterschied darin, dass Weiß in diesem Abspiel bereits mit c2-c3 seinen c-Bauern bewegt hat. Das mag wie ein unbedeutendes Detail erscheinen, obwohl in Wirklichkeit vollkommen andere bzw. zusätzliche Spielansätze für beide Seiten damit einhergehen.

I. 10.♘f1 b4

(10...dxe4 11.dxe4 ♗b7 12.♗f4 e5 13.♗g5 ♖ad8 14.♕c2 ♘a5 15.a4!±)

11.e5 ♘d7 12.♗f4 ♖b8 13.c4 ♘b6 14.b3 ♖d8 15.♕e2 ♗b7 16.h4 dxc4 17.dxc4 ♘d4 18.♘xd4 cxd4 19.♗xb7 ♕xb7 20.♖ad1 ♖d7 21.♘d2 ♖bd8 22.♘e4 ♕c6 23.♕g4 ♔h8 24.♕h5 ♖f8 25.♘d6 f6 26.♖xd4 fxe5 27.♘f7+ ♖xf7 28.♕xf7 ♖xd4 29.♗xe5 ♖g4 30.♕xe7 h6 31.♕xb4 Weiß hat entscheidenden Materialvorteil, Cabezas Ayala-Laiz Ibanez, Pontevedra 2015.

II. 10.♕e2 a5

(Ein anderes Bild bietet sich nach 10...♖e8 11.e5 ♘d7 12.♘f1 f6 13.exf6 ♘xf6 14.♗f4 ♗d6 15.♗xd6 ♕xd6 16.♘e5 ♖b8 17.f4 mit Blockade des Punktes e5 und weißem Vorteil, Nicolini-Tropp, Oravska Priehrad 2013.)

11.a4 ♗a6 12.exd5

(In der Partie Popovic-Persson, Paracin 2015, bot Weiß ein lehrreiches Beispiel für konsequente Angriffsführung: 12.e5 ♘d7 13.axb5 ♗xb5 14.c4 dxc4 15.dxc4 ♗a6 16.b3 ♖ab8 17.♗b2 ♘b6 18.♗c3 ♘d5 19.♗b2 ♘b6 20.♘e4 ♖fd8 21.♘f6+ gxf6 22.exf6 ♗d6 23.♘g5 ♔f8 24.♕h5 ♘d4 25.♗xd4 cxd4 26.♖xe6! 1-0.)

12...exd5 13.axb5 ♗xb5 14.c4 ♗a6 15.cxd5 ♘xd5 16.♘e5 ♘d4 17.♕d1 ♗b7 18.♘b3 ♘b4 19.♗xb7 ♕xb7 20.♘xd4 cxd4 21.♘c4 ♘c6 22.♕f3 ♗b4 23.♖e4 ♖fe8 24.♗f4 ♘e7 25.♔g2 Angesichts der schwarzen Schwächen auf a5 und d4 steht Weiß besser, Martin Macias-Harding, Caleta 2016.

10...♘d7

Nach dem selteneren Rückzug 10...♘e8 ging die Partie Gerlach-Vonderlage, Deutschland 1989, folgendermaßen weiter: 11.♘f1 f6 12.♗f4 fxe5 13.♘xe5 ♘xe5 14.♗xe5 ♗d6 15.f4 ♖b8 16.♕e2 ♗xe5 17.♕xe5 ♕xe5 18.♖xe5 ♘d6 19.♖ae1. Angesichts des anhaltenden positionellen Drucks auf den rückständigen Bauern e6 ist Weiß im Vorteil.

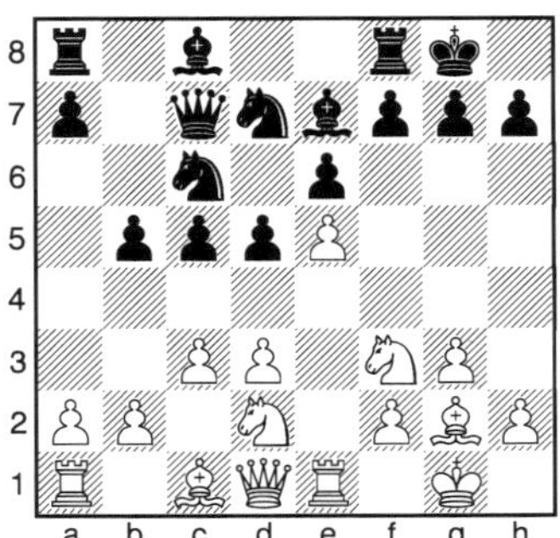

11.♕e2

Mit dem Damenzug überdeckt Weiß seinen Zentrumsanker auf e5 und plant die typische Umgruppierung seiner Kräfte nach dem Schema ♘f1, h4, ♗f4 usw.

11...a5

Auch Schwarz lässt auf typische Weise an seinem Spielflügel Bauernvormarsch zwecks Linienöffnung folgen. Die Alternativen lauten:

I. 11...c4 12.d4 b4 13.♘f1 ♖b8

(13...bxc3 14.bxc3 ♕a5 15.♕c2 ♘b6 16.♗g5 ♘a4 17.♗xe7 ♘xe7 18.♘g5 ♘g6 19.h4 h6 20.h5 hxg5 21.hxg6 fxg6 22.♘e3 ♖b8 23.♕xg6 ♕xc3 24.♘xd5! 1-0; Nun-Vedral, Tschechische Republik 2009)

14.♘e3 bxc3 15.bxc3 ♕a5 16.♕c2 ♗a6 17.h4 ♖b7 18.♘d2 ♖b6 19.a4 ♖fb8 20.f4 ♘d8 21.f5 ♗b5 22.♖f1 ♗c6 23.♘g4 ♗f8 24.fxe6 fxe6 25.♖f3 ♖a6 26.♘f1 ♗xa4 27.♕d2 ♕b6 28.♕g5 ♗d1 29.♖xa6 ♕xa6 30.♘h6+ ♔h8 In der Partie Csom-Sursock, Vrnjacka Banja 1972, konnte Weiß nun auf kombinatorische Weise gewinnen: 31.♖xf8+! ♘xf8 32.♕e7 usw.

II. 11...b4 12.c4 ♘b6

(12...dxc4 13.dxc4 ♗b7 14.♘f1 ♖fd8 15.♗f4 ♘f8 16.h4 ♘g6 17.♗d2 ♘d4 18.♘xd4 cxd4 19.♗xb7 ♕xb7 20.h5 ♘f8 21.h6 g6 22.♘h2 ♖ac8 23.b3 ♘d7 24.♕g4 ♘c5 25.♘f3 f5 26.exf6 ♗xf6 27.♘e5 ♗xe5 28.♖xe5± Minaya Molano-Vengoechea, Barranquilla 1972)

13.♘f1 ♖d8 14.♗f4 ♗b7 15.h4 dxc4

16.dxc4 ♘d4 17.♘xd4 ♖xd4 18.♗xb7 ♕xb7 19.♘d2 ♖ad8 20.b3 a5 Hier hätte Weiß in dem Duell Stolarczyk–Kudas, Wysowa 2007, seinen Springer mittels 21.♘e4! aktivieren sollen, was ihm gute Perspektiven eingebracht hätte.

12.♘f1 a4 13.♗f4

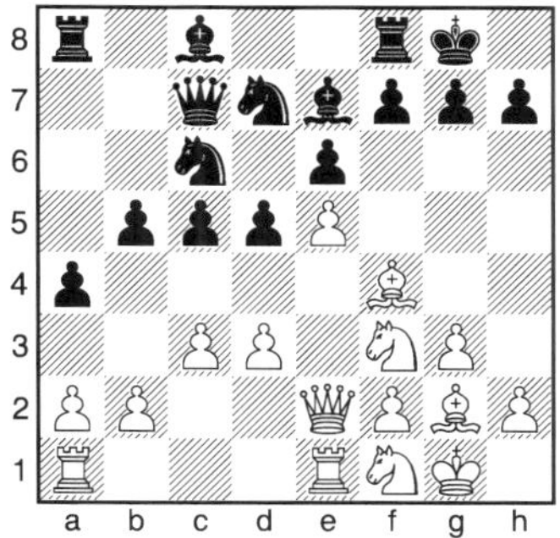

13...b4

Auch dieses weitere Vorgehen ist typisch. Ein anderer Versuch besteht in 13...♘b6.

(Auf 13...a3 folgt 14.b3 nebst h4, ♘1h2 usw.)

14.h4 b4 15.c4 dxc4 16.dxc4 ♗a6 17.b3 ♖fd8 18.♘g5 h6 19.♘e4 ♘d5 In dem Duell Schmitz–Nagelsdiek, Böblingen 2006, hätte Weiß nun mit 20.♗xh6! einen starken Angriff vom Zaun brechen können. So wäre Schwarz nach beispielsweise 20...gxh6

(20...♘xe5 21.♗g5 f6 22.f4 fxg5 23.fxe5 ♕xe5 24.♕g4±)

21.♕g4+ ♔h7 22.cxd5 ♘xe5 23.♕f4 in eine schwierige Lage geraten.

14.c4 ♘b6 15.♘e3 dxc4 16.dxc4 ♗b7 17.♘g4 ♔h8 18.♖ad1 ♖ad8

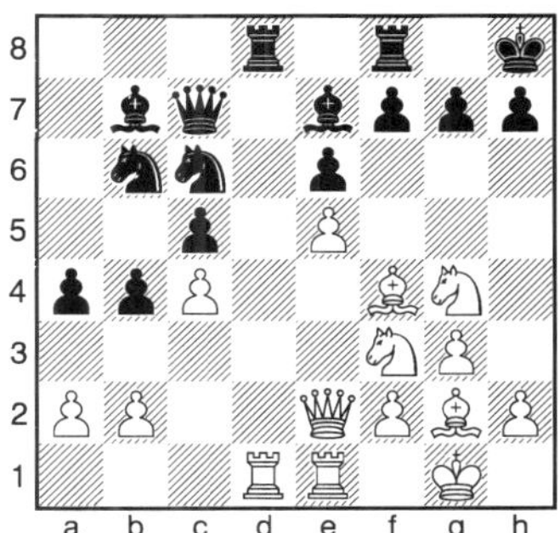

Das Diagramm zeigt die kritische Stellung dieser Partie. Weiß kann nun eine Kombination anbringen, die charakteristisch für den Königsindischen Angriff ist.

19.♘f6!

Solche taktischen Motive muss man selbstverständlich kennen.

19...♘d4

Oder 19...gxf6 20.exf6 ♗d6 21.♖xd6! ♖xd6 22.♘g5 ♘d7 23.♘xh7! mit entscheidendem Mattangriff.

20.♘xd4 ♖xd4 21.♖xd4 cxd4 22.♕h5 gxf6 23.exf6 ♗d6 24.♗xd6 ♕xd6 25.♗xb7 ♘d7 26.♕h6 ♖g8 27.♗e4 ♘f8 28.♕h5 ♘g6 29.c5 ♕e5 30.♕xe5 ♘xe5 31.♖d1 d3 32.♗xd3 ♘g4

32...♖d8 33.♗c2+-

33.♗a6 ♘xf6 34.c6 1-0; Renner-Fuchs, Deutschland 2008.

Zusammenfassung: Nach 8.c3 kann sich das Spiel eigenständig entwickeln, wenn Weiß es vermeidet, mit späterem ♕e2 oder ♖e1 in bekannte Varianten einzulenken.

Beispielpartien

Partie Nr. 34
Kubecka – Jurek
Klatovy 2011

1.e4 e6 2.d3 d5 3.Sd2 Sf6 4.Sgf3 c5 5.g3 Sc6 6.Lg2 Le7 7.0–0 Dc7 8.c3 b6 9.De2

Alternativ kann man hier natürlich auch 9.Te1 spielen, was in der Praxis sogar häufiger anzutreffen ist.

9...La6 10.h4 h6 11.a3 0–0–0

Schwarz strebt scharfes Spiel mit entgegengesetzten Rochaden an. Ruhiger ist selbstverständlich 11...0–0!?

12.Td1 Kb8

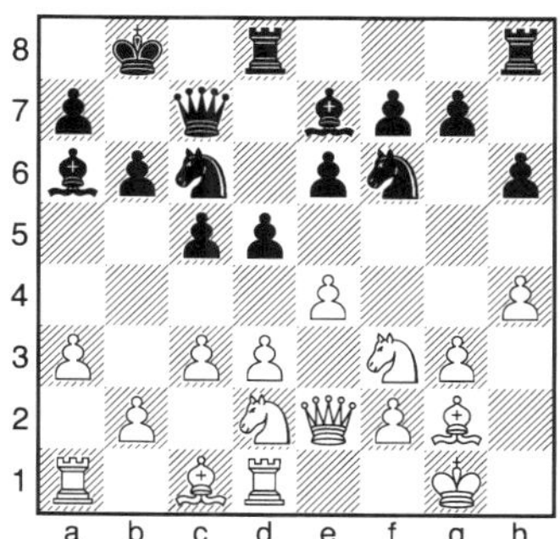

13.exd5

Die Öffnung der e–Linie ist hier nicht zu empfehlen. Weiß sollte konsequent 13.b4! spielen, um eine rasche und gezielte Aktion gegen den schwarzen König folgen zu lassen.

13...exd5

Nach 13...Sxd5 14.c4 Sf6 führt 15.b4! zu Angriff.

14.c4 g5

Man könnte auch zuerst 14...The8!? spielen.

15.hxg5 hxg5 16.Sxg5?

Das ist sehr leichtsinnig gespielt. Logischer war 16.b4 mit der Eventualfolge 16...g4 17.b5 gxf3 18.Sxf3.

16...Sd4 17.Df1 Sg4 18.Sdf3 Sxf3+

Nach dem besseren 18...Lxg5! kommt Schwarz in Vorteil; z.B. 19.Lxg5 Sxf3+ 20.Lxf3 Tdg8 usw.

19.Sxf3 Ld6 20.cxd5 f6 21.b4

Weiß hat keine andere Wahl und muss energisch vorgehen.

21...Tde8

21...Lb7! sieht stärker aus.

22.Te1 Se5 23.bxc5 Lxd3??

Der Zug macht rein optisch einen guten Eindruck, aber schon im nächsten Zug wird man verstehen, dass es der Verlustzug ist. Hingegen stünde Weiß nach der richtigen Folge 23...Dh7! sehr verdächtig.

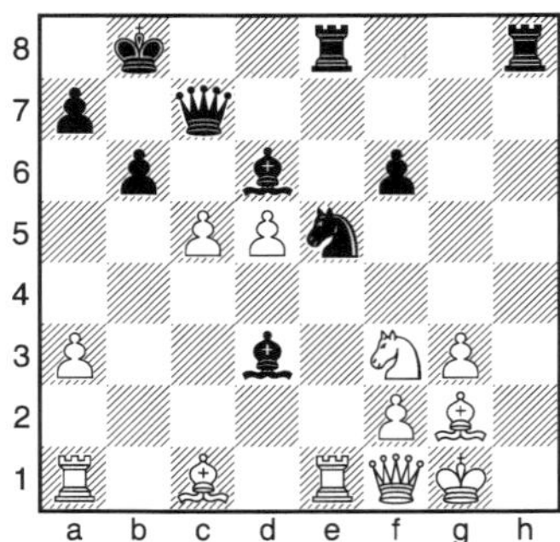

24.♖xe5!

Diese starke Möglichkeit hatte Schwarz offenbar übersehen, und in der Tat konnte sie selbst dem Scharfblick eines geübten Taktikers durchaus entgehen.

24...♗xe5

Nach 24...♗xf1 25.♖xe8+ ♖xe8 26.cxd6 ♕d7 27.♗xf1 hätte Weiß für die Dame drei Leichtfiguren.

25.♕xd3 ♗xa1 26.♗f4 ♗e5 27.d6?

Diese Nachlässigkeit gibt den Vorteil aus der Hand. Besser war 27.♘xe5! fxe5 28.♗e3 bxc5 29.d6 ♕b6 30.♗e4 mit der Drohung ♕d5!

27...♕xc5 28.d7 ♖d8?

Der letzte Versuch bestand in 28...♗xf4! 29.dxe8♕+ ♖xe8 30.gxf4 ♕c1+ 31.♕f1 ♕xf1+ 32.♔xf1 ♖e4 mit etwa gleichem Endspiel.

29.♘xe5 fxe5 30.♕e4! ♔c7 31.♗xe5+ ♔xd7 32.♕f5+ ♔e8 33.♕g6+ ♔e7 34.♗f6+

Schwarz gab auf.

Partie Nr. 35
Markovic – Hjelmaas
Novi Sad 2017

1.d3 d5 2.♘d2 ♘f6 3.g3 c5 4.♗g2 ♘c6 5.♘gf3 e6 6.0–0 ♗e7 7.e4 0–0 8.♖e1 ♕c7 9.c3 b6 10.e5 ♘d7 11.♕e2 a5 12.♘f1 a4 13.♗f4 ♖d8

13...♗b7 wird im einleitenden Text zu Abspiel 5 untersucht.

14.h4 ♘f8 15.h5 b5 16.♘1h2

Natürlich ist auch der typische Zug 16.h6!? beachtenswert.

16...h6 17.♘g4 ♘h7 18.a3 b4 19.c4 b3

Danach behält die Stellung am Damenflügel eher geschlossenen Charakter, was dem Weißen freie Hand am Königsflügel lässt. Schwarz hätte die Spannung besser mit 19...dxc4!? 20.dxc4 ♗b7 aufrecht erhalten sollen.

20.♕e3 ♗f8 21.cxd5 ♖xd5

Einen schwächeren Eindruck macht 21...exd5? 22.e6 ♕a7 23.exf7+ ♕xf7 24.♘ge5 ♘xe5 25.♘xe5 ♕xh5 26.♘c6 ♖d7 27.♕e6+ ♔h8 28.♘e5 ♖a6 29.g4

(29.♕h3 ♕xh3 30.♗xh3 ♖d8 31.♘f7+ ♔g8 32.♘xd8 ♗xh3±)

29...♖xe6 30.gxh5 ♖xe5 31.♗xe5 mit weißem Vorteil.

22.♘d2 ♖d4 23.♗e4 ♗a6 24.♘f3 ♖d7 25.♖ad1 ♗b7 26.♖c1 ♕d8

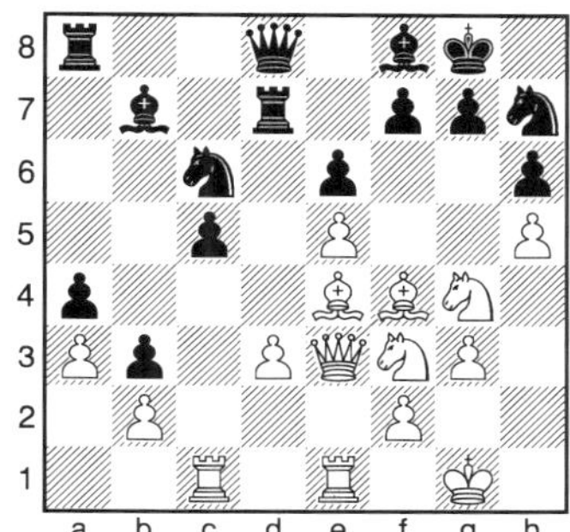

27.♗xh6!?

Eine mutige Entscheidung, die zu großen Komplikationen führt.

27...♘d4?

Statt dieses groben Fehlers war 27...gxh6! notwendig.

(Nur nicht 28...♗xh6? 29.♕xh6 f6 30.exf6 ♘xf6 31.♖xc5 mit weißem Angriff.)

Nach 28.♘xh6+ und der pointierten Antwort 28...♔h8! wäre es dem Weißen sehr schwer gefallen, einen wirksamen Königsangriff zustande zu bringen.

28.♗xb7 ♖xb7 29.♘xd4 cxd4

Nach 29...♕xd4 30.♕xd4 cxd4 31.♗f4 würde Weiß mit einem Mehrbauern verbleiben.

30.♕e4 ♖bb8 31.♗f4 ♖c8 32.h6 ♘g5

32...g6 33.♖c4 ♖xc4 34.dxc4+–

33.♗xg5 ♕xg5 34.♖xc8 ♖xc8 35.hxg7 ♗xg7 36.♔g2 ♖d8 37.♘h2 ♕f5

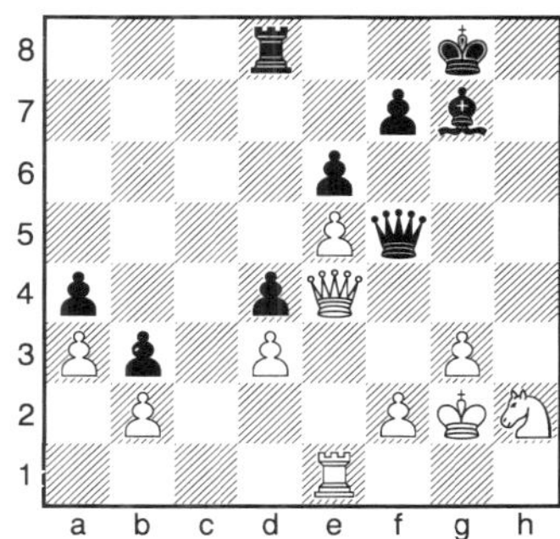

38.♘f3?!

Das ist ungenau gespielt. Nach dem besseren 38.♕h4! ♖d7

(38...♖f8 39.♘g4 ♕xd3 40.♘f6+ ♗xf6 41.exf6 ♕h7 42.♕xd4+–)

39.♖c1 ♕xd3 40.♖c8+ ♗f8 41.♕h6 hätte Schwarz aufgeben können.

38...♖d5?

Nach diesem entscheidenden Fehler geht die Partie endgültig verloren. Notwendig war 38...♕xe4! 39.♖xe4 ♗h6, denn die Drohung ♗c1 gäbe dem Schwarzen gute Gegenchancen.

39.♕xf5 exf5 40.♖c1 ♗f8 41.♖c4 ♖c5 42.♖xa4 ♖c2 43.♖a8 ♖xb2 44.♖b8 ♔g7 45.♖b5 ♗xa3 46.♘xd4 ♖d2 47.♖xb3 ♗c5 48.♘xf5+ ♔g6 49.d4!

Das ist glänzend gespielt!

49...♗xd4

Oder 49...♔xf5 50.♖f3+ ♔e6 51.dxc5 ♖c2 52.♖f6+ ♔xe5 53.♖xf7 ♖xc5 54.g4 mit gewonnenem Turmendspiel.

50.♘xd4 ♖xd4 51.♖b6+ Schwarz gab sich geschlagen.

Partie Nr. 36
Chernyak – Amrayeva
Batumi 2014

1.e4 e6 2.d3 d5 3.♘d2 ♘f6 4.♘gf3 c5 5.g3 ♘c6 6.♗g2 ♕c7 7.c3 ♗e7 8.0–0 0–0 9.♖e1 ♖d8 10.e5 ♘d7 11.♕e2 b5

Mit diesem Vorstoß sucht Schwarz sofortiges Gegenspiel. Die vorbereitende Maßnahme 11...♖b8 wurde im einleitenden Text zu Abspiel 5 besprochen.

12.h4 ♗b7 13.♘f1 a5 14.h5 d4 15.a4

Damit versucht Weiß, das Gegenspiel am Damenflügel zu bremsen, denn nach 15.cxd4 ♘xd4 16.♘xd4 cxd4 17.♗xb7 ♕xb7 hätte Schwarz keine Probleme.

15...bxa4

Diese falsche Entscheidung begünstigt nur den Weißen. Schwarz sollte 15...dxc3!? spielen und auf 16.bxc3 mit 16...b4 fortsetzen, was ihm gute Chancen auf Gegenspiel eingeräumt hätte.

16.c4

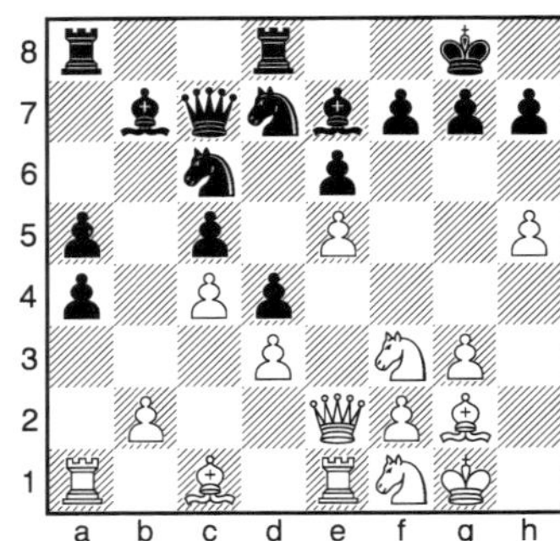

16...♘b6

In der gegebenen Situation war 16...h6! zu erwägen, um den weiteren Vormarsch des h-Bauern zu stoppen.

17.h6!

Wenn der Gegner diesen Vorstoß jedoch zulässt, dann sollte man sich nicht zweimal bitten lassen.

17...g6 18.♘1h2 ♘b4 19.♘g4 ♕c6 20.♗f4 ♘d7 21.♕d2 ♖f8?

Dies ermöglicht den Abtausch des wichtigen schwarzfeldrigen Läufers, wodurch die schwarzen Felder im Königslager spürbar geschwächt werden. Richtig war 21...♗f8!? 22.♗g5 ♖e8 23.♗f6 ♖ab8 usw.

22.♗g5! ♖ae8 23.♗xe7 ♖xe7 24.♕g5 f6

Es gab nichts Besseres, denn nach 24...♖ee8 entscheidet 25.♘f6+ ♔h8 26.♘xd7 ♕xd7 27.♕f6+ ♔g8 28.♕g7#.

25.exf6 ♖ef7 26.♘h4 ♕c7 27.♗xb7 ♕xb7 28.♖xe6 ♘xd3

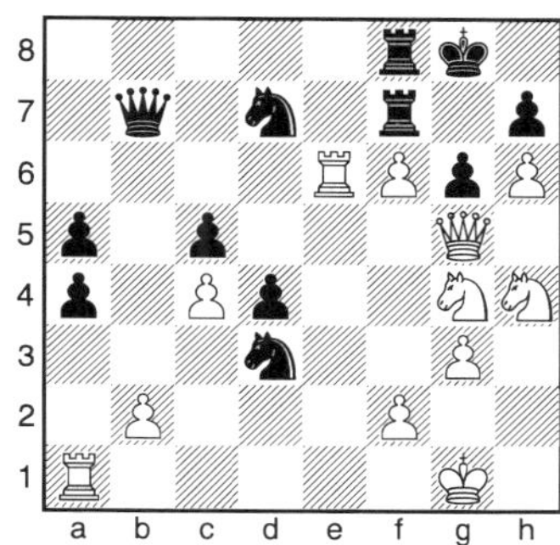

29.♘xg6!

Die maximal unter Druck stehende Rochadestellung ist reif für das entscheidende Springeropfer.

29...hxg6 30.♕xg6+ ♔h8 31.♖e7 ♘f4

31...♘xf6 ändert den Lauf der Dinge nicht, denn nach 32.♕g7+! ♖xg7 33.hxg7+ ♔g8 34.♘h6+ ♔h7 35.gxf8♕+ gewinnt Weiß ebenfalls.

32.♕g7+! ♖xg7 33.fxg7+ ♔g8 34.h7+!

Schwarz kapitulierte.

Abspiel 6

Die Fortsetzung 7...b6

1.e4 e6 2.d3 d5 3.♘d2 ♘f6 4.♘gf3 c5 5.g3 ♘c6 6.♗g2 ♗e7 7.0–0 b6

Schwarz stellt die Rochade noch zurück, um zunächst seinen Damenläufer auf der langen Diagonale a8-h1 zu postieren und ihn bei günstiger Gelegenheit zum Königsangriff zu nutzen. Allerdings ist dieser Ansatz gemessen an dem Normalplan wenig aktiv, der ja darin besteht, mit dem energischen Vorstoß b7–b5 so schnell wie möglich Gegenspiel am Damenflügel zu schaffen.

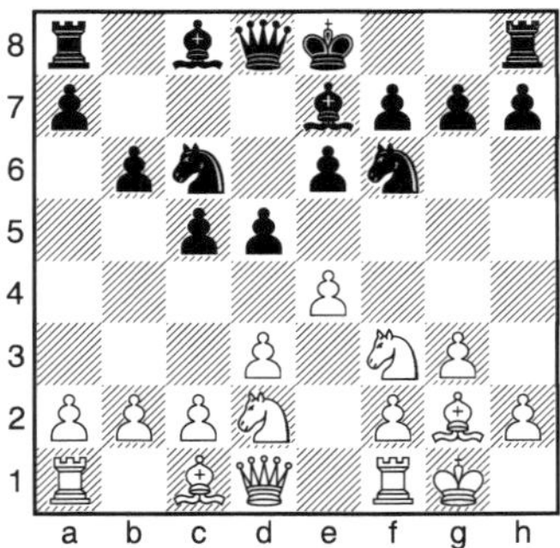

8.♖e1

Dies ist der am häufigsten gespielte Zug. Die Fortsetzung 8.e5 kann über Zugumstellung zu Positionen führen, die wir in der Folge analysieren werden.

8...♗b7 9.e5

In Betracht kommt auch 9.c3!?, um den Schwebezustand im Zentrum noch aufrecht zu erhalten.

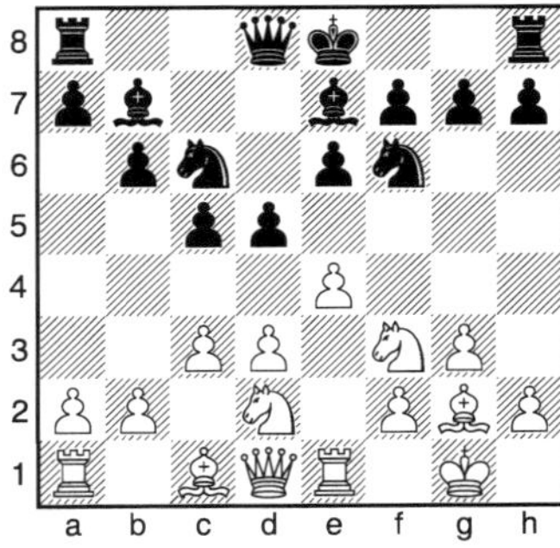

A) 9...0–0 10.e5 ♘d7 11.♘f1 b5 12.h4 a5 13.♗f4 ♘b6 14.♘g5 ♕e8

(Nach 14...h6 15.♕h5 hxg5 16.hxg5 hat Weiß starke Initiative am Königsflügel, wobei der Hauptplan den Standardangriff ♘f1-h2-g4 mit der Drohung ♘f6+! vorsieht.)

15.♘e3 b4 16.♘g4 ♗a6 17.♘f6+! gxf6 18.exf6 ♗xf6 19.♕h5 h6

(19...♗xg5 20.♕xg5+ ♔h8 21.♕f6+ ♔g8 22.♗h6+–)

20.♕xh6 ♗xg5 21.♕xg5+ ♔h7 22.♕h5+ ♔g8 23.♗h6 1-0; Tschutschelow–Arlandi, Mondariz 2000.

B) 9...♕c7

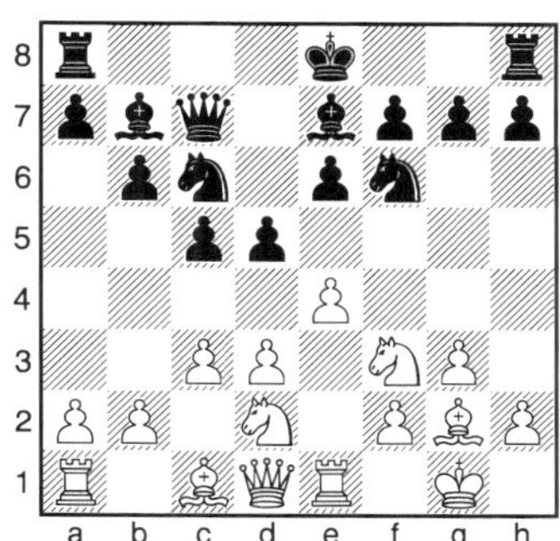

B1) 10.h4 dxe4 11.dxe4 ♘g4 12.♕e2 ♘ge5 13.♘c4 ♘xf3+ 14.♗xf3 ♗a6 15.e5 0–0 16.♗f4 ♖ad8 17.♕e4 ♘d4 18.♘d6 ♘xf3+ 19.♕xf3 f6

(Zu beachten ist 19...♗xd6!? 20.exd6 ♕d7 21.♖ad1 f6 mit der Idee e6-e5.)

20.♕g4 ♕d7? (besser 20...f5!) 21.♖ad1 ♗xd6 22.♖xd6 ♕f7 23.♖xd8 ♖xd8 24.exf6 h5 25.♕xg7+ ♕xg7 26.fxg7 ♔xg7 27.♖xe6 ♖d1+ 28.♔g2 ♗c4 (28...♗b7+ 29.f3+–) 29.♖e5 ♔g6 30.f3 ♗xa2 31.♖g5+ ♔f6 32.♖xh5 mit gewonnenem Endspiel, Fressinet–Tomaschewski, China 2016.

B2) 10.♕e2 a5

(Schwarz bereitet sofortiges Gegenspiel am Damenflügel vor. Die Sicherung des Königs mit 10...0–0 wird anhand der **Partie Nr. 37**: Hera–Ganguly, Biel 2017, untersucht.)

11.exd5 exd5 12.♘f1 0–0 13.♗f4 ♕d7 14.♘e5 ♘xe5 15.♕xe5 ♖fe8 16.♕c7 ♕xc7 17.♗xc7 ♗d8 18.♗f4 ♖e6 19.♘e3 ♗c6 20.d4 cxd4 21.cxd4 ♗b7 22.♖ac1 b5 23.♗c7 ♗e7 24.♗h3 ♖c6 25.♗e5 ♔f8 26.♘f5 ♗b4 27.♖xc6 ♗xc6 28.♖c1 ♗d7 29.♗xf6 gxf6 30.a3 ♗d2 31.♖c2 ♗h6 32.♔g2 ♗xf5 33.♗xf5 b4 34.a4 b3 35.♖c5 ♗d2 36.♗xh7 ♖d8 37.♗f5 ♗b4 38.♖b5 Angesichts des starken Freibauern h2 und der schwarzen Bauernschwächen b3 und d5 hat Weiß das vorteilhafte Endspiel, welches er letztendlich auch zum Sieg führen konnte, Karthikeyan–Neelotpal, Abu Dhabi 2017.

B3) 10.a3 (mit der Idee 11.b4!) 10...0–0–0

(Nach 10...a5 ist 11.a4!? mit der Absicht ♘b1-a3-b5 logisch.)

11.♕e2

(Stark ist die sofortige Aktion gegen den gegnerischen König mit 11.b4; z.B. 11...c4 12.exd5 exd5 13.dxc4 dxc4 14.♕c2 ♘d5 15.♘xc4 ♗f6 16.♗d2 h5 17.♘e3 ♘ce7 18.♖ac1, denn nach folgendem c3-c4 erhält Weiß entscheidenden Vorteil, Menna Barreto–Korning, Caleta 2016.)

11...h6

(Schwarz plant g7-g5 mit Gegenspiel am Königsflügel.)

12.b4 c4 13.dxc4

(Günstig für Weiß ist auch

13.exd5!? cxd3 14.♕xd3 ♘xd5 15.♕c2 ♗f6 16.♗b2 ♔b8 17.c4, wie aus eine Partie Psachis–Nikitin, Berlin 1991, hervorging.)

13...dxe4 14.♘xe4 ♘xe4 15.♕xe4 ♘xb4 16.♕xb7+! ♕xb7

(Auch auf 16...♔xb7 folgt 17.axb4!)

17.axb4 ♗f6 18.♘d4 ♕c7 19.♗f4

(Stärker war sofort 19.♘c6!; z.B. 19...♗xc3 20.♗f4 e5 21.♗h3+ ♖d7 22.♘xe5+–.)

19...e5 20.♘c6 exf4? (besser 20...a5!?) 21.♘xa7+ ♕xa7 22.♖xa7 fxg3 23.hxg3 ♖he8 24.♖a8+ 1-0; Gonzales de la Torre–Pomes Marcet, Ortigueira 2002.

9...♘d7

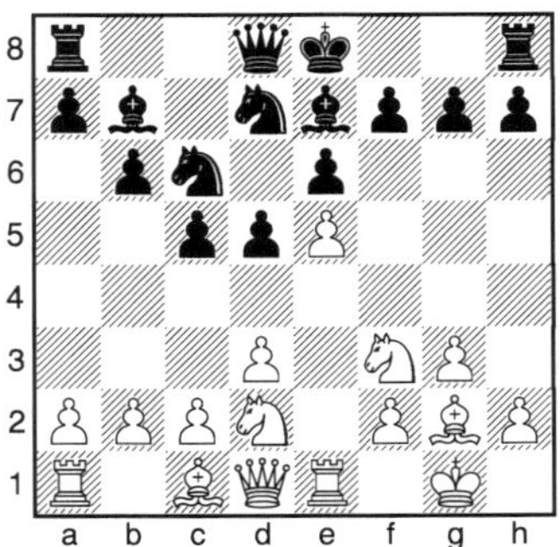

10.♘f1

Die Einleitung der typischen Umgruppierung der Kräfte am Königsflügel. Zu beachten ist auch die sofortige Zentrumsaktion 10.c4!? – Dazu einige Varianten:

A) Nach 10...0–0 ist 11.♕e2 mit der Absicht h4, ♘f1 usw. möglich.

B) 10...dxc4 11.♘xc4 b5

(Nach 11...0–0 kann Weiß 12.h4 nebst ♗f4 usw. spielen.)

12.♘d6+! ♗xd6 13.exd6 ♘f6 14.d4 ♕xd6 15.♗f4 ♕e7 16.dxc5 ♕xc5 17.♖c1 ♕b6 18.♗e3 ♕a6 19.♗c5 ♖d8 20.♕b3 ♘a5 21.♕e3 h6 22.♖ed1 Weiß hat gewisse Initiative für den Bauern, zumal der schwarze König im Zentrum sehr gefährdet steht, Naiditsch–Blomqvist, Bilbao 2014.

C) 10...d4 11.h4

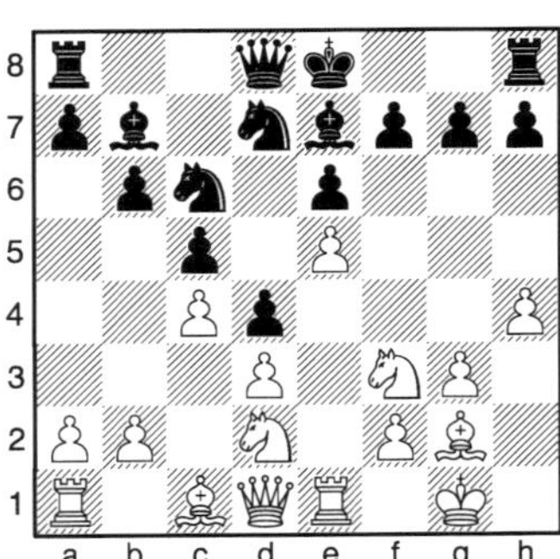

C1) 11...♕c7 12.♘e4! ♘cxe5 13.♘xe5 ♘xe5

(Nach 13...♕xe5 14.♘xc5! ♕xc5 15.♗xb7 erhält Weiß dank des Läuferpaars gute Perspektiven.)

14.♗f4 0–0 15.♕h5 f6

(15...f5?? 16.♗xe5 ♕xe5 17.♘g5+–)

16.♗h3 ♗c8 17.♘g5! fxg5 18.♗xe5 ♗d6 19.♕xg5 Angesichts des

schwachen Bauern e6 steht Weiß positionell besser.

C2) 11...h6 12.h5 ♕c7 13.a3 a5 14.b3 0–0–0 15.♘e4 f5

(Nach 15...♘cxe5 16.♘xe5 ♘xe5 17.♗f4 f6 18.♗h3 hat Weiß aktives Spiel für den Bauern. Geplant ist der Hebelansatz b3-b4 mit Initiative am Damenflügel.)

16.exf6 gxf6 17.♘ed2 ♘f8 18.b4!?

(Da es sich in Positionen mit entgegengesetzten Rochaden empfiehlt, möglichst aktiv zu spielen, ist der Partiezug gut und richtig.).

18...cxb4 19.axb4 ♗xb4 20.♗a3 ♗c3 21.♖b1 ♘b4 22.♗xb4 ♗xb4 23.♖e2 e5 24.c5! Weiß hat Angriff und die Partie ging wie folgt zu Ende: 24...♗xc5 25.♘c4 ♗d5?

(Notwendig war 25...♘d7!)

26.♘xb6+! ♗xb6 27.♖c2 ♗c5 28.♕c1 ♘e6 29.♗h3 ♔d7 30.♖xc5 ♕d6 31.♘h4 ♖c8 32.♖xc8 ♖xc8 33.♕xh6 ♕f8 34.♕h7+ ♕e7 35.♗xe6+ 1-0; Chigaev–Rindlisbacher, Al Ain 2013.

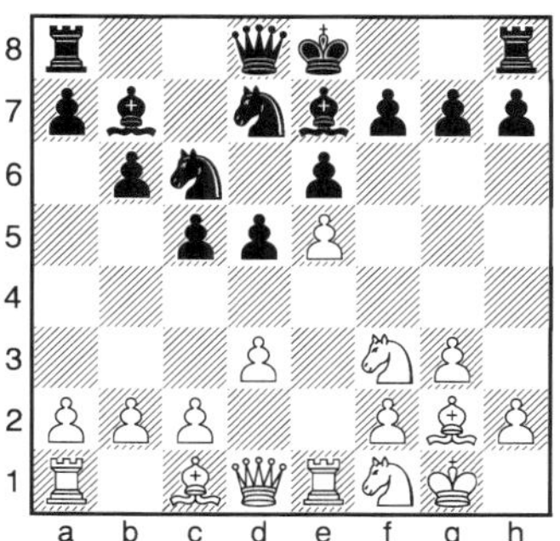

10...♕c7

Mit diesem Zug bereitet Schwarz offenbar die lange Rochade vor. Andere Pläne sind:

I. 10...g5 mit der Idee g5-g4

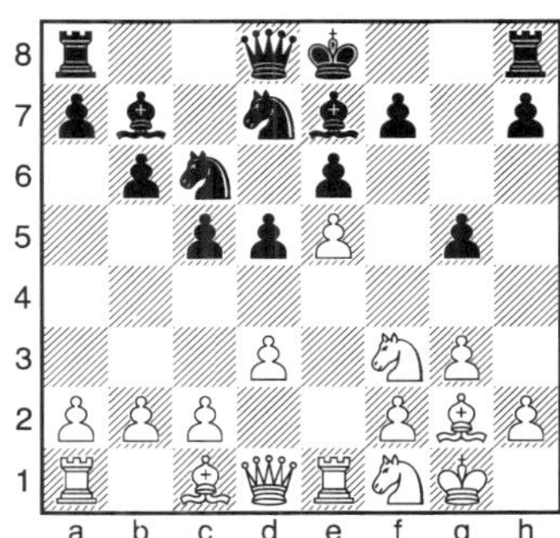

11.♘e3!

(Nach 11.h3 h5! hat Schwarz gute Gegenchancen.)

11...h5

(Nach 11...♘dxe5!? 12.♘xe5 ♘xe5 13.♘xd5 ♗xd5 14.♖xe5 ♗xg2 15.♔xg2 ♗f6 16.♖e4 herrscht materieller Gleichstand, aber angesichts des schwarzen Königs im Zentrum behält Weiß die etwas besseren Chancen. Sein Plan sieht nach ♖b1 und b2-b4 Stellungsöffnung am Damenflügel vor.)

12.c4 d4 13.♘d5! exd5 14.cxd5 g4

(14...♘b4? 15.d6 ♗f8 16.e6+–)

15.dxc6 ♗xc6 16.e6! fxe6 17.♘xd4! ♗xg2 18.♘xe6 ♗f3 19.♘xd8 ♗xd1 20.♘c6 ♖h7 21.♗g5 ♗f3 22.♘xe7 ♔f7 23.♗h4 ♘f6

24.♘f5 ♘d5 25.♖e5 ♔f8 26.♖ae1 mit weißem Vorteil, Schlenker-Raicevic, Linz 1980.

II. 10...h6

(Mit der unmissverständlichen Absicht, 11...g5 folgen zu lassen, was Weiß selbstredend nicht zulassen darf, weil dann sein wichtigster Bauer kaum zu halten wäre.)

11.h4 ♕c7 12.♗f4

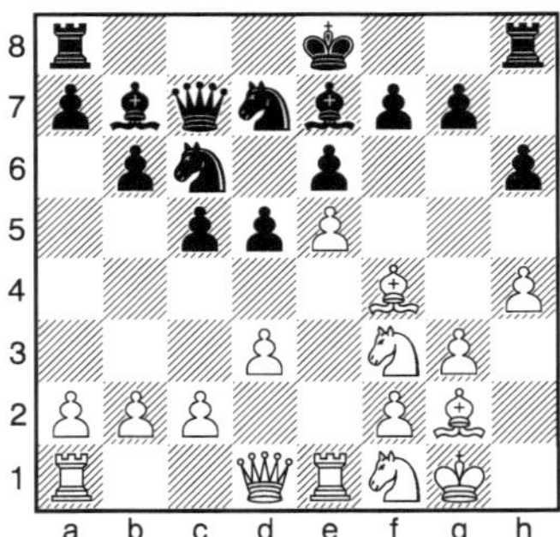

A) 12...0–0–0 13.c3

A1) 13...♖dg8 14.h5 g5 15.hxg6 fxg6 16.g4

(Auch 16.d4!? kommt in Betracht.)

16...g5 17.♗g3 h5 18.gxh5 ♖xh5 19.♘3h2 ♖gh8 20.♗f3 ♖5h7 21.♗g4 ♘d8 22.d4 ♗a6 23.♘e3 Mit diesem Zug stellte Weiß in der Partie Sergejew–Sarkadow, Dubna 2009, die starke Drohung ♘xd5! auf, die ihm hervorragende Angriffsmöglichkeiten einbringen würde.

A2) 13...d4 14.cxd4 cxd4 15.♘1d2 ♘c5 16.♘e4 ♘xe4 17.♖xe4 ♔b8 18.♖c1 ♕d7 19.a3 ♕d5 20.b4 a5?

(Statt dieses unlogischen Zuges, der ja nur die Königsstellung schwächt, sollte besser 20...♖c8! geschehen.)

21.bxa5 ♕xa5 22.♖b1 ♕a6 23.♖e2 ♗c5 24.♖c2 ♔c7 25.♘d2! ♕xd3 26.♖b3 ♕a6 27.♘e4 ♖d5 28.♘d6 mit entscheidendem Angriff, Minasian–Kotanjian, Jerewan 2008.

B) 12...g5 13.hxg5 hxg5 14.♘xg5 ♘dxe5 15.c3 ♗d6 16.d4 cxd4 17.cxd4 ♘c4 18.♘xe6! fxe6 19.♖xe6+ ♔d8 20.♗g5+ ♗e7 21.♗xe7+ ♘xe7 22.♕f3 ♔d7 23.♖ae1 ♖ae8 24.♕f6 ♖h7 25.♗h3 ♔d8 26.♗f5 Schwarz steht auf Verlust, Karjakin–Ponomarjow, Moskau 2010.

11.c3

Ein anderer Plan besteht in 11.♗f4 0–0–0 12.h4 h6 13.♕d2 ♖dg8 14.h5, um dann mit c3, a3 und b4 einen Königsangriff in die Wege zu leiten.

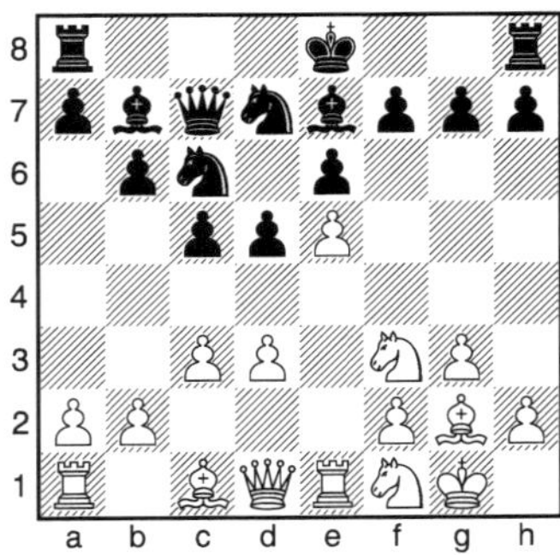

11...0–0–0

Nach 11...♘cxe5 kann sich das Spiel folgendermaßen weiterentwickeln: 12.♘xe5 ♘xe5 13.♗f4 ♗d6 14.♗xe5 ♗xe5 15.♕h5 ♗f6

(Nach 15...♗d6 16.♖xe6+ ♔f8 17.♖e2 g6 18.♕h6+ ♔g8 19.♖ae1 ♗f8 20.♕h4 beherrscht Weiß die e-Linie, so dass ihm gewisser Vorteil sicher ist. Der Anschlussplan sieht zunächst vor, den zweiten Springer via e3 ins Spiel zu bringen.)

16.♖xe6+ ♔d8

(16...♔f8 17.♖xf6 gxf6 18.♕h6+ ♔g8 19.♘e3+-)

17.♖xf6!?

(Eine Alternative besteht in 17.♖e2!?)

17...gxf6 18.♗xd5 ♖e8 19.♗xb7 ♕xb7 20.d4 ♖c8 21.♖d1 c4 22.♘e3 ♖c7 23.d5 Weiß steht auf Gewinn, Iljushin-Vul, Helsingor 2008.

Hingegen könnte sich die Partie nach 11...d4 folgendermaßen entwickeln.

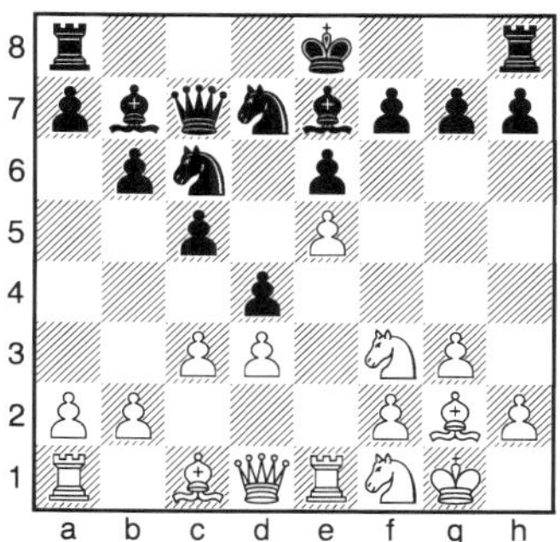

12.♕e2 mit den Abspielen:

A) 12...h6 13.h4 0-0-0 14.♘1h2 ♔b8 15.a3 ♔a8 16.cxd4 ♘xd4 17.♘xd4 cxd4 18.b4 ♗xg2 19.♔xg2 ♕b7+ 20.♕e4 ♘b8 21.♘f3 ♖d5 22.♗b2 g5 23.hxg5 hxg5 24.♖h1 mit gutem Spiel für Weiß.

B) 12...0-0-0 13.a3 h6 14.cxd4!

(Nach 14.h4 g5! erhält Schwarz aktives Spiel am Königsflügel.)

14...♘xd4 15.♘xd4 ♗xg2 16.♔xg2 cxd4 17.b4 Der Anschlussplan ♗b2 nebst ♖ec1 sichert Weiß gute Angriffschancen am Damenflügel.

C) 12...dxc3 13.bxc3 b5 14.d4 cxd4 15.cxd4 0-0

(In Frage kommt 15...♘b4!? mit Kontrolle des Punktes d5.)

16.♘e3!

(16.♕xb5 ♖ab8 17.♕e2 ♘b6 18.♗e3=)

16...a6!

(Schlecht ist 16...b4?, wie wir anhand der lehrreichen **Partie Nr. 38**: Kusubow-Ponomarjow, Lwow 2014, veranschaulichen werden.)

17.d5 ♘cxe5 18.♘xe5 ♘xe5 19.♗b2 ♗f6 20.♖ac1 ♕b6 mit Ausgleich.

12.d4

Am besten verschafft Weiß seinem wichtigsten Bauern eine sichere Deckung, denn nach 12.♗f4 ♖dg8 13.h4 h6 mit der Idee g7-g5 bekommt Schwarz gute Gegenchancen.

12...h6

Schwarz bereitet g7-g5 mit Gegenspiel am Königsflügel vor. Nach 12...♖hg8 könnte Weiß 13.h4 h6 14.h5 nebst a3 und b4 spielen.

13.a4

Dies ist eine der beiden logischen Möglichkeiten, gegen den schwarzen König vorzugehen, wobei die andere in 13.a3!? mit der Absicht b2-b4 besteht.

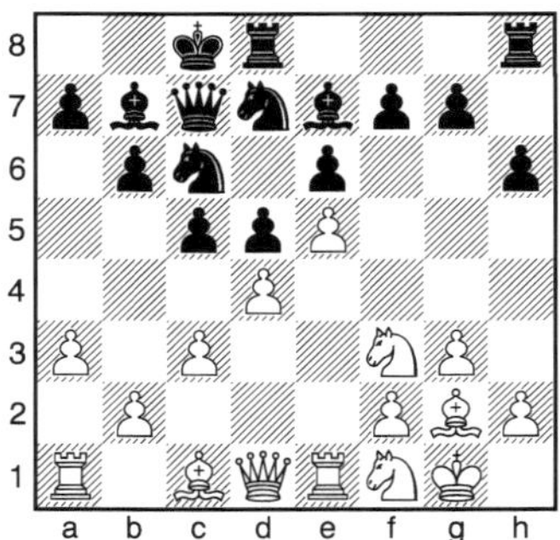

Dazu zwei denkbare Fortsetzungen:

A) 13...c4 14.♘1d2

(In Frage kommt auch 14.♘3d2!?, um sich die Möglichkeit ♘e3 vorzubehalten.)

14...♖dg8 15.b3 cxb3 16.♘xb3 ♔b8 17.a4 g5 18.♗a3 ♕d8 19.♗xe7 ♕xe7 20.a5 h5 21.♕e2 h4 22.♖eb1 f5 23.exf6 ♕xf6 24.axb6 axb6 25.♕b5 mit starkem Angriff, Efremowa–Janowska, Russland 2004.

B) 13...g5 14.h3 ♖dg8 15.b4 c4 16.♖a2 (16.a4!?) 16...a6 17.g4 h5 18.♘g3 hxg4 19.hxg4 ♘f8 20.♘h5 ♘b8 21.♗e3 ♘bd7 22.♕d2 Weiß hat die besseren Aussichten, Korenowa–Cosma, Nadole 1995.

13...g5 14.♗e3 ♖dg8

Nach dieser Vorbereitung von Gegenspiel ging das Duell Santos–Sa, Oeiras 2015, wie folgt weiter: 14...f5 15.exf6 ♘xf6 16.a5 ♘g4

(Auf 16...♘xa5 folgt 17.dxc5 bxc5 18.b4 ♘c4 19.♗xc5 ♗xc5 20.bxc5 ♕xc5 21.♖xe6 oder 21.♕d4 mit weißem Vorteil.)

17.axb6 axb6 18.dxc5 bxc5 19.♗h3 ♘xe3 20.♖xe3 d4 21.♖xe6 ♔b8 22.♕a4 ♖d6 23.cxd4 ♖xe6 24.♗xe6 cxd4 25.♘xd4 ♗c5 26.♘xc6+ ♗xc6 27.♕b3+ ♗b7 28.♗d5 ♖f8 29.♘e3 mit weißem Materialvorteil.

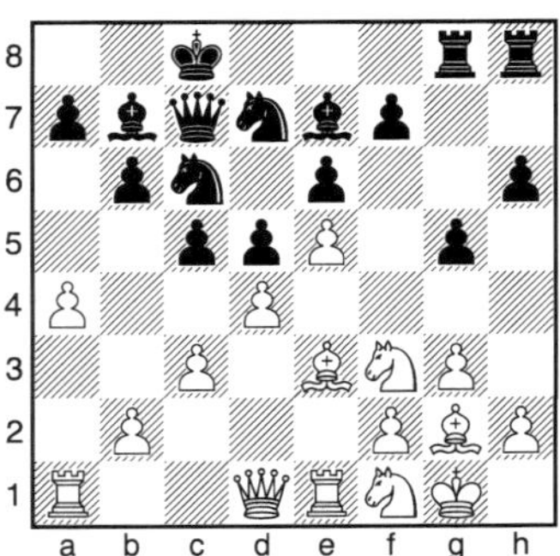

15.a5!

Bei entgegengesetzten Rochaden muss man energisch vorgehen und zu materiellen Opfern bereit sein.

15...bxa5

Nach 15...♘xa5 16.dxc5 bxc5 17.b4 cxb4 18.♕a4 hätte Schwarz große Probleme erhalten.

16.dxc5 ♘xc5 17.♘d4 ♘xe5 18.b4 Da Weiß bei dem beidseitigen Königsangriff die Nase vorn hat, verfügt er über die besseren Möglichkeiten, wie folgende Beispielvariante demonstriert: 18...♘cd3 (18...axb4 19.cxb4 ♘cd3 20.♖e2±) 19.♖e2 a6 20.♖xa5 mit der starken Drohung f2-f4.

Zusammenfassung:

Wie die untersuchten Varianten und Partiebeispiele zeigen, ist der schwarze Entwicklungsplan mit 7...b6 weniger aktiv. Entsprechend erhält Weiß gute Chancen, schnell Initiative zu entwickeln. Der Ansatz mit 13.a3!? stellt eine starke Alternative zu dem mit 13.a4 dar, den wir als Hauptvariante analysiert haben.

Beispielpartien

Partie Nr. 37
Hera – Ganguly
Biel 2017

1.♘f3 d5 2.g3 c5 3.♗g2 ♘f6 4.0–0 e6 5.d3 ♘c6 6.♘bd2 ♗e7 7.e4 b6 8.♖e1 ♗b7 9.♕e2 ♘b4 10.♕d1 ♘c6 11.c3 ♕c7 12.♕e2 0–0

Über Zugumstellung wurde eine Position erreicht, die im einleitenden Text zu Abspiel 6 erwähnt wird.

13.e5 ♘d7 14.h4

Selbstverständlich ist auch die Zugumstellung 14.♘f1 und erst dann 15.h4 möglich.

14...b5 15.♘f1 b4

Nach 15...♖fe8 kann Weiß seine Kräfte nach dem bekannten Schema entwickeln – also etwa 16.♘1h2 a5 17.h5 c4 18.d4 b4 19.h6 g6 20.♗g5 ♗f8 21.♘g4 usw.

16.h5 bxc3 17.bxc3 ♗a6

Normalerweise empfiehlt es sich, den weiteren Vormarsch des weißen Bauern mit 17...h6! zu verhindern, selbst wenn dies dem Gegner eine Angriffsmarke bietet.

18.h6 g6 19.♗f4 ♕a5 20.♖ac1 c4 21.d4 ♗a3 22.♖c2 ♖fe8?

Offenbar überschätzt Schwarz die gegnerischen Angriffsmöglichkeiten am Königsflügel. Stark in Betracht kam hier nämlich 22...♗b5!? mit der Drohung ♗a4.

23.♘g5 ♗f8 24.♘e3 ♖ab8

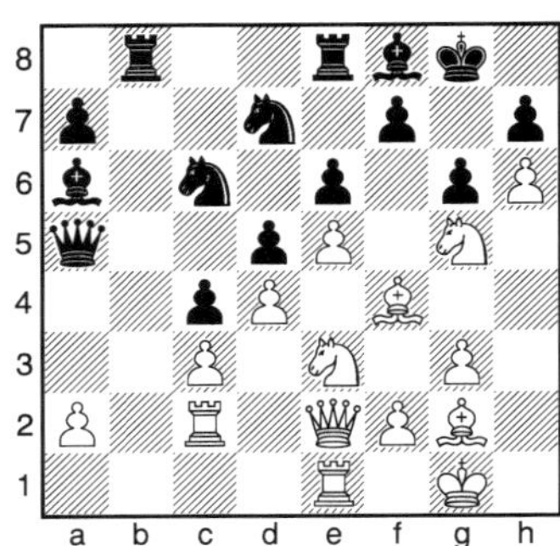

25.♘xd5!

Mit diesem typischen Springeropfer hätte Schwarz eigentlich rechnen müssen, auch wenn hier die taktischen Rahmenbedingungen etwas verändert sind.

25...exd5 26.e6 f5

Da dies die schwarzen Probleme noch vergrößert, hätte besser 26...fxe6!? 27.♗xb8 ♘dxb8 28.♕f3 ♘d8 usw. versucht werden sollen.

27.exd7!

Dieses starke Damenopfer hatte Schwarz wohl übersehen.

27...♖xe2 28.♖cxe2 ♖b7 29.♗d6!

Dieser weitere Schlag gibt der schwarzen Stellung den Rest.

29...♖xd7

29...♗xd6 30.♖e8+ ♗f8 31.♖xf8+ ♔xf8 32.♖e8#

30.♗xf8 ♕xc3 31.♗d6

Schwarz gab sich geschlagen.

Partie Nr. 38
Kusubow – Ponomarjow
Lwow 2014

1.e4 c5 2.♘f3 e6 3.g3 ♘c6 4.♗g2 ♘f6 5.d3 d5 6.♘bd2 ♗e7 7.0–0 b6 8.♖e1 ♗b7 9.c3 ♕c7 10.e5 ♘d7 11.♘f1 d4 12.♕e2 dxc3 13.bxc3 b5 14.d4 cxd4 15.cxd4 0–0 16.♘e3 b4?

Wie bereits im einleitenden Text zu Abspiel 6 angegeben wurde, ist hier 16...a6! richtig.

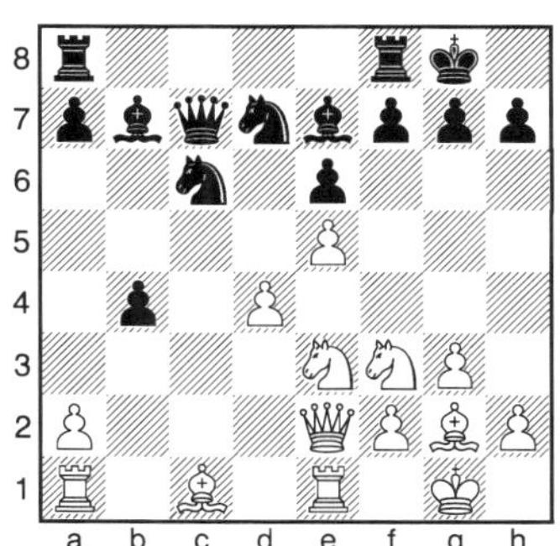

17.d5!

Mit diesem energischen Durchbruch im Zentrum gewinnt Weiß schlagartig mehr Raum für seine Figuren.

17...♘cxe5

Nach 17...exd5 18.♘xd5 ♕d8 19.♖d1 wäre der weiße Vorteil nicht anzuzweifeln.

18.♘xe5 ♘xe5 19.♗b2 ♗f6 20.♖ac1 ♕b8

Die Alternativen lauten:

I. 20...♕b6 21.♗xe5 ♗xe5 22.♘c4 mit weißem Vorteil;

II. 20...♕d6 21.dxe6 ♗xg2 22.♘xg2 ♘g4 23.e7 ♖fe8 24.♖cd1 ♕c5 25.♕xg4 ♗xb2 26.♕d7 g6

(26...♗f6 27.♘f4 ♖xe7 28.♕d8+! nebst Matt)

27.♘f4 mit klarem weißem Vorteil;

III. 20...♕d7 21.f4

(Stark ist auch 21.♖ed1!?)

21...♘g6 22.♗xf6 gxf6 23.♘g4 ♕d8 24.♕b2 ♔g7 25.dxe6 ♗xg2 26.e7 ♕b6+ 27.♔xg2 ♖fe8 28.f5 ♘e5

(28...♖xe7 29.♕d2! ♖xe1 30.♖xe1+–)

29.♖xe5! fxe5 30.f6+ ♔h8 31.♘xe5 ♕xf6 32.♖f1+–.

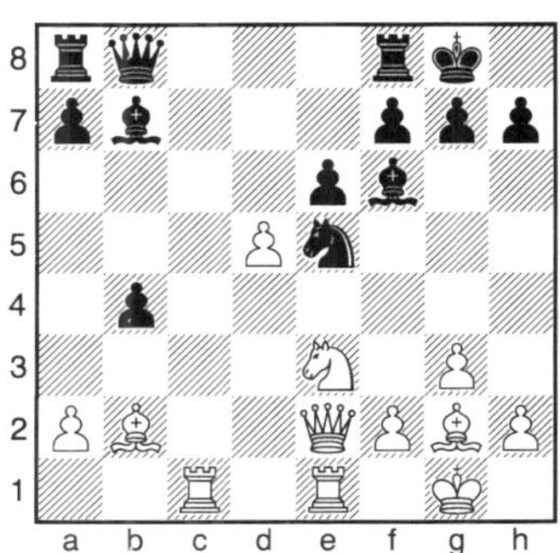

21.♘d1

Energischer war 21.♘c4! ♘xc4 22.♗xf6 gxf6

(22...exd5 23.♕g4 g6 24.♗a1 ♕d8 25.♕d4 f6 26.♖xc4 dxc4 27.♕xc4+ ♔g7 28.♗xb7+-)

23.♖xc4 ♗xd5

(23...f5 24.♕h5 ♗xd5 25.♖h4+-)

24.♖h4 und nun:

A) 24...♗xg2 25.♕g4+ ♔h8 26.♕h5 mit weißem Gewinn;

B) 24...♕e5 25.♕d1! ♕c3 26.♗xd5 exd5

(26...♖fd8 27.♖e3 ♖xd5 28.♕g4+ ♖g5 29.♖xc3+-)

27.♖e3 ♕c8 28.♕h5 ♕c2 29.♖f3 mit der Gewinndrohung ♖f5;

C) 24...♖d8 25.♕g4+ ♔h8

(25...♔f8 26.♖xh7 ♔e7 27.♗xd5 ♖xd5 28.♕xe6+ ♔d8 29.♕e7+ ♔c8 30.♖h8+ ♖d8 31.♖xd8#)

26.♕h3 ♔g7 27.♖xh7+ ♔f8 28.♕g4 ♕b6 29.♗xd5 ♖xd5 30.♕g7+ ♔e7 31.♕xf7+ ♔d6 32.♕xe6+ ♔c5 33.♖c1+ mit weißem Gewinn.

21...♘d7 22.dxe6

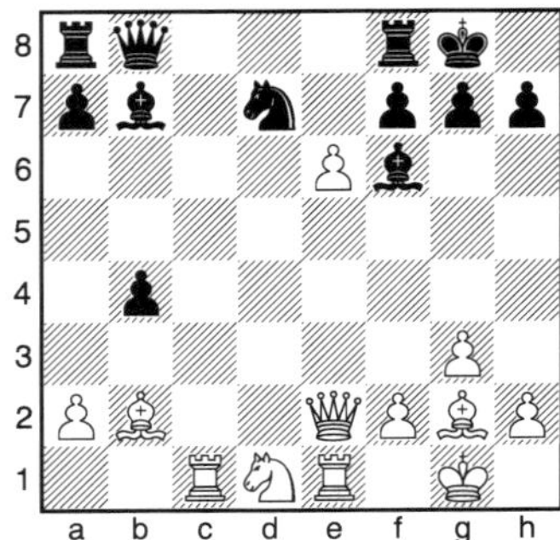

22...fxe6?

Ein Fehler in einer äußerst scharfen Stellung. Notwendig war 22...♗xg2! 23.♔xg2 ♕b7+ 24.♕e4 ♕xe4+ 25.♖xe4 fxe6 26.♖xb4, wonach Weiß wegen der Schwäche auf e6 nur geringfügig besser stünde.

23.♕xe6+ ♖f7 24.♖c6

Noch stärker war 24.♗f1!? ♗xb2

(Nach 24...♘b6 25.♗xf6 gxf6 26.♘e3 ♕e5 27.♕b3 steht Weiß auf Gewinn.)

25.♗c4 ♘e5 26.♖xe5! ♗xe5 27.♕xf7+ ♔h8 28.♗e6 mit der Idee ♗c8!.

24...♘b6

Auch nach 24...♗xc6 25.♗xc6 ♗xb2 26.♘xb2 ♘b6 27.♘d3 wäre Schwarz nicht um seine Lage zu beneiden.

25.♗xf6 gxf6 26.♖d6 ♗xg2 27.♔xg2 ♕c8 28.♕e4 ♕c4 29.♕f3 ♕xa2 30.♘e3

Weiß wirft seine letzten Reserven in die Schlacht. Und ein Bauer mehr oder weniger ist in dieser dynamischen Position relativ bedeutungslos.

30...♔h8 31.♖e2 ♕a1 32.♘f5 ♖af8

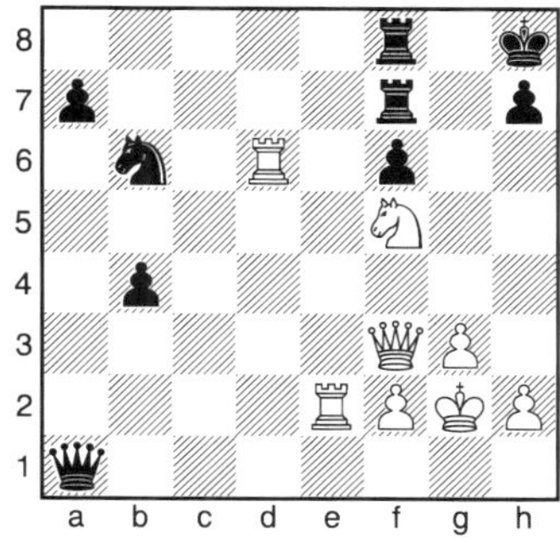

33.♘h6

Sehr stark war 33.♕h5! mit der Drohung 34.♕xf7!

33...♖c7 34.♖de6 f5 35.♖e8 ♕g7 36.♘xf5 ♖cf7 37.g4 ♕f6 38.♖2e6 ♖xe8

Auch nach 38...♕g5 39.♖6e7 ♕xe7 40.♖xe7 ♖xe7 41.♕d1 ♖xf5 42.♕d8+ ♔g7 43.♕xe7+ ♖f7 44.♕xb4 steht Weiß auf Gewinn.

39.♖xf6 ♖xf6 40.♕f4 ♔g8 41.♕xb4 ♖ef8 42.♘e7+ ♔g7

42...♔f7 43.♕e4 ♔g7 44.♕e5 ♔f7 45.♕c7+–

43.♕d4 h6 44.f4 ♔h7 45.♔g3 ♖8f7 46.♕d8 ♖f8 47.♕d3+ ♔g7 48.♕d4 ♔f7

48...♔h7 49.♕e4+ ♔g7 50.h4+–

49.♕e4 ♔g7 50.h4 ♖8f7 51.g5 hxg5 52.hxg5 ♖xf4 53.♕e5+ Angesichts der Mattfolge 53...♔f8 54.♘g6+ ♔g8 55.♕h8# gab Schwarz sich geschlagen.

Kapitel 2

Der Königsindische Angriff gegen Sizilianisch
(Theorieteil)

1.e4 c5 2.d3

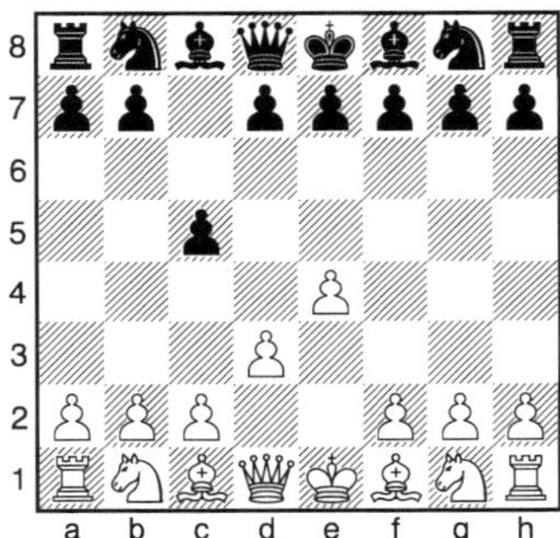

Wichtige Vorbemerkung:

Verglichen mit anderen Eröffnungen mit ihren teilweise langzügig forcierten Varianten, ist der Königsindische Angriff deutlich weniger konkret, so dass beide Seiten viel größere Variationsfreiheit haben. Entsprechend versteht es sich von selbst, dass in der frühen Eröffnungsphase viele Zugumstellungen an der Tagesordnung sind. Wir haben uns bemüht, stets darauf hinzuweisen, obwohl wir die ein oder andere Stelle übersehen haben mögen.

An dieser Stelle stehen Schwarz folgende Fortsetzungen zur Verfügung:

I. 2...e6 (siehe **Abspiel 1**);

II. 2...♘c6 (siehe **Abspiel 2**);

III. 2...g6 (siehe **Abspiel 3**).

Natürlich ist auch 2...d6 möglich, was häufig über Zugumstellung zu Abspiel 2 oder 3 führt. Allerdings kann sich das Spiel auch auf eigenständige Weise entwickeln; z.B. 3.♘f3 ♘c6 4.g3 ♘f6 5.♗g2 e6 6.0–0 ♗e7 7.♖e1 0–0 8.c3 und nun:

A) 8...e5 9.♘bd2 ♖e8

(In der Partie Fressinet–M. Muzytschuk, Cap d'Agde 2015, erhielt Weiß nach 9...♗e6 10.♘f1 h6 11.♘e3 b5 12.♘h4 ♖e8 13.♘d5 ♕d7 14.♗d2 ♖ab8 15.a3 ♗h3 16.♘f5 ♗xf5 17.exf5 ♖ec8 18.♘xe7+ ♘xe7 19.g4 starken Königsangriff.)

10.a4 ♗f8 11.♘c4 h6 12.a5 ♗e6 13.♕a4 ♕d7 14.♗d2 ♖ab8 15.b4 ♗h3 16.b5 ♘d8 17.b6 a6 18.♕xd7 ♗xd7 19.♘h4 g5 20.♘f5 ♗xf5 21.exf5 ♘d7 22.f4 In der Partie Giri–Podlesnik, Antalya 2017, reichte die kräftige weiße Initiative in der Folge zum Gewinn.

B) 8...b6 9.d4

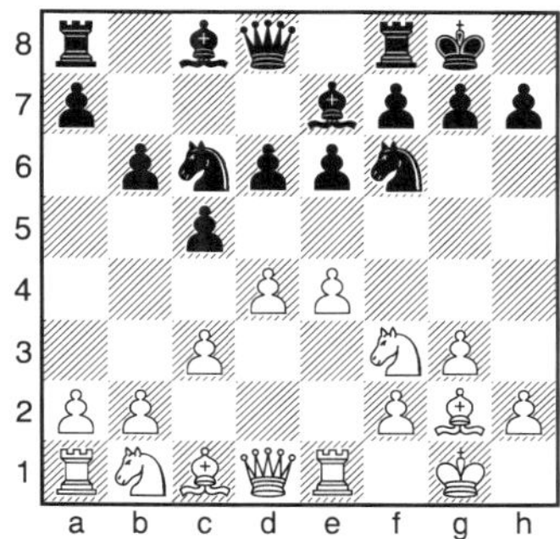

B1) 9...cxd4 10.cxd4 d5 11.e5 ♘e4 12.♘bd2 ♘xd2 13.♗xd2 b5

(13...♘b4 14.♗f1 a5 15.a3 ♘c6 16.♖c1 ♗d7 17.h4 a4 18.♗g5 ♘a5 19.♗d3 f6 20.exf6 gxf6 21.♗f4 ♖c8 22.♕e2 ♘b3 23.♖xc8 ♕xc8 24.♘e5! mit starker weißer Initiative, Grujic–Pikula, Nis 1995.

Nach 13...♗d7 14.h4 h6 15.♗f1 ♖c8 16.♗a6 ♖c7 17.♗d3 ♕c8 18.a3 ♘a5 19.g4 ♘c4 20.♗c1 f5 21.exf6 ♗xf6 22.g5 hxg5 23.hxg5 hat Schwarz eine schwierige Position, Solomunovic–Navara, Deutschland 2000.)

14.h4 ♕b6 15.♗g5 Weiß hat gutes Spiel und kann auf etwas Eröffnungsvorteil hoffen.

B2) 9...♗b7 10.d5 exd5

(Oder 10...♘e5 11.♘xe5 dxe5 12.c4 a6 13.♘c3 ♘e8 14.b3 ♘c7 15.a4 ♗d6 16.♕d3 ♕e7 17.f4 f6 18.f5 exf5 19.exf5 a5 20.♗f3 ♗c8 21.♖f1 ♗d7 22.♖a2 ♘e8 23.h4 ♔h8 24.♗e4 ♖d8 25.g4 ♘c7 26.♖g2 ♖g8 27.g5 mit weißem Angriff, Owczarzak–M. Adamski, Malmö 1999.)

11.exd5 ♘b8 12.♘h4 ♖e8 13.♘f5 ♘a6 14.♘a3 ♘c7 15.c4 ♗f8 16.♖xe8 ♕xe8 17.♗f4 ♖d8 18.♕f3 ♗c8 19.♗g5 ♗xf5 20.♕xf5 ♕e5 21.♕xe5 dxe5 22.♖e1 In der Partie Vajda–David, Parthenay 2000, stand Weiß vor allem wegen seines Läuferpaars besser, was ihm für den späteren Sieg schon ausreichte.

B3) 9...♕c7 10.e5 dxe5 11.♘xe5 ♗b7 12.♗f4 ♘xe5 13.♗xe5 ♕d7 14.♗xb7 ♕xb7 15.dxc5 bxc5 16.c4 ♖fd8 17.♕e2 ♘d7 18.♗c3 ♗f6 19.♗xf6 ♘xf6 20.♘c3 ♖d7 21.♘a4 ♕c6 22.b3 ♖ad8 23.♖ad1 ♖xd1 24.♖xd1 ♖xd1+ 25.♕xd1 ♕d7 26.♕f3 In der Partie Gislason–Kristofersson, Reykjavik 2016, stand Weiß (speziell wegen der Schwäche auf c5) besser und konnte später auch gewinnen.

B4) 9...d5 10.exd5 exd5

(Nach 10...♘xd5 11.c4 ♘c7 12.dxc5 ♗xc5 13.♗f4 ♕e7 14.a3 ♖d8 15.♕c2 ♗b7 16.♘c3 ♘e8 17.♖ad1 wäre das Spiel etwas vorteilhafter für Weiß.)

11.♘e5 ♗b7 12.♗f4 ♖e8 13.♘xc6 ♗xc6 14.♘d2 ♗f8 15.♖xe8 ♕xe8 16.♘f3 ♕e6 17.♕d3 Angesichts des ziemlich passiven Läufers c6 steht Weiß positionell etwas besser.

Abspiel 1

Die Fortsetzung 2...e6

1.e4 c5 2.d3 e6

Da dieser Zug sehr elastisch ist und Schwarz das Spiel in verschiedene Richtungen lenken kann, wird er gegenwärtig sehr oft in der Turnierpraxis angewandt. Sollte Schwarz sich in der Folge zu d7–d5 entschließen, so würde damit in aller Regel der Übergang zur Französischen Verteidigung und somit zu Kapitel 1 einhergehen.

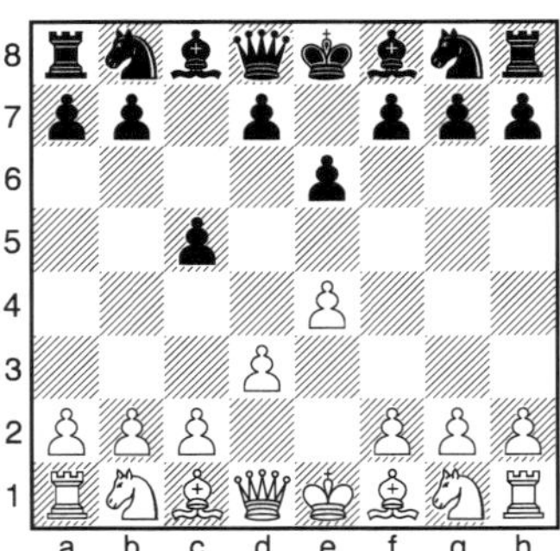

3.♘f3

Selbstredend kommt auch die Zugfolge 3.g3 in Betracht, die jedoch in den meisten Fällen zu Stellungen führt, die im weiteren Verlauf besprochen werden.

3...♘c6

Nach 3...d5 4.♘bd2 ♘c6 5.g3 ♗d6 entsteht über Zugumstellung die Position aus Kapitel 1, Abspiel 3.

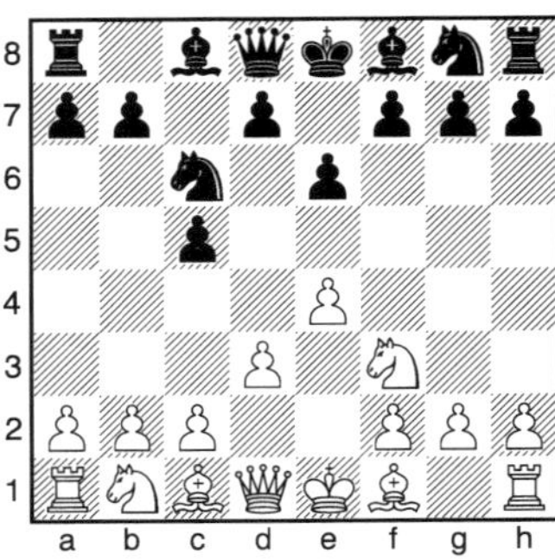

4.g3

Weiß entwickelt seinen Läufer systemgemäß auf die lange Diagonale a8–h1. Möglich ist auch eine andere Zugfolge – und zwar 4.c3 ♘ge7

(4...d5 5.♕e2 ♘ge7 6.g3 g6 7.♗g2 ♗g7 8.0–0 0–0 wäre eine weitere der zahlreichen Zugumstellungen.)

5.g3 g6 6.♗g2 ♗g7 7.0–0 0–0 8.♖e1 e5

(Da Weiß nach 8...d6 9.d4 im Zentrum aktiv werden könnte, schiebt Schwarz diesem Vorhaben mit dem Textzug einen sicheren Riegel vor.)

9.a3

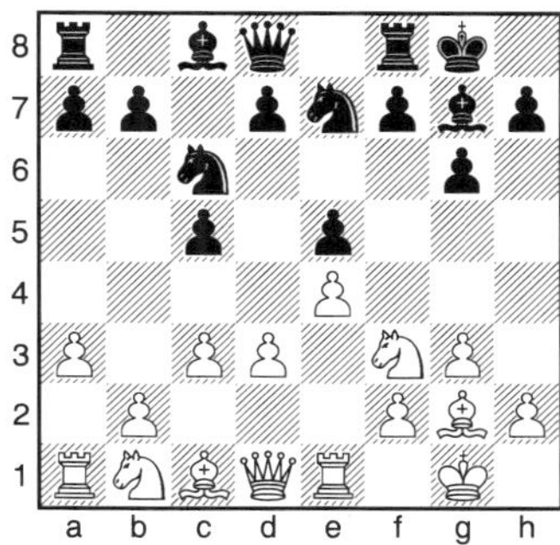

A) 9...d6 10.b4 ♗g4

(Nach 10...♕c7 kann Weiß seine Kräfte folgendermaßen entwickeln: 11.♗b2 b6 12.♘bd2 ♗b7 13.♕b3 ♔h8 14.d4 cxd4 15.cxd4 ♘xd4 16.♘xd4 exd4 17.♖ac1 ♕d7 18.♘f3 d5 19.♗xd4 dxe4 20.♗xg7+ ♔xg7 21.♕b2+ f6 22.♘g5 ♖ac8 23.♖cd1 ♕g4 24.h4 mit der Drohung ♗h3, Damljanovic–Navara, Plowdiw 2003.)

11.h3 ♗e6 12.♘bd2 f6 13.♗b2 ♕d7 14.♔h2 ♖fd8 15.♕e2 ♖ac8 16.♖ad1 b6 17.♗a1 cxb4 18.cxb4 d5 19.d4! exd4 20.b5 ♘e5 21.♘xd4 Weiß beabsichtigt den Vorstoß f2-f4 und hat positionellen Vorteil, da der Läufer g7 ziemlich passiv steht, Guido–Burlando, Bratto 2008.

B) 9...d5 10.♘bd2 a5 11.exd5 ♘xd5 12.a4 ♖e8 13.♕b3 ♘c7 14.♘c4 h6

(14...♕xd3?? scheitert an 15.♖d1 ♕f5 16.♘g5 mit der entscheidenden Drohung ♗h3!.)

15.♗e3 ♘e6 16.♘b6 ♖a6 17.♘xc8 ♕xc8 18.♘d2 ♕c7 19.♘c4 Dank seines Läuferpaars steht Weiß klar besser, Solak–Gretarsson, Porto Carras 2011.

C) Die Alternative 9...a5 wird anhand der **Partie Nr. 39**: Bologan–Firman, Moskau 2002, untersucht.

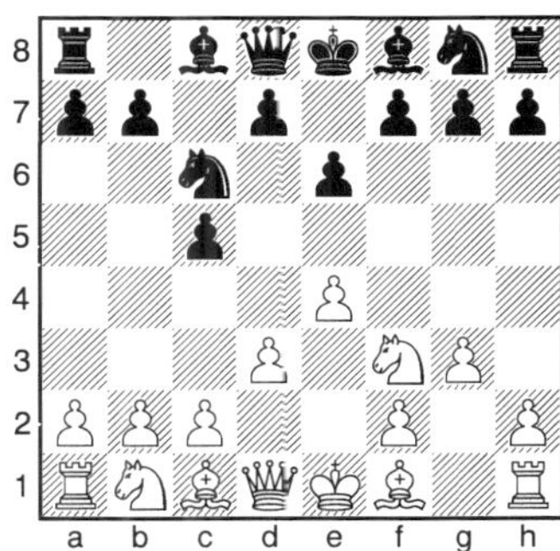

4...g6

Dies ist an dieser Stelle die häufigste Fortsetzung. Auch Schwarz fianchettiert seinen Königsläufer und stellt den Königsspringer nach e7, um dann gemäß der gegebenen Situation zu entscheiden, ob er den d-Bauern auf d6 oder d5 postiert. Natürlich kann er aber auch andere Aufbauten wählen.

I. 4...♗d6 Danach sieht der Plan von Schwarz in etwa so aus: ♘ge7, 0-0, ♗c7 – gefolgt wiederum von der Entscheidung, ob der d-Bauer auf d6 oder d5 zu stehen kommt.

A) 5.♗e3 ♘f6 6.♗g2

(Nach 6.♘c3 ist es schwierig, um Vorteil kämpfen; z.B. 6...♘g4 7.♗c1 0–0 8.♗g2 ♗c7 9.0–0 ♕e7 10.♘d2 ♘f6 11.♘c4 a6 12.a4 ♖b8 Schwarz bereitet b7-b5 vor und hat aktives Spiel am Damenflügel, Lang–Bezold, Deizisau 2002.)

6...♗e7 7.♕e2 d5 8.♗f4 ♕b6 9.c3 c4 10.dxc4 ♘xe4

(Auf 10...dxe4 folgt 11.♘g5 e5 12.♗e3 nebst ♘xe4.)

11.♘e5 0–0 12.0–0 ♖e8 13.♕c2 ♘f6 14.♘d2 In der Partie Tkatschiew–Portisch, Tilburg 1994, einigte man sich auf Remis, obwohl Weiß wegen der besseren Entwicklung etwas Vorteil hatte.

B) 5.♗g2 ♗c7 6.0–0 ♘ge7 7.♘h4 ♘g6 8.♘xg6 hxg6 9.♘c3 a6 10.a3 b5

(Stärker ist 10...d6!? mit der Absicht ♖ab8 nebst b7-b5.)

11.♗e3 ♕e7 12.♘d5! exd5 13.exd5 ♗b7 (13...♘a5 14.d6+–) 14.dxc6 ♗xc6 15.♗xc6 dxc6 16.♕f3 ♕d6 17.♗f4 ♕f6 18.♕e3+ ♔d7 19.♗xc7 ♔xc7 20.♕xc5 In der Partie Fedorow–Kengis, Vilnius 1997, eroberte Weiß einen Bauern, was zum späteren Sieg reichte.

II. 4...d5

Schwarz plant, seinen Königsläufer auf d6 zu platzieren.

5.♘bd2

(Hier ist auch 5.♕e2 möglich, was anhand der **Partie Nr. 40**: Bologan–Dvirnyy, Caleta 2012, untersucht wird.)

5...♗d6 6.♗g2 ♘ge7 7.0–0

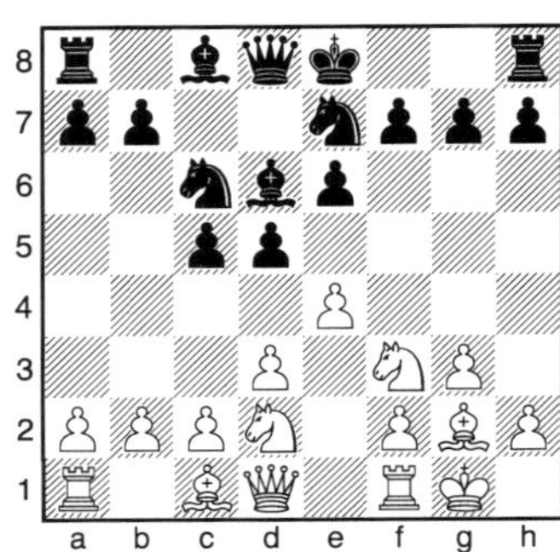

A) 7...♕c7 8.♖e1 0–0 9.c3

(Es geht auch 9.♕e2 f6 10.c3 usw.)

9...b5 10.♕e2 ♕b6 11.♘b3

(Spielbar ist 11.a4!? b4 12.c4 usw.)

11...c4 12.dxc4 bxc4 13.♗e3 ♕c7 14.exd5 exd5 15.♘bd4 ♘xd4 16.♘xd4 Angesichts des aktiven Springers auf d4 und der schwarzen Bauernschwäche auf d5 steht Weiß positionell besser.

B) 7...b6 8.♖e1 ♗b7 9.c3 ♗c7 10.e5 b5

(Nach 10...♕d7 11.d4 c4 12.b3 kann Weiß die schwarze Bauernstruktur am Damenflügel schwächen.)

11.d4 c4 12.h4

(Zu beachten ist 12.b3!?)

12...♕d7 13.♘f1 0–0–0 14.♗d2 ♔b8 15.a4 In der Partie Vajda–Kolly, Bern 2006, leitete Weiß un–

verzüglich eine Aktion gegen den schwarzen König ein.

C) 7...d4 8.c3 0–0 9.♘c4 ♗c7 10.cxd4 cxd4 11.a4 ♖b8 12.♗d2 b5 13.axb5 ♖xb5 14.♕a4 a6 15.♖fc1 ♖b8 16.b4 Weiß beabsichtigt ♖ab1 nebst b4-b5 mit vorteilhafter Initiative am Damenflügel, Miroschnitschenko–Brodsky, Barlinek 2002.

D) 7...♗c7 8.♘h4

(Eine Alternative besteht in 8.♖e1!?.)

8...♘g6 9.exd5 exd5 10.♖e1+ ♘ce7 11.♘xg6 hxg6 12.♘b3 b6 13.♕e2 ♖h5 14.f4 ♔f8 15.♗f3 ♖h8 16.c4 ♗e6 17.cxd5 ♘xd5 18.d4 Angesichts des unrochierten schwarzen Königs hat Weiß die besseren Perspektiven, Mendonca Campelo–Lebredo Zarragoitia, Maringa 2013.

E) 7...0–0 8.♖e1

(Möglich ist auch 8.♘h4 mit dem Plan f2-f4 und aktivem Spiel am Königsflügel.)

8...♗c7 9.c3

(Ein anderer Plan sieht folgendermaßen aus: 9.♕e2 b6 10.h4 a5 11.a4 ♗a6 12.♘b1 d4 13.e5 ♘g6 14.♘g5 ♕d7 15.f4 h6 16.♘e4 ♖ae8 17.♘a3 Weiß spielt an beiden Flügel, T. Petrosjan–Halkias, Riyadh 2017.)

9...b6 10.e5 ♗a6 11.d4 ♗d3 12.♘b3 c4 13.h4 ♗f5 14.♘bd2 f6 15.exf6 ♖xf6 16.♘f1 ♕d7 17.♘e3 ♖af8 18.♘xf5 ♘xf5 19.♕e2 h6 20.♘h2 e5 21.♘g4 ♖e6 22.dxe5 h5 23.♘e3 ♖xe5 24.♖d1 ♘xe3 25.♗xe3 b5 26.♕d2 Angesichts der schwarzen Schwäche auf d5 steht Weiß besser; Polugajewski–Matulovic, Sotschi 1966).

III. 4...♘f6 5.♗g2 ♗e7

(Die Alternative 5...d5 6.♘bd2 ♗e7 7.0–0 führt über Zugumstellung zur Französischen Verteidigung und somit zu Kapitel 1; z.B. 7...0–0 8.♖e1 b5 9.e5 ♘d7 10.♘f1 a5 11.h4 b4 12.♘1h2 a4 13.♘g4 a3 14.b3 ♗a6 15.♗g5 ♘d4 16.♘xd4 cxd4 17.♕d2 ♖c8 18.♖ac1 ♖e8 19.♘h2 ♕b6 20.♕f4 ♗c5 21.♕g4 ♔h8 22.♗xd5 ♘xe5 23.♖xe5 exd5 24.♖ce1 ♖xe5 25.♖xe5 ♗f8 26.♖e2 h6 27.♗f4 f6 28.♘f3±; Kuzubow–Potkin, Riyadh 2017.)

6.0–0 0–0 7.♖e1 d6

(Auch nach 7...d5 geht das Spiel zu Kapitel 1 über.)

8.c3

(Natürlich geht auch 8.♘bd2!?.)

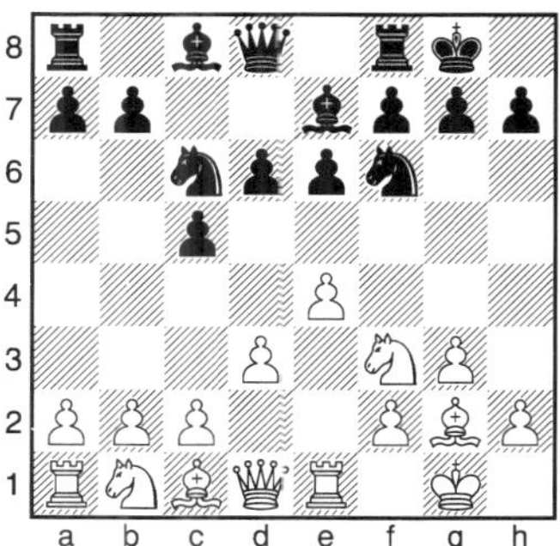

A) 8...♕c7 9.d4

(Eine andere Idee besteht in 9.a4!? nebst ♘a3-c4 usw.)

9...cxd4 10.cxd4 d5 11.e5 ♘e4 12.♘bd2 ♘xd2 13.♗xd2 ♕b6 14.♗c3 ♗b4 15.♕d3 ♗d7 16.♘g5 g6 17.h4 ♖ac8 18.h5 Weiß hat Initiative am Königsflügel und plant ♗f3, ♔g2, ♖h1 usw., Licznerski-Abdumalik, Krakau 2013.

B) 8...♘e5 9.♘xe5!?

(Nach 9.d4 ist es schwierig, um Vorteil kämpfen, denn nach 9...♘xf3+ 10.♗xf3 e5 11.dxe5 dxe5 12.♕e2 ♗e6 13.♘d2 ♕c7 14.♘c4 ♗xc4 15.♕xc4 a6 nebst b7-b5 erhält Schwarz Gegenspiel, Minasjan-Nisipeanu, Moskau 2005.)

9...dxe5 10.f4 ♘d7 11.♘d2 ♕c7 12.♘f3 exf4 13.gxf4 e5 14.fxe5 ♘xe5 15.♘xe5 ♕xe5 16.d4 ♕c7 17.e5 f6 18.♗f4 fxe5 19.♗xe5 ♗d6 20.♕b3+ ♔h8 21.♕a3 ♗d7 22.♗xd6 ♕xd6 23.♕xc5 mit einem Mehrbauern, Nevednichy-Reiss, Ungarn 2011.

C) 8...e5 9.♘bd2 ♗e6

(Auf 9...♖e8 kann 10.a4 ♗f8 11.♘c4 geschehen, und nach folgendem ♘e3 kontrolliert der Springer die Felder d5 und f5.)

10.♘f1 h6 11.♘e3 b5 12.♘h4 ♖e8 13.♘d5 ♕d7 14.♗d2 ♖ab8 15.a3 ♗h3 16.♘f5 ♗xf5 17.exf5 ♖ec8

(17...♕xf5?? 18.♘xf6+ ♗xf6 19.♗xc6+-)

18.♘xe7+ ♘xe7 19.g4 c4 20.d4 exd4 21.cxd4 Bei stabilem Zentrum kann Weiß mittels h2-h4 und g4-g5 eine Aktion am Königsflügel durchführen, Fressinet-M. Muzytschuk, Cap d'Agde 2015.

D) 8...♗d7 9.a3 ♕c7 (Nach 9...♖c8 kann Weiß einen lehrreichen Königsangriff durchführen, was anhand der **Partie Nr 41**: Amin-Harsha, Al-Ain 2015, besprochen wird.) 10.♘bd2 Im weiteren Verlauf kann Weiß seine Kräfte nach folgendem Schema entwickeln: ♕e2, ♘f1, h2-h4 – gefolgt von der Aktivierung des Springers via h2 oder e3.

IV. 4...♘ge7 5.h4!?

(Dies ist eine interessante Alternative zu 5.♗g2, was über Zugumstellung zur Hauptvariante führt.)

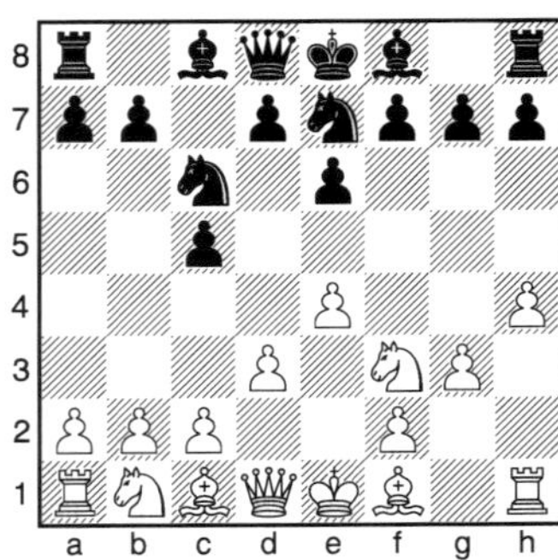

A) 5...d5 6.♕e2

(6.c3!? b6 7.♗g2 ♗a6 8.e5 ♕c7 9.0-0 ♘f5 10.♖e1 ♗e7 11.♗f4±;

McShane–Stellwagen, Deutschland 2008)

6...dxe4 7.dxe4 e5 8.c3 ♗g4 9.♘bd2 ♕c7 10.♘c4 g6 11.♘e3 ♗xf3 12.♕xf3 ♗g7 13.h5 h6 14.♘g4 Weiß hat starke Initiative am Königsflügel, Dgebuadze–Thirion, Charleroi 2015.

B) 5...h6 6.h5 d5 7.♘bd2 b6

(Oder 7...e5 8.♗e2!? dxe4 9.dxe4 ♘g8 10.c3 ♘f6 11.♕c2 ♗d6 12.♘c4 ♗c7 13.♘h4 ♕e7 14.♘e3±; Bocharow–Tregubow, Sankt Petersburg 2015.)

8.♗g2 dxe4 9.dxe4 ♗a6 10.♗f1!

(Auf 10.c4 folgt 10...♕c7 nebst 0–0–0!.)

10...♗b7 11.c3 g5 12.hxg6 ♘xg6 13.♖h5 ♕d7 14.♕c2 0–0–0 15.♗e2 ♗g7 16.♘c4 f6 17.a4 ♕f7 18.a5 ♘f4 (18...b5 19.a6!±) 19.♗xf4! ♕xh5 20.♘h4 ♕f7 21.axb6 e5 22.♗e3 ♗f8 23.bxa7 ♔c7 24.♕b3 ♗a8 25.♗g4 1-0; Mortensen–Lindberg, Kopenhagen 1998.

5.♗g2 ♗g7 6.0–0

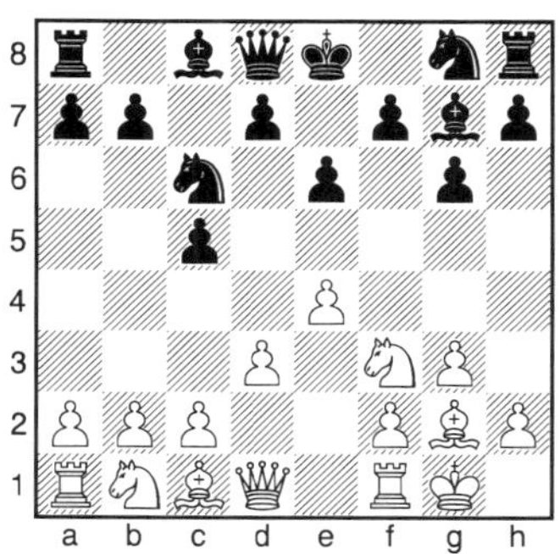

6...d5

Nach diesem Zug geht das Spiel wiederum zur Französischen Verteidigung und somit zu Kapitel 1 über, was mit der engen Verwandtschaft dieser beiden Eröffnungen zusammenhängt, wenn sie gegen den Königsindischen Angriff eingesetzt werden. Nach 6...♘ge7 kann Weiß 7.♖e1 spielen, was anhand der **Partie Nr. 42**: Petrosjan–Pachman, Bled 1961, veranschaulicht wird. Nach der Alternative 7.c3 kommen folgende Varianten in Betracht:

A) 7...e5 8.a3 a5

(Auf 8...d6 würde 9.b4 folgen, was Schwarz mit dem Textzug verhindert.)

9.a4 0–0 (9...d5 10.♕e2!) 10.♘a3 d6 11.♗e3 h6 12.♕c1 ♔h7 13.♘b5 b6 14.♘d2 ♗e6 15.♘c4 d5 16.exd5 ♘xd5 17.♗d2 mit dem Plan ♕c2, ♖ad1 und f2-f4.

B) 7...d5 8.♕e2

(Hier sind auch zwei andere Pläne möglich, nämlich 8.♖e1 h6 9.h4 b6 10.e5 ♗a6 11.♘a3 ♕c7 12.♗f4 0–0 13.♕d2 – oder 8.♘bd2, was anhand der **Partie Nr. 43**: Navara–Zilka, Ledec nad Sazavou 2013, untersucht wird.)

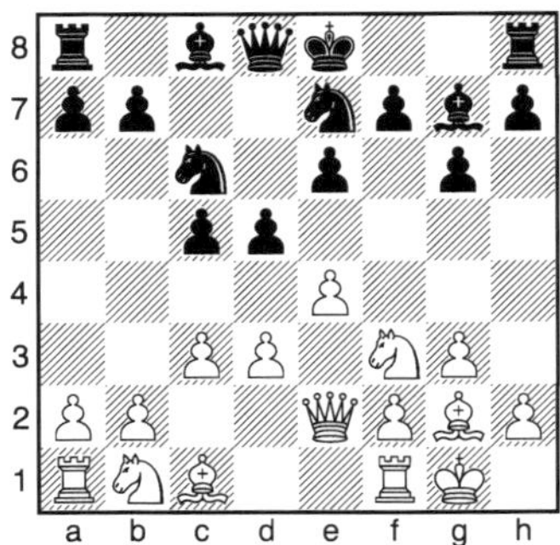

B1) 8...0–0 9.e5 h6 10.h4 b5

(Der Hebelangriff auf den Punkt e5 mittels 10...f6 wird anhand der **Partie Nr. 44**: Vescovi–Gulko, Buenos Aires 2003, besprochen.)

11.♗f4 a5 12.♘bd2 a4 13.a3 ♕c7 14.♖fe1 In der Folge kann Weiß mit dem typischen Manöver ♘h2-g4 am Königsflügel aktiv werden – oder mit ♖ac1 nebst d3-d4 sein Zentrum konsolidieren.

B2) 8...b6 9.e5

(Die beachtliche Alternative 9.♘a3!? wird anhand der **Partie Nr. 45**: Morosewitsch–Lastin, Moskau 2001, vorgestellt.)

9...♕c7

(Nach 9...h6 folgt 10.h4 mit der Idee ♗f4, ♘d2 usw.)

10.♖e1 ♗b7 11.♘a3

(Natürlich geht auch 11.♗f4 nebst h2-h4, ♘d2 usw.)

11...a6 12.♘c2 a5 13.a4 ♗a6 14.♘a3 ♘a7 15.h4 nebst Entwicklung des Läufers nach f4, Kislinsky–Bernasek, Prag 2015.

C) 7...0–0 8.d4

(Dies ist eine Alternative zu den bekannten Fortsetzungen 8.♖e1 und 8.♘bd2.)

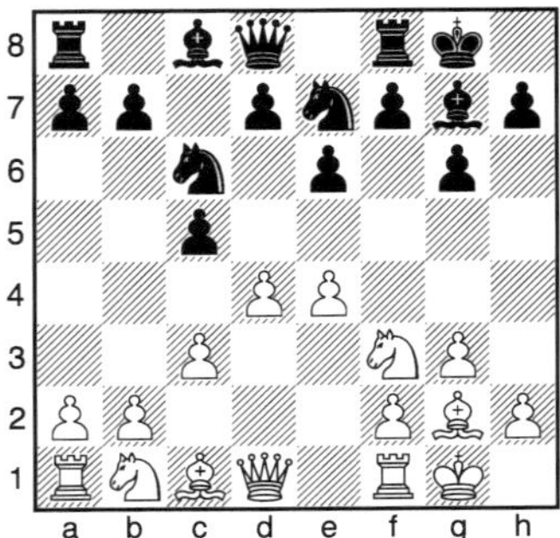

C1) 8...cxd4 9.cxd4 d5 10.e5 ♘f5

(Die Folge 10...f6 11.♖e1 läuft auf Zugumstellung hinaus.)

11.♘c3 f6 12.g4!?

(In dem Duell Vescovi–Wolokitin, Bermudy 2005, geschah 12.♖e1 ♔h8 13.g4 ♘h4 14.♘xh4 fxe5 15.♘xg6+!? hxg6 16.dxe5 ♘xe5 17.♖e3 ♔g8, und nun wäre 18.♖g3!? mit der Idee ♗e3 und f2-f4 richtig gewesen.)

12...♘fe7 13.exf6 ♖xf6 14.♗e3 ♖f8 15.♕d2 ♗d7 16.h3 ♘c8 17.♖fe1 ♘d6 18.b3 ♕a5 19.♖ac1 Angesichts der Schwäche auf e6 steht Weiß besser, und sein Plan besteht in deren Blockade mittels ♗f4 und ♘e5, Zhang Zhong–Kobalija, Ubeda 2001.

C2) 8...d5 9.exd5 ♘xd5 (9...exd5 10.dxc5 ♕a5 11.b4±) 10.dxc5 ♕a5 11.♘bd2

In Frage kommt auch der interessante Zug 11.b4!?

11...♕xc5 12.♘b3 ♕b6 13.♕e2 ♕c7 14.♖d1 ♗d7 15.♘c5 ♗e8 16.♘g5 ♕e7 17.♘ge4 Weiß steht aktiver, Mingarro Carceller–Bernal Moro, Erts 2015.

7.♘bd2 ♘ge7 8.♖e1 0–0

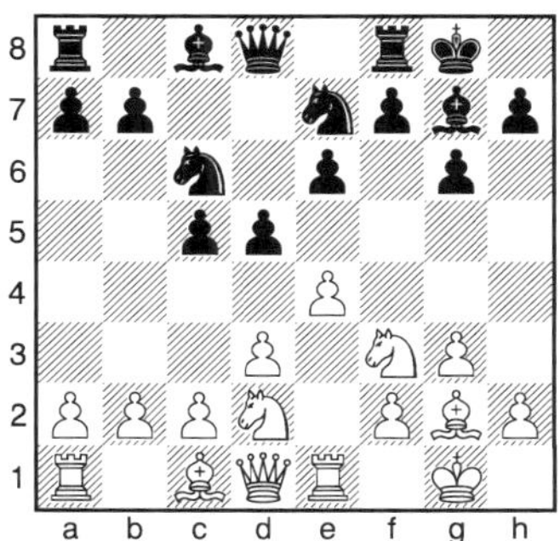

9.c3

Mit diesem logischen Zug nimmt Weiß den Punkt d4 unter Kontrolle. Außerdem kann nach dem eventuellen Vorstoß e4–e5 der entstehende Zentrumsanker durch d3–d4 gedeckt werden. Schauen wir uns zwei andere Möglichkeiten an.

I. 9.e5 ♕c7

(Nach 9...f6 sollte Weiß folgendermaßen fortsetzen: 10.exf6 ♖xf6 11.♘b3 b6 12.d4 c4 13.♘bd2 h6 14.♘f1 b5 15.c3 b4 16.h4 ♔h7 17.♘1h2 ♖f8 18.♘g4 bxc3 19.bxc3 ♕a5 20.♗d2 ♖b8 21.♕c1 nebst ♗f4 und Postierung des Springers auf e5 mit positionellem Vorteil.)

10.♕e2 g5 11.♘xg5 ♕xe5 12.♕xe5 ♗xe5 13.♘b3 ♗g7 14.c3 b6 15.f4 ♗a6 16.♗f1 ♖ad8 17.♗d2 ♘f5 18.♘f3 ♗b7 19.♘e5 a5 20.a4 ♖fe8 mit etwa gleichen Chancen, Prata–Recuero Guerra, Sanxenxo 2012.

II. 9.h4 h6 10.e5

(Spielbar ist natürlich auch 10.c3!?.)

10...f5

(Nach 10...♕c7 11.♘f1 f5 12.exf6 ♖xf6 13.♗e3 b6 14.c4 ♗d7 15.♘1h2 ♔h7 16.d4 steht Weiß aktiver.)

11.exf6 ♖xf6 12.♘h2

(Der Springer will natürlich nach g4. Auf 12.♘b3 ist 12...e5! stark, denn nach der Eventualfolge 13.♘xe5 ♘xe5 14.♖xe5 ♖xf2 15.♖e1 ♖f7 16.♕e2 b6 hat Schwarz eine solide Position.)

12...♖f7

(Auf 12...e5 folgt 13.c4! mit dem Ziel, den Punkt e4 für den Springer zu erobern.)

13.♘g4 ♕d6 (13...e5 14.c4!) 14.♘b3 ♔h7 15.c4 ♗d7 16.♗e3 b6

(Die Schließung des Zentrum nach 16...d4 17.♗c1 e5 18.♘d2 ist günstig für Weiß, weil der Springer das Schlüsselfeld e4 erreichen kann.)

17.d4 dxc4

(Nach 17...cxd4 18.♘xd4 dxc4 19.♘b5 ♕xd1 20.♖axd1 ♘d5

21.♘d6 ♖ff8 22.♘xc4 erhält Weiß die besseren Perspektiven.) 18.dxc5 ♕xd1 19.♖axd1 In der Partie Oratovsky–Maiwald, Vejen 1993, hatte Weiß die bessere Position, die er konsequent zum Sieg führte.

9...♕c7

Die Dame verstärkt die Kontrolle über den Punkt e5 und verhindert somit den raumgreifenden Vorstoß e4–e5. Schauen wir uns einige andere Möglichkeiten an.

I. 9...b5 10.exd5

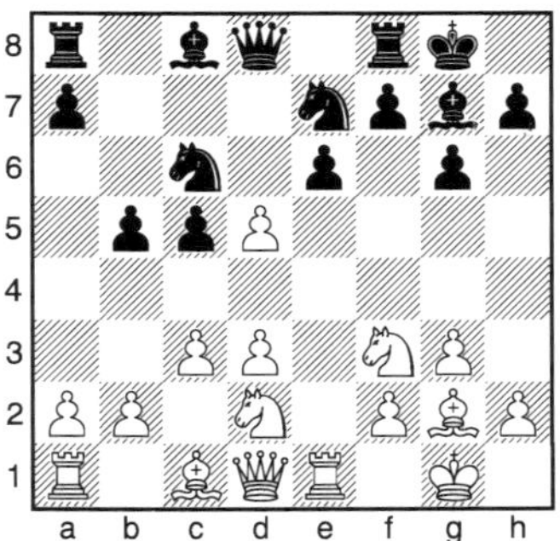

A) 10...exd5 11.♘b3 c4

(Nach 11...b4 und den weiteren Zügen 12.d4 c4 13.♘c5 kontrolliert der vorgedrungene Springer wichtige Felder.)

12.♘bd4 ♘xd4

(Nach 12...a6 13.♘xc6 ♘xc6 14.dxc4 bxc4 15.♗e3 erobert Weiß das Feld d4. Außerdem ist der Bauer d5 schwach, was sich besonders angesichts der aktiven Position des Läufers auf g2 unangenehm bemerkbar machen kann.)

13.♘xd4 ♗xd4 14.cxd4 ♘f5 15.dxc4 bxc4 16.b3 cxb3 17.axb3 ♗e6 18.♗a3 ♖e8 19.♗c5 a5 20.♕d2 Im Hinblick auf den Plan ♖a3, ♖ea1 mit Angriff auf den Bauern a5 steht Weiß besser, Vasiesiu–Brajovic, Bukarest 1998.

B) 10...♘xd5 11.a4 b4 12.c4 ♘c7

(In dem Duell Malecki–Stankiewicz, Polen 2012, hatte Weiß nach 12...♘de7 13.♘b3 ♕d6 14.♗f4 e5 15.♘xe5! ♗xe5 16.♖xe5 ♘xe5 17.♗xa8 ♗d7 18.♗g2 ♗c6 19.d4 cxd4 20.♕xd4 ♕xd4 21.♘xd4 ♗xg2 22.♗xe5 ein gewonnenes Endspiel.)

13.♘b3 ♕d6 14.♘g5 ♘a6 15.♘e4 ♕e7 16.♘exc5 ♘xc5 17.♗xc6 ♖b8 18.♗e3 ♘xb3 19.♕xb3 Mit einem gesunden Mehrbauern steht Weiß auf Gewinn; MacPhail–Hamilton, Guelph 2005.

II. 9...e5 10.exd5 ♘xd5

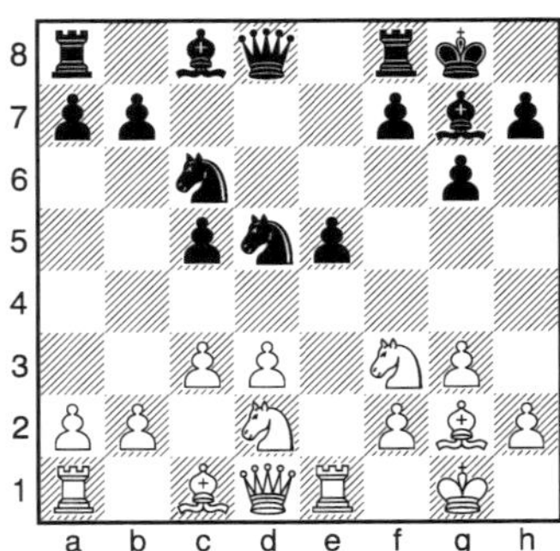

A) 11.♘c4 ♖e8 12.a4

(Es geht auch sofort 12.♕b3 mit der Drohung ♘g5!.)

12...♖b8 13.♕b3 ♘b6 14.♘g5 ♕c7 (besser 14...♖f8!) 15.♘d6! ♖f8 (15...♕xd6 16.♕xf7+ +–) 16.♘b5 ♕d8 17.a5 ♘a8 18.♕d5 h6 19.♕xd8 ♖xd8 20.♘e4 Weiß dominiert die Stellung vollkommen, Skripchenko–Maisuradze, Saint-Quentin 2015.

B) 11.♕b3 ♘de7 12.♘c4 ♕c7 13.♕a3 ♗f5

(Nach 13...♖d8 14.♕xc5 ♖d5 15.♕e3 ♗f5 16.♘h4 ♖xd3 17.♕e2 nebst Schlagen auf f5 bekommt Weiß die besseren Aussichten.)

14.♕xc5 b6 15.♕e3 ♘d5 16.♕e2 ♖ad8 17.♖d1 Der weiße Mehrbauer sichert zumindest minimalen Vorteil, Kuzubow–Rychagow, Bhubaneswar 2009.

III. 9...b6 10.♕e2

(Auch sofort 10.e5!? ist natürlich spielbar.)

10...♗a6 11.e5

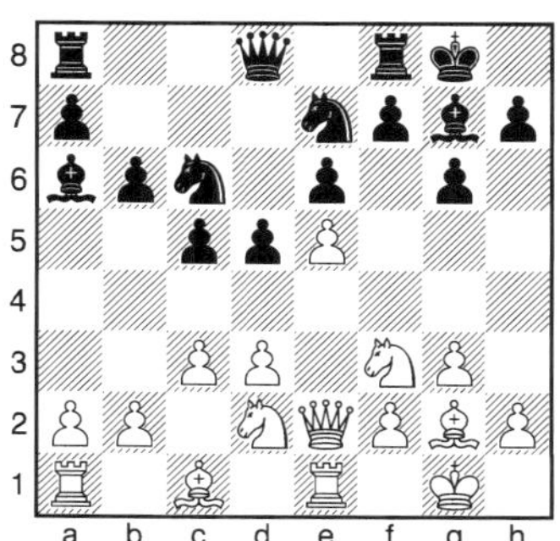

A) 11...♕c7 12.h4

(Um den Vorstoß g6-g5 zu verhindern.)

12...♖ae8 13.♘f1 d4 14.c4 b5 15.b3 bxc4 16.bxc4 ♖b8

A1) 17.h5 ♖fd8

(Nach 17...♖b6 18.♘1h2 ♖fb8 19.♘g4 läuft der typische Angriff am Königsflügel.)

18.♗g5 ♖b4 19.h6 ♗h8 20.♘1h2 ♖db8 21.♘g4 ♖b2 22.♕e4 ♗b7 23.♕f4 ♘f5 24.♘f6+ ♗xf6 25.♗xf6 ♘b4 26.♖ad1 ♕a5 Und hier hätte Weiß in der Partie Blössl–Bäuschlein, Leimen 2001, 27.♗f1! mit der Drohung g3-g4! spielen sollen.

A2) 17.♘1h2 ♕a5 18.♘g4 ♕c7 19.♗h6 ♗xh6 20.♘xh6+ ♔g7 21.♘g4 ♖b4 22.♕d2 ♘g8 23.♖ab1 (besser 23.♕f4!?) 23...♖fb8 24.♖xb4 ♖xb4 25.h5! mit Angriff, Roganian–Pirthac, Menorca 1996.

A3) 17.♗f4 ♖b4 18.♘1h2 ♖fb8 19.♘g4 ♖b2 20.♕d1 ♔h8 21.♘f6 mit der Drohung ♘g5 und starker Initiative am Königsflügel, Balaschow–Andersson, Dresden 2015.

B) 11...g5 12.♘xg5 ♘xe5 13.♕h5 ♗xd3 14.♖xe5 ♗g6

(14...♗xe5?? 15.♘de4! ♗xe4 16.♗xe4 ♔g7 17.♘xe6+! fxe6 18.♕xh7+ ♔f6 19.♗g5+ ♔xg5 20.♕h4#)

15.♕e2 ♗xe5 16.♕xe5 Mit zwei Leichtfiguren für den Turm hat Weiß klaren Vorteil.

C) 11...h6 12.h4 ♖c8 13.♘f1 d4

(Auf 13...♘f5 folgt 14.♗f4, um nach ♘h2–g4 einen Königsangriff zu organisieren.)

14.c4 ♘f5 15.♗f4 b5 16.b3 bxc4 17.bxc4 ♖b8 18.g4 ♘fe7

(18...♘xh4?? 19.♘xh4 ♕xh4 20.♗xc6+–)

19.♘g3 ♕c7 20.♕d2 ♔h7 21.♘e4 Schwarz befindet sich in einer sehr schwierigen Lage, Pekarek-Novotny, Tschechische Republik 1994.

IV. 9...d4 10.cxd4

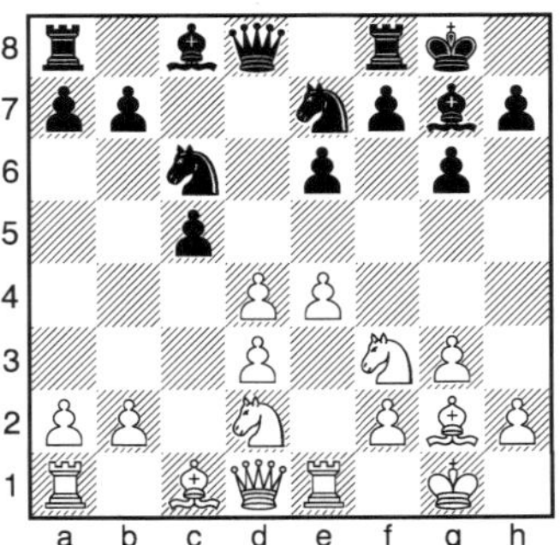

A) 10...♘xd4 11.♘xd4 ♗xd4

(Auf 11...cxd4 folgt stark 12.e5! – und auf 11...♕xd4 12.♘b3!.)

12.♘b3 ♘c6 13.♘xd4 ♘xd4

(Die Folgen von 13...♕xd4 14.♗e3 ♕xb2 15.♗xc5 sind günstig für Weiß.)

14.♗h6 ♖e8 15.e5 mit der Idee ♖c1, ♕g4, h2-h4 und weißer Initiative am Königsflügel.

B) 10...cxd4 11.e5 ♘d5

(Nach dem Fehler 11...b5? und der Folge 12.♘e4 ♘d5 13.♗g5 f6 14.exf6 ♗xf6 15.♘xf6+ ♘xf6 16.♘e5 ♘xe5 17.♗xa8 ♘eg4 18.♕xg4 ♘xg4 19.♗xd8 ♖xd8 20.♗f3 erhielt Weiß in der Partie Ansell–Klingher, Leeds 2015, Materialvorteil.)

12.♘c4 b6

(Beachtung verdiente 12...b5!?, um den Springer von c4 zu vertreiben.)

13.♗g5 ♕d7 14.♕d2 ♗a6 15.♖ac1 ♖ac8 16.♗h6 ♘cb4 17.♗xg7 ♔xg7 18.a3 ♘c6 19.♖e4 ♘de7 20.♘d6 ♖c7 21.♖h4 mit entscheidendem Königsangriff, Valiente–Aquino Porro, Asuncion 1999.

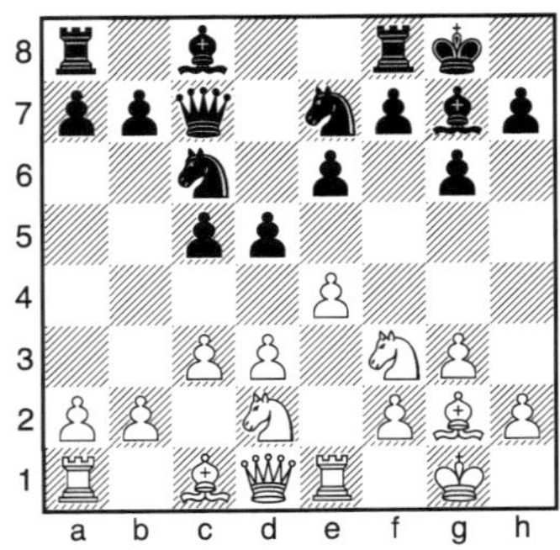

10.♕e2

Anzutreffen ist auch der Versuch, mit 10.h4!? unverzüglich um die Initiative zu kämpfen.

A) 10...d4 11.cxd4

(In Frage kommt 11.c4!?, um nach ♘h2 nebst f2-f4 aktives Spiel am Königsflügel zu entwickeln.)

11...cxd4 12.e5 ♘xe5 13.♘xe5 ♗xe5 14.♘c4 ♗g7 15.♗f4 ♕d8 16.♘d6 (besser 16.♖c1!?) 16...♘c6 17.♗xc6 bxc6 18.♘xc8 ♖xc8 19.♕a4 ♕b6 20.♕a3 ♖fd8 In der Partie Haapasalo–Graeffe, Salo 1991, hatte Schwarz eine feste Stellung.

B) 10...h5 11.♕e2 d4

(Alternativ geschah in der Partie Fuchs–Dudas, Ruzomberok 2014, 11...b6 12.♘f1 ♗a6 13.e5 ♘f5 14.♗f4 b5 15.♕d2 b4 16.♘e3 bxc3 17.bxc3 ♘xe3 18.♕xe3 ♕a5 19.♖ec1 ♖ab8 20.g4 hxg4 21.♘h2 d4 22.♕g3 ♘e7 23.c4 ♘f5 24.♕xg4 ♕d8 25.♘f3 ♗b7 26.♘g5 ♕c7 27.♖e1 ♖fc8 28.h5 gxh5 29.♕xh5 ♗xg2 30.♔xg2 ♖b2 31.♘e4 ♔f8 32.♘f6 ♕b7+ 33.♔g1 ♖b8 34.♗g5 mit starkem Angriff.)

12.cxd4 ♘xd4 13.♘xd4 ♗xd4 14.♘b3 e5 15.♘xd4 cxd4 16.♗h6 ♖e8 17.♖ec1 ♕d6 18.♔h2 ♗e6 19.♕d2 ♔h7 20.f4 f6 21.fxe5 fxe5 22.♗g5 ♖f8 23.b3 ♘c6 24.♖f1 ♖xf1 25.♖xf1 ♖f8 26.♗f6 ♗xb3 27.♕g5 ♗xa2 28.g4 hxg4 29.h5 Weiß hat entscheidenden Angriff, Valencia-Augoustis Funti, Bogota 2013.

C) 10...h6

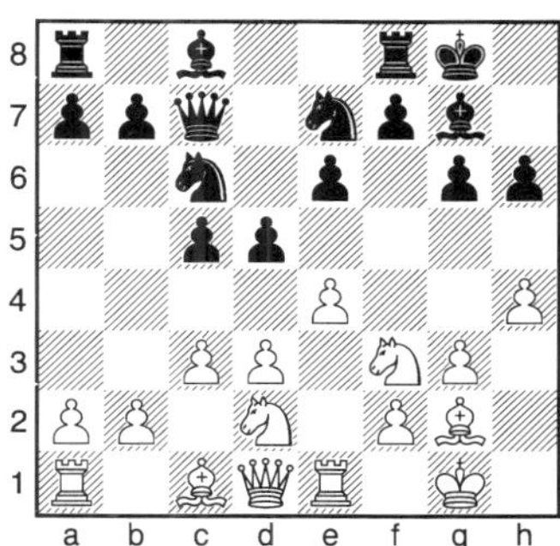

11.♕e2

(Interessant ist der Ansatz 11.exd5!? exd5 12.♘b3 d4 13.♗f4 ♕d8 14.cxd4 cxd4 15.♕d2 ♔h7 16.♖ac1±; Nelson–Coathup, England 1997)

11...b6 12.e5 f6

(In der Partie Bader–Gschnitzer, Schwäbisch Gmünd 2018, hatte Weiß seine Kräfte nach 12...♗a6 13.♘f1 b5 14.♗f4 b4 15.♕d2 ♔h7 16.♘1h2 ♖fe8 17.♘g4 aktiv am Königsflügel konzentriert, verlor die Partie jedoch nach schwachem Spiel.)

13.exf6 ♖xf6 14.♘f1 ♖f7 15.♘e3!

(Unter Nutzung der Drohung ♘g4! kämpft Weiß um Vorteil. Die Fortsetzung 15.♗f4 wurde in der Partie Movsziszian–Ibarra Jerez, Granada 2006, mit 15...♖xf4! beantwortet, und nach 16.gxf4 ♕xf4 17.♘g3 ♗d7 18.♗h3 ♖f8 19.♔g2 ♔h7 20.♖ad1 d4 21.c4 ♘f5

22.♘xf5 gxf5 23.♖g1 ♗f6 hatte Schwarz Kompensation für die Qualität.)

15...e5 16.h5 g5

(Die Erwiderung 16...gxh5 wäre nicht gut, denn nach 17.♘h2 bekommt Weiß seinen Bauern bei besserem Spiel zurück.)

17.♘xg5! hxg5 18.♘xd5 ♘xd5 19.♗xd5 ♗b7 20.♗xg5

(Weiß muss die Spannung aufrecht erhalten. Kein Vorteil ist mit der Variante 20.♗xf7+ ♕xf7 21.♗xg5 ♘d8 zu erzielen, denn es ist nicht zu sehen, wie Weiß seinen Angriff fortsetzen kann.)

20...♘d8 21.♗xb7 ♕xb7 mit kompliziertem Spiel, Rojas Keim–Ibarra Jerez, La Roda 2009.

10...b6

Schließlich muss Schwarz beizeiten seinen Läufer ins Spiel bringen, um die Entwicklung des Damenflügels beenden zu können. Nach 10...b5 11.♘f1 a5 12.e5 b4 13.h4 können sich folgende Abspiele ergeben.

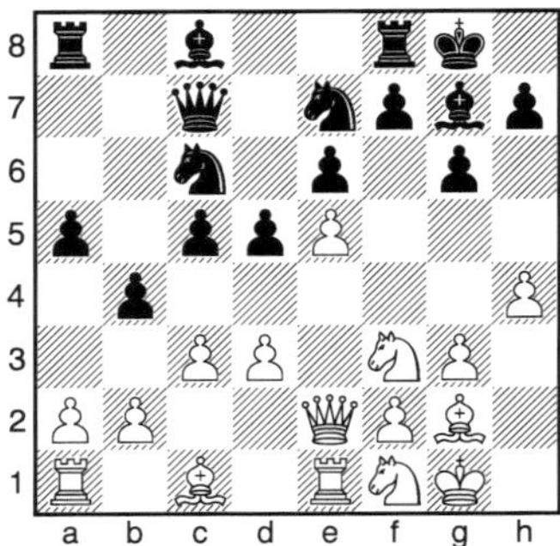

A) 13...♗a6 14.♘1h2 ♖ab8 15.♘g4 ♘f5 16.♗f4 bxc3 17.bxc3 ♖b7 18.♖ad1 ♖fb8 19.♗c1 ♖b1 20.h5 a4

(20...gxh5 21.♘f6+ ♗xf6 22.exf6 ♕d8 23.♗h3 ♕xf6 24.♗g5+–)

21.♕c2 ♕a5 22.hxg6 fxg6 23.♘g5 ♘d8 24.♘f6+ ♗xf6 25.exf6 ♗c8 26.♗xd5! ♖1b6 (26...exd5 27.♖e8#) 27.♗g2 ♘d6 28.♘e4 ♘xe4 29.dxe4 ♘f7 30.e5. Diese Stellung entstand in der Partie Maes–Decellier, Charleroi 2007. Weiß plant ♗e4 mit der Drohung, auf g6 zu schlagen. Und nach 30...♗b7 kann 31.♖d7 ♗xg2 32.♔xg2 ♖6b7 geschehen

(Nach 32...♖8b7 33.♖ed1 ♕b5 34.♖d8+! ♘xd8 35.♖xd8+ ♔f7 36.♖h8 ist Schwarz verloren.)

33.♖xb7 ♖xb7 34.♕d3 Schwarz befindet sich in einer schwierigen Lage.

B) 13...♗b7 14.♘1h2 bxc3 15.bxc3 d4 16.c4 ♘b8 17.♗f4 ♘d7 18.♘g4 Weiß plant ♘g5, und nach dem Läuferabtausch bekommt der

Springer das Feld e4, Bombarda-Tashima, Sao Paulo 2004.

11.♘f1

Statt dieses typischen Manövers kommt auch sofort 11.h4!? in Betracht; z.B. 11...dxe4

(Nach 11...d4 sollte Weiß 12.c4 mit dem Plan ♘f1 nebst h4-h5 spielen. Und die richtige Reaktion auf 11...h6 besteht in 12.exd5 exd5 13.♘f1 usw.)

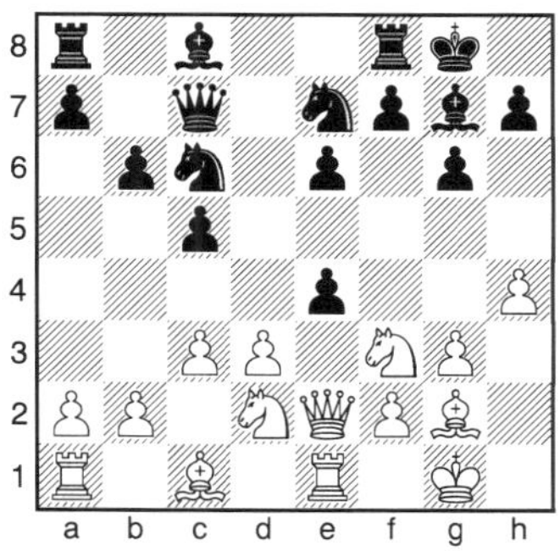

A) 12.♘xe4 ♘d5 13.h5 ♗b7 14.hxg6 hxg6 15.♘fg5 ♕e7

(Besser war zweifellos 15... ♖fe8!?.)

16.♕g4! ♘e5

(Nach 16...f5 17.♕h4 ♗e5 18.♘d6! hat Schwarz große Probleme.)

17.♕h3 ♖fd8 18.g4 ♘f6 19.♘xf6+ ♗xf6 20.♕h7+ ♔f8 21.♘e4 ♘xg4 (21...♗xe4 22.♖xe4+-) 22.♗g5! ♗xe4 (22...♗xg5 23.♕h8#) 23.♖xe4 ♔e8 24.♖xg4 ♖ac8 (24...♗xg5 25.♗c6+ +-) 25.♗xf6 ♕xf6 26.♖g3 und Weiß gewann, Kolosowski-Meinert, Krynica 1998.

B) 12.dxe4 a5 13.a4!

(Ein wichtiger Zug, um die stabile schwarze Bauernstellung am Damenflügel zu erschüttern.)

13...♗a6 14.♘c4 b5

(Nach 14...♖ad8 hat Weiß das Manöver 15.♗f1 nebst ♕c2, um den Springer c4 zu entfesseln.)

15.axb5 ♗xb5 16.♗f1 ♘c8 17.♕e3 ♕e7 18.♘fd2 ♖d8 19.e5 a4 20.f4 ♖b8 21.♘e4 In Anbetracht der Bauernschwäche auf c5 sowie der Tatsache, dass mit h4-h5 zusätzlich starke Initiative gegen den schwarzen König entwickelt werden kann, hat Weiß die besseren Aussichten, Dzumajew-Al Modiahki, Doha 2003.

Eine weitere Möglichkeit besteht in dem thematischen Zentrumsvorstoß 11.e5, wonach sich das Spiel folgendermaßen entwickeln kann.

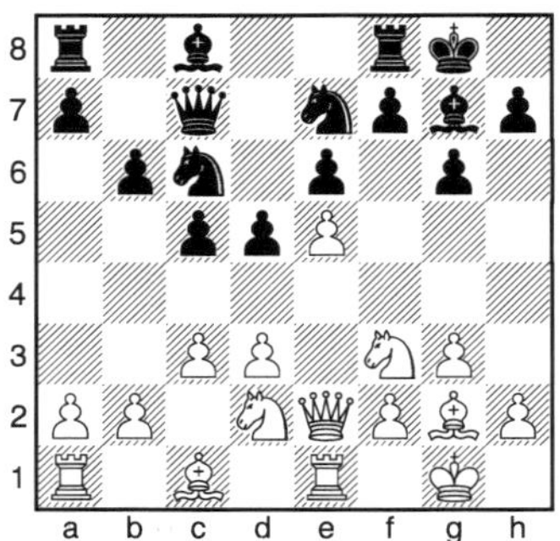

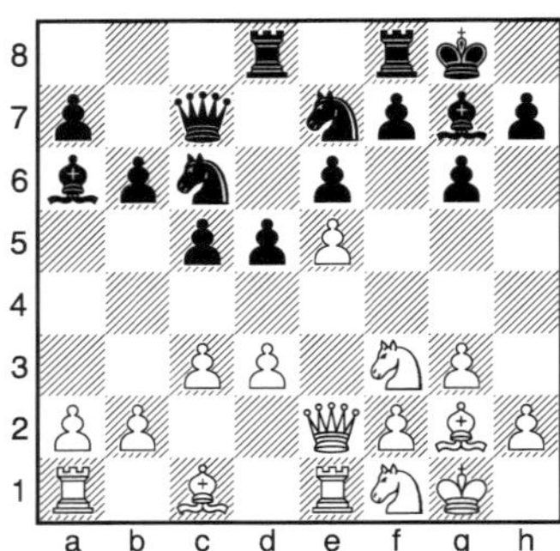

A) 11...f6 12.exf6 ♗xf6

(Eine Alternative besteht in 12...♖xf6!? mit der Idee ♗d7, ♖af8 usw.)

13.♘f1 e5 14.♗h6 ♖d8 15.♗g5 ♗g7 16.c4 ♗e6 17.cxd5 ♖xd5 18.♘e3 ♖d6 19.♘c4 ♗xc4 20.dxc4 ♖ad8 mit etwa gleichen Chancen, Gabriel-Gschnitzer, Schwäbisch Gmünd 2018;

B) 11...a5 12.♘f1 ♗a6 13.♗f4 ♖fd8 14.h4 ♖ac8 15.a4 ♖b8 16.♘1h2 b5

(Auf 16...h5 folgt stark 17.g4!.)

17.♘g4 ♔h8 18.♘f6 ♘g8?

(Nur mit 18...♖f8 war die schwarze Stellung noch zu verteidigen, denn 19.♘g5 würde wegen 19...h6! nichts einbringen)

19.h5 d4 20.hxg6 fxg6 21.♘g5 In der Partie Kuznesow-Jigjidsuren, Kiselewsk 2011, hatte Weiß entscheidenden Angriff.

11...♗a6 12.e5 ♖ad8

Die Fortsetzung 12...d4 wird anhand der **Partie Nr. 46**: Maes-Vandevoort, Charleroi 2011, untersucht.

13.♗f4

Der wichtigste weiße Bauer wird durch den Läufer unterstützt. Anzutreffen ist auch 13.h4!?; z.B. 13...d4 (Zu beachten ist 13...b5!?.) 14.c4 b5 15.b3 bxc4

(Oder 15...♘b4 16.a3 ♘bc6 17.♘1h2 ♘a5 18.♖b1 ♖b8 19.♗g5 ♘ec6 20.♘g4 mit weißer Initiative, Pogorelskikh-Nasibullin, Sankt Petersburg 2015.)

16.bxc4 h5 17.♗f4 ♖b8 18.♘1h2 ♖b6 19.g4! hxg4 20.♘xg4 ♘f5 21.♕d2 ♖fb8? (besser 21...♗b7!?) 22.♘f6+ ♔f8 (22...♗xf6 23.exf6+-) 23.♗g5 ♗b7 24.h5 gxh5 25.♕f4 ♘ce7 26.♕h2 ♗xf3 27.♗xf3 ♘g6 28.♗xh5 ♖b2 29.♗g4 ♕b7 30.♕h7 ♔e7 31.♘d5+! ♔d7 32.♗xf5 1-0; Boos-Kuper, Münster 1994.

13...b5

Stellungsgemäß sucht Schwarz sein Glück am Damenflügel. Auf 13...h6 folgte in der Partie Volovici-Kruis, ICCF 2005: 14.h4! h5 15.♘1h2 d4 16.c4 ♘f5 17.g4! hxg4 18.♘xg4 b5 19.b3 bxc4 20.bxc4

♖b8 21.♘g5 ♘xh4 22.♕f1 ♗b7 23.♗xc6 ♕xc6 24.♖e4 ♕d7 25.♕h3 1-0.

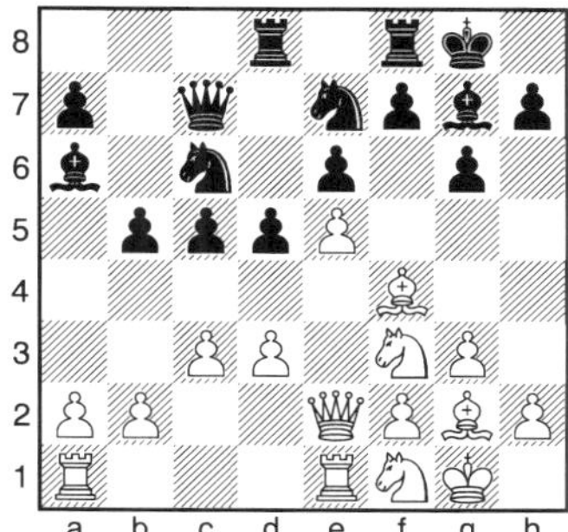

14.d4

So stabilisiert Weiß die Lage im Zentrum und gibt vor allem seinem Brückenkopf auf e5 sicheren Bauernschutz. Das Duell Sturt–Lyell, Kecskemet 2015, lieferte ein interessantes Beispiel, über welche Angriffsmöglichkeiten Weiß nach 14.♘e3 verfügt. 14...d4 15.♘g4 dxc3 16.bxc3 b4 17.c4 ♘f5 18.♘g5 ♘cd4 19.♕d1 ♗b7 20.♘e4 ♔h8 21.♕c1 h5 22.♘gf6 ♗xf6 23.exf6 e5 24.♗h6 ♖fe8 25.h3 ♔g8 26.g4 hxg4 27.hxg4 ♘h4 28.♕e3 ♘xg2 29.♔xg2 ♕d7 30.♕h3 ♘e6 Und hier hätte Weiß 31.♖e3 mit der Drohung ♖h1! spielen sollen.

14...cxd4 15.cxd4 ♕b6 16.♕d2 ♘f5 17.♖ed1

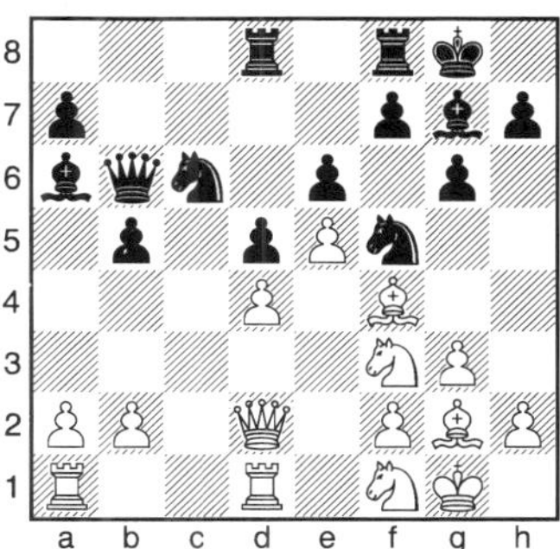

17...♕a5

Nach 17...♘a5 folgte in der Partie Berry–Kuipers, Rimavska Sobota 1992, 18.b3 ♖c8 19.g4 ♘e7 20.♗h6 ♘ac6 21.♘g3 ♕d8 22.♕g5 f6 23.exf6 ♗xf6 24.♕e3 mit weißem Vorteil.

18.♘e3 ♕xd2 19.♖xd2 ♘xe3 20.♗xe3 b4 21.♖c2 ♖c8 22.♖ac1 ♘a5 23.♖c5 Nach Eroberung der c–Linie steht Weiß aktiver.

Zusammenfassung:

Beiden Seiten stehen zahlreiche Möglichkeiten zur Verfügung. So kann Weiß z.B. statt 4.g3 auch gut 4.c3 spielen. Und in der Folge ist statt 10.♕e2 der sofortige aggressive Vorstoß 10.h4!? von Interesse.

Beispielpartien

Partie Nr. 39

Bologan – Firman

Moskau 2002

1.e4 e6 2.d3 c5 3.♘f3 ♘c6 4.c3 ♘ge7 5.g3 g6 6.♗g2 ♗g7 7.0–0 0–0 8.♖e1 e5 9.a3 a5

Andere Erwiderungen sind weiter oben unter „Abspiel 1“ zu finden.

10.a4! d6 11.♘a3 h6 12.♘d2

Der Plan von Weiß sieht vor, die Springer auf c4 und b5 zu postieren.

12...♗e6 13.♘b5

Eine Alternative besteht in 13.♘dc4 d5 14.exd5 ♗xd5 15.♗xd5 ♘xd5 16.♘b5 usw.

13...d5

Auf 13...f5 folgt stark 14.♘c4!.

14.exd5 ♘xd5 15.♘c4

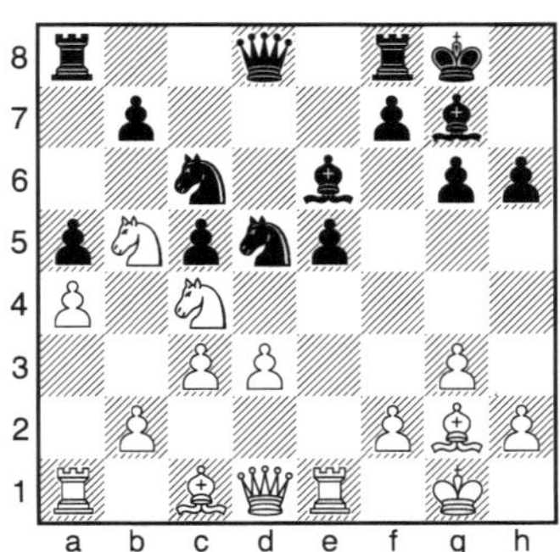

15...♖a6?

Das ist ein schlechtes Feld für den Turm. Richtig war 15...♖b8!?, wonach die Partie Casper–Lau, Deutschland 1992, folgenden Verlauf nahm: 16.♕c2 ♕d7 17.♗d2 ♖fd8 18.♖ad1 ♗g4 19.♖a1 ♗h3 mit etwa gleichen Chancen.

16.♕e2 ♖e8 17.♗e3 ♗f8 18.♗d2 f6 19.f4! ♗f7

Nicht jedoch 19...exf4? wegen 20.♗xd5 ♕xd5 21.♘c7 mit Materialgewinn. Hingegen ist auf 19...♘b6 die Antwort 20.b3 mit der Idee ♖ad1 zu empfehlen, welche Weiß die besseren Perspektiven sichert.

20.♕f2 ♕d7

Nach 20...exf4 21.♗xf4 ♖xe1+ 22.♖xe1 ♘xf4 23.♕xf4 ♕xd3 24.♘cd6 hat Weiß ausreichende Kompensation für den Bauern.

21.♖ad1 ♘b6 22.♘xb6 ♖xb6 23.♗e3! ♗b3 24.♗xc5 ♗xd1

Nach 24...♗xc5 25.♕xc5 ♗xd1 (25...♖a6 26.♖a1±) 26.♕xb6 ♗xa4 27.♘c7 ♕d8 28.d4 ist Weiß im Vorteil.

25.♗xb6 ♗xa4 26.♘c7 ♖e7 27.♘d5 Angesichts des Materialverlusts nach 27...♖f7 28.fxe5 fxe5 29.♘f6+ gab Schwarz sich geschlagen.

Partie Nr. 40
Bologan – Dvirnyy
Gibraltar 2012

1.e4 e6 2.d3 d5 3.♕e2

3.♘d2 führt über Zugumstellung zu einer Variante aus Abspiel 1.

3...♘f6

In Kapitel1/Abspiel 1 wird die Folge 3...dxe4 4.dxe4 e5= genauer untersucht.

4.♘f3 c5 5.g3 ♘c6 6.♗g2 ♗e7 7.0–0

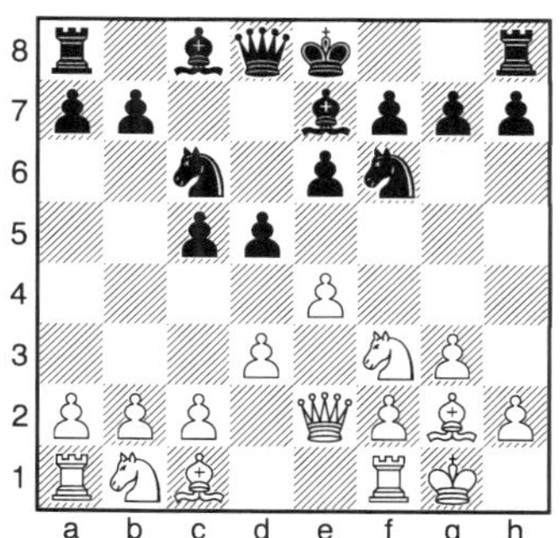

7...b6

Ein anderer Plan besteht in 7...b5, um den Vorstoß c2-c4 zu verhindern und aktives Gegenspiel am Damenflügel anzustreben. Darauf könnte folgen:

A) 8.♖e1 ♗b7

(Zu beachten ist 8...b4!? 9.a3 a5 mit Gegenspiel.)

9.exd5

(Die Alternative 9.♘bd2 ♕c7 10.c3 a5 11.♘f1 a4 führte in der Partie Koneru–Bokros, Budapest 2001, zu Ausgleich.)

9...♕xd5 10.c4 bxc4 11.dxc4 ♕d8 12.♘c3 0–0 13.♗f4 ♕b6 14.♘b5 ♖ac8 15.♖ad1 ♖fd8 16.♖xd8+ ♘xd8 17.♖d1 ♗c6 18.♘e5 ♗xg2 19.♔xg2 a6 20.♘c3 ♘c6 21.♘xc6 ♕xc6+ 22.♕f3 ♔f8 23.♕xc6 ♖xc6 24.♔f3 Weiß steht im Endspiel etwas besser, Hauge–Brunello, Reykjavik 2016.

B) 8.e5 ♘d7 9.h4

(Oder 9.c4 bxc4 10.dxc4 ♘b6 11.♘a3 0–0 12.b3 a5 13.♖d1 a4 14.h4 ♗b7 mit beiderseitigen Möglichkeiten, Smirin–Potkin, Chanty Mansyjsk 2013.)

9...a5 10.c3 ♗a6 11.♖e1 ♕c7 12.♗f4 ♘b6 13.♘bd2 c4 14.d4 ♘a4 15.♘f1 b4 mit schwarzem Gegenspiel, Glek–Van Beek, Apeldoorn 2001.

C) 8.exd5 exd5 9.d4 c4 10.♘e5

(10.♗e3 ♗g4=; McShane–Caruana, Las Vegas 2015)

10...♘xd4 11.♕d1 ♕b6 12.♗e3 ♗c5 13.♘c3 ♗e6 14.a4 b4 15.a5 ♕c7 16.♘a4 ♗d6 17.♘xc4 ♕xc4 18.♗xd4 ♗e7 19.b3 ♕c7 20.c4 In der Partie Carlsen–Bruzon Batista, Mexico City 2012, hatte Weiß das aktivere Spiel, was zum späteren Sieg ausreichte.

Nach 7...0–0 kann Weiß seine Kräfte folgendermaßen entwickeln: 8.e5 ♘d7 9.c4

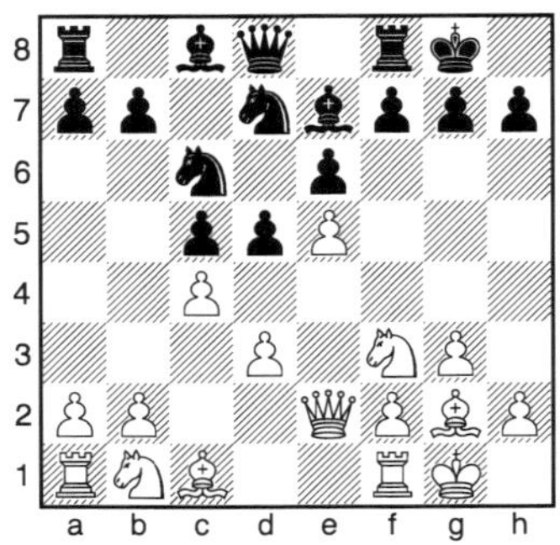

A) 9...♘b6 10.♗f4 a5

(Auf 10...♗d7 ist 11.h4! nebst ♘c3 usw. gut.)

11.♖d1 a4 12.♘c3 ♗d7 13.h4 ♔h8 14.♖ac1 ♖c8 15.♘b5 mit dem Plan, b2-b3 nebst d3-d4 folgen zu lassen, Wang Chen–Mu Ke, Zaozhuang 2015.

B) 9...dxc4 10.dxc4 ♕c7

(In dem Duell Mashinskaya–Filipek, Frydek Mistek 1997, konnte Weiß nach 10...♘d4 11.♘xd4 cxd4 12.♖e1 ♕b6 13.♘d2 ♘c5 14.♘e4 ♘xe4 15.♗xe4 ♗d7 16.♕d3 g6 17.h4 ♗c6 18.h5 ♗xe4 19.♖xe4 ♖fd8 20.b3 ♖d7 21.♔g2 a5 22.♗h6 ♕c6 23.f3 ♖ad8 24.♖h1 starke Initiative am Königsflügel entfalten.)

11.♗f4 ♖d8

(11...a6 12.♘c3 ♖b8 13.♖ad1±)

12.h4 ♘f8 13.h5 ♕d7 14.♘c3 ♕d3 15.♕xd3 ♖xd3 16.♘e1 ♖d8 17.♗xc6 bxc6 18.b3 f5 19.♘a4 ♗d7 20.♔g2 ♗e8 21.♖h1 ♘d7 22.♘d3 g5 23.hxg6 hxg6 24.♗e3 g5 25.♖h6 ♗f7 26.♖ah1 ♘f8 27.♘dxc5

Weiß eroberte einen Bauern und hatte somit entscheidenden Vorteil, Bronstein–Gipslis, Kiew 1969.

C) 9...d4 10.h4 a6

(Nach 10...♔h8 11.♗f4 f6 12.♘bd2 fxe5 führt sowohl das Schlagen mit dem Springer als auch mit dem Läufer zu besseren Aussichten.)

11.♗f4 ♖b8 12.♘h2 ♘a5 13.♘d2 b5 14.b3 ♗b7 15.♗h3!? bxc4 16.bxc4 ♘c6 17.♘g4 ♗a8 18.♘f3 ♖b4 19.♘g5 ♕b6 20.♗g2!

Der Läufer strebt nach e4.

20...♖b2 21.♕d1 ♕a5 22.♗e4 g6?

Schwarz sollte besser mit 22...♗xg5! den starken Springer liquidieren.

23.♕f3 ♕c7 24.♘h6+ ♔g7 25.♘hxf7! ♘cxe5

(Nach 25...♖xf7 26.♘xe6+ geht die schwarze Dame verloren.)

26.♘xe6+! ♔xf7 27.♗xe5+ ♔xe6 28.♗d5+ ♗xd5 und angesichts der Folge 29.cxd5+ ♔xe5 30.♖ae1+ ♔d6 31.♖e6# gab Schwarz in der Partie Bronstein–Kelly, Hastings 1995, gleichzeitig auf.

D) 9...f6 10.exf6 ♘xf6

(10...♗xf6 11.♘c3 d4 12.♘e4 e5 13.♘xf6+ ♖xf6 14.h4±; Vallejo Pons–Mastrovasilis, Menorca 1996)

11.♗f4 ♗d6 12.♗xd6 ♕xd6 13.♘bd2 ♗d7 14.♖ae1 ♖ae8 15.♘e5 ♘d4 16.♕d1 b5 17.f4 bxc4 18.dxc4 ♖b8 19.b3 a5 20.♘df3 ♘xf3+ 21.♖xf3 d4 22.♖fe3 ♖b6 23.♘xd7 ♕xd7 24.♖e5 Angesichts der im schwarzen Lager entstandenen Bauernschwächen auf c5 und e6 hatte Weiß in der Partie Gonzalez Perez–Bouza Brey Teijeiro, Pontevedra 2015, positionellen Vorteil.

8.e5 ♘d7 9.c4!?

Eine spielbare Alternative besteht in 9.c3.

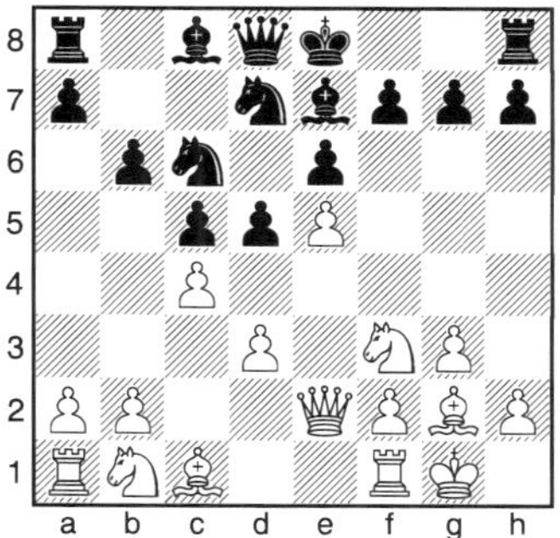

9...d4

Schwarz strebt die Klärung der Situation im Zentrum an. Andere Fortsetzungen sind:

I. 9...dxc4 10.dxc4 ♗b7 11.♖d1 ♕c7 12.♘c3 a6 13.♗f4 0–0

(Auch auf 13...0–0–0 folgt das Figurenopfer 14.♘d5!, welches in der Partie Tschechow–Krasenkow, Lubniewice 1994, nach exd5 15.cxd5 ♘b4 16.d6 ♗xd6 17.♖xd6 ♘f8 18.♗h3+ ♘e6 19.♘g5 ♖xd6 20.exd6 ♕c6 21.f3 ♔b8 22.♗xe6 fxe6 23.♘f7 ♘c2 24.d7+ ♔a7 25.d8♕ zum Gewinn führte.)

14.♘d5! exd5

(Nach 14...♕c8 15.♘xe7+ ♘xe7 16.♕d3 ♗xf3 17.♗xf3 ♖a7 18.♗e4 h6 19.♕c3 verdoppelt Weiß die Türme in der d–Linie und hat Positionsvorteil.)

15.e6! ♗d6 16.♗xd6 ♕xd6 17.♖xd5 ♘d4

(17...♕xe6 18.♕xe6 fxe6 19.♖xd7±)

18.♘xd4 ♗xd5 19.♗xd5 cxd4

(19...fxe6 20.♕xe6+ ♕xe6 21.♘xe6±)

20.exf7+ ♔h8 21.♗xa8 ♘f6

(21...♖xa8 22.♕e8+ ♕f8 23.♕xd7+–)

22.♕f3 ♖xf7 23.♖d1 In der Partie Morosewitsch–Sermek, Moskau 1994, hatte Weiß sich einen Mehrbauern verschafft.

II. 9...♘f8 10.♘c3 ♗b7 11.h4 ♕d7

(11...h6 12.h5 d4 13.♘e4 ♕c7 14.♗f4 0–0–0 15.a3 g5 16.♘d6+ ♗xd6 17.exd6±; Hasangatin–Maksyutov, Orel 1996)

12.♖d1 d4 13.♘e4 ♘g6 14.♘eg5 h6 15.♘h3 ♗d8 16.h5 ♘ge7 17.♘f4 mit guten Perspektiven für Weiß. Der weitere Plan besteht in a2-a3, ♗d2 und b2-b4 mit aktivem Spiel am Damenflügel, Ferguson–Rayner, West Bromwich 2003.

III. 9...0–0 10.♘c3

(In der Begegnung Gritschenko–Serdjukow, Woronesch 2008, erhielt Weiß nach 10.h4 dxc4

11.dxc4 ♕c7 12.♗f4 ♗a6 13.♘c3 ♖ad8 14.♖fd1 ♘d4 15.♘xd4 cxd4 16.♘b5 die besseren Chancen und konnte letztlich gewinnen.)

10...♖e8

(Auf 10...d4 folgt 11.♘e4, und darauf wäre 11...♘dxe5? schlecht wegen 12.♘xe5 ♘xe5 13.♘d2, denn Weiß droht sowohl auf e5, als auch auf a8 zu schlagen.)

11.cxd5 exd5 12.♘xd5 ♗d6 13.d4 ♘xd4 14.♘xd4 cxd4 15.f4 Der weiße Vorteil ist offensichtlich, Tringov–Honfi, Haga 1966.

IV. 9...♗b7 10.cxd5 exd5 11.e6! fxe6 12.♕xe6 ♘f8 13.♕g4 ♘g6 14.♘c3 d4 15.♘e4 ♕d7 16.♕h5 ♘b4 17.♘e5 ♕e6 18.♘xg6 ♕xg6 19.♘d6+ ♗xd6 20.♕xg6+ hxg6 21.♗xb7 ♖b8 22.♗e4 ♔f7 23.a3 ♘a6 24.♗d5+ ♔f8

(24...♔f6?? 25.h4 1-0; Ehlvest–Haskel, Tampa 2003.)

25.♗g5 ♘c7 26.♗b3 ♖e8 27.♖ae1 Weiß hat klaren Vorteil, denn Schwarz spielt praktisch ohne seinen Turm h8.

10.h4

Laut Bologan war 10.♘fd2!? ♗b7 11.f4 0–0 12.♘e4 nebst ♘1d2 usw. zu beachten.

10...h6

Schwarz plant die lange Rochade und bereitet mit dem Partiezug den aggressiven Vorstoß g7-g5 vor.

11.h5! ♕c7 12.♗f4 ♗b7 13.♘bd2 0–0–0 14.♖fe1

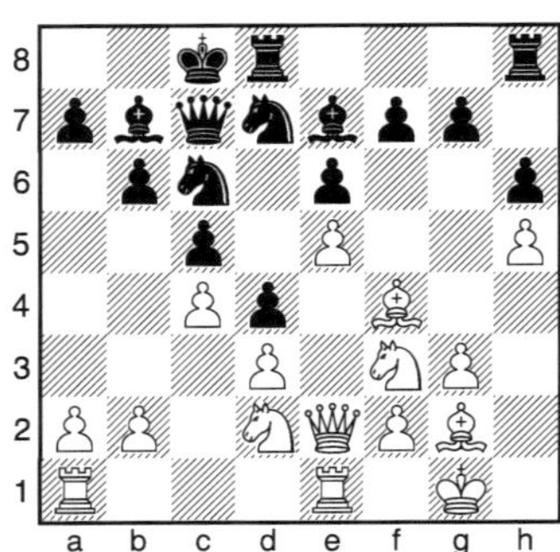

14...♖dg8?

Statt dieses Zeitverlusts sollte sofort 14...g5! geschehen.

15.♘e4 g5 16.hxg6 ♖xg6 17.a3

Dies dient der Vorbereitung von b2-b4 zwecks Linienöffnung und Erlangung von Königsangriff.

17...h5 18.b4 ♖hg8 19.♘d6+ ♗xd6 20.exd6 ♕d8 21.b5 ♘a5 22.♘e5 ♘xe5 23.♕xe5 ♗xg2 24.♔xg2 h4 25.♕e4 ♔d7 26.♖h1 ♖g4 27.♖h3!

Weiß muss genau spielen, denn nach 27.f3? ♖xg3+! 28.♗xg3 ♖xg3+ 29.♔f2 ♕g5 hätte Schwarz überraschende Konterchancen.

27...♕f6 28.♔f3 ♕h8?

Die Analyse nach der Partie zeigte, dass Schwarz folgenden Weg hätte wählen sollen, um Ausgleich sicherzustellen: 28...hxg3! 29.fxg3 ♕g6! 30.♕xg6 ♖4xg6

31.♖h7 ♖6g7 32.♖ah1 f6 33.♖xg7+ ♖xg7 34.♖h8 e5 35.♗d2 ♘b3 36.♗h6 ♖f7 37.♔e4 ♔e6 38.g4 ♘a1 39.g5 fxg5 40.♗xg5 ♔xd6 41.♖h6+ ♔d7 42.♔xe5 ♘c2=.

29.♖ah1 f5?

Das ist der entscheidende Fehler. Nur mit 29...♕h5! konnte Schwarz noch Widerstand leisten.

30.♕e5! ♖xf4+

Nun war es für 30...♕h5 angesichts der Folge 31.♔g2 ♘b7 32.f3 ♖4g7 33.♖xh4 usw. schon zu spät.

31.♕xf4 ♖g4 32.♕c1! ♕a8+ 33.♔e2 ♘b3

33...hxg3 34.f3 g2 35.fxg4 gxh1♕ 36.♕xh1+–

34.♕c2 hxg3 35.f3! ♖g5 36.♕xb3 f4 37.♕d1

Schwarz gab auf.

Partie Nr. 41
Amin – Harsha
Al-Ain 2015

1.e4 c5 2.♘f3 e6 3.d3 ♘c6 4.g3 ♘f6 5.♗g2 ♗e7 6.0–0 d6 7.♖e1 0–0 8.c3 ♗d7 9.a3 ♖c8

Die Alternative 9...♕c7 wird in Abspiel 1 besprochen.

10.b4

Es wurde bereits mehrmals betont, dass Weiß in diesem System auf dem ganzem Brett spielen sollte. Mit dem Partiezug kämpft er um mehr Raum am Damenflügel.

10...d5?

Diese Gegenaktion im Zentrum ist nicht gut, weil Weiß nun sehr schnell einen Königsangriff entwickeln kann. Besser war also 10...♘e5!? nebst ♗c6 usw.

11.e5 ♘e8 12.h4! cxb4

Zu versuchen war 12...♘c7!?

13.axb4 a6 14.d4 a5 15.bxa5 ♘xa5 16.♗f1 h6?

Statt dieser Schwächung der Königsbastion sollte Schwarz besser mit 16...♘c4!? seinen Springer ins Spiel bringen.

17.♗d3 ♕b6 18.♗c2 ♘c4

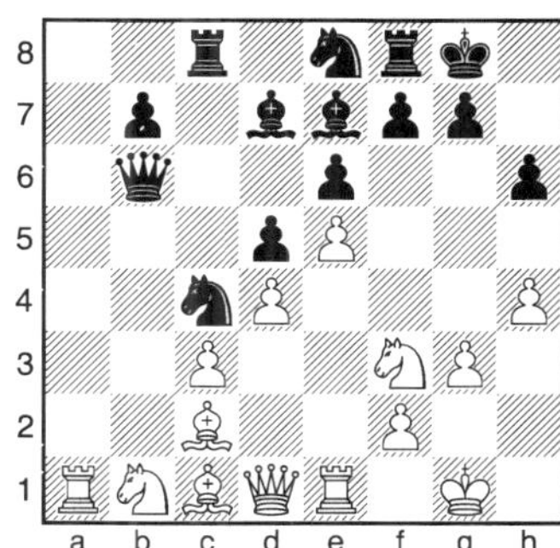

19.♗xh6!

Es folgt der entscheidende Schlussangriff.

19...gxh6 20.♕d3 f5 21.exf6 ♖xf6 22.♕h7+ ♔f8 23.♘bd2 ♘xd2 24.♕h8+ Angesichts der bevorstehenden Mattsetzung 24...♔f7 25.♘e5# kapitulierte Schwarz.

Partie Nr. 42
Petrosjan – Pachman
Bled 1961

1.♘f3 c5 2.g3 ♘c6 3.♗g2 g6 4.0–0 ♗g7 5.d3 e6 6.e4 ♘ge7

Zu 6...d5 siehe Abspiel 1.

7.♖e1 0–0 8.e5 d6

Auch 8...b6!? ist spielbar.

9.exd6 ♕xd6 10.♘bd2 ♕c7

Auf 10...♘d4 folgte in der Partie Golowin–Fomitszenko, Sankt Petersburg 2012, 11.♘c4

(Zu beachten ist auch 11.♘e4!? ♕c7 12.c3 ♘xf3+ 13.♕xf3 usw.)

11...♕d8 12.♗f4 ♘ef5 13.c3 ♘b5 14.♕b3 ♘c7 15.♘e3 ♘e7 16.♕c4 ♘cd5 17.♘xd5 ♘xd5 18.♗g5 ♕b6 19.♖ab1 ♗d7 20.♕h4 f6 21.♗h6 ♘e7 22.♗xg7 ♔xg7 23.♘e5! ♗c8 24.♘c4 mit weißem Positionsvorteil.

11.♘b3 ♘d4?

Richtig ist 11...b6! 12.♗f4, und nach der weiteren Folge 12...♕d8 13.d4 c4 14.♘c1 (14.♘bd2!?) 14...♘d5 15.♗g5 ♕c7 16.c3 h6 17.♗d2 ♗b7 18.♘e2 ♖ad8 19.♘f4 ♘f6 20.h4 ♖fe8 entstand in der Partie W. Schmidt–Hecht, Wijk aan Zee 1972, eine Stellung mit beiderseitigen Chancen.

12.♗f4 ♕b6

12...♘xf3+ 13.♕xf3 e5 folgt 14.♗e3±

13.♘e5 ♘xb3 14.♘c4!

Diesen starken Zug hatte Schwarz vermutlich unterschätzt.

14...♕b5 15.axb3 a5 16.♗d6 ♗f6

Dies führt forciert zum Verlust, aber auch nach 16...♖e8 17.♗c7 verliert Schwarz einen Bauern.

17.♕f3 ♔g7 18.♖e4

An dieser Stelle übersah Petrosjan die phantastische Kombination 18.♕xf6+!! ♔xf6 19.♗e5+ ♔g5 20.♗g7! ♖g8 21.f4+ ♔g4 22.♘e5+ ♔h5 23.♗f3# – allerdings erhält er eine zweite Chance, diese doch noch nachzuliefern.

18...♖d8?

Dieser Zug gestattet den weißen „Korrekturzug“, aber nach der einzigen Verteidigung 18...♘g8 würde eine Qualität verlorengehen.

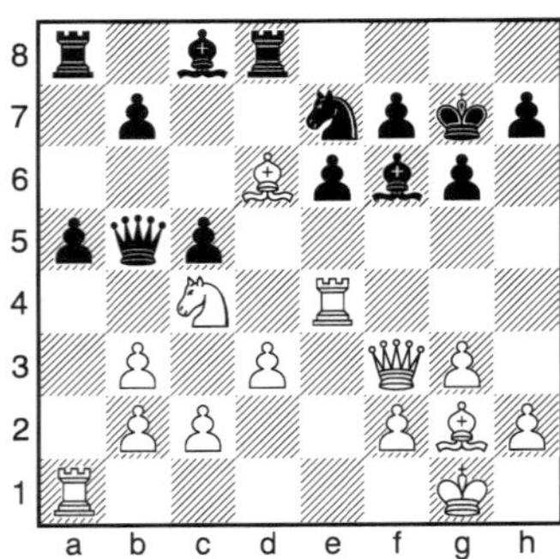

19.♕xf6+!! ♔xf6 20.♗e5+ ♔g5 21.♗g7!

Schwarz gab sich geschlagen.

Partie Nr. 43
Navara – Zilka
Ledec nad Sazavou 2013

1.e4 c5 2.♘f3 e6 3.d3 ♘c6 4.g3 g6 5.♗g2 ♗g7 6.0–0 ♘ge7 7.c3 d5 8.♘bd2

Andere Möglichkeiten werden in Abspiel 1 angegeben.

8...♕c7 9.♖e1 b6 10.h4 ♗b7 11.♕e2 0–0–0

Schwarz hat sich für ein scharfes Spiel mit langer Rochade entschieden. Die Folgen von 11...0–0 12.♘h2 werden in Abspiel 1 aufgezeigt.

12.e5 h6

Dies geschieht mit der kaum zu übersehenden Absicht, mittels g6-g5 einen Angriff auf den gegnerischen König vom Zaun zu brechen.

13.♘f1 ♔b8 14.♘1h2 d4 15.c4 g5

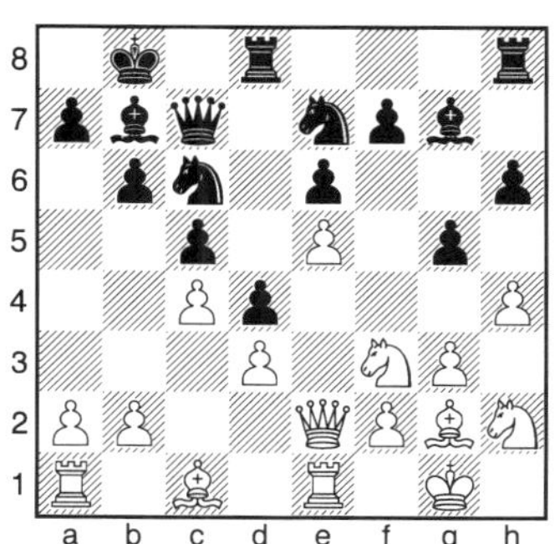

16.h5!

Weiß will die Stellung am Königsflügel geschlossen halten. Das gegenteilige Herangehen 16.hxg5 könnte nach der pointierten Antwort 16...♘g6! zu Komplikationen und guten Chancen für Schwarz führen; z.B. 17.♘g4

(17.gxh6 ♗xh6 18.♗xh6 ♖xh6 19.♘g4 ♖h5 nebst ♖dh8 mit Gegenspiel)

17...h5 18.♘h6 h4 19.♘xh4 ♘xh4 20.gxh4 ♗xe5.

16...♘f5 17.a3 ♗f8 18.♖b1 ♘g7 19.♘d2 ♗e7 20.♘df1 a5 21.♗d2 ♖c8 22.b3 ♖hd8 23.♖b2 ♗f8 24.g4 ♘e8 25.♘g3 ♔a7 26.♗xc6!

Im Interesse des angriffstechnischen Schlüsselzuges b3-b4 darf Weiß nicht vor der Preisgabe des starken Läufers zurückscheuen.

26...♕xc6 27.f3 ♘c7 28.b4

Somit wurde der Plan ausgeführt.

28...♕a4

Nach 28...cxb4 29.axb4 ♗xb4 30.♗xb4 axb4 31.♖xb4+– hätte Schwarz keinerlei Rettungschancen.

29.b5! ♗e7

Auf 29...♕xa3 folgt 30.♖eb1! mit der Drohung, nach ♗e1 und ♖a2 die Dame zu fangen.

30.♘e4 ♖g8 31.♘d6! ♗xd6 32.exd6 ♘a8

Ein dermaßen in der Ecke verendender Springer ist wirklich ein grauenvoller Anblick.

33.♖a1 e5

Schwarz opfert einen Bauern, um wenigstens die Türme zu aktivieren.

34.♕xe5 ♖ge8 35.♕f5 ♖e6 36.♕xf7 ♖xd6 37.f4 ♖c7 38.♕f8 ♖e6 39.fxg5 ♖e2

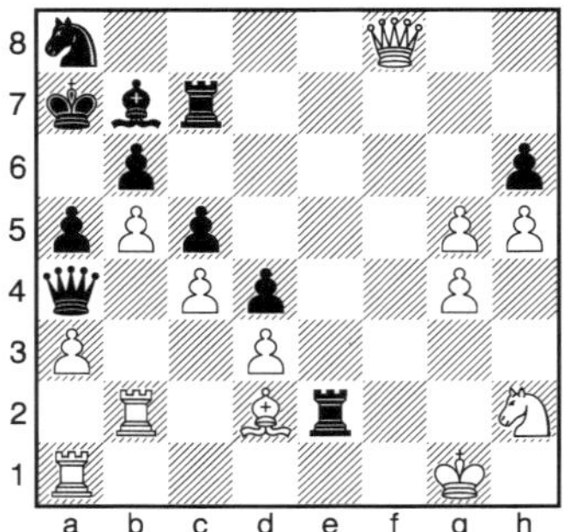

40.♕f1!

Dies ist kein echtes Damenopfer, denn außer Turm und Läufer erhält Weiß dafür ja auch noch zwei gewaltige verbundene Freibauern am Königsflügel.

40...♖g2+ 41.♕xg2 ♗xg2 42.♔xg2 hxg5 43.♘f3 ♖c8 44.h6 ♘c7 45.♗xg5 ♘xb5 46.cxb5 c4 47.dxc4 d3 48.♔h3 ♕xc4 49.♖c1 ♕d5 50.♖xc8 ♕xf3+ 51.♔h4

Schwarz kapitulierte.

Partie Nr. 44
Vescovi – Gulko
Buenos Aires 2003

1.e4 c5 2.♘f3 e6 3.d3 ♘c6 4.g3 d5 5.♕e2 ♘ge7 6.♗g2 g6 7.0–0 ♗g7 8.c3 h6 9.h4 0–0 10.e5 f6

Zu 10...b5 siehe Abspiel 1.

11.exf6 ♖xf6

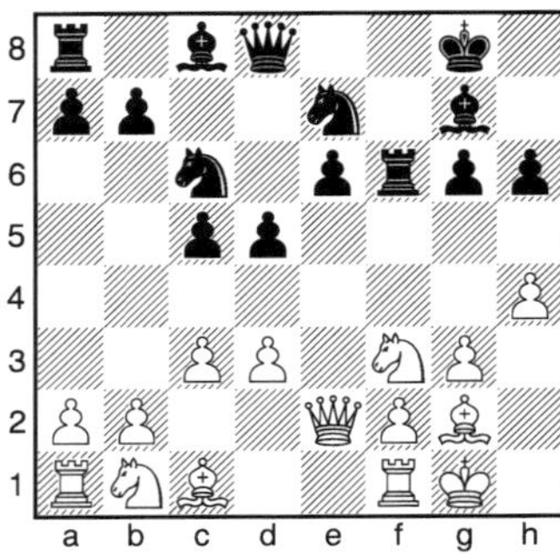

12.♗e3

Auf den Versuch, mit 12.♗f4 die Kontrolle über das Schlüsselfeld e5 zu verstärken, kann Schwarz mit dem Opfer 12...♖xf4!? reagieren; z.B. 13.gxf4 ♘f5

(Auch nach 13...♕d6 14.♘e5 ♘xe5 15.fxe5 ♗xe5 16.♘d2 ♗g7 17.♖ae1 ♗d7 war das Gleichgewicht in der Partie Mickiewicz–B.Grabarczyk, Koszalin 2009, nicht gestört.)

14.h5 gxh5 15.♘bd2 ♕f6 16.♘e5 ♘h4 17.♕e3 ♘xe5 18.fxe5 ♕g5 19.♕xg5 hxg5 20.♖fe1 ♘g6 21.d4 b6 22.♘e4 g4!

(Günstig für Weiß wäre 22...dxe4? 23.♗xe4 ♖b8 24.♗xg6+–.)

23.c4 ♘f4 24.cxd5 exd5 25.♘f6+ ♗xf6 26.exf6 ♗e6 27.dxc5 bxc5 28.♖xe6 ♘xe6 29.♗xd5 ♖e8 30.♖e1 ♔f7 31.♖c1 ♔xf6 mit gleichem Endspiel, Adnoy–Trygstad, Norwegen 2001.

12...♕d6

Auf 12...d4 empfiehlt Vescovi 13.cxd4 cxd4 14.♗c1! e5 15.♘fd2 mit der Idee ♘e4 nebst ♘a3-c4 usw.

13.d4

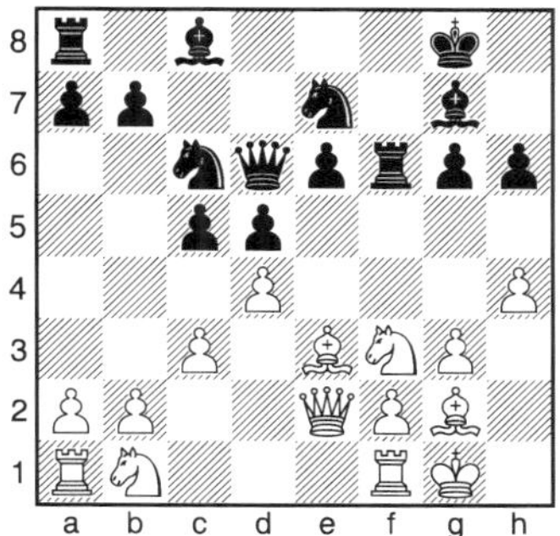

13...b6?

Dieser Zug rief nach der Partie Kritik hervor, und als bessere Alternative wurde 13...cxd4! 14.cxd4 ♘f5 mit guten Ausgleichschancen vorgeschlagen.

14.♘a3 a6

Nach 14...cxd4 hätte Weiß die starke Antwort 15.♘xd4!, die ihm nach 15...e5 16.♘xc6 ♕xc6 (16...♘xc6 17.♕d2±) 17.c4 ♗a6 18.♖ac1 (mit der Drohung ♕d2) Vorteil einbringen würde.

15.♖ad1 ♗d7

Auch nach 15...c4 16.♕d2 ♔h7 17.♘e5! stünde Weiß klar besser, aber mit dem Textzug verschlechtert Schwarz seine Lage noch.

16.dxc5! bxc5 17.♘d2

Nun droht 18.♘e4!.

17...♕b8 18.♘e4 ♖f7

Oder 18...dxe4 19.♖xd7 mit klarem weißem Vorteil.

19.♘xc5

Nachdem Weiß einen Bauern gewonnen hat, bedarf der Rest keines Kommentars.

19...♗c8 20.♖fe1 ♕d6 21.♘a4 ♖b8 22.♘c4 ♕c7 23.♗b6 ♕b7 24.♘d6 ♕d7 25.♘xc8 ♘xc8 26.♕xe6 ♘xb6 27.♘xb6 ♕a7

27...♖xb6 28.♗xd5 ♕xe6 29.♖xe6+−

28.♗xd5 ♘d8 29.♕xg6

Schwarz gab auf.

Partie Nr. 45
Morosewitsch – Lastin
Moskau 2001

1.e4 e6 2.d3 c5 3.g3 ♘c6 4.♗g2 g6 5.♘f3 ♗g7 6.0–0 ♘ge7 7.c3 d5 8.♕e2 b6 9.♘a3!?

Zu 9.e5 siehe Abspiel 1.

9...♗a6 10.e5 h6 11.h4 ♕c7 12.♖e1

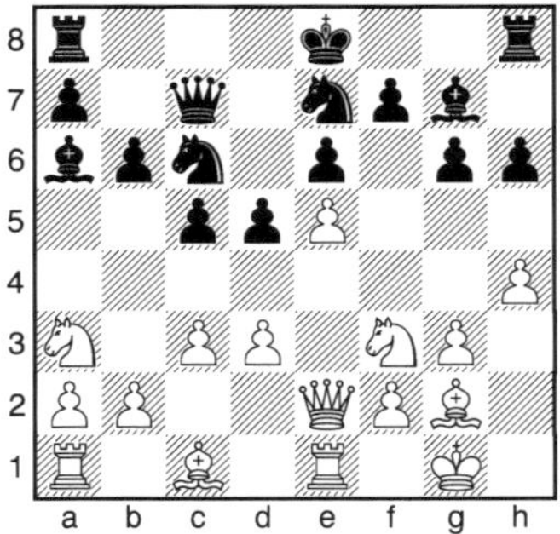

12...0–0–0?

Das ist äußerst riskant, weil Weiß als erster starke Initiative am Damenflügel entwickeln kann. In dem Duell Stolte–von Gleich, Deutschland 1989, wählte Schwarz die solidere Alternative 12...0–0 und es folgte 13.♗f4 b5 14.♘c2

(Nach 14.c4 bxc4 15.dxc4 ♖ad8 16.b3 ♘b4 17.♘b5 ♕b6 18.a3 ♘bc6 hatte Schwarz in der Partie Chavez–El Debs, Dresden 2008, alles unter Kontrolle.)

14...b4 15.cxb4 ♘xb4 16.♘xb4 cxb4 17.♕d2 ♔h7 18.♖ec1 ♕b7 19.♘d4 ♖fc8 20.♘b3 Zwar ist der weiße Vorteil nur gering, aber trotzdem muss man Schwarz von der kurzen Rochade abraten.

13.♖b1

Weiß bereitet b2-b4 vor, um die Stellung am Damenflügel zu öffnen.

13...g5

Es ist klar, dass Schwarz auf der anderen Seite angreifen muss.

14.hxg5 ♘g6 15.gxh6 ♗xe5 16.b4! ♗xc3

In der Begegnung Lobshanidze–Gensvind, Dresden 2002, erreichte Weiß nach 16...cxb4 17.cxb4 ♘d4 18.♘xd4 ♗xd4 19.♘c2 ♗c3 20.♗d2 ♔b8 21.♖ec1 ♗xd2 22.♕xd2 ♕e5 23.b5 klaren Vorteil.

17.b5 ♗xe1 18.♕xe1

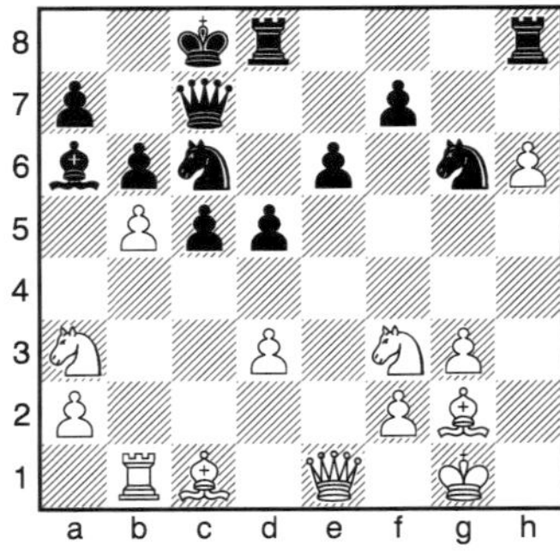

18...♗b7

Auch nach 18...♘b4 19.bxa6 ♘xd3 20.♕e3 ♘xc1 21.♕xc1 mit der Idee ♘b5 und a4-a5 stünde Weiß auf Gewinn.

19.bxc6 ♗xc6 20.d4 c4 21.♘b5 ♗xb5 22.♖xb5 ♕c6 23.♖b1 ♔b7 24.♘e5 ♘xe5 25.♕xe5 ♕a4 26.♗g5 ♕xa2 27.♖e1 ♖c8 28.♕g7 ♖hf8 29.♖xe6 c3 30.♖e7+ ♔a8 31.♖xf7 ♖fe8 32.♗xd5+!

Schwarz kapitulierte wegen der absehbaren Folge 32...♕xd5 33.♖xa7+ ♔b8 34.♗f4+.

Partie Nr. 46
Maes – Vandevoort
Charleroi 2011

1.e4 c5 2.♘f3 ♘c6 3.d3 g6 4.g3 ♗g7 5.♗g2 e6 6.0–0 ♘ge7 7.c3 d5 8.♘bd2 0–0 9.♖e1 b6 10.♕e2 ♗a6 11.e5 ♕c7 12.♘f1 d4

Zu 12...♖ad8 siehe Abspiel 1.

13.c4 b5

Da sich die Öffnung der b-Linie als günstig für Weiß herausstellt, war wohl besser 13...♗b7!? zu versuchen.

14.b3 bxc4 15.bxc4 ♖ab8 16.h4!

Dieses typische Angriffssignal ist ganz im Geiste der Stellung.

16...♘c8

Nach 16...♘f5 17.g4 ♘h6 18.♘g5! wäre 18...♘xe5? schwach wegen 19.♗f4! mit großen Probleme für Schwarz.

Hingegen könnte Weiß nach 16...h5 folgenden Plan umsetzen: 17.♘1h2 ♘f5 18.g4! hxg4 19.♘xg4 ♘ce7 20.h5! ♗b7 (20...gxh5 21.♘f6+ ♗xf6 22.exf6 ♘g6 23.♘g5+–)

21.h6 ♗h8 22.♗g5 ♗xf3

(Auf 22...♔h7 folgt 23.♘d2! ♗xg2 24.♔xg2 ♖b2 25.♕d1 ♖fb8 26.♔g1 mit der starken Drohung ♘e4!.)

23.h7+! ♔xh7 24.♕xf3 ♗g7 25.♕h3+ ♔g8 26.♘f6+ ♗xf6 27.♗xf6 ♘g7 28.♗f3 ♖b6 29.♔g2 g5 30.♖h1 1-0; Bryndin–Matrosow, Sankt Petersburg 2011.

17.♘1h2 ♘b6 18.♘g4

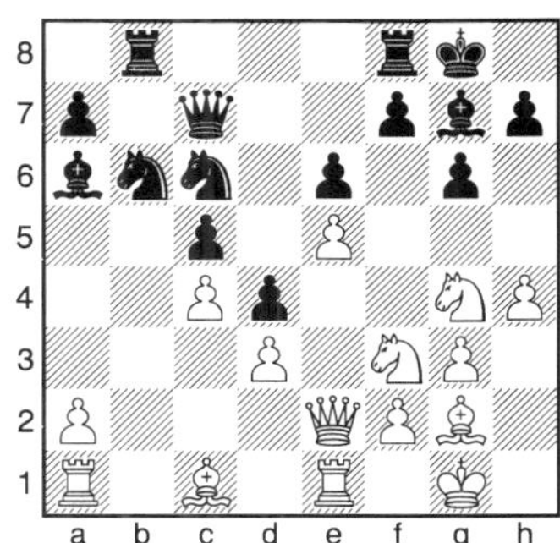

18...h5?

Nach dieser entscheidenden Schwächung der Königsstellung gewinnt Weiß rasch. Schwarz musste das Feld f6 mit 18...♘d7 überdecken, und nach 19.♗f4! wäre der Kampf fortgesetzt worden.

19.♘f6+! ♔h8

Auch 19...♗xf6 20.exf6 ♕d8 21.♘d2 ♗b7 22.♘e4 ♘d7 23.♗h6 usw. hätte keine Rettung mehr gebracht.

20.♘xh5! gxh5 21.♘g5 ♖fc8 22.♕xh5+ ♔g8 23.♗xc6 ♕xc6 24.♕xf7+ ♚h8 25.♕g6 ♚g8 26.♖e4 ♚h8

Angesichts des unvermeidbaren Matts auf h7 gab Schwarz die Partie gleichzeitig auf.

Abspiel 2

Die Fortsetzung 2...♘c6

1.e4 c5 2.d3 ♘c6

Dieser Abschnitt ist einer Variante gewidmet, in der Schwarz seinen Königsspringer auf e7 postiert und den d-Bauern auf d6 (statt auf d5, was ja in Abspiel 1 besprochen wurde). Dabei ist selbstverständlich auch die Zugfolge 2...d6 statt 2...♘c6 möglich.

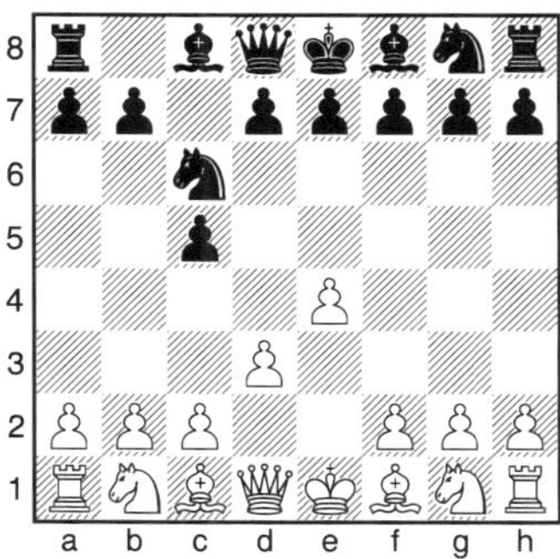

3.g3

Natürlich wird gelegentlich auch 3.f4 gespielt, aber das führt zu einer anderen Struktur und entsprechend anderem Spiel, so dass wir uns in diesem Buch damit nicht beschäftigen werden.

3...g6 4.♗g2 ♗g7 5.♘f3 d6 6.0-0

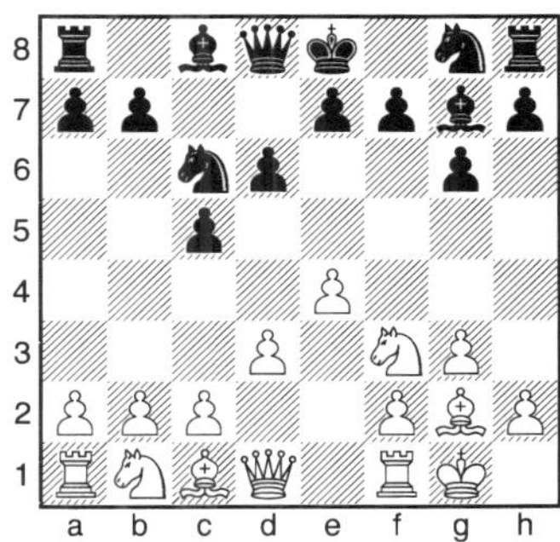

6...e6

Mit der Alternative 6...e5 kann Schwarz die Kontrolle über den Punkt d4 verstärken, wonach sich das Spiel beispielsweise folgendermaßen entwickeln könnte: 7.c3

Anzutreffen ist auch die Zugumstellung 7.♖e1.

7...♘ge7 8.a3

Weiß beabsichtigt, mit dem Vorstoß b2-b4 mehr Raum am Damenflügel zu beanspruchen.

8...0-0

(Nach 8...a5 empfiehlt sich 9.a4! mit Beherrschung der Felder b5 und c4. Darauf könnte folgen: 9...0-0 10.♘a3 h6 11.♘d2 f5 12.♘dc4 f4 13.♘b5 ♖f6 14.d4 cxd4 15.cxd4 ♗e6 16.d5 ♗f7 17.♘cxd6

♘b4 18.♘xf7 ♖xf7 19.♗d2 ♕b6 20.♗h3 ♔h7 21.gxf4 exf4 22.♗c3, und in der Partie Strikovic-Sinanovic, Banja Vrucica 1991, stand Weiß bereits auf Gewinn.)

9.b4

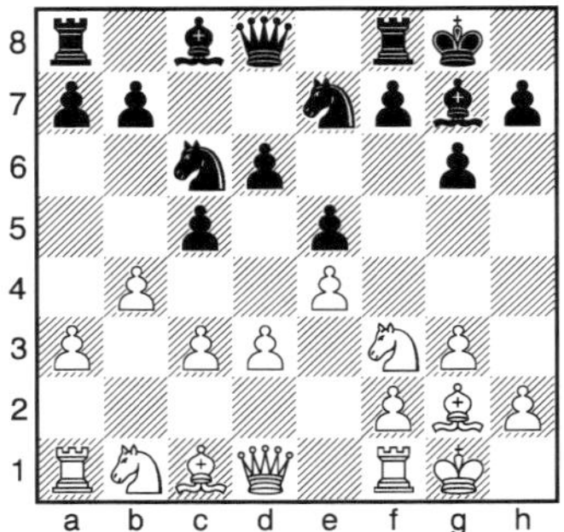

A) 9...b6 10.♘bd2 h6

(Die Alternative 10...♗a6 kann Weiß mit 11.c4 beantworten, wonach die Partie Gonzalez-Kempinski, Internet ICC 2002, folgenden Verlauf nahm: 11...♗b7 12.♖b1 ♘d4 13.♘xd4 exd4 14.bxc5 dxc5 15.f4 ♕d7 16.♘f3 f5 17.e5 ♖ad8 18.♗d2 ♗c6 19.h3 h6 20.♔h2 ♔h7 21.♖e1 Weiß hat mehr Raum für seine Figuren und kann z.B. mit dem Vorstoß g3-g4 einen Angriff vorbereiten.)

Nun kann Weiß 11.b5 spielen, gefolgt von c3-c4 mit stärkerer Kontrolle des Feldes d5. Spielbar ist allerdings auch 11.♖b1, um die Spannung aufrecht zu erhalten.

B) Nach 9...♕d7 10.b5 ♘d8 11.a4 a6 12.♘a3 axb5 13.axb5 ♘e6 14.♗e3 b6 15.♘c4 ♖xa1 16.♕xa1 hatte Weiß in der Partie Dzindzichashvili-Wolff, New York 1992, die a-Linie erobert und konnte diese mit ♕a2 und ♖a1 sowie Druckspiel gegen den schwachen Bauern b6 nutzen.

C) 9...a6 10.♘bd2 h6

(10...cxb4 11.axb4 d5 12.b5 dxe4 13.♘xe4 ♘a5 14.♗a3±; Littlewood-Punnett, Sheffield 1991)

11.♖e1 mit der Absicht, nach ♗b2 den Vorstoß d3-d4 durchzusetzen.

D) 9...cxb4 10.axb4 b5 11.♗e3

(11.♘a3 ♖b8 12.♗e3 a6 13.d4 exd4 14.♘xd4 ♗b7 15.♖c1 ♖e8 16.♘b3 ♗a8 17.♕d2 ♘c8 18.♖fd1 ♕e7 19.♘c2 ♘e5 20.♘a5 ♗f8 21.♗f4 ♕c7 22.♘e3 ♘b6 23.♕a2 ♖bc8 24.♘d5±; Czernin-Bychowski, Irkutsk1983)

11...d5 12.♗c5 Weiß steht aktiver.

E) 9...h6

(Schwarz beabsichtigt, den Läufer nach e6 zu stellen, um den Vorstoß d6-d5 durchzusetzen, wobei vorab der Störzug ♘g5 verhindert werden muss.)

10.♘bd2 ♗e6 Nun kann Weiß entweder 11.♖b1 wählen oder 11.♗b2 zur Vorbereitung von d3-d4.

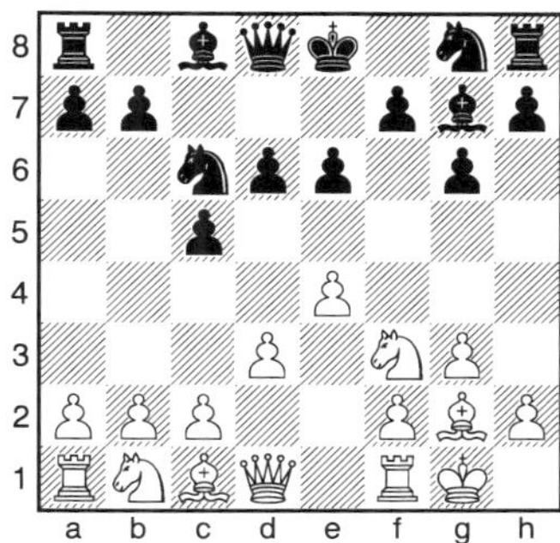

7.c3

Eine wichtige Alternative besteht in 7.♖e1, wonach unter Zugumstellung die Hauptvariante erreicht wird. Allerdings kann sich das Spiel auch eigenständig entwickeln; z.B.: 7...♘ge7 8.c3

A) 8...d5 9.e5 0–0

(Auch auf 9...h6 kann 10.h4 folgen.)

10.h4 b5 11.♗f4 c4 12.d4 b4 13.h5 ♖e8 14.♘bd2 bxc3 15.bxc3 ♕a5 16.♕c1 ♗d7 17.♘f1 ♖eb8 18.♘e3 Die Konzentration der weißen Kräfte am Königsflügel stellte in der Partie Briestensky–Urhegyi, Slowakei 2017, Angriff in Aussicht.

B) 8...0–0 9.d4

(Damit kann man noch warten und erst 9.♘bd2 spielen; z.B. 9...♖b8 10.♘f1 b5 11.♗f4 b4 12.d4 bxc3 13.bxc3 e5 14.dxe5 ♘xe5 15.♘xe5 ♗xe5 16.♗xe5 dxe5 17.♘e3 ♗e6 18.♗f1. In der Partie Aguiar–Mazurkiewicz, Fuengirola 2017, konnte Weiß nach ♗c4 das Feld d5 erobern, was ihm die besseren Chancen einbrachte.

Übrigens kommt auch 9.♘a3 nebst ♘c4 oder ♘c2 in Frage.)

9...cxd4

(Nach 9...b6 kann Weiß entweder 10.d5 spielen oder einen ganz anderen Entwicklungsplan verfolgen; und zwar: 10.♘a3 cxd4 11.cxd4 ♗b7 12.♗e3 ♕d7 13.♕d2 ♖fd8 14.♗h6 ♗h8 15.♗h3 mit spürbarem Positionsdruck, Beck–V. Meier, Basel 2018.)

10.cxd4

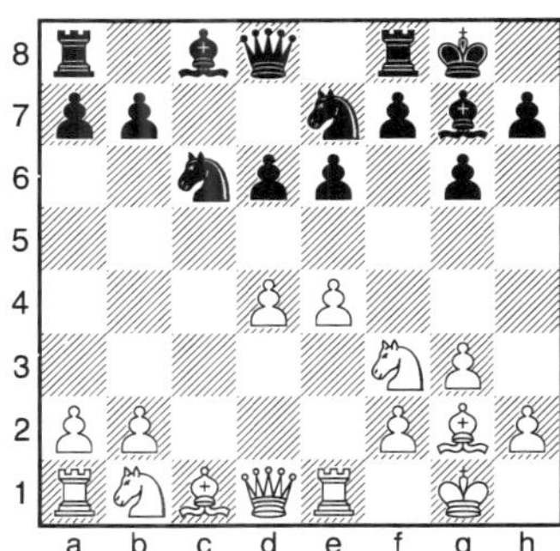

B1) 10...♕b6 11.d5 ♘e5

(Oder 11...♘d4 12.♘xd4 ♕xd4 13.♘c3 ♕xd1 14.♖xd1± – bzw. 11...♗xb2 12.♗xb2 ♕xb2 13.♘bd2 ♘a5 14.♖b1 ♕c3 15.♕a4 mit Initiative für den Bauern.)

12.♘xe5 ♗xe5 13.♘a3 ♗d4 14.♗e3 ♗xe3 15.♖xe3 exd5 16.exd5 (16.♖b3!?) 16...♕xb2 17.♖xe7

♕xa3 18.♕d4 b6 19.h4 ♕c5 20.♕f6 ♗g4 21.♕f4 h5 22.♖c1 ♕a3 23.♖cc7 ♕xa2??

(Schwarz hält dem Druck nicht stand und greift vollkommen daneben. Und dabei hätte er sich nach 23...♗f5! durchaus noch verteidigen können.)

24.♖xf7 ♕a1+ 25.♔h2 ♖ac8 26.♖ce7 ♗f5 27.♖h7 ♗e6 28.♖eg7+ ♕xg7 29.♖xg7+ ♔xg7 30.♕d4+ ♖f6 31.dxe6 mit Gewinn, Hernandez Sanchez-Martinez Romero, Florenz 2013.

B2) 10...d5 11.e5 ♗d7

(In der Partie Morgunow-K. Popow, Mamaia 2017, geschah 11...b6 12.♘c3 ♗d7 13.♗f4 ♖c8 14.♕d2 ♘a5 15.b3 b5 16.♘d1 ♘ac6 17.♘e3 ♘f5 18.♘xf5 exf5 19.♗h6 ♗e6 20.♗xg7 ♔xg7 21.♖ec1 ♕b6 22.b4 a5 23.a3 axb4 24.axb4 ♖a8 25.♗f1 mit aktiverem Spiel für Weiß, weil vor allem der schwarze Läufer auf e6 sehr passiv steht.)

12.♘c3 ♖c8 13.♗f4 ♘a5 14.♖c1 a6

(Die Alternative 14...b5 wird anhand der **Partie Nr. 47** untersucht – dem Duell Fischer-Panno, Buenos Aires 1970, welches sehr lehrreich verlief.)

15.b3 ♕b6 16.♕d2 ♘ac6 17.♘a4

(In Frage kommt 17.g4!? nebst h2-h4 und Angriff am Königsflügel.)

17...♕a5 18.♕xa5 (18.♕b2!?) 18...♘xa5 19.♘b6 ♖xc1 20.♖xc1 ♗b5 21.♖c7 mit weißem Positionsvorteil.

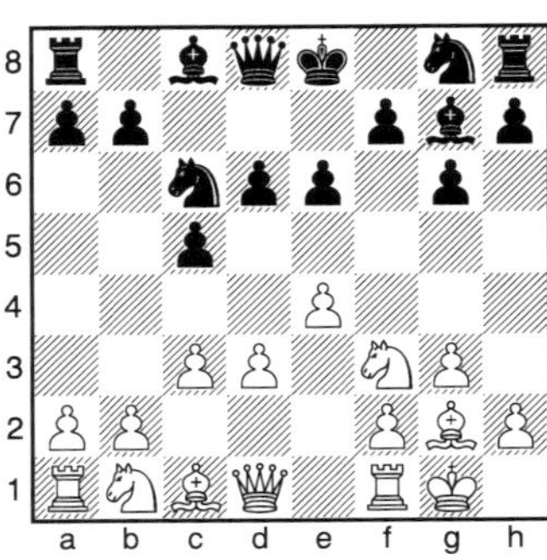

7...♘ge7

Andere Möglichkeiten sind:

I. Auf 7...e5 folgt 8.a3 ♘ge7 9.b4 mit aktivem Spiel am Damenflügel.

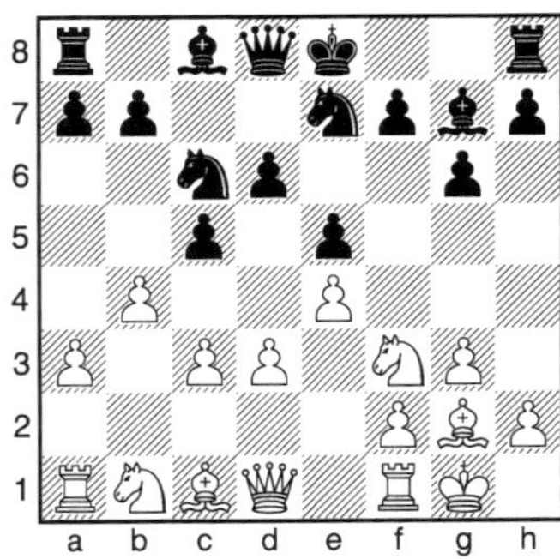

A) 9...0-0 10.♘bd2 b6 11.♗b2 ♕c7 12.♖b1 ♗a6 13.♘c4 cxb4 14.cxb4 ♗b7 15.♖c1 ♕d7 16.d4 exd4 17.♘xd4 ♘e5 18.♘f5! ♘xf5 19.♗xe5 ♖ad8 20.♗xg7 ♘xg7 21.♕d4

(Besser war 21.♘e3!? mit der Idee ♘g4!.)

21...♘e6 22.♕f6 ♗a6 23.♖fd1 ♗xc4 24.♖xc4 In der Partie Amin-Gabuzyan, Martuni 2017, stand Weiß etwas besser, denn er konnte mit h4-h5 Initiative am Königsflügel entwickeln, während Schwarz auch noch den schwachen Bauern auf d6 zu betreuen hatte.

B) 9...b6 10.b5 ♘b8

(Nach 10...♘a5 folgte in der Partie Arizmendi Martinez-Parrell Ferrer, Cullera 1995: 11.c4 0-0 12.♖a2 ♗d7 13.♘h4 ♖b8 14.f4 f5 15.fxe5 dxe5 16.♗g5 ♗e6 17.♖af2 fxe4 18.♗xe4 ♖xf2 19.♖xf2 ♕d7 20.♘d2 ♖f8 21.♖xf8+ ♗xf8 22.♗f6 ♗g7 23.♗xg7 ♔xg7 24.♘hf3 ♕d6 25.♕a1 mit weißem Positionsvorteil, denn Schwarz hat eine Schwäche auf e5 und der Springer a5 ist außer Spiel.)

11.d4 ♗b7 12.♖e1 ♘d7 13.a4 0-0 14.♘bd2 a6 15.♖b1 axb5 16.axb5 ♕c7 17.♕b3 h6 18.♗b2 ♔h7 19.♖a1 exd4 20.cxd4 d5 21.♖xa8 ♗xa8 22.e5 ♘f5 23.♗h3 ♘xd4 24.♘xd4 cxd4 25.♗xd7 ♕xd7 26.♗xd4 ♖e8 27.f4 ♖e6 28.♘f3 In der Partie Ponomarjow-Kamsky, Peking 2011, hatte Weiß mehr Bewegungsspielraum für seine Figuren.

II. 7...♕b6

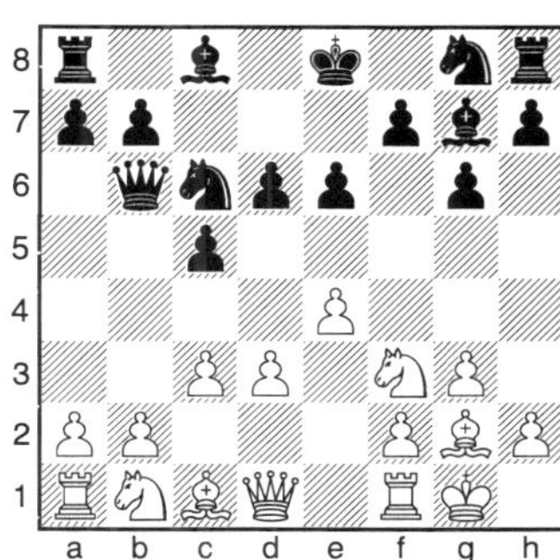

An dieser Stelle gibt es für Weiß zwei gleichermaßen empfehlenswerte Fortsetzungen.

A) 8.♘bd2 ♘ge7 9.♘c4 ♕c7

(Oder 9...♕d8 10.♗g5 b5 11.♗xe7 ♕xe7 12.♘e3 e5 13.♘d5 ♕b7 14.♘d2 ♗e6 15.a4 b4 16.♘c4 ♖d8 17.f4 mit der starken Drohung f4-f5, Sykora-Loubal, Tschechische Republik 2011.)

10.♗f4 e5 11.♗e3 ♗g4 12.♕d2 ♗xf3 13.♗xf3 b5 14.♘a3 ♖b8 15.♘c2 b4 16.d4 bxc3 17.bxc3 cxd4 18.cxd4 In der Partie Villing-Vucenovic, Dresden 2006, hatte Weiß sich einen kleinen Vorteil gesichert.

B) 8.♘a3 ♘ge7

(8...d5 9.♕e2 ♘ge7 10.h4 h6 11.♗f4 0-0 12.e5 a6 13.♖ab1 ♔h7 14.♘c2⩲; Wang-Smith, ICC INT 2009)

9.♘d2

(Zu beachten ist 9.♖b1!? mit der

Idee b2-b4! und aktivem Spiel am Damenflügel.)

9...0–0 10.f4 d5 11.♔h1 ♕a6 12.♖e1 b5 (12...♕xd3?? 13.♗f1) 13.♘b3 ♕b6 14.♗e3 d4 15.♗g1 ♗b7 16.♖c1 ♖fd8 mit beiderseitigen Chancen, Rakov–Dubovik, Krasnodar 1998.

III. Die Fortsetzung 7...♘f6 wird anhand der **Partie Nr. 48**: Vescovi–B. Socko, Bermuda 2002, untersucht.

8.d4

Außer dieser energischen Reaktion, mit der Weiß unverzüglich um die Vorherrschaft im Zentrum kämpfen will, kommt auch die ruhigere Alternative 8.a3 mit der Absicht b2-b4 in Betracht.

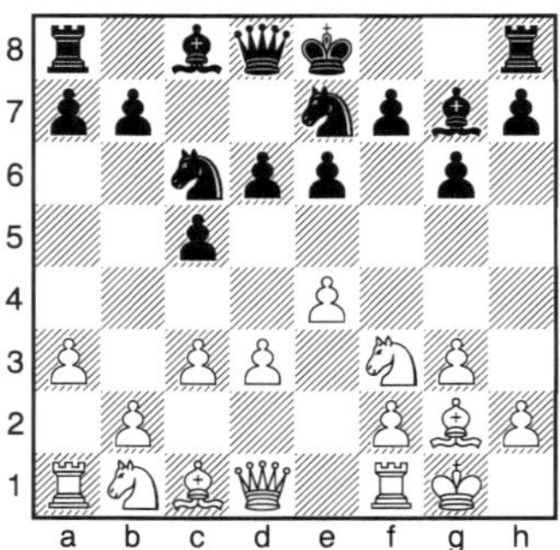

A) 8...0–0 9.♖a2

(Weiß bereitet eine Aktion am Damenflügel vor. Nach sofortigem 9.b4 cxb4 10.axb4 ♘xb4 11.♗e3 a6 müsste in der Praxis geprüft werden, ob Weiß ausreichende Kompensation für den geopferten Bauern hat.)

9...a5 10.a4 d5 11.♕e2 b6 12.♘a3 ♗a6 13.♘b5 ♗xb5 14.axb5 ♘a7 15.c4 dxc4 16.dxc4 ♕c7 17.h4 ♖ad8 18.♗h3 ♖fe8 19.♖a3 In Anbetracht der Tatsache, dass die Lage am Damenflügel und im Zentrum stabil ist, hat Weiß freie Hand, um am Königsflügel anzugreifen, Heerde–Giese, Berlin 2014.

B) 8...♖b8 9.b4 0–0 10.bxc5 (10.♖a2!?) 10...dxc5 11.♗e3 b6 12.d4 cxd4 13.cxd4 ♗a6 14.♖e1 ♖b7 15.♕a4 ♗d3 16.♘bd2 ♖d7 17.e5 ♘a5 18.♖ac1 b5 19.♕d1 ♖c7 20.♗g5 h6 21.♖xc7 ♕xc7 22.♗xe7 ♕xe7 23.♘b3 ♘xb3 24.♕xd3 ♘a5 25.♕xb5 ♕xa3 26.♕a6 ♕c3 27.♕xa7 In der Partie Littlewood–Reuben, Pori Erin 2004, hatte Weiß einen Bauern erobert, was letztlich zum Sieg ausreichte.

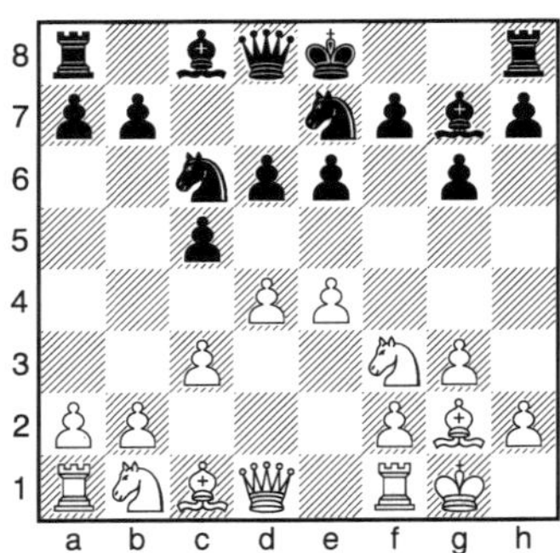

8...cxd4

Einen interessanten Verlauf nahm die Partie Wasjukow–Schweschnikow, Kislowodsk 1982: 8...0–0 9.dxc5 dxc5 10.♕e2 ♕c7 11.♘a3 a6 12.♗e3 b6 13.♖ac1 ♗b7

(13...a5 14.♘b5 ♕b8 15.a4 e5 16.♖fd1 ♗e6 17.♘d2 ♘a7 18.♘c4 ♘xb5 19.axb5 ♘c8 20.♖d2 ♕c7 21.♗f1 ♗d7 22.♘a3 ♘e7 23.♕d3 ♗e6 24.♕d6 ♕b7 25.f3 ♘c8 26.♕c6 ♕b8 27.♗c4 ♗h3 28.♖cd1±; Jimenez Fraga–Ruiz, Hawanna 2014.)

14.b4 ♘a7 15.bxc5 bxc5 16.♘c4! e5

(16...♗xe4 17.♗f4 e5 18.♘cxe5±)

17.♘fd2 f5 18.♘b3 f4 19.♗xc5 ♖f6 20.♖fd1 ♗h6 21.♖b1 ♘b5 22.♕d3 ♖c6 23.a4! ♖xc5 (23...♘a7 24.♘ca5+–) 24.♘xc5 ♕xc5 25.axb5 axb5 26.♕d6! ♕xc4 27.♕xe7 ♗c6 28.♗h3! ♕xe4 29.♗e6+ ♔h8 30.♖d8+ ♖xd8 31.♕f6+ 1-0.

9.cxd4

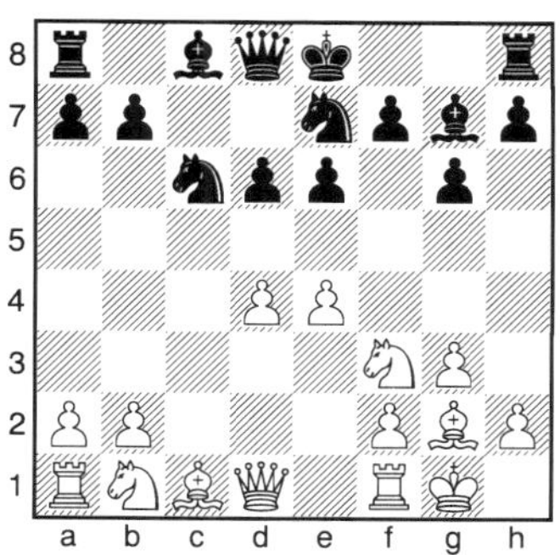

9...♕b6

Nach 9...0–0 kann Weiß mit einem ganz normalen Entwicklungsplan fortsetzen; und zwar 10.♘c3 d5

(Schwarz muss verhindern, dass Weiß selbst zu dem starken Vorstoß d4-d5! kommt.)

11.e5 f6

(In der Begegnung Drljevic–Tsereteli, Zürich 2010, wählte Schwarz 11...♘f5, und nach der Folge 12.♗f4 h6 13.h4 b6 14.♖e1 ♕e7 15.♖c1 ♗b7 16.♕d2 ♘a5 17.b3 ♗a6 18.♖c2 ♖fc8 19.♖ec1 ♔h7 20.♗f1 ♗xf1 21.♔xf1 ♕b4 22.♕d3 hatte Weiß die besseren Chancen. So ist vor allem ♗d2 geplant, wonach der Einschlag auf d5 droht.)

12.exf6 ♗xf6 13.♗h6 ♖f7

(Nach 13...♗g7 14.♗xg7 ♔xg7 15.♖e1 fehlt der Fianchetto-Läufer, so dass Schwarz mit einer geschwächten Rochadestellung zurückbleibt.)

14.♘g5 ♗xg5 15.♗xg5 ♕b6 16.♗xe7

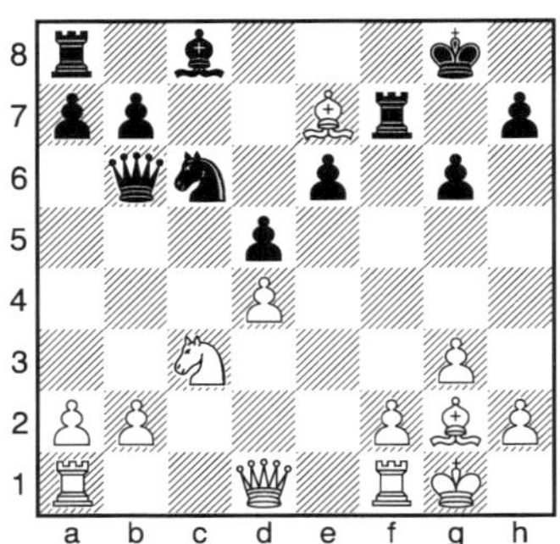

A) 16...♖xe7 17.♗xd5! exd5 18.♘xd5 ♕xb2 19.♘xe7+ ♘xe7 20.♖e1 ♘f5 21.♖b1 ♕xa2

(21...♕xd4?? 22.♕b3+ ♔g7 23.♖e8+–)

22.♖e8+ ♔f7 23.♖d8 ♘e7 (23...b6?? 24.♖c1+–) 24.♖b3 Weiß hat starke Initiative und droht vorneweg d4-d5!.

B) 16...♘xe7 17.♕d2 ♗d7 18.♖fe1 ♖af8 19.♖e2 ♘f5 20.♖d1 ♕d6 21.a3 ♔g7 22.♗h3 h6 23.f4 ♕b6 24.♖e5 ♖c8 25.♕f2 ♖c4 26.♗xf5 gxf5 27.h3 ♔h7 28.♔h2 ♖g7 29.♖d2 ♖c8 30.♘e2 ♖cg8 31.♖e3 ♕d6 32.♘g1 ♗e8 33.♕e1 ♗f7 34.♖g2

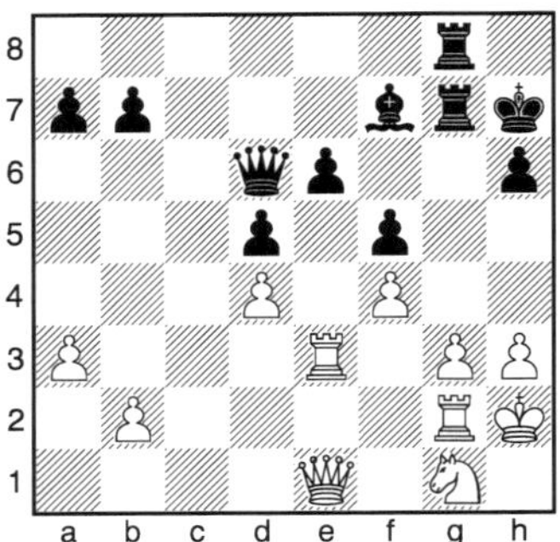

Angesichts des Plans, den Springer nach e5 zu überführen und den Vorstoß g3-g4 anzustreben, stand Weiß in der Partie Bologan–Gwaze, Istanbul 2012, positionell besser.

10.d5

Weiß braucht das Geschehen keineswegs zu forcieren, sondern kann die Alternative 10.♘c3 wählen, wonach sich folgendes Bild ergibt:

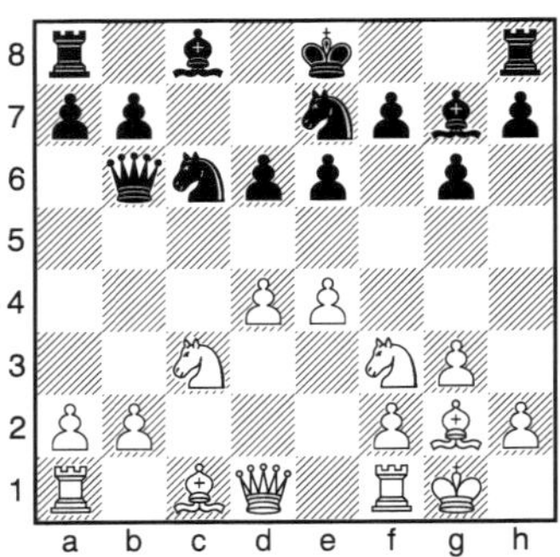

A) 10...♘xd4 11.♘xd4 ♕xd4

(11...♗xd4 12.♘a4 ♕b4 13.a3 ♕c4 14.b3 ♕xf1+ 15.♗xf1 ♗xa1

16.♕xd6 f6 17.f4 f5 18.♘c5 fxe4 19.♗b5+ ♔f7 20.♘xe4 h6 21.♕c7 ♗d4+ 22.♔g2 ♗b6 23.♘d6+ ♔f8 24.♕c3 1-0; Poelig-Baerschneider, Fernpartie 1996)

12.♘b5 ♕xd1 13.♖xd1 0-0 14.♘xd6 ♘c6 15.♗e3 ♖b8 16.♖ab1 e5 17.♘xc8 ♖fxc8 18.♗h3 ♖d8 19.♖bc1 ♖xd1+ 20.♖xd1 ♘d4 21.♔g2 b5 22.♖c1 Weiß beherrscht die c-Linie und steht daher besser, Shristi-Bidhar, Pune 2014.

B) 10...0-0 11.♘a4 ♕a5 12.♗e3 ♗d7 13.♘c3 ♖fc8 14.♕d2 ♖ab8

(Nach 14...d5 folgt 15.e5 ♘f5 16.♗f4 h5 17.h3 nebst g3-g4!.)

15.♗g5 ♖e8 16.♗h6 ♗h8 17.h3 b5 18.g4 ♕b6 19.♘e2 ♖bc8 20.♖ad1 a5 21.♕g5 ♘d8 22.♕h4 f6 23.e5 ♘d5 24.♘f4 ♘f7 25.♘xd5 exd5 26.exf6 ♕d8 27.♘g5 ♗xf6 (27...♕xf6 28.♖d3!) 28.♗xd5 mit entscheidendem Angriff, Berkell-Nylen, Schweden 2007.

10...exd5

Die Varianten nach 10...♗xb2 11.♗xb2 ♕xb2 sind günstiger für Weiß.

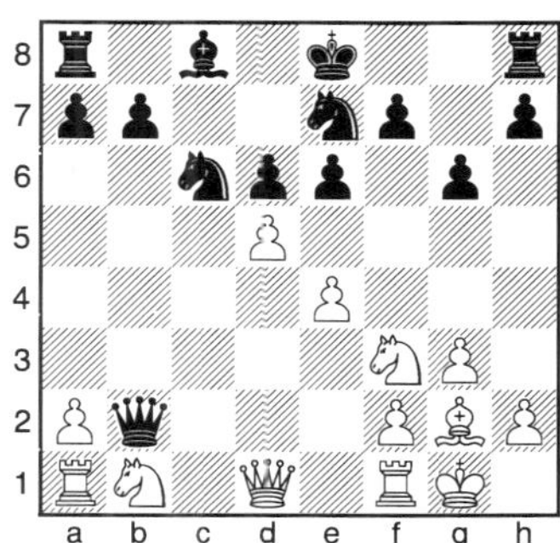

A) 12.♘bd2 ♘d8

(Nach 12...♘e5 13.♘xe5 dxe5 14.♘c4 ♕d4 15.♕a4+ ♔f8 16.♖fd1 ♕c5 17.d6 b5 18.dxe7+ ♔g7 19.♕a5 ♕xc4 20.♖ac1 ♕a4 21.♕c7 stand Weiß in der Partie Vardanian-Maisuradze, Batumi 2001, auf Gewinn.)

13.e5! dxe5 14.d6 ♘f5 15.♘c4 ♕b5 16.♘fxe5 ♗d7 17.a4 ♕c5 18.♖c1 ♕b4 19.♘xd7 ♔xd7 20.♘e5+ ♔e8 21.♖c8! ♕a5 22.d7+ ♔e7 23.♕a1 In der Partie Sulejmanowa-Gubay, Alusta 2004, konnte Schwarz bereits aufgeben.

B) 12.dxc6 ♕xa1 13.♕b3 ♕f6

(Die Alternativen lauten:

13...bxc6 14.♘c3 ♕xf1+ 15.♗xf1 mit weißem Vorteil, Bistrikowa-Duszinok, Sankt Petersburg 2002;

13...♘xc6 14.♘c3 ♕xf1+ 15.♗xf1 0-0 16.h4 h5 17.♕b2 b6 18.♘b5 ♖d8 19.♕f6 ♖d7 20.♗c4 a6 21.♗xe6 fxe6 22.♕xg6+ ♔f8 23.♕h6+ ♔e7 24.♕g7+ ♔e8 25.♘c7+ ♖xc7 26.♕xc7+-; Bulak-Dolczikowa, Nikolajew 2008.)

14.cxb7 ♗xb7 15.♕xb7 0–0 16.♘bd2 ♖fc8 17.e5 dxe5 18.♘e4 1-0; Llaudy Pupo–Gutierrez, Cali 2009.

11.exd5 ♘e5

Auf 11...♘b4 folgt einfach 12.♖e1! ♔f8 13.♘c3 ♗g4 14.a3 ♘a6 15.h3 ♗xf3 16.♗xf3 ♘c5 17.♘a4 (17.♗f4!? ♘f5 18.♗g4+–) 17...♘xa4 18.♕xa4 ♘f5 19.♔g2 ♗d4 20.♗g4 h5

(20...♗xf2 21.♗xf5 ♗xe1 22.♗h6+ ♔g8 23.♖xe1 ♕xb2+ 24.♔h1 gxf5 25.♕e8+ nebst Matt)

21.♗xf5 gxf5 22.♖e2 h4 23.♗f4 hxg3, und hier hätte Weiß in der Partie Piskur–Mencinger, Bled 2001, mit 24.fxg3 die besseren Aussichten erhalten können; z.B. 24...♗e5 25.♖f1 usw.

12.♘xe5 ♗xe5

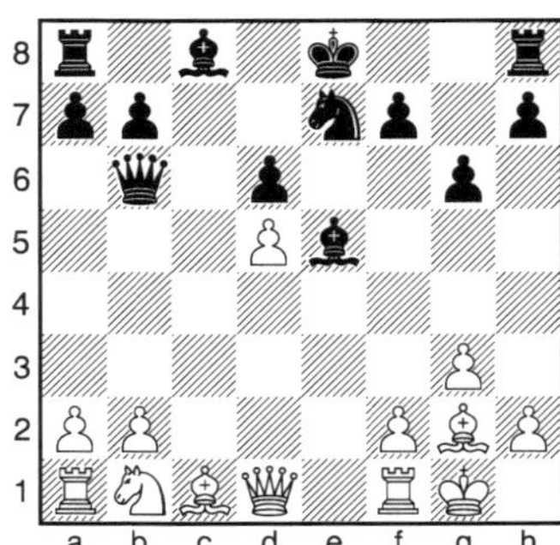

13.♘d2

Eine Alternative besteht in 13.♘a3!? ♕b4 14.♗d2 ♕d4 15.♕e2 0–0 16.♗c3 ♕g4 17.♕xg4 ♗xg4 18.♗xe5 dxe5 19.♖fe1 ♘c8 20.h3 ♗d7 21.♖xe5 ♘d6 22.♖c1 ♖fc8 23.♖ee1, und in der Partie Cabrilo–A. Kovacevic, Vrnjacka Banja 1999, hatte Weiß einen Mehrbauern erwirtschaftet.

13...♕c7 14.♕e2 0–0 15.♘c4 ♗g7 16.♗f4 ♘f5 17.♖ac1 ♕d8 18.♕d2 ♖e8 19.♖fe1 ♖xe1+ 20.♖xe1

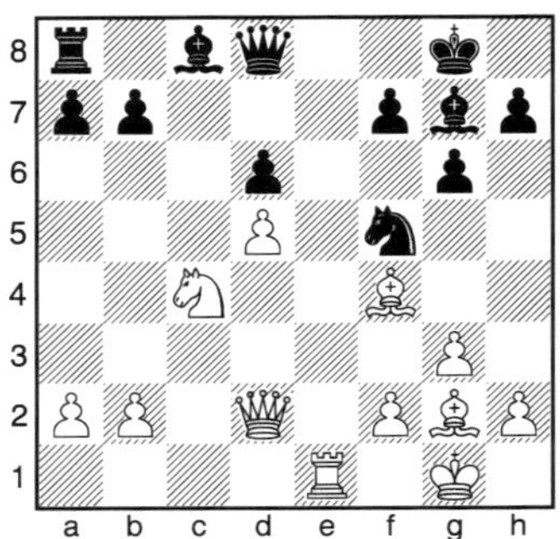

20...b6

Schwarz darf den Springer auf keinen Fall nach a5 lassen. In der Partie Kratochvil–Snorek, Brno 2009, hatte Weiß nach 20...b5? 21.♘a5 deutlichen Vorteil.

21.g4

Zu überlegen ist 21.b3!?, um die Ereignisse nicht zu forcieren.

21...♗a6 22.♘xb6 ♕xb6 23.gxf5

Weiß hat nur geringen Vorteil. Schwach wäre jetzt allerdings 23...♗xb2? wegen 24.♗xd6! ♕xd6 25.♕xb2 mit bereits deutlicherem Übergewicht.

Zusammenfassung:

Nach 7.c3 mit der Idee 8.d4 kann Weiß erfolgreich um Vorteil kämpfen, was auch die Partiebeispiele deutlich zeigen. Auch die Alternative 8.a3 mit aktivem Spiel am Damenflügel ist stark. Des weiteren kann die beachtliche Möglichkeit 7.♖e1 (statt 7.c3) über Zugumstellung zur Hauptvariante führen.

Beispielpartien

Partie Nr. 47

Fischer – Panno

Buenos Aires 1970

1.e4 c5 2.♘f3 e6 3.d3 ♘c6 4.g3 g6 5.♗g2 ♗g7 6.0–0 ♘ge7 7.♖e1 d6 8.c3 0–0 9.d4 cxd4 10.cxd4 d5 11.e5 ♗d7 12.♘c3 ♖c8 13.♗f4 ♘a5 14.♖c1 b5

Die Fortsetzung 14...a6 wird in Abspiel 1 besprochen.

15.b3!

Der Springer wird in seiner Aktivität am Damenflügel beschränkt, damit Weiß freie Hand am anderen Flügel erhält.

15...b4 16.♘e2 ♗b5 17.♕d2

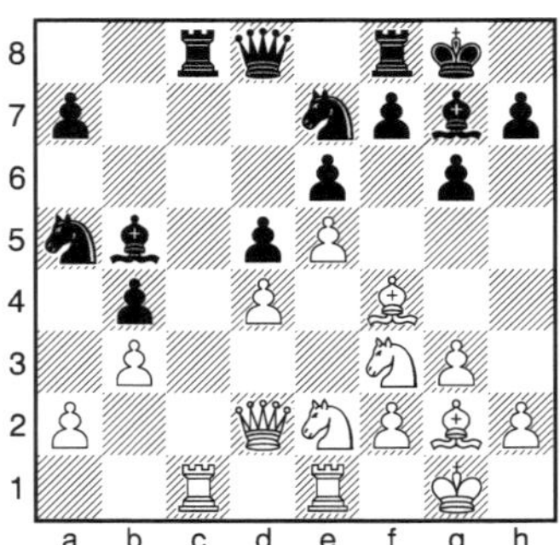

17...♘ac6?

Obwohl es nahe liegt, den Randspringer ins Spiel zurückzuführen, ist dieser Plan falsch. Stattdessen sollte Schwarz die gegnerischen Angriffsmöglichkeiten am Königsflügel einschränken, wozu die folgende Abtauschfolge in Frage kam: 17...♗xe2!? 18.♕xe2 ♖xc1 19.♖xc1 ♕b6 nebst ♖c8 mit guten Ausgleichschancen.

18.g4 a5

Und noch ein schlechter Zug. Dringend erforderlich war immer noch die Eliminierung des Springers mit 18...♗xe2!?, denn nun kann Weiß diesen in den Königsangriff integrieren, während der schwarze Damenläufer Löcher in die Luft schießt.

19.♘g3! ♕b6 20.h4

Bei geschlossenem Zentrum kann Weiß es sich erlauben, die Bauern am Königsflügel in Bewegung zu setzen.

20...♘b8 21.♗h6

Nach Abtausch des Fianchetto-Läufers werden die schwarzen Felder beim gegnerischen König sehr anfällig.

21...♘d7 22.♕g5 ♖xc1 23.♖xc1 ♗xh6 24.♕xh6 ♖c8 25.♖xc8+ ♘xc8 26.h5!

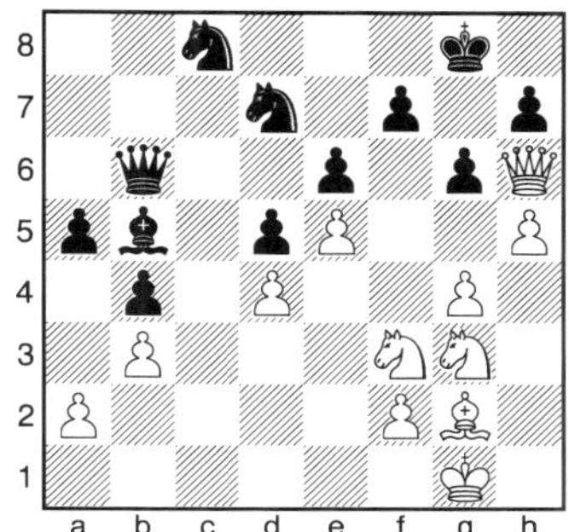

26...♕d8?

Wieder eine Entscheidung, die ebenso naheliegend wie falsch ist, denn von diesem Feld aus kann die Dame dem bedrängten König nicht helfen. Notwendig war 26...♘f8! mit der Eventualfolge 27.♘g5 ♕xd4 28.♘xh7 ♘xh7 29.hxg6 ♘f8!

(Nach 29...fxg6? 30.♕xg6+ ♔h8 31.♕xe6 ♕c5 32.♗xd5 ♕f8 33.♗e4 hat Weiß starke Initiative für die geopferte Figur.)

30.gxf7+ ♔xf7 31.♕f6+ ♔e8 32.♘h5 ♕c5 33.g5 ♗d3 34.♘f4 ♕c1+ 35.♔h2 ♕c2 36.♘h5 ♕c5, wonach Schwarz alles unter Kontrolle gehalten hätte.

27.♘g5 ♘f8

Scheinbar sind alle Schwachpunkte im schwarzen Lager gedeckt, aber Fischer findet eine pointierte Möglichkeit, um den entscheidenden Angreifer gegen den schwarzen König auszurichten.

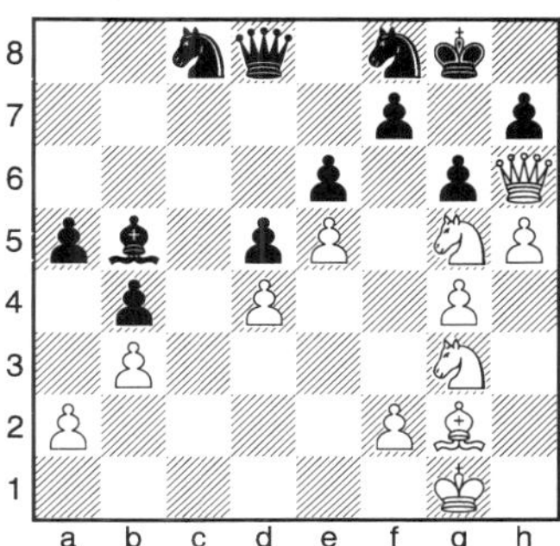

28.♗e4!!

Nach diesem fantastischen Zug droht einfach 29.hxg6 mit baldigem Gewinn.

28...♕e7

Oder 28...dxe4 29.♘3xe4 gefolgt von einem tödlichen Schach auf f6.

29.♘xh7!

Nun wird die schwarze Stellung mit brachialen Mitteln zertrümmert.

29...♘xh7 30.hxg6 fxg6 (30...♘g5 31.g7+−) **31.♗xg6 ♘g5 32.♘h5 ♘f3+ 33.♔g2 ♘h4+ 34.♔g3 ♘xg6 35.♘f6+ ♔f7 36.♕h7+**

Schwarz gab auf, denn nach 36...♔f8 37.♕g8# wird er matt gesetzt.

Partie Nr. 48
Vescovi – B. Socko
Bermuda 2002

1.e4 e6 2.d3 c5 3.♘f3 ♘c6 4.g3 g6 5.♗g2 ♗g7 6.0–0 d6 7.c3 ♘f6 8.♖e1 e5 9.a3 0–0 10.b4 b5

Die Fortsetzung 10...a6 wird im einleitenden Text von Abspiel 2 untersucht.

11.a4

Das ist eine grundsätzliche Antwort auf b7–b5, wann immer Schwarz den Punkt b5 nicht mit a7–a6 halten kann, weil der Turm a8 noch nicht gedeckt ist.

11...bxa4 12.♕xa4 ♕c7 13.bxc5 dxc5 14.♗e3 ♖d8

Der Fehler 14...♘e7? wird stark mit 15.♕a5! nebst Eroberung des Bauern c5 beantwortet.

15.♗f1 ♗f8 16.h3 ♗d7 17.♘fd2 ♖db8 18.♘a3 a5 19.♘ac4 ♘e8 20.♕d1 ♘g7 21.♔h2 ♘e6

Endlich hat Schwarz sich der Sorgen um den Bauern c5 entledigt.

22.♘f3 f6 23.♗c1 a4 24.♘e3 ♕d8 25.♘d5 ♘a5 26.♘d2 ♔g7 27.♗g2 ♗b5 28.♖e3 c4 29.d4

Nur so kann Weiß auf Vorteil ausgehen, denn nach 29.dxc4 ♘xc4 30.♖f3 (30.♘xc4 ♗xc4 31.♗f1 ♗b3∓) 30...♗e7 31.♘xe7 ♕xe7 32.♘xc4 ♗xc4 33.♖xa4 ♗b3 34.♖xa8 ♗xd1 35.♖xb8 ♕c7 36.♖a8 ♗xf3 37.♗xf3 ♕xc3 würde sogar Schwarz besser stehen.

29...♘b3 30.♖a2 ♘c7 31.dxe5 fxe5 32.♘f3 ♗c5

Zu beachten war die Deckung des e-Bauern mit 32...♗d6!?, denn nun kann Weiß für ihn günstige Komplikationen herbeiführen.

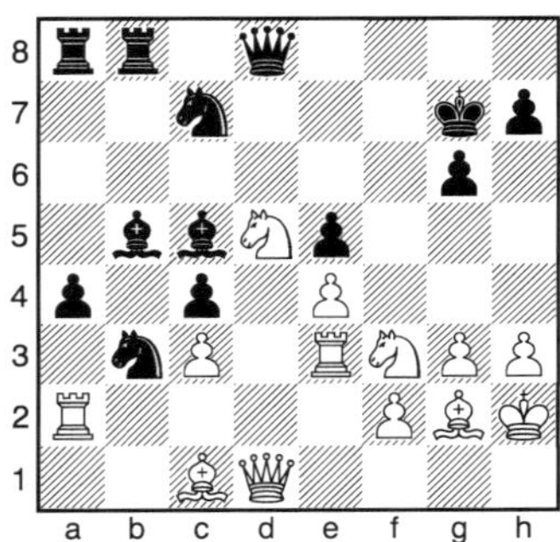

33.♘xe5! ♘xc1

Nach 33...♗xe3 34.♗xe3 wäre die weiße Stellung bereits übermächtig.

34.♕xc1 ♘xd5 35.exd5 ♗xe3 36.♕xe3

Die geschwächte schwarze Königsstellung gibt Weiß ausreichende Kompensation für die Qualität.

36...♕b6!

Schwarz muss sich genau verteidigen, denn nach 36...♕d6? 37.♘g4 h5 38.♕d4+ ♔h7 39.♘f6+ ♔h6 40.♖e2 ♗d7 41.♕d2+ ♔g7 42.♘xd7 ♕xd7 43.d6 ♖e8 44.♗xa8 würde ihm eine Figur fehlen.

37.♕d2 ♖e8 38.♘g4 ♖a6 39.♖b2

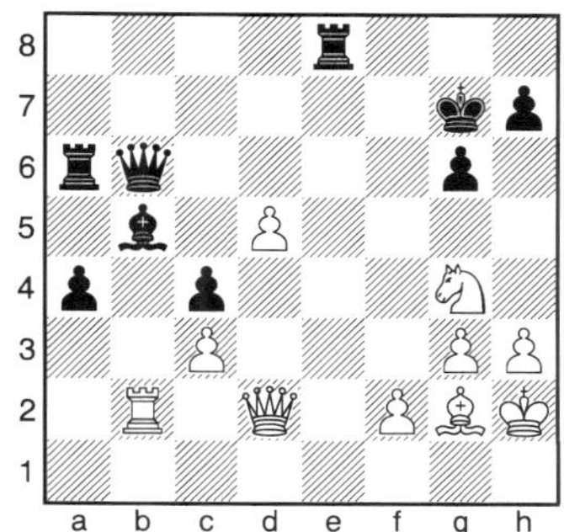

39...♖d8?

Der entscheidende Fehler in vermutlicher Zeitnot. Nach der richtigen Reaktion 39...a3! wäre Remis das wahrscheinlichste Ergebnis gewesen; z.B. 40.♖xb5 ♕xb5 41.d6 ♕c5 42.♕h6+ ♔g8 43.♘f6+ ♔f7 44.♗d5+ ♖e6

(44...♔xf6 45.♕f4+ ♔g7 46.♕f7+ ♔h6 47.♕f4+ usw.)

45.♘e4 ♕xd5 46.♕xh7+ ♔f8

(46...♔e8?? 47.♘f6+ ♖xf6 48.♕e7#)

47.♕h8+ ♔f7 48.♕h7+ mit Dauerschach.

40.♕g5 ♕d6

40...♖e8 41.d6 ♕xd6 42.♖xb5+–

41.♖xb5 ♖d7 42.♕e3 h5 43.♕d4+ ♔h7 44.♘e5 ♖c7 45.♘f3 ♕f6 46.♕xf6 ♖xf6 47.♖a5 ♖f5 48.g4

Schwarz gab sich geschlagen.

Abspiel 3

Die Fortsetzung 3...g6

1.e4 c5 2.d3 g6

Im Unterschied zu Abspiel 2 werden hier Varianten analysiert, in denen der schwarze Königsspringer früher oder später nach f6 (statt nach e7) entwickelt wird.

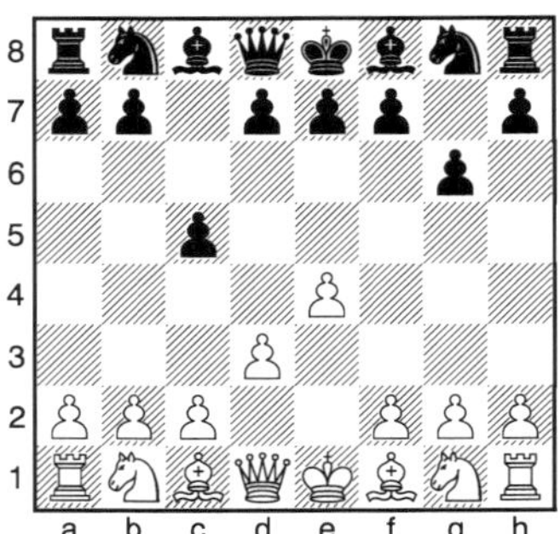

3.g3 ♗g7 4.♗g2 ♘c6 5.♘f3

5.♘c3 führt zur geschlossenen Variante der Sizilianischen Verteidigung – und somit zu einem ganz anderen Gebiet, mit welchem wir uns in diesem Buch nicht beschäftigen werden.

5...d6

Natürlich kann man auch 5...e6 spielen, was in Abspiel 1 untersucht wurde. Anzutreffen ist außerdem 5...♘f6 mit dem Plan d7-d5. Nach dem Textzug kann sich das Spiel folgendermaßen entwickeln: 6.0–0 0–0 7.c3 d5

A) 8.e5 ♘d7

(Auch auf 8...♘e8 folgt 9.d4 usw.)

9.d4 cxd4 10.cxd4 ♘b6 11.h3 ♗f5 12.♘c3 ♖c8 13.♘h4 ♗e6 14.f4 f5 15.♘f3 ♗d7 16.♕e2 e6 17.g4 a6 18.gxf5 exf5 19.h4 h6 20.♗e3 ♗e6 21.h5! gxh5 22.♗f2 ♘c4 23.♔h1 mit aktivem Spiel am Königsflügel, Nakamura–Morosewitsch, Moskau 2013.

B) 8.♘bd2 e5

(Die Fortsetzung 8...♕c7 wird anhand der **Partie Nr. 49**: Amin–Bocharow, Abu Dhabi 2009, untersucht.)

9.exd5 ♘xd5 10.♖e1 ♖e8 11.a4 h6 12.♘c4 ♕c7 13.a5 ♗f5 14.♘fd2 ♖ad8 15.♘e4 ♗f8 16.a6! b6 17.♘e3 ♗xe4 18.♗xe4 ♘xe3 19.♗xe3 ♘e7 20.♕a4 mit positionellem Vorteil vor allem aufgrund des starken Läuferpaars, Movsziszian–Cabrera, San Sebastian 2010.

6.0–0 ♘f6 7.c3 0–0

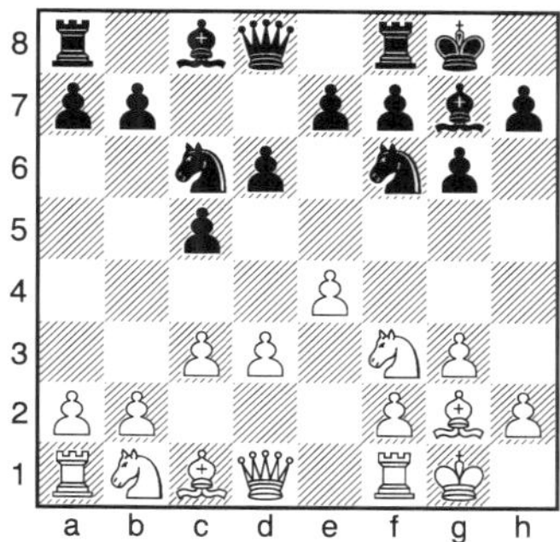

8.♖e1

Diese Zentralisationsmaßnahme ist sowohl am zweckmäßigsten als auch am klarsten im Geist der Eröffnung. Anzutreffen ist allerdings auch der Ansatz 8.a3, wonach Schwarz die gegnerische Absicht b2-b4 am besten mit 8...a5 pariert. Weiter könnte folgen: 9.a4

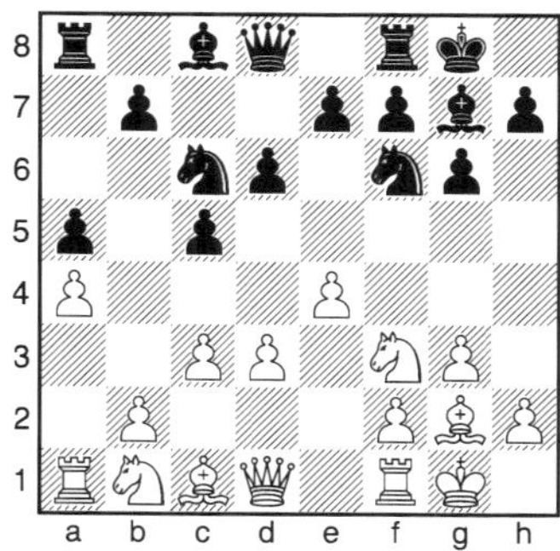

A) 9...♖b8 10.♘a3 ♗d7

(Nach 10...♘a7 11.♖e1 b5 12.axb5 ♘xb5 13.♘c4 ♖a8 14.♘fd2 e5 15.f4 stand Weiß in der Partie Huerta Escobar–Quiroga, Caracas 2012, aktiver, was ihm später den vollen Punkt einbrachte.)

11.♘b5

(Zu überlegen ist auch 11.♖e1!? mit der Absicht d3–d4 oder sogar e4–e5 usw.)

11...♘e8 12.♗e3 ♘c7 13.♕d2 ♘e5 14.♘xe5 dxe5 15.♗xc5 ♘xb5 16.axb5 b6 17.♗e3 ♗xb5 18.♖fd1 ♕c7 19.c4 ♗c6 Hier hätte Weiß in der Partie De Coverly–P. Krzyzanowski, England 2014, am besten 20.b4!? axb4 21.♕xb4 mit aktivem Spiel am Damenflügel folgen lassen sollen.

B) 9...e5 10.♘a3 h6

(10...♕e7 11.♖e1 ♖d8 12.♘c4 h6 13.♘b6 ♖b8 14.♘xc8 ♖bxc8 15.♘d2 ♕c7 16.♕b3 b6 17.♘c4±; Brito Garcia–Garcia Blanco, Las Palmas 2015)

11.♘d2 ♖b8 12.♘dc4 ♗e6 13.f4 exf4 14.♗xf4 ♘e8 15.♕d2 ♔h7 16.b3 ♘e5 17.♖ab1

(17.d4!? ♘xc4 18.♘xc4 cxd4 19.cxd4⩲)

17...b6 18.♘b5 g5 19.♗e3 ♘g4 20.♔h1 ♘xe3 21.♘xe3 ♘c7 22.d4 ♘xb5 23.axb5 cxd4 24.cxd4 ♔g8 25.♕d3 ♖c8 mit völligem Ausgleich in der Partie Ribli–Parma, Ljubljana 1975.

C) 9...♗g4 10.h3 ♗xf3 11.♕xf3 e5

(11...♘d7 12.♕e2 ♕b6 13.♘a3 ♖ab8 14.♗e3 ♘a7 15.♖fd1 ♕a6

16.♕c2 ♖fc8 17.♗f1±; Pawlow-Rimsky, Simferopol 2004)

12.♘a3 ♖b8 13.♘b5 ♕e7 14.♗g5 h6 15.♗e3 ♖fd8 16.g4 ♘h7 17.♕e2 g5 18.♕f3 ♘f8 19.♖fe1 ♘g6 20.♗f1 ♘f4 mit etwa gleichen Chancen, Weiss–Standal, Dresden 2010.

8...e5

Schwarz hat auch zwei ganz andere Möglichkeiten – nämlich 8...♗g4 (I) und 8...Tb8 (II).

I. 8...♗g4

A) 9.h3 ♗xf3

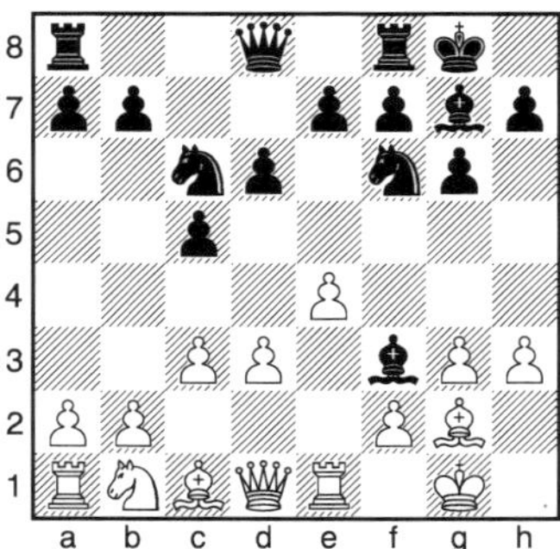

A1) 10.♗xf3 ♘d7

(In der Partie Lie–Urkedal, Drammen 2018, hatte Weiß nach 10...b5 11.♗e3 ♘d7 12.d4 b4 13.e5 bxc3 14.bxc3 ♖c8 15.e6 fxe6 16.♗g4 ♔h8 17.♗xe6 cxd4 18.cxd4 ♖f6 19.♗g4 h5 20.♗e2 ♕a5 21.♘d2 ♘b4 22.♘e4 ♖e6 23.♗f3 ♘c2 24.♖c1 ♘b6 25.♖e2 ♘xe3 26.♖xc8+ ♘xc8 27.♖xe3 angesichts der schwachen gegnerischen Königsstellung die besseren Chancen.)

11.♗g2 ♖b8

(In der Partie Mihok–Lindgren, Stockholm 2014, hatte Weiß nach 11...♕c7 12.♗e3 b5 13.♘d2 ♖ab8 14.♖c1 b4 15.d4 e6 16.♕c2 ♕a5 17.d5 exd5 18.exd5 ♘e7 19.♘c4! ♕xa2 20.cxb4 ♘e5 21.bxc5 ♘f5 22.c6 einen starken Freibauern, der ihm klaren Vorteil garantierte.)

12.♗e3 ♕c7 13.♘a3 b5 14.♘c2 b4 15.d4 Weiß plant f2-f4 und e4-e5 mit Raumvorteil im Zentrum.

A2) 10.♕xf3 ♖c8

(Oder 10...♖b8 11.♗e3 ♘d7 12.a4 a6 13.♕d1 e5 14.♘d2 f5 15.exf5 gxf5 16.f4 mit der Absicht, den Springer auf den Aktivposten c4 zu stellen, Ghasi–Mason, Leeds 2015.)

11.♕e2 b5 12.♗e3 ♘d7 13.♘d2 ♘b6 14.a3 a5 15.♘f3 b4 16.axb4 axb4 17.♖ec1 ♕d7 18.h4 Da Weiß an beiden Flügeln spielen kann, hat er die besseren Perspektiven.

B) 9.♘bd2

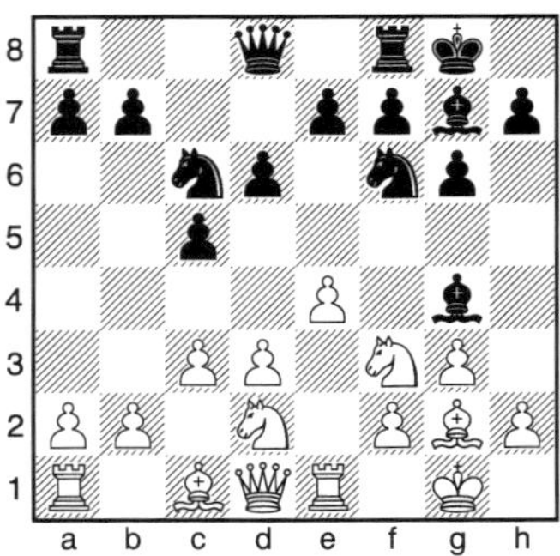

B1) 9...b5 10.a4

Mit 10.h3 könnte man den Läufer zu der Entscheidung zwingen, auf f3 zu nehmen oder nach d7 zurückzukehren.

10...b4 11.♕c2 ♖c8 12.♘c4 ♗e6 13.♘e3 h6 14.♘h4 ♘e5 15.f4 ♘eg4 16.f5 ♘xe3 17.♗xe3 gxf5 18.♘xf5 ♗xf5 19.exf5 ♘g4 20.♗f4 mit dem klaren Plan h2-h3, g3-g4 usw., Gutierrez–Carrillo, Bogota 2011.

B2) 9...♖b8 10.h3 ♗d7

(10...♗xf3 11.♘xf3 ♘d7 12.♗g5 h6 13.♗e3 b5 14.♕d2 ♔h7 15.d4±; Slavin–Bonafont, High Wycombe 2014)

11.d4 b5 12.e5 ♘e8 13.exd6 exd6 14.dxc5 dxc5 15.♘e4 c4 16.♗f4 ♖c8 17.♘c5 ♘f6 18.♗g5 In der Partie Radjabow–Ponomariow, Peking 2014, drohte Weiß, nach 19.♗xf6 auf d7 Material zu gewinnen. Und da er auch allgemein aktiver stand, war der Sieg letztlich nur noch eine Frage der Zeit.

II. 8...♖b8

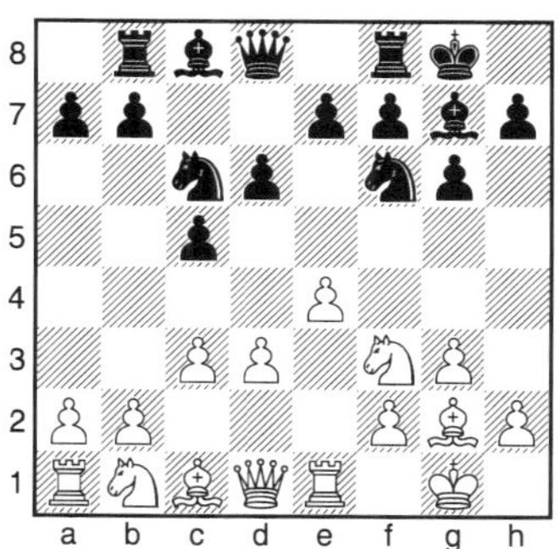

A) 9.a4

A1) 9...a6 10.h3

(In der Partie Mertins–Dörflinger, Deutschland 1988, ging Weiß sogleich mit 10.d4!? energisch im Zentrum vor, was ihm nach 10...cxd4 11.cxd4 d5 12.e5 ♘e4 13.♘c3 ♘xc3 14.bxc3 b5 15.axb5 axb5 16.♗a3 einen kleinen Vorteil einbrachte.)

10...b5 11.axb5 axb5 12.d4 ♘d7 13.d5

(Mit 13.♗e3!? kann man die Spannung auch noch aufrecht erhalten.)

13...♘a5 14.♖a2 ♕c7 15.b3 c4 16.b4 ♘b3 17.♗e3 ♘b6 18.♘d4 ♘xd4 19.♗xd4 ♗d7 20.♗xg7 ♔xg7 21.♕d4+ ♔g8 22.♘d2 ♖a8 23.♖c2!?

(Weiß will die Türme behalten und vermeidet deshalb den mit 23.♖ea1 ♖xa2 24.♖xa2 ♖a8 einhergehenden Abtausch.)

23...♖a3 24.♘f3 f6 25.♕d2 ♖fa8 26.h4 ♔g7 27.♔h2 ♕c8 28.♕e3 ♖8a6 29.♘d4 ♘a8 30.♖ee2 ♘c7 31.f4 ♗g4 32.♖f2 ♕d7 33.♖cd2 ♖6a4 34.f5 mit Königsangriff, Safranska–Plachkinova, Cutro 2000.

A2) 9...♗g4 10.h3 ♗d7

(Nach 10...♗xf3 folgt 11.♕xf3 ♘d7 12.♗e3 mit dem Plan ♘d2, ♕e2, f4 usw.)

11.♘bd2 a6 12.♘f1 b5 13.axb5 axb5 14.d4 cxd4 15.cxd4 ♕b6 16.♗e3 d5 17.e5 ♘e8

(Auch auf 17...♘e4 folgt 18.♘1d2 ♘xd2 19.♘xd2 nebst ♘b3 mit Eroberung des Feldes c5.)

18.♘1d2 ♘c7 19.♘b3 ♘e6 20.♘g5 Weiß steht besser.

B) 9.h3

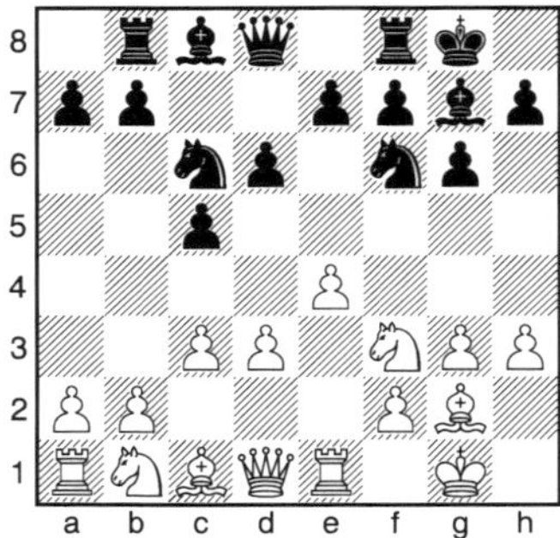

B1) 9...b5 10.d4

(Auf 10.a3 kann Schwarz mit 10...a5 oder 10...b4 reagieren.)

10...cxd4 11.cxd4 d5 12.e5 ♘e4 13.♘bd2 ♘xd2 14.♗xd2 ♕b6 15.♗e3 ♘a5 16.b3 b4 17.♕d2 ♗d7 18.♗g5 ♖fe8 19.♖ac1 ♖bc8 20.♖xc8 ♗xc8 21.♖c1 ♗d7 22.♘e1 e6 23.♘d3 ♘c6 (23...♕xd4?? 24.♗e3+-) 24.♘c5 mit weißem Positionsvorteil, Galego-Vyskocil, Pardubice 2013.

B2) 9...e5 10.d4 exd4 11.cxd4 cxd4 12.♘xd4 ♕b6 13.♘b3 ♗e6 14.♘c3 a6 15.♕xd6 ♗xb3 16.♗e3 ♕b4 17.♗c5 ♕c4 18.axb3 ♕xb3 19.♕d1 ♕xd1 20.♖axd1 Die weiße Stellung ist vorzuziehen, Inarkiew-Hou Yifan, Petropawlowsk-Kamchatsky 2016.

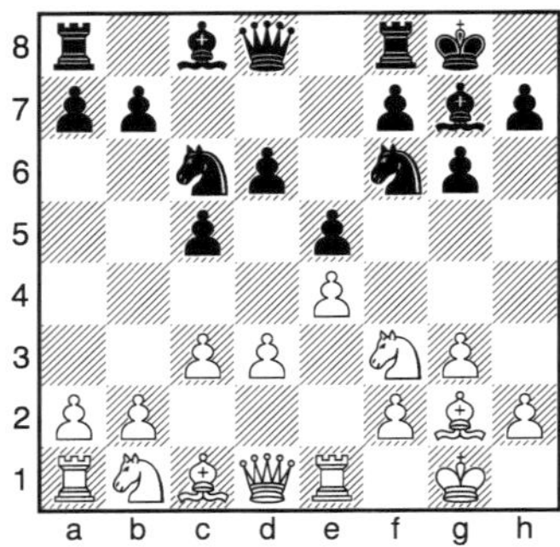

9.a3

Statt dieser Vorbereitung einer typischen Offensive am Damenflügel kann Weiß auch mit dem flexiblen Zug 9.♘bd2 fortsetzen.

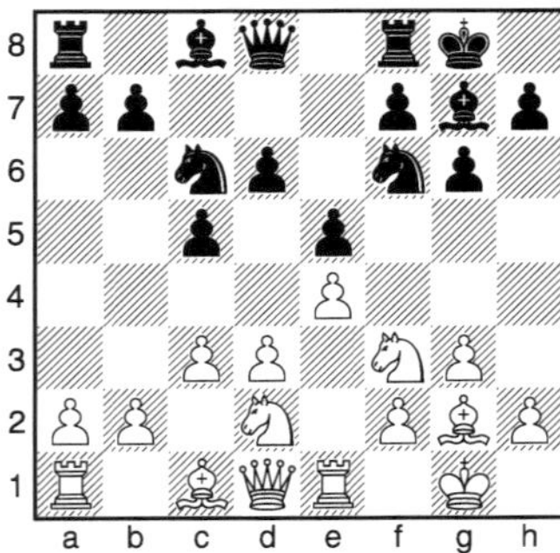

A) 9...♘e8 10.♘c4 ♘c7 11.a4 f5 12.♗g5 ♕d7 13.exf5 gxf5 14.♕d2

(Unklar ist 14.♕b3 ♔h8 15.a5 ♘e6 16.♗h4 f4 usw.)

14...♘e6 15.♗h6 f4 16.♗xg7 ♔xg7 17.♕e2 Angesichts der geschwächten gegnerischen Königsstellung hat Weiß die besseren Chancen.

B) 9...♘h5 10.a4 ♗e6 11.♘c4 ♕d7

Es war empfehlenswert, mit 11...h6!? den Abtausch des Damenläufers zu verhindern.

12.♘g5 ♖ad8 13.♘xe6 fxe6 14.♘e3 ♕f7 15.♘g4 ♔h8 16.♕b3 b6 17.♕b5 ♖c8 18.♖f1 ♘a5 19.♘e3 ♖fd8 20.♘c4 ♘xc4 21.dxc4 ♖b8 22.a5 mit aktivem Spiel am Damenflügel, Vavruska–Seifert, Tschechoslowakei 1992.

C) 9...♖e8

Schwarz plant d6-d5, was die vorherige Überdeckung des Bauern e5 erforderlich macht. Eine andere Möglichkeit wäre die Vorbereitung des Vorstoßes f7-f5.

10.a4

(Weiß beabsichtigt die Postierung des Springers auf c4, denn der damit einhergehende Druck auf den Bauern e5 würde den Schlüsselzug d6–d5 verhindern oder zumindest erschweren.

Nach der Alternative 10.a3 und der Eventualfolge 10...b5 11.a4 b4 12.♘c4 ♖b8 entsteht eine komplizierte Stellung mit beiderseitigen Chancen.)

10...h6

Schwarz möchte nach ♗e6 nicht durch ♘g5 gestört werden.

11.♘c4 d5

Es geht auch zuerst 11...♗e6!?

12.exd5 ♘xd5 13.♘fd2 ♗e6 14.a5 ♕c7 15.♘e4 ♘ce7 16.a6 b6 (Nach 16...b5 17.♘cd6 ♖eb8 18.♘b7 stünde Weiß besser.)

17.♘ed6 ♖ed8 18.♘b5 ♕d7 19.♕a4 mit aktivem weißem Spiel am Damenflügel.

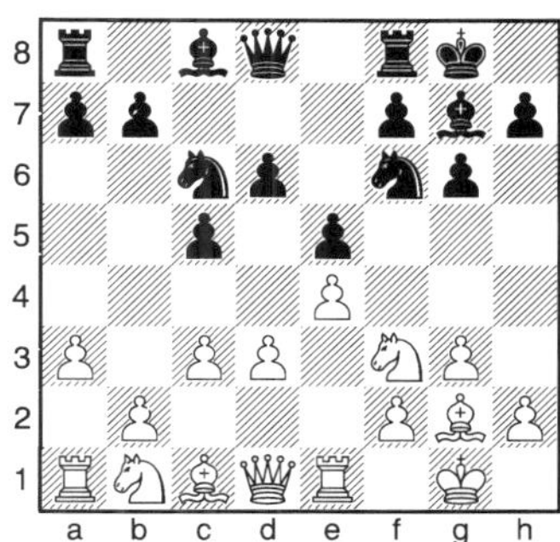

9...a5

Außer dieser normalen Reaktion zur Verhinderung von b2-b4 sind in der Praxis auch folgende Fortsetzungen anzutreffen.

I. In der Partie Adly–Chalifman, Pawlodar 2015, stand Weiß nach 9...♗d7 10.b4 b5 11.a4 a6 12.axb5 axb5 13.♖xa8 ♕xa8 14.bxc5 dxc5 15.♗e3 c4 16.dxc4 bxc4 17.♘bd2 angesichts der Bauernschwäche c4 besser.

II. 9...b5 10.h3

(Nach 10.b4 geht es bei Schwarz konsequent mit 10...a5 weiter. Hingegen verdient 10.♘bd2!? Beachtung.)

10...♖b8 11.♗e3 a5 12.♘bd2 ♗e6 13.d4 cxd4 14.cxd4 exd4 15.♘xd4 ♘xd4 16.♗xd4 ♕d7 17.♕f3 ♕e7

18.♘b3 a4 19.♘a5 ♕c7 20.♗xf6 ♕xa5 21.♖ed1 Angesichts der Schwäche auf d6 hatte Weiß in der Partie Amin–Gajewski, Reykjavik 2013. die besseren Aussichten.

III. 9...d5 10.exd5

Mit 10.♘bd2 kann man die Zentrumsspannung auch noch aufrecht erhalten, was die dortige Struktur vorerst offen lässt und zu entsprechend unklarem Spiel führt.

10...♘xd5 11.♘bd2 ♖e8 12.♘c4

(Eine vollwertige Alternative besteht in 12.♘e4!? b6 13.♕b3 ♘a5 14.♕c2 h6 15.b4 cxb4 16.axb4 ♘b7 17.♕b3 ♘c7 18.c4 a5 19.♗e3 mit günstigerem Spiel für Weiß, Miljanic–Markovic, Niksic 1997.)

12...♗f5

(12...b5 13.♘cd2 ♗b7 14.♘e4±)

13.♘g5 ♘f6 14.♕b3 ♕c7 15.♘d6 ♗xd3

(15...♕xd6 16.♕xf7+ ♔h8 17.♕xb7+–)

16.♕xb7 ♕xb7 17.♘xb7 e4 18.♘xc5 ♘e5 19.♗f4 mit klarem Vorteil für Weiß, Boudriga–Muniz, Tromso 2014.

IV. 9...h6 10.b4 ♗e6

(Die Fortsetzung 10...a6 11.♗b2 wird anhand der **Partie Nr. 50**: Markovic–Bogosavljevic, Kragujevac 2016, untersucht.

Möglich ist außerdem 10...cxb4 11.axb4 ♗e6 12.b5 ♘e7 13.c4 ♔h7 14.♘c3 ♘h5 15.♗e3 a6 16.♘d2 ♕d7 17.♕b3±; Judin–Rezwy, Tscheljabinsk 2017.)

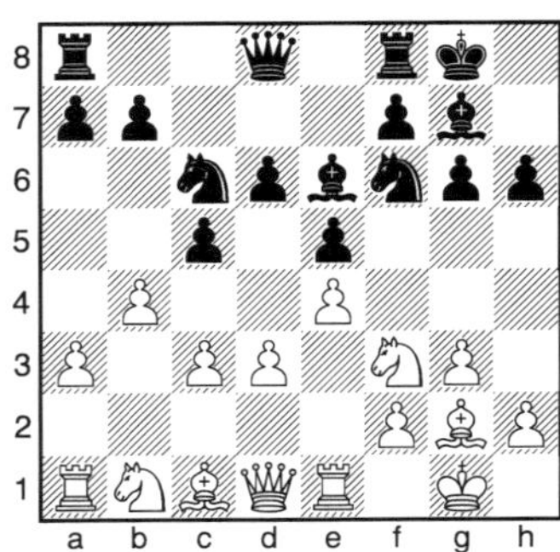

A) 11.♗b2 b5!

(Dieser Blockadezug ist am besten, weil auf 11...a5 der Vorstoß 12.b5! unangenehm ist; so folgte z.B. in der Partie Aguiar–Kitir, Fuengirola 2017 12...♘a7 13.a4 ♘d7 14.♘bd2 ♘c8 15.d4 f6 16.h4 ♘cb6 17.d5 ♗f7 18.♗h3 c4 19.♕e2 ♖c8 20.h5 g5 21.♘h2±.)

12.d4 exd4 13.cxd4 ♘d7 14.♗c3 ♗g4 15.dxc5 dxc5 16.♗xg7 ♔xg7 17.♘c3 ♘de5 18.♕xd8 ♖fxd8 19.♘xe5 ♘xe5 20.♘xb5 ♖ab8 21.♘c7 cxb4 22.axb4 ♖xb4 23.♖xa7 ♖d2 Schwarz hat volle Kompensation für den Bauern und die Position befindet sich in dynamischem Gleichgewicht,

B) 11.b5 ♘e7 12.c4

Der alternative Angriff auf den Bauern mittels 12.a4 wird anhand der **Partie Nr. 51:** Zhao–Rohonyan, ICC INT 2007, untersucht.

12...♕d7 13.♗d2 ♘h5 14.♘h4 ♔h7 15.♘c3 ♖g8 16.♘d5 ♘xd5 17.cxd5 ♗g4 18.♗f3 f5 19.exf5 gxf5 20.h3 ♗xf3 21.♕xf3 ♘f6 22.♘xf5 ♖af8 23.g4 ♕xb5

(23...e4 24.dxe4 ♘xd5 25.♖ad1 ♘e7 26.♗f4 ♘xf5 27.exf5+–; Laketic–Miranovic, Vrnjacka Banja 1998)

24.d4! ♕d7 (24...cxd4 25.♘e7+–) 25.dxe5 dxe5 26.♖ad1! ♕xd5 27.♕e3 mit entscheidendem Vorteil für Weiß.

10.a4!

Auf diese Weise sichert Weiß sich außer dem Springerfeld c4 auch das auf b5.

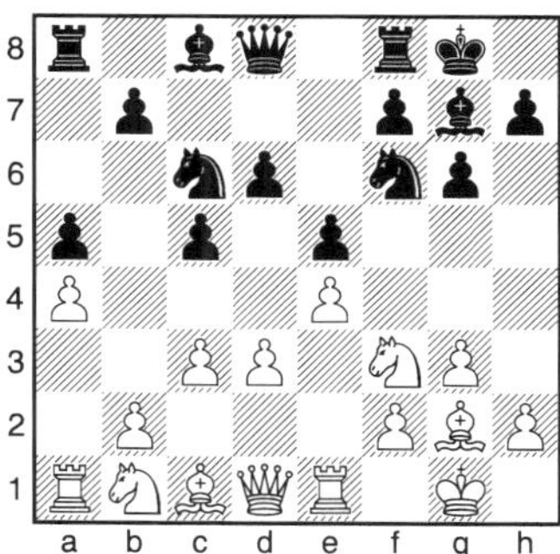

10...b6

Dieser Plan ist mit der Entwicklung des Läufers auf die Diagonale a6–f1 verbunden. Eine andere Idee besteht in 10...h6, um vor der Läuferpostierung auf e6 den Störzug ♘g5 zu verhindern; z.B. 11.♘a3 ♗e6 12.h3 ♕d7 13.♘c4 ♖ab8

(Nach 13...♗xc4 14.dxc4 behält Schwarz eine Schwäche auf d6, und auf 13...♗xh3 folgt 14.♘b6 mit Qualitätsgewinn.)

14.♔h2 b6 15.♕c2 Weiß kann eine effektive Umgruppierung seiner Kräfte mittels ♗e3, ♖ad1, ♘a3 und d3-d4 anstreben, um aktives Spiel im Zentrum zu entfalten.

11.♘a3 ♗a6 12.♘b5

In der Begegnung Pietrasanta–Le Quang, Frankreich 2006, probierte Weiß einen anderen Plan, und nach 12.♕c2!? h6 13.♘d2 ♖b8 14.♘dc4 ♖e8 15.♕b3 stellte die Vorbereitung von f2-f4 gutes Spiel in Aussicht.

12...♖e8

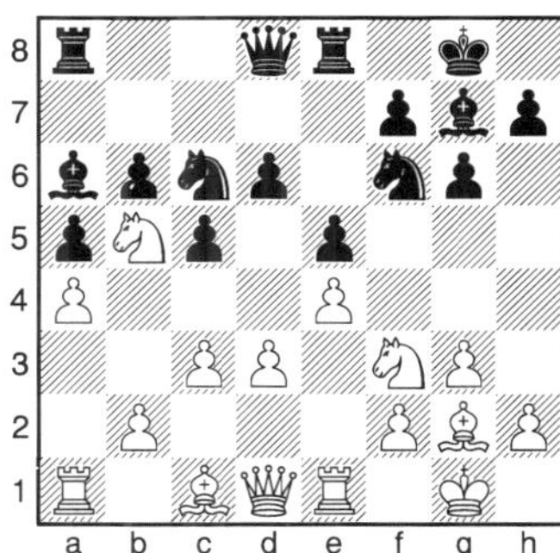

13.♘d2

Auch hier kann man eine beachtliche Alternative wählen, nämlich 13.♕b3!? ♘a7 14.d4 ♘xb5 15.axb5 ♗b7 16.dxe5 dxe5 17.♘d2 ♗c8 18.♗f1 ♕c7 19.♗c4 ♗e6 20.♗xe6 ♖xe6 21.♘c4±; Zlatanovic–Blagojevic, Serbien 2014.

13...♘a7 14.♕b3 ♘xb5 15.axb5 ♗c8 16.♘c4 ♗e6 17.♕c2 ♖b8 18.f4 ♕c7 19.♖f1 ♘d7 20.♘e3 f6 21.f5 ♗f7 22.h4 ♘f8 23.c4 ♕e7 24.♘d5 ♗xd5 25.exd5 Angesichts der passiven gegnerischen Figurenstellung war Weiß in der Partie Amin–Lodhi, Riyadh 2017 im Vorteil.

Zusammenfassung:

Als Hauptzug schlagen wir in diesem Abspiel 8.♖e1 vor, obwohl auch sofort 8.a3 mit dem Plan b2-b4 und aktivem Spiel am Damenflügel zu beachten ist. Und in der weiteren Folge der Hauptvariante lautet unsere Empfehlung 9.a3, wobei 9.♘bd2 jedoch eine vollwertige Alternative darstellt.

Damit ist das Thema „Der Königsindische Angriff gegen Sizilianisch" abgeschlossen. Wir möchten die Leser noch einmal auf die enge Verwandtschaft von Französisch und Sizilianisch hinweisen – sowie auf die daraus resultierende Tatsache, dass beide Seiten ständig auf Zugumstellungen achten müssen.

Beispielpartien

Partie Nr. 49
Amin – Bocharow
Abu Dhabi 2009

1.e4 c5 2.♘f3 ♘c6 3.d3 g6 4.g3 ♗g7 5.♗g2 ♘f6 6.0–0 d5 7.♘bd2 0–0 8.c3 ♕c7

Die Alternative 8...e5 wird im einleitenden Text von Abspiel 3 untersucht.

9.♖e1 b6 10.♘f1 dxe4 11.dxe4 ♖d8 12.♕e2 h6

Schwarz lässt den Ausfall ♗g5 nicht zu, der nach 12...e5 13.♗g5 zu spürbarem Kontrollverlust über das Schlüsselfeld d5 führen könnte; z.B. 13...h6 14.♗xf6 ♗xf6 15.♘e3 ♗e6 16.b3 nebst ♖ad1 und ♘d5.

13.e5 ♘d5 14.a3 e6 15.h4 ♘a5 16.♘1d2 ♗b7 17.♖b1 ♖d7 18.c4 ♘e7 19.b4 cxb4 20.axb4 ♘ac6

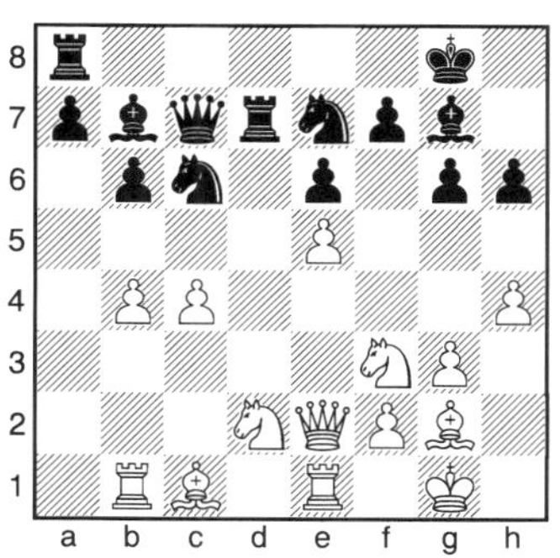

21.♘e4!

Der Springer nimmt Kurs auf den gegnerischen Königsflügel.

21...♘f5

Nicht zu empfehlen war 21...♘xe5 22.♘xe5 ♗xe5 (22...♕xe5 23.♗f4 ♕f5 24.♘d6+–) 23.♗f4 ♔g7 24.♘f6! ♔xf6 25.♗xe5+ ♔f5 26.g4#.

22.♗f4 ♘cd4 23.♘xd4 ♘xd4 24.♕a2 ♖ad8 25.♖bc1 ♗xe4?

Die Preisgabe des weißfeldrigen Läufers begünstigt nur Weiß. Zu beachten war 25...♘c6!? oder 25...♕b8!? nebst ♕a8 mit Druck in der Diagonale a8-h1.

26.♖xe4 ♗f8 27.c5!

So verschafft Weiß sich einen starken Freibauern.

27...bxc5 28.bxc5 ♖d5 29.c6 ♖a5

In der Variante 29...♖c5 30.♖xc5 ♗xc5 31.♗e3 ♗b6 32.♔h2 ♘xc6 33.♖c4 ♗xe3 34.♖xc6 ♕xe5 35.fxe3 ♕xe3 36.♕b2 behält Weiß eine Figur für drei Bauern und somit gewissen Vorteil.

30.♕b2 ♖b5

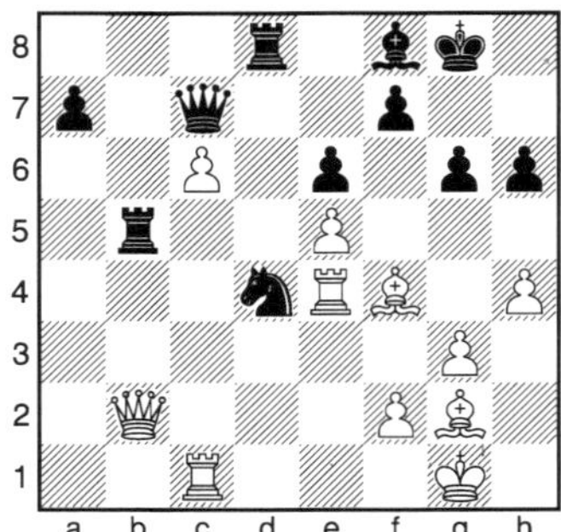

31.♕xd4!

Dieses Damenopfer dient dem Zweck, den c-Bauer in Bewegung setzen zu können.

31...♖xd4 32.♖xd4 ♖c5 33.♖xc5 ♗xc5 34.♖d7 ♕c8 35.♗xh6 ♗b6 36.♗g5 ♗c7 37.♗e7 ♗b6 38.♖b7 ♗c7 39.♗d6 Schwarz gab auf.

Partie Nr. 50
Markovic – Bogosavljevic
Kragujevac 2016

1.e4 c5 2.c3 ♘f6 3.d3 ♘c6 4.♘f3 g6 5.g3 ♗g7 6.♗g2 0–0 7.0–0 d6 8.♖e1 e5 9.a3 h6 10.b4 a6

Andere Züge werden im einleitenden Text von Abspiel 3 untersucht.

11.♗b2 b5 12.♘bd2 ♘d7 13.a4 ♖b8 14.axb5 axb5 15.♘b3 cxb4

Von Interesse war der Abwartezug 15...♘b6!?.

16.cxb4 ♘b6

Denn 16...♘xb4? wäre nicht gut wegen 17.♗a3 ♘c6 18.♗xd6 mit Materialgewinn.

17.♘a5 ♗d7 18.♘xc6 ♗xc6 19.♖c1 ♗d7 20.♘d2

Der Springer ist nach a5 unterwegs.

20...♘a4 21.♗a1 h5 22.♘b3 ♗h6 23.♖c2 ♕e7 24.d4 ♖fc8 25.♘a5 ♖xc2 26.♕xc2 ♖c8 27.♕d3

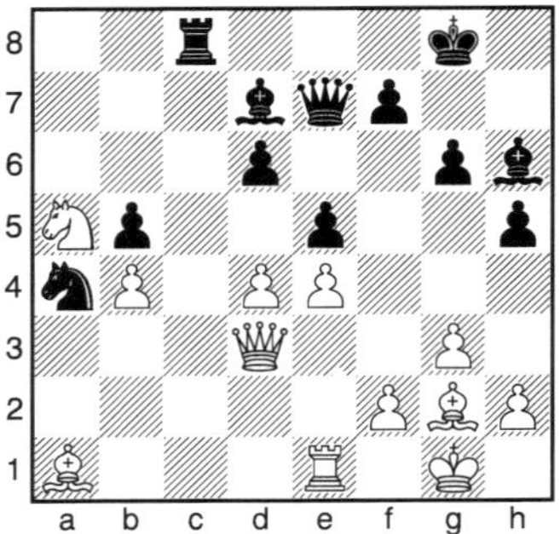

27...d5?

Dies ist ein folgenschwerer positioneller Fehler, denn die Öffnung der langen schwarzen Diagonale kommt ja letztlich nur dem Gegner zugute. Schwarz sollte mit 27...♘b6! einfach die Spannung aufrecht erhalten, was zu verteilten Chancen geführt hätte.

28.♖b1 dxe4 29.♗xe4 exd4 30.♕xd4 ♔h7 31.♖d1 h4 32.♘c6!

Schwarz gab auf. Es könnte noch folgen: 32...♗xc6 (32...♕e8 33.♕xd7+–) 33.♗xc6 ♕e2 34.♕d5 ♔g8 35.♗xb5 ♕c2 36.♕f3 ♘c3

37.♖d7 ♕b1+ 38.♔g2 ♕e4 39.♕xe4 ♘xe4 40.♗d3 h3+ 41.♔f3 ♘g5+ 42.♔g4 f5+ 43.♔h4 mit gewonnenem Endspiel.

Partie Nr. 51
Zhao – Rohonyan
USA ICC INT 2007

1.e4 c5 2.♘f3 ♘c6 3.d3 g6 4.g3 ♗g7 5.♗g2 ♘f6 6.0–0 0–0 7.c3 d6 8.♖e1 e5 9.a3 h6 10.b4 ♗e6 11.b5 ♘e7 12.a4

Die Alternative 12.c4 wird im einleitenden Text zu Abspiel 3 besprochen.

12...a6 13.♘a3 axb5 14.axb5 ♘d7

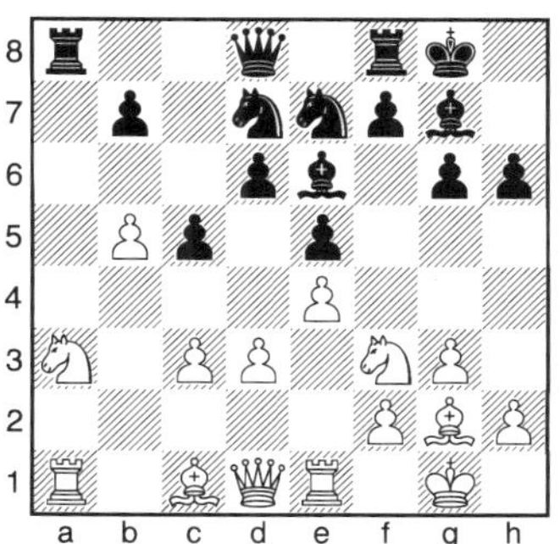

15.c4

Damit konsolidiert Weiß zwar die Bauernstellung in der linken Hälfte, aber nach Ausverkauf sämtlicher Hebel in diesem Bereich kann Schwarz ungestört am Königsflügel angreifen. Weiß hätte besser die Ruhe bewahren und mit 15.♗b2!? auf den Schlüsselzug d3-d4 hinarbeiten sollen.

15...f5!

Dieses unmissverständliche Angriffssignal ist klarerweise die richtige Reaktion.

16.♗d2 ♘b6

In Frage kam auch 16...fxe4 17.dxe4 ♘b6 usw.

17.♕c1 ♔h7 18.♗c3 ♕d7 19.♘b1 ♖ae8

Deutlich schärfer hätte sich das Spiel nach 19...f4!? 20.♖xa8 ♘xa8 21.♘fd2 g5 usw. entwickeln können.

20.♗a5 ♘bc8 21.♗d2 f4 22.♘c3 g5 23.♖d1 ♗g4 24.♖f1 ♘g6 25.♘d5 ♖f7 26.♖a8 ♖ef8 27.♕d1 ♗f6 28.h3! ♗xh3??

Dieser Riesenbock führt zum sofortigen Untergang. Nach der richtigen Reaktion 28...♗e6! und der Folge 29.♘xf6+ ♖xf6 30.g4 ♖g8 entstünde eine komplizierte Stellung mit etwa gleichen Aussichten.

29.♘xf6+ ♖xf6

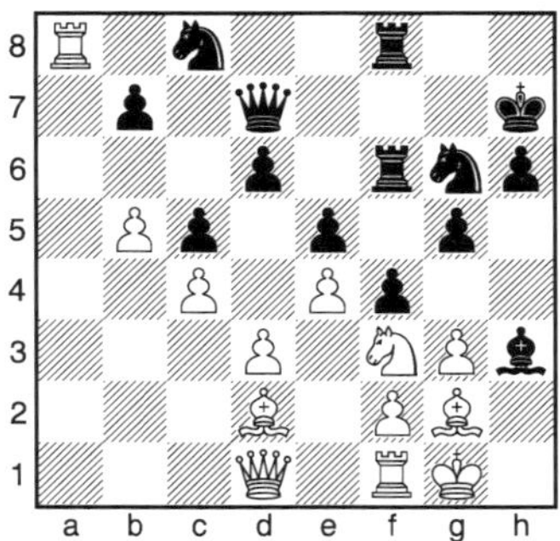

30.♘xg5+!

Das war eigentlich nicht schwer zu sehen, obwohl es für Schwarz wohl doch eine unangenehme Überraschung darstellte.

30...hxg5 31.♕h5+ ♔g7 32.♗xh3

Somit ist der Kampf schon entschieden.

32...♕c7 33.♕xg5 fxg3 34.fxg3 ♖xf1+ 35.♗xf1 ♖h8 36.♗e2 ♖h7 37.♗h5 ♘ce7 38.♖e8 ♖xh5 39.♕xh5 ♕d7 40.♗h6+ ♔f6 41.♕f3+

Schwarz gab auf.

Kapitel 3

Der Königsindische Angriff gegen 1...e5
(Theorieteil)

1.e4 e5 2.d3

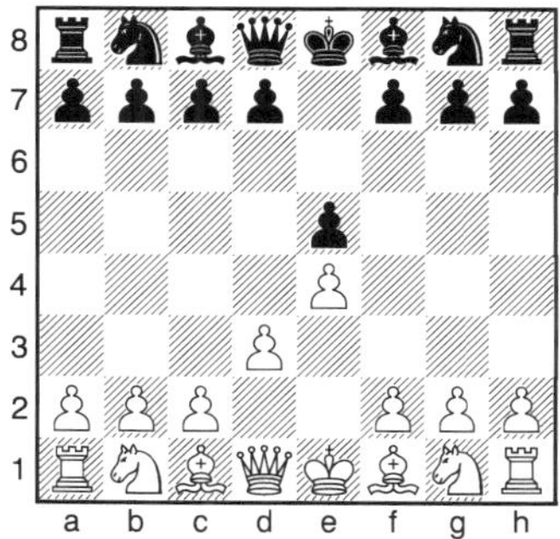

2...♘f6

Schwarz entwickelt sich ganz natürlich weiter, wobei er allerdings der schnellstmöglichen Königssicherung Priorität einräumt. Hier ein Überblick, welche anderen Möglichkeiten er wählen kann.

I. 2...♘c6 3.g3

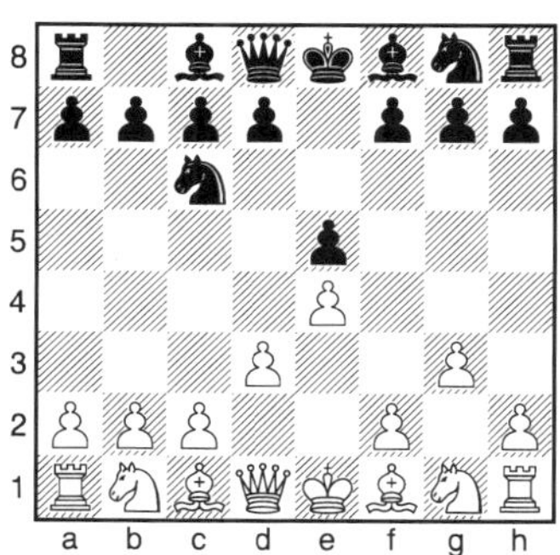

A) 3...♗e7 4.♘c3 d6 5.♘f3 ♗e6 6.♗g2 ♕d7 7.0–0 0–0–0 8.♗e3 ♔b8 9.d4

(Auch 9.♘d5!? h5 10.c4 h4 11.♕a4 mit dem einfachen Plan b2-b4 nebst Königsangriff ist gut spielbar.)

9...exd4 10.♘xd4 ♘xd4 11.♕xd4 c5 12.♕d2 (12.♕xg7?? ♗f6–+) 12...♘f6 13.b4! Weiß setzt auf eine energische Aktion am Damenflügel, wonach sich das Spiel z.B. folgendermaßen entwickeln könnte: 13...cxb4 14.♕d4! b6

(Nach 14...bxc3? führt 15.♕xa7+ ♔c8 16.♕a8+ ♔c7 17.♗b6+! ♔xb6 18.♖ab1+ ♔c6 19.♕a4+ ♔c7 20.♖xb7+! ♔xb7 21.♖b1+ zu einem schnellen Matt.)

15.♕xb4 d5 16.♕b2 dxe4

(Nach 16...d4 17.♗f4+ ♗d6 18.♗xd6+ ♕xd6 19.♘b5 ♕c5 20.♖fd1 erobert Weiß den Bauern d4 und hat entsprechenden Vorteil.)

17.♘xe4 ♘xe4 18.♗xe4 ♗d5

(Nach 18...♗f6 19.♗f4+ ♔c8 20.♕a3 a5 21.♖ab1 steht Weiß auf Gewinn.)

19.♖ad1 ♕e6 20.♗xd5 ♖xd5 21.♖xd5 ♕xd5 22.♕xg7 ♖c8

23.♕xh7 Und nun würde 23...♕xa2 wegen 24.♗f4+ ♔b7 25.♕e4+ mit Eroberung des Läufers e7 verlieren.

B) 3...g6 4.♗g2 ♗g7 5.♘f3 ♘ge7 6.0–0 0–0 7.♘bd2 d6 8.c3 h6

(8...f5? 9.♘g5 ♖b8 10.♕b3+ d5 11.exd5 ♘a5 12.♕b5 h6 13.♕xa5+–; Hehn–Senay, Dittrichshütte 2004)

9.♖e1 Weiß beabsichtigt, den passiven Springer auf typische Weise ins Spiel zu bringen, sei es mit ♘f1-e3 oder mit h2-h4 nebst ♘f1-h2 usw.

II. 2...♗c5 3.g3

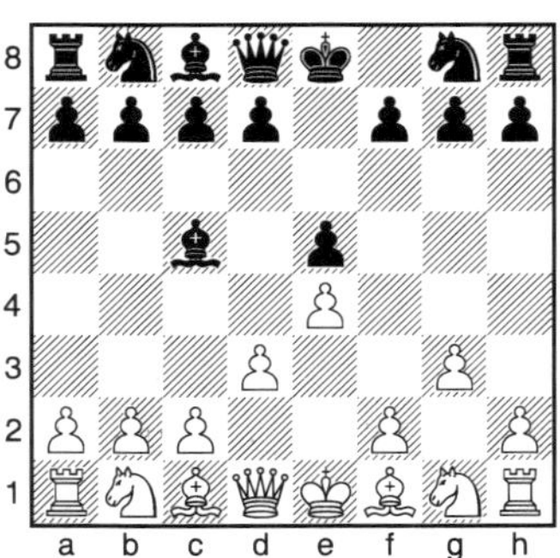

A) 3...♘f6 4.♗g2 ♘c6 5.♘f3 d6 6.♘bd2 ♗g4

(Nach 6...0–0 kann Weiß seine Kräfte folgendermaßen entwickeln: 7.0–0 ♗g4 8.h3 ♗e6 9.a4 ♘h5 10.♔h2 g6 11.♘c4 ♘g7 12.c3 ♗xc4 13.dxc4 a5 14.♕d2 ♘e6 15.♕h6 ♕f6 16.♘g5 ♕g7 17.♕h4 ♘xg5 18.♗xg5 h5 19.♗f6 ♕h7 20.f4 ♖ae8 21.♖ae1 mit guten Angriffsmöglichkeiten, denn Weiß droht stark f4-f5, Hansen–Riis, Espergarde 1977.)

7.h3 ♗e6

(Nach 7...♗h5 8.c3 0–0 9.a4 a5 10.0–0 h6 11.g4 ♗g6 12.♘h4 ♗h7 13.♘f5 ♖e8 14.♕f3 ♗xf5 15.gxf5 ♘h7 16.♘c4 ♕h4 17.♔h2 ♔h8 18.♕e2 ♖g8 19.♗e3 ♗xe3 20.♘xe3 ♕d8 21.♖g1 konnte Weiß in der Partie Buggiani–Brunelle, Parsippany 2001, einen simplen Plan verfolgen – nämlich ♗f3 nebst ♖g2 und ♖a1-g1 mit aussichtsreichem Königsangriff.)

8.c3 ♗b6 9.♘g5 ♕e7 10.♘xe6 fxe6 11.♘c4 0–0 12.♘xb6 axb6 13.0–0 d5 14.♕e2 b5 15.♗g5 ♕d6 16.♗xf6 ♖xf6 17.d4 exd4 18.exd5 exd5 19.♕xb5 ♖d8 20.♖ad1 ♘e5 21.♖xd4 ♘f3+ 22.♗xf3 ♖xf3 23.♔g2 c6 24.♕xb7 In der Partie Vallverdu Miret–Del Amo Carbo, Katalanien 2012, ging Weiß mit Materialvorteil ins Endspiel.

B) 3...d5 4.♘d2 ♘f6 5.h3 dxe4 6.dxe4 ♘c6 7.♘gf3 ♗e6 8.♗g2 ♕d7 9.♘g5 0–0–0 10.♘xe6 ♕xe6 11.c3 h5 12.♕e2 ♔b8 13.♘f3 ♘d7 14.0–0 f6 15.b4 ♗d6 16.♗e3 g5 17.h4 gxh4 18.♘xh4 ♘e7 19.♔h2 ♘f8 20.♗h3 Weiß beabsichtigt, mittels c4–c5 einen Angriff am Damenflügel in die Wege zu leiten; Boettcher–Hundack, Deutschland 2004.

III. 2...d5 3.♘d2 ♘f6 4.♘gf3

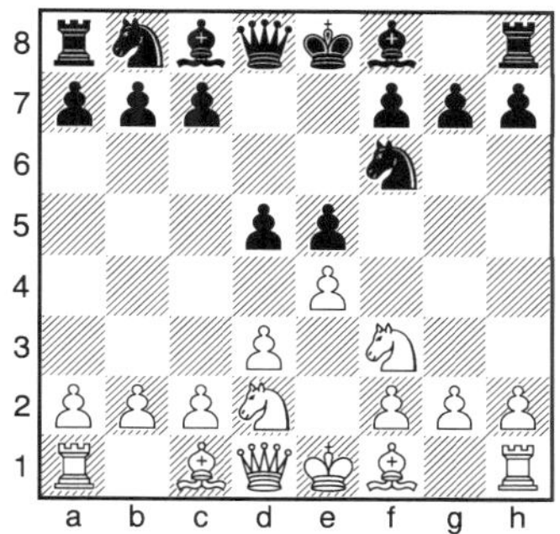

A) 4...♘c6 5.g3 ♗e7

(5...♗c5 6.♗g2 dxe4 7.dxe4 0–0 8.0–0 h6 9.♕e2 ♕e7 10.c3 a6 11.a4 ♗e6 12.b4 ♗b6 13.♗a3±; Bilczewski–Twardowski, Liberec 2016)

6.♗g2 0–0 7.0–0 ♖e8 8.c3 a5 9.exd5 ♘xd5 10.♖e1 f6 11.♘c4 ♗e6 12.♘e3 ♗f8 13.d4 exd4 14.♘xd4 ♘xe3 15.♗xe3 ♘xd4 16.♗xd4 c5 17.♗e3 ♕xd1 18.♖exd1 ♖a7 19.♗d5 ♗xd5 20.♖xd5 b6 21.a4 In der Partie Swidler–Wang Hao, Dubai 2014, hatte Weiß angesichts der Beherrschung der d-Linie und der Schwäche des Bauern b6 minimalen Positionsvorteil.

B) 4...c5 5.g3 ♘c6 6.♗g2 ♕c7 7.0–0 ♗d6 8.♖e1 0–0 9.♕e2

Alternativ kann Weiß mit 9.c3!? das Feld d4 unter Kontrolle nehmen.

9...dxe4 10.dxe4 ♘d7 11.♘c4 f6 12.♗e3 b6 13.♖ad1 ♗e7

(Nach 13...♘d4 14.♗xd4 cxd4 15.♘xd6 ♕xd6 16.♘xd4! exd4 17.e5 ♘xe5 18.♗xa8 ♗g4 19.f3 ♗h5 20.♗e4 hätte Weiß klaren Vorteil.)

14.♘h4 b5

(14...g6? 15.♗h6 ♖d8 16.♘e3±)

15.♘a3 a6 16.♘f5 ♘b6 17.c3 Weiß beabsichtigt ♘c2 und hat das bessere Spiel.

IV. 2...d6 3.g3

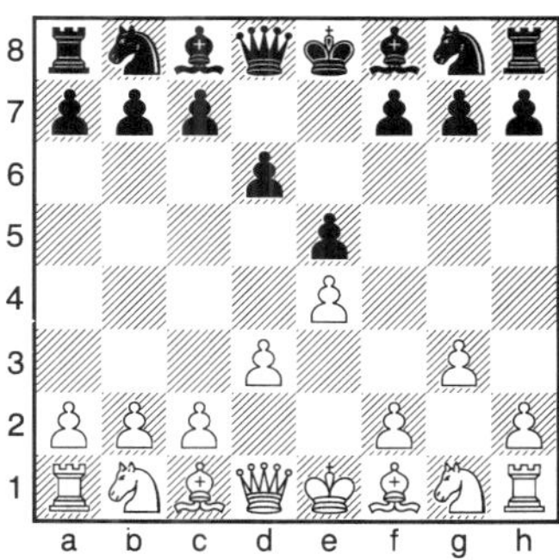

A) 3...♘f6 4.♗g2 ♗e7 5.♘f3 0–0 6.0–0 c6

(6...♘bd7 kann Weiß mit 7.♖e1 beantworten.)

7.♘bd2 ♘bd7 8.♖e1 ♖e8 9.c3

(Eine interessante Idee ist 9.d4!? ♗f8 10.c3 a6 11.a4 b6 12.b3 ♗b7 13.♗b2 ♕c7 14.♕c2 ♖ad8 15.c4 a5 16.h3 g6 17.♖ad1 ♗g7 18.c5 bxc5 19.dxe5 ♘xe5 20.♘xe5 dxe5 21.♘c4 mit aktivem Spiel für den geopferten Bauern angesichts der Schwächen a5, c5 und e5; Golowin–Pawlow, Alusta 2013.)

9...♗f8 10.♕c2 a5 11.a4 ♕c7 12.d4 b6 13.dxe5 dxe5 14.♗f1 ♗b7 15.♘b3 ♖ad8 16.♘fd2 h6 17.f3 ♘c5 18.♘c4 ♗a6 19.♗e3 ♘fd7 20.♘bd2 ♗xc4 21.♗xc4 ♘e6 22.♖ed1 ♗c5 23.♘f1 ♘df8 24.♖xd8 ♖xd8 25.♖d1 In der Partie Kuhn-Baeckstroem, ICCF 1995, stand Weiß aktiver, denn einerseits kann mit b2-b4 aktives Spiel am Damenflügel vorbereitet werden – und andrerseits kann der König nach ♔f2 usw. schnell ins Zentrum gelangen.

B) 3...♗e6 4.♗g2 ♘c6 5.♘f3 h6 6.♘bd2 ♕d7 7.h3 ♗e7 8.c3 0–0–0 9.b4 ♗f6 10.b5 ♘ce7 11.c4 g5 12.♕a4 ♔b8 13.♘b3 c5 14.bxc6 ♕xc6 15.♕a3 g4 16.hxg4 ♗xg4 17.♖b1 ♖d7 18.♗e3 Die weißen Möglichkeiten, Königsangriff zu erlangen, überwiegen die gegnerischen Chancen am anderen Flügel; Andries-Harris, San Francisco 2012.

C) 3...♘c6 4.♗g2 g6

(Auf 4...h5 folgt 5.♘f3 ♗g4 6.h3 ♗xf3 7.♕xf3 h4 8.c3±.)

5.c4 ♗g7 6.♘c3 ♘ge7 7.♘ge2 ♗g4 8.f3 ♗d7 9.0–0 h5 10.♖b1 ♕c8 11.♘d5 ♘xd5 12.cxd5 ♘e7 13.d4 ♗h3 14.dxe5 ♗xg2 15.♔xg2 ♗xe5 16.f4 ♗f6 Und hier hätte Weiß in der Partie Andersen-Amstrup Jensen, Koge 2013, einfach 17.h3 spielen sollen. Auf die eventuelle Fortsetzung 17...h4 könnte er mit 18.g4 reagieren und mit dem anschließenden Manöver ♗e3-d4 bequemes Spiel erlangen.

3.♘f3

Wenn Weiß sofort 3.g3 spielt, so führt dies normalerweise über Zugumstellung zur Hauptvariante, worauf wir in der Folge noch zurückkommen werden.

3...♘c6 4.g3

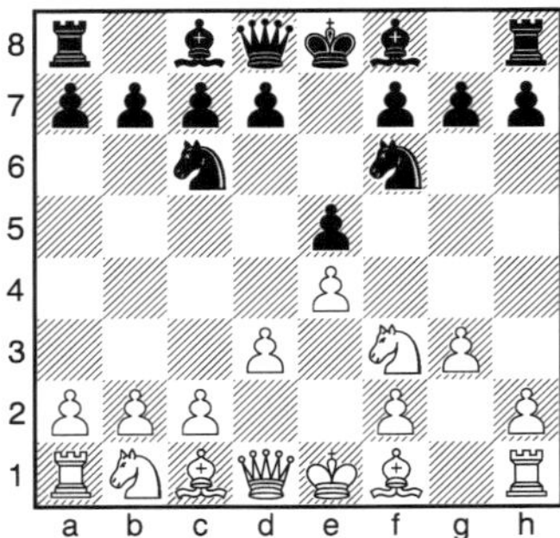

4...♗c5

Natürlich kann auch Schwarz seinen Königsläufer fianchettieren; z.B. 4...g6 5.♗g2 ♗g7 6.0–0 0–0 7.♘bd2 d5 8.c3 a5 9.a4 ♖e8 10.♕c2 h6 11.♖e1 dxe4 12.dxe4 ♗e6 13.♘f1 ♕b8 14.♘e3 ♕a7 15.♗f1 ♗f8 16.♗b5 ♕c5 17.b3 ♘g4 18.♘c4 ♗d7 19.♗a3 ♕a7 20.♗xf8 ♔xf8 21.♗xc6 bxc6 22.h3 ♘f6 Hier hätte Weiß in der Partie Languidey-Pires, Barrinha 2013, mit 23.♘fxe5! ♗xh3 24.♘xc6 ♕c5 25.♘d4 einen Bauern gewinnen können.

5.♗g2

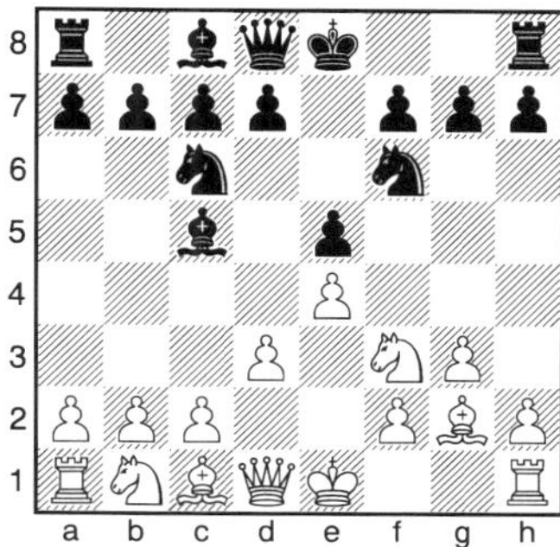

5...d6

Hier ein Überblick über einige Alternativen:

I. 5...0–0 6.0–0 d5 7.♘bd2

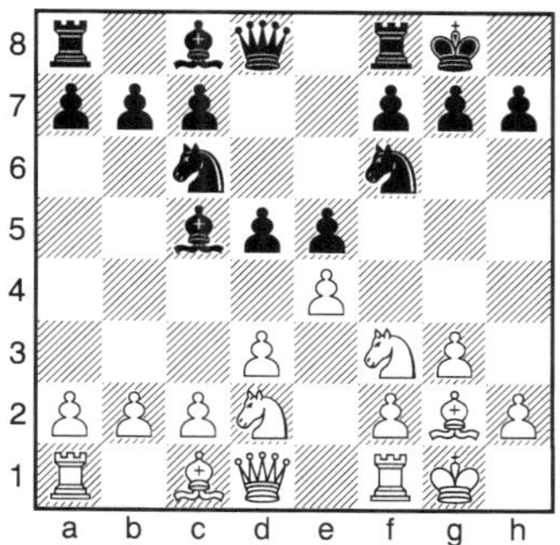

A) 7...♗e6 8.c3

Den Plan mit 8.♕e2 werden wir anhand der **Partie Nr. 52**: Mauch–Wenninger, Osnabrück 2012, untersuchen.

8...dxe4 9.dxe4 a5 10.a4 ♕d7 11.♕e2 ♗g4 12.♘c4 ♕e6 13.♘e3 ♖ad8 14.h3 ♗xf3 (14...♗xh3?? 15.♘g5+–) 15.♕xf3 ♘e7 16.♘f5 g6 17.♘h6+ ♔g7 18.g4 Weiß plant h3-h4 mit Initiative am Königsflügel, Palek–Freisler, Rakovnik 2012.

B) 7...♖e8 8.c3 a5 9.exd5 ♘xd5 10.♖e1

(10.♘xe5!? ♘xe5 11.d4 ♗xd4 12.cxd4 ♘d3 13.♕b3 ♘xc1 14.♖axc1 ♘b6 15.d5 a4 16.♕f3 ♖a5 17.♘c4 ♖b5 18.♘xb6 ♖xb6 19.♖c2 ♖e7 20.h3 ♖d6 21.♖fc1 b6 22.♕a3 b5 23.♕c5 ♗f5 24.♖c3 Schwarz hat Schwächen auf b5 und c7, und zusätzlich hemmt der weiße Bauer d5 seine Kräfte. Entsprechend stand Weiß in der Partie Mittag–Jahrsdörfer, Deutschland 2008, besser.)

10...♘b6 11.d4 exd4 12.♖xe8+ ♕xe8 13.♘b3 ♗e7 14.♘bxd4 ♘xd4 15.♘xd4 c6 16.♗f4 ♕d8 17.♕e2 ♗f8 18.♖d1 Weiß hat seine Entwicklung mit Positionsvorteil beendet, Ramnath–Tong, Ho Chi Minh City 2016.

II. 5...d5 6.exd5 ♘xd5 7.0–0 0–0

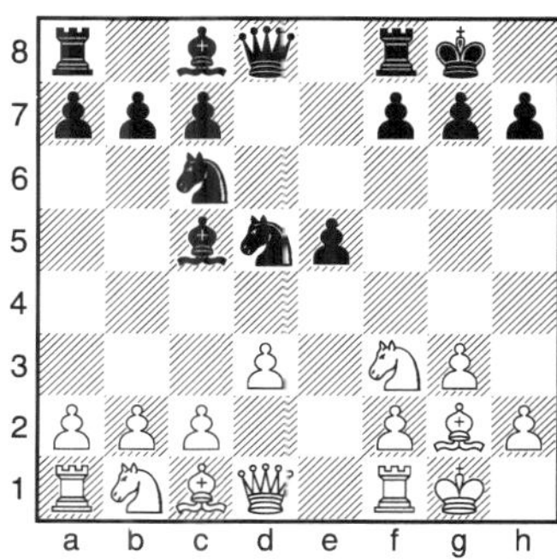

A) 8.c3 ♗g4 9.h3 ♗h5 10.♘bd2 a6 (Nach 10...♖e8 kann Weiß mit

11.a4 a5 12.♕b3 usw. fortsetzen.)

11.♖e1 f6 12.b4 ♗a7 13.♗b2 ♗f7 14.a3 ♕d7 15.♘e4 ♖ad8 16.♕c2 ♗e6 17.♔h2 Weiß plant ♖ad1 nebst c3-c4-c5 und d3-d4.

B) 8.♖e1 ♖e8 9.♘bd2 ♗g4 10.h3 ♗h5 11.c3 a5 12.a4 ♕d7 13.♘e4 ♗b6 14.g4 ♗g6 15.♘h4 ♗xe4 16.dxe4 ♘f6 17.♕f3 ♕e6 18.♘f5 ♘e7 19.♗g5 Weiß hat gute Perspektiven am Königsflügel. Nach ♘xf5 schlägt er mit dem g-Bauern zurück und erhält nach ♖g1 Angriffsmöglichkeiten, Shanava-Chigladze, Tiflis 2012.

III. 5...♗b6 6.0–0 d6

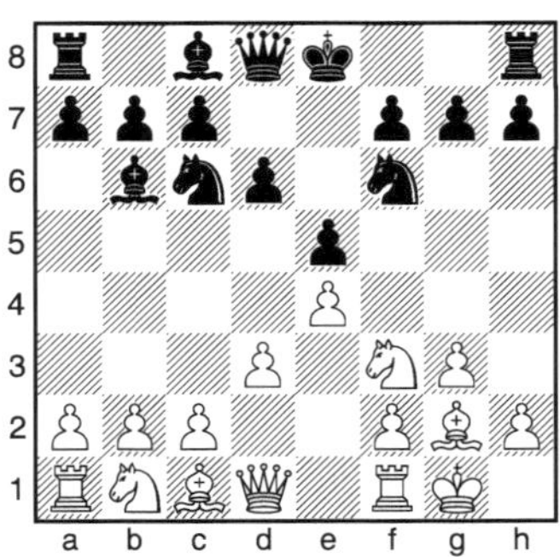

A) 7.♘bd2 a6 8.♘c4 ♗a7 9.♗e3 ♗xe3 10.♘xe3 0–0 11.c3 ♘e7 12.d4 ♘g6

(Nach 12...exd4 13.♘xd4 c5 14.♘e2 kann Weiß den Plan h2-h3 nebst f2-f4 und g3-g4 mit aktivem Spiel am Königsflügel verfolgen.)

13.♕c2 ♖e8 14.♖ad1 ♕e7 15.♖fe1 b6

Zu beachten ist 15...♗g4!?.

16.c4 c5 17.♘f5 ♕f8

(17...♗xf5 18.exf5 ♘f8 19.dxe5+–)

18.♘xd6! mit weißem Materialvorteil in der Partie Zwjagintzew-Kamsky, Sotschi 2015.

B) 7.c3 0–0 8.b4 ♗g4 9.h3 ♗h5 10.♘bd2 a6 11.a4 ♕e7 12.♘c4 a5 13.b5 ♘d8 14.♘xb6 cxb6 15.♗e3 ♕c7 16.♖c1 Angesichts der Bauernschwäche b6 hatte Weiß in der Partie Mazurkiewicz-Skomial, Hucisko 2016, die besseren Perspektiven.

6.0–0

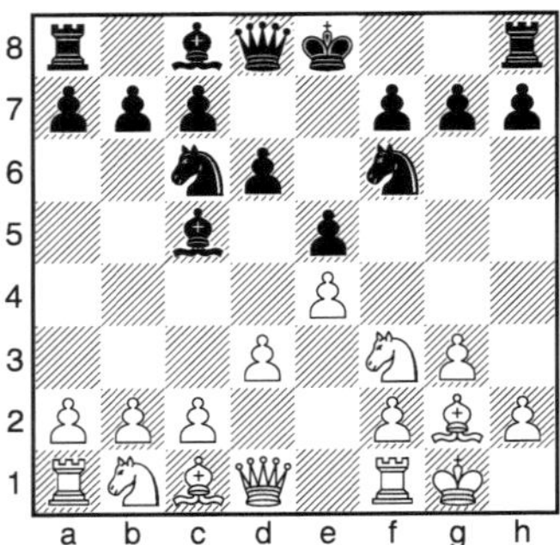

6...0–0

Schwarz gibt zunächst der Königssicherung den Vorrang. Anzutreffen ist auch 6...h6, um ♗e6 folgen zu lassen, ohne durch den Ausfall ♘g5 gestört zu werden. Zugleich wird der eventuelle Störzug g5 verhindert. Es könnte weiter folgen: 7.c3 a5

(Nach 7...a6 kann 8.b4 ♗a7 9.a4 usw. geschehen.)

A) 8.♘bd2 a4 9.♘c4 0–0 10.♗e3 b5 11.♗xc5 bxc4 (11...dxc5? 12.♘cxe5±) 12.♗a3 cxd3 13.♕xd3 ♘a5 14.c4 ♗e6 15.b3 c5 16.♗b2 ♘c6 17.♖fd1 ♕b6 18.h3 ♘d4 mit gutem schwarzem Spiel, Heise–Lenz, ICCF 2011.

B) 8.a4! 0–0

(Auf 8...♗g4 reagierte Weiß in der Partie Shkapenko–Terletsky, Katowice 2017, mit 9.h3 ♗h5 10.g4 ♗g6 11.♘h4±.)

9.♘a3 ♖e8 10.♖e1

(10.h3 ♗a7 11.♘b5 ♗b6 12.♘d2 ♗e6 13.♘c4 ♗c5 14.♘e3 ♘e7 15.d4 exd4 16.cxd4 ♗b6 17.f4±; Shkapenko–Vidic, Trieste 2017)

10...♗g4 11.h3 ♗xf3

(11...♗h5 12.♘c4 ♕d7 13.g4 ♗g6 14.♘h4 ♗h7 15.♕f3 ♖ad8 16.♘f5±)

Nach 12.♕xf3 macht die weiße Stellung einen guten Eindruck, denn der weitere Plan ♘c2 nebst ♗e3 läuft auf gewissen Vorteil hinaus.

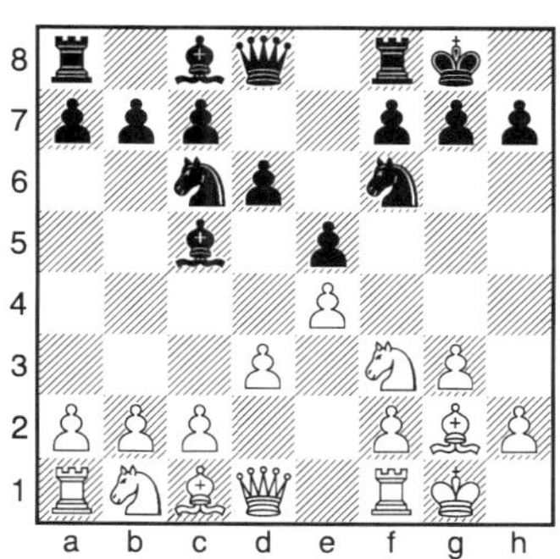

7.c3

Mit diesem üblichen und stellungsgerechten Zug nimmt Weiß d4 unter Kontrolle. In der Partie Smirin–Halkias, Plowdiw 2003, führte Weiß einen anderen Plan durch – nämlich 7.♘c3 a6 8.h3 h6 9.♔h2 ♗e6

(Auf 9...♘e7 ist 10.d4! eine starke Antwort.)

10.♗e3 ♗xe3 11.fxe3 d5 12.exd5 ♘xd5 13.♕e1 ♕d7 14.♖d1 ♖ad8 15.a3 ♖fe8 16.♘e4 b6 17.g4 f6 18.♘h4 ♖f8 19.♘f5 ♗xf5 20.gxf5 ♔h8 21.♘g3 ♘de7 22.♖g1 ♖g8

(22...♘xf5?? 23.♗xc6 ♕xc6 24.♘xf5+–)

23.♗e4 mit guten Angriffschancen nach dem Manöver ♖d2-g2 usw.

7...a6 8.b4

Statt dieser energischen Aktion am Damenflügel kann man auch ruhiger fortsetzen, und zwar mit 8.♖e1, was wir anhand der **Partie Nr. 53**: Rapport–Zhang, Danzhou 2016, untersuchen werden.

8...♗a7 9.♘bd2

In Frage kommt auch das Manöver 9.a4!? nebst ♘a3-c2.

9...h6 10.a4

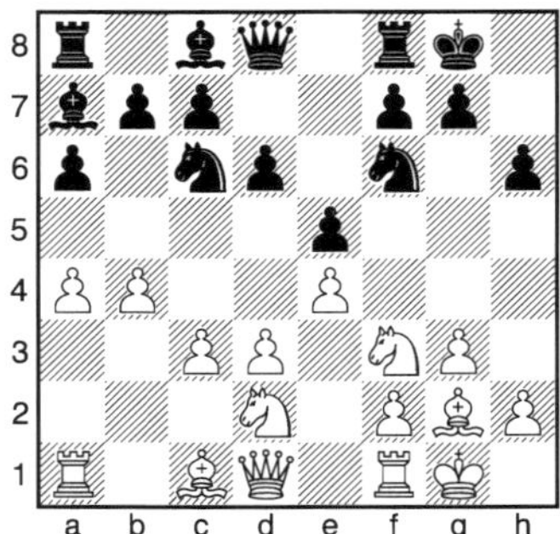

10...♗e6

Die Alternative 10...♘e7 wird anhand der **Partie Nr 54**: Zwjagintzew–Trapischko, Sotschi 2017, untersucht.

11.♗b2 ♖e8 12.b5 axb5 13.axb5 ♘e7 14.d4 ♘g6 15.♕c2 ♗d7 16.c4 exd4 17.♗xd4 ♗xd4 18.♘xd4 ♖xa1 19.♖xa1 ♘g4 20.♕c3 In dieser Stellung hat Weiß mehr Spielmöglichkeiten, denn er beherrscht die a–Linie, hat die bessere Zentrumsformation und kann nach f2-f4 auf Königsangriff abzielen; Zwjagintzew–Demtschenko, Sankt Petersburg 2015.

Zusammenfassung:

Die angeführten Varianten und Partiefragmente zeigen die durchaus gegebenen taktischen und strategischen Möglichkeiten von Weiß nach dem bescheidenen Zug 2.d3. Da Schwarz jedoch offenbar völlige Freiheit bei der Wahl der Entwicklungsmethode erhält, entsteht in aller Regel ein Spiel mit verteilten Chancen. Eine eventuelle Verschiebung dieses dynamischen Gleichgewichts hängt davon ab, welche Seite zuerst konkret aktiv werden kann.

Beispielpartien

Partie Nr. 52

Mauch – Wenninger

Osnabrück 2012

1.♘f3 d5 2.g3 ♘f6 3.♗g2 ♘c6 4.0–0 e5 5.d3 ♗c5 6.♘bd2 0–0 7.e4 ♗e6 8.♕e2

Die Alternative 8.c3 wird im einleitenden Text von Kapitel 3 besprochen.

8...♖e8 9.h3 h6 10.♘b3 ♗f8 11.♗e3 d4 12.♗c1 a5 13.a4 ♘d7 14.♘h2

Nun wird klar, dass Weiß f2-f4 nebst aktivem Spiel am Königsflügel vorbereitet.

14...♘c5 15.♘xc5 ♗xc5 16.f4

Der thematische Vorstoß.

16...f6 17.f5 ♗f7 18.♕g4 ♔h8 19.h4 ♘b4 20.♖f2 ♗e7 21.♕h3 c5

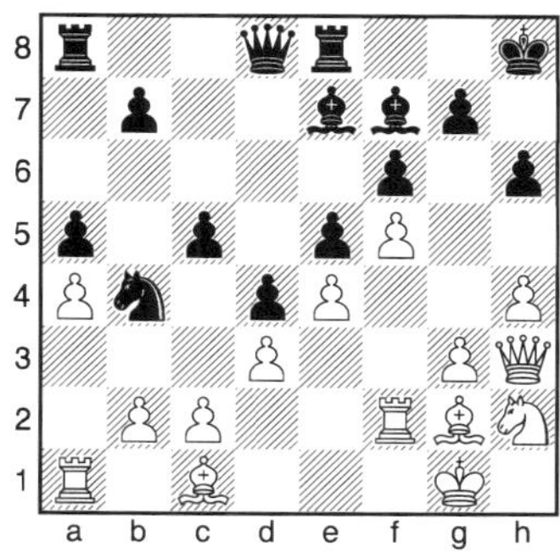

22.g4!

Bei geschlossenem Zentrum darf Weiß durchaus mit den Rochadebauern vorstürmen, schließlich wird sein König (was ja typisch für Königsindisch ist) ausreichend vom Fianchetto-Läufer abgeschirmt. Im vorliegenden Fall kommt hinzu, dass auch drei weitere Figuren beim König sind und dass Schwarz sowieso über keine Kontermöglichkeiten am Königsflügel verfügt.

22...c4

Schwarz muss konsequent sein Gegenspiel am anderen Flügel vorantreiben.

23.♗f1 cxd3 24.♗xd3 ♘xd3 25.cxd3 ♖g8 26.♔h1 ♖c8 27.♘f3!?

Weiß bereitet weiter g4-g5 vor, obwohl dieser Vorstoß bereits hier gut gewesen wäre.

27...♔h7 28.g5 ♗h5 29.♖g2 ♕b6 30.♔h2

Das ist eigentlich ein Tempoverlust, denn in einer dynamischen Position sollte man schleunigst seine Reserven ins Spiel bringen. Zu diesem Zweck kam 30.♗d2!? in Frage, denn nach 30...♕xb2 31.♖ag1 erhält Weiß Angriff.

30...♗xf3

Schwarz will den gegnerischen Angriffsspringer eliminieren, obwohl dadurch die weißen Felder in seinem Lager dauerhaft geschwächt werden. Besser war 30...♕b3! mit der starken Drohung ♕d1!.

31.♕xf3

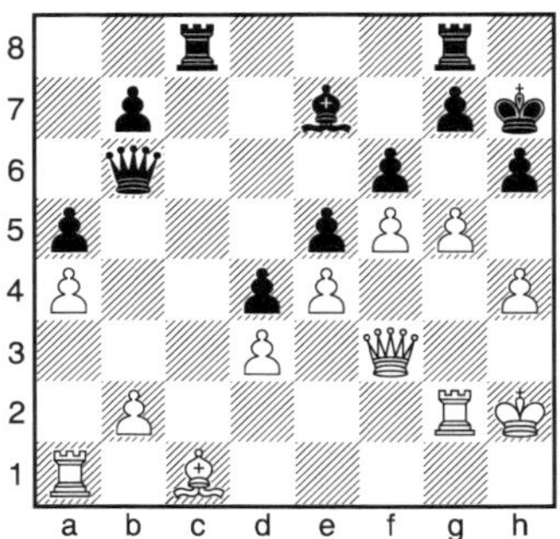

31...♕b3?

Das ist der entscheidende Fehler, weil die Dame jetzt endgültig den Kontakt zum Königsflügel verliert. Notwendig war 31...fxg5! 32.hxg5 hxg5 33.♕h3+ ♕h6 34.♗xg5 ♗xg5 35.♖xg5 ♖h8 36.♕xh6+ gxh6 37.♖g2 ♖hg8 mit ausgeglichenem Turmendspiel.

32.♕h5! ♖c2 33.g6+ ♔h8 34.♗xh6!

Nun greift der bislang untätige Läufer mit entscheidender Wucht in den Kampf ein.

34...♖xg2+ 35.♔xg2 ♕xb2+ 36.♗d2#

Partie Nr. 53
Rapport – Zhang
Danzhou 2016

1.e4 e5 2.♘f3 ♘c6 3.g3 ♘f6 4.d3 ♗c5 5.♗g2 0–0 6.0–0 d6 7.c3 a6 8.♖e1

Die Alternative 8.b4 wird im einleitenden Text von Kapitel 3 besprochen.

8...♗a7 9.♘a3 h6

Statt dieser üblichen Verhinderung des Störzuges ♗g5 wählte Schwarz in der Partie Topalow-Carlsen, Norwegen 2014, die Fortsetzung 9...♘e7, und nach 10.♘c2 ♘g6 11.h3 ♖e8 12.♗e3 c6 13.♗xa7 ♖xa7 14.♘e3 d5 15.♕c2 ♗e6 16.♖ad1 stand Weiß etwas besser.

10.♘c2 ♖e8 11.♗e3 ♗xe3 12.♘xe3 ♘g4 13.♘c2 ♘f6 14.d4 ♘h7 15.♘d2 ♕f6 16.dxe5 dxe5 17.♘e3 ♘e7 18.h4 ♗e6 19.♘d5 ♘xd5 20.exd5 ♗f5 21.♕b3 ♖ab8 22.♖e3

Weiß setzt den Bauern e5 unter Druck, um den Gegner zu dem ein oder anderen positionellen Zugeständnis zu provozieren.

22...b5 23.♖ae1 ♕d6?

Und schon ist es passiert! Schwarz hatte noch Zeit, seinen Zentralbauern mit 23...♘f8 mit der Idee 24.♘f3 ♘d7 zu verteidigen. Nach dem Partiezug hingegen gerät er bereits in Schwierigkeiten.

24.♘f3 e4 25.♘d4 ♗g6

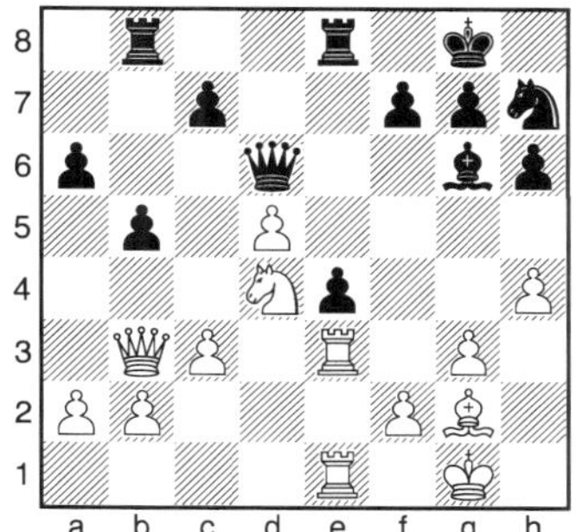

26.♘c6!

Es ist wichtig, dass Weiß mit Geduld ans Werk geht, denn nach 26.♗xe4 ♗xe4 27.♖xe4 ♖xe4 28.♖xe4 ♘f6 29.♘f5 ♕d7 30.♘e7+ ♔h8 31.♖e1 stünde er nur etwas besser.

26...♖a8 27.♗xe4 ♗xe4 28.♖xe4 ♖xe4 29.♖xe4 ♘f6 30.♖e5

So hat Weiß nicht nur den Bauern erobert, sondern zusätzlich eine gute Stellung erreicht.

30...♔f8 31.c4 bxc4 32.♕xc4 a5

Die Alternative bestand in 32...♖e8 33.♖xe8+ ♘xe8

(33...♔xe8 34.♕xa6 ♘xd5 35.♕c8+ ♕d8 36.♕xd8#)

34.♕e2 ♘f6 35.♕xa6 g5 36.hxg5 hxg5 37.♕c8+ ♔g7 38.♕f5 ♕xd5 39.♕xd5 ♘xd5 40.♔f1 mit gewonnenem Springerendspiel.

33.a4 ♘d7 34.♖e1 ♘f6 35.♖d1 ♖e8

Schwarz opfert den Bauern a5, um den Turm zu aktivieren.

36.♘xa5 ♖e4 37.♖d4 ♖xd4 38.♕xd4 ♘xd5

Das Springerendspiel nach 38...♕xd5 39.♕xd5 ♘xd5 40.♘c4 wäre für Weiß gewonnen.

39.♘c4 ♕c6 40.a5 In dieser hoffnungslosen Stellung gab Schwarz die Partie auf.

Partie Nr. 54
Zwjagintzew – Triapischko
Sotschi 2017

1.e4 e5 2.♘f3 ♘c6 3.g3 ♘f6 4.d3 ♗c5 5.♗g2 d6 6.0–0 0–0 7.c3 a6 8.b4 ♗a7 9.a4 h6 10.♘bd2 ♘e7

Die Alternative 10...♗e6 wird im einleitenden Text von Kapitel 3 besprochen.

11.♘c4 ♘g6 12.♗e3 ♗e6

Auf 12...♗xe3 wäre 13.♘xe3 der Normalzug, obwohl auch 13.fxe3 mit Öffnung der f-Linie zu beachten ist.

13.♗xa7 ♗xc4 14.♗e3 ♗e6 15.h3 d5 16.♕c2 ♕d7 17.♔h2 ♕c6 18.♖ac1 ♖ad8 19.♘d2

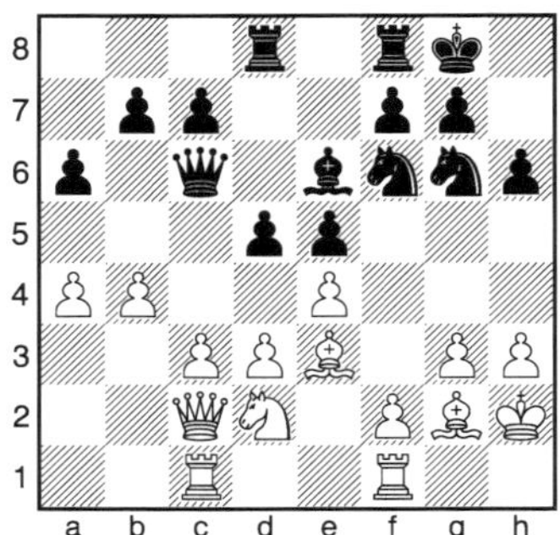

19...d4?

Das ist ein positioneller Fehler, weil Weiß – wie der weitere Partieverlauf zeigen wird – nach dem Damentausch die besseren Aussichten erhält. Am besten war es, die Spannung mit 19...♖fe8!? aufrecht zu erhalten.

20.cxd4 ♕xc2 21.♖xc2 exd4 22.♗f4 ♘xf4 23.gxf4 c6 24.f5 ♗c8 25.f4 g6 26.fxg6 fxg6 27.♗f3 ♔h7 28.♘b3 ♖f7 29.a5!

So wird der schwarze Damenflügel gelähmt.

29...♘e8 30.♗g4 ♘c7?

Der Springer strebt via b5 nach c3. Da dieses Manöver jedoch positionell nichts leistet, war 30...♘g7!? zu beachten, um den König besser zu verteidigen.

31.♘c5 ♘b5 32.♖cf2 ♘c3 33.f5!

Der Kampf soll am Königsflügel entschieden werden.

33...gxf5 34.♗xf5+ ♗xf5 35.♖xf5 ♖xf5 36.♖xf5 ♔g6 37.h4 h5 38.♘e6

Jetzt wird deutlich, dass der Springer auf g7 fehlt (siehe vorletzte Bemerkung).

38...♖d6 39.♘f4+ ♔g7 40.♘xh5+ ♔g6 41.♘f4+ ♔g7

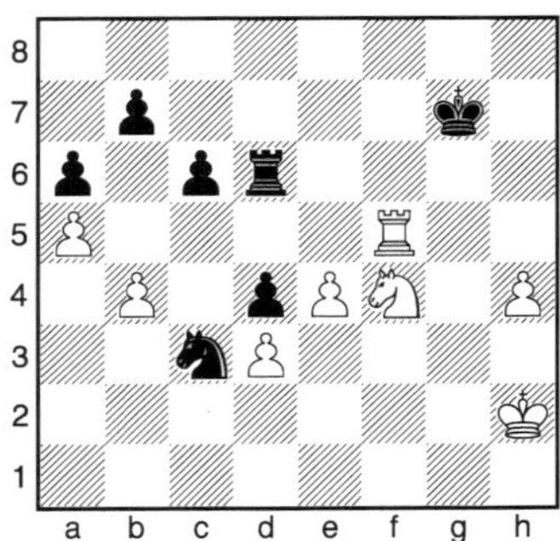

42.h5

Im Gewinnsinne war 42.e5!? präziser.

42...♘a2

Etwas zäher war 42...♘xe4!? 43.dxe4 d3 44.♖g5+ ♔h6 45.♖g1 d2 46.♖d1 ♖d4 usw.

43.e5 ♖d7 44.e6 ♖e7 45.♔g3 ♘xb4 46.♔g4 ♘d5 47.♘xd5 cxd5 48.♖f7+!

So leitet Weiß in ein gewonnenes Bauernendspiel über.

48...♖xf7 49.exf7 ♔xf7 50.♔g5 ♔g7 51.h6+

Schwarz gab sich geschlagen.

Kapitel 4

Der Königsindische Angriff gegen Caro-Kann
(Theorieteil)

1.e4 c6 2.d3 d5

Dieser typische Schlag gegen den weißen Zentrumsbauern ist mehr im Geist von Caro–Kann. Nach der selteneren Erwiderung 2...e5 könnte folgen 3.g3 ♘f6

(Oder 3...d5 4.♘d2 nebst ♗g2 usw. wie in der Hauptvariante.)

4.♘f3 d6 5.♗g2 g6 6.0–0 ♗g7 7.♘bd2 0–0 8.c3 ♖e8 9.♖e1 und weiter nach bekanntem Schema.

3.♘d2

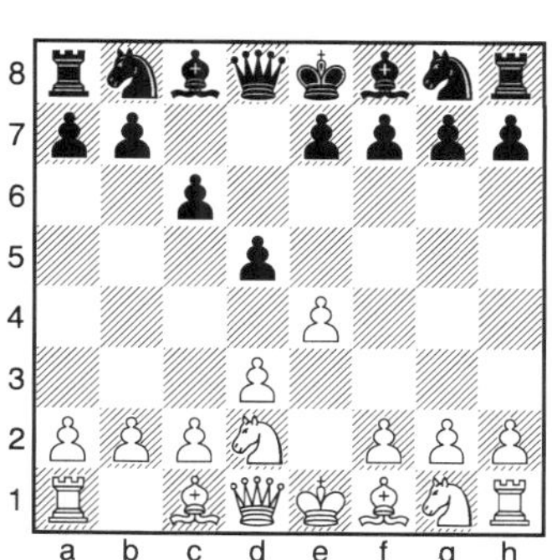

In der Diagrammstellung hat Schwarz folgende Möglichkeiten zur Auswahl:

I. 3...e5 (siehe **Abspiel 1**)

II. 3...dxe4 (siehe **Abspiel 2**)

III. 3...g6 (siehe **Abspiel 3**)

IV. 3...♕c7 (siehe **Abspiel 4**)

V. 3...♘f6 (siehe **Abspiel 5**)

VI. 3...♘d7 (siehe **Abspiel 6**)

Abspiel 1

Die Fortsetzung 3...e5

1.e4 c6 2.d3 d5 3.♘d2 e5

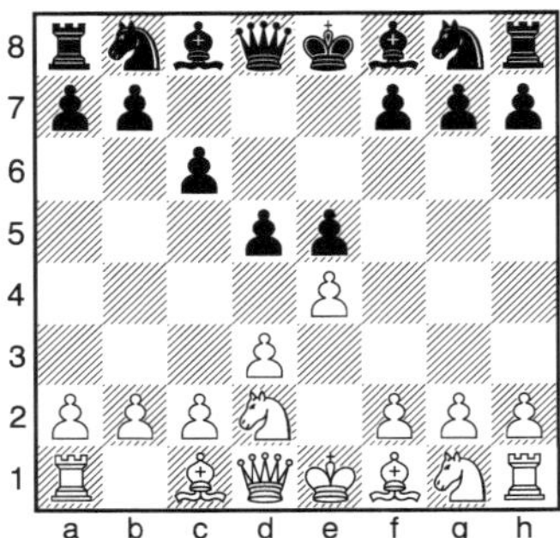

Wie die Turnierpraxis zeigt, ist die weitere Raumnahme im Zentrum nicht nur die logischste, sondern wohl auch die beste Reaktion, weshalb diese Fortsetzung am populärsten ist.

4.♘gf3 ♗d6

Falls Schwarz den Bauern e5 mit 4...♘d7 verteidigt, könnte beispielsweise folgen 5.g3 ♘gf6 6.♗g2 g6

(Nach 6...dxe4 7.dxe4 ♗c5 8.0–0 ♕c7 9.♕e2 0–0 10.h3 postiert Weiß den Turm auf d1, um danach den Springer über f1 und h2 zum Königsflügel zu verlegen. Ganz ähnlich folgt dieser Plan auch nach 6...♗c5 7.0–0 0–0 8.c3 dxe4 9.dxe4 a5 10.♕e2 nebst 11.h3 usw.)

7.0–0

A) Der Ansatz, die Zentrumsspannung mit 7...dxe4 aufzulösen, wird anhand der **Partie Nr. 55**: Fischer–Richburg, Detroit 1964, untersucht.

B) 7...♗g7 8.♖e1 ♕c7

(8...d4 9.♘f1 ♕c7 10.h3 c5 11.b3 ♖b8 12.♘3h2 h5 13.♕e2 b5 14.f4 h4 15.g4 c4 16.♘f3 0–0 17.f5 ♖e8 18.♘xh4 ♔h7 19.♘g3 ♗a6 20.g5 ♘g8 21.fxg6+ fxg6 22.♘xg6 1-0; Giaccio–Galindo, Buenos Aires 1991)

9.b4 0–0 10.♗b2 ♖e8 11.exd5 cxd5 12.c4 dxc4 13.♘xc4 e4 14.♘g5 exd3 15.♖xe8+ ♘xe8 16.♗d5! mit weißem Angriff, M. Müller–Bielmeier, Deutschland 1998.

5.g3

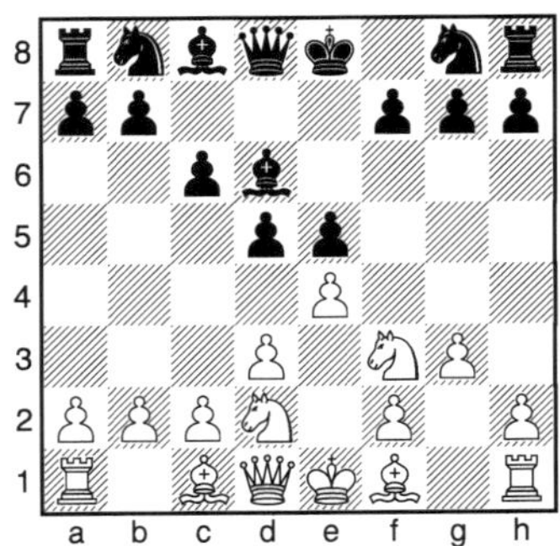

5...♘f6

Andere Pläne für Schwarz sehen folgendermaßen aus:

I. 5...♘e7 6.♗g2 0–0 7.0–0

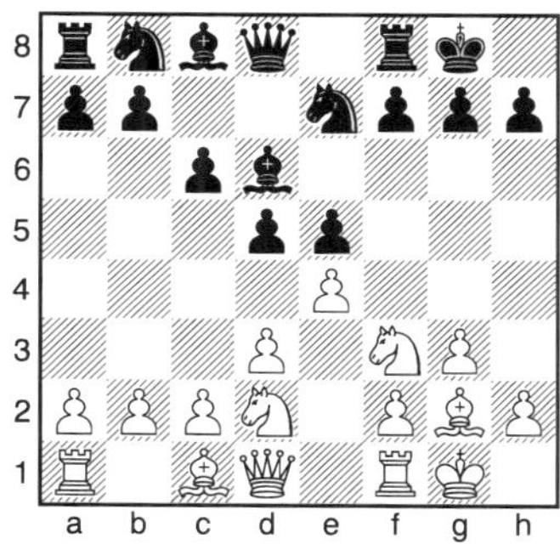

A) 7...f5 8.exd5 cxd5 9.c4 dxc4 10.♘xc4 ♘bc6 11.♖e1 ♕c7

(11...♘g6 12.♘g5 ♘ce7 13.♕b3 ♔h8 14.h4± Seret–Helgason, Cappelle la Grande 1989)

12.♗d2 f4 13.♖c1 ♗e6 14.♘g5 ♗xc4 15.♖xc4 Nun droht Weiß, mit ♘e6 Material zu erobern.

B) 7...f6 8.d4 ♗g4 9.c4 dxe4

(9...exd4 10.cxd5 cxd5 11.exd5 ♘d7 12.♘b3 ♘b6 13.♕xd4 ♗xf3 14.♗xf3 ♗e5 15.♕d3 ♘exd5 16.♘c5±; Stein–De Lange, Kuba 1966)

10.♘xe4 exd4 11.♕xd4 ♗xf3 12.♗xf3 ♗e5 13.♕xd8 ♖xd8 14.♘c5 b6 15.♘e6 ♖d7 16.a4 Der Plan, diesen Bauern weiter vorzustoßen, sichert Weiß Positionsvorteil, denn Schwarz muss noch das Problem mit seinem unentwickelten Damenflügel lösen, Pessi–Nanu, Bukarest 2002.

C) 7...♗c7 8.c3 h6 9.♖e1 ♘g6 10.♕c2 ♖e8 11.b3 ♘d7 12.♗b2 ♗b6 13.d4 exd4 14.exd5 ♖xe1+ 15.♖xe1 cxd5 16.♘xd4 ♘de5 17.♘2f3 ♘xf3+ 18.♘xf3 ♗d7 19.♖d1 mit Druck auf den Bauern d5, Satta–Sulypa, Paris 1993.

D) 7...♘d7 8.exd5 cxd5

(Nach 8...♘xd5 folgt 9.c4 ♘b4 10.♘e4 ♗c7 11.a3 ♘a6 12.b4 f5 13.♘ed2 mit der Idee, durch ♗b2 und ♖e1 Druck auf den Bauern e5 zu erzeugen.)

9.c4 ♘b6

(9...♘c5 10.cxd5 ♘xd3 11.♘c4⩲)

10.♖e1 f6 11.cxd5 ♘exd5 12.d4 exd4 13.♘xd4 Weiß hat mehr Raum und der aktive Läufer g2 kann dem Gegner viele Probleme bereiten.

II. 5...f5 6.exd5 cxd5 7.c4

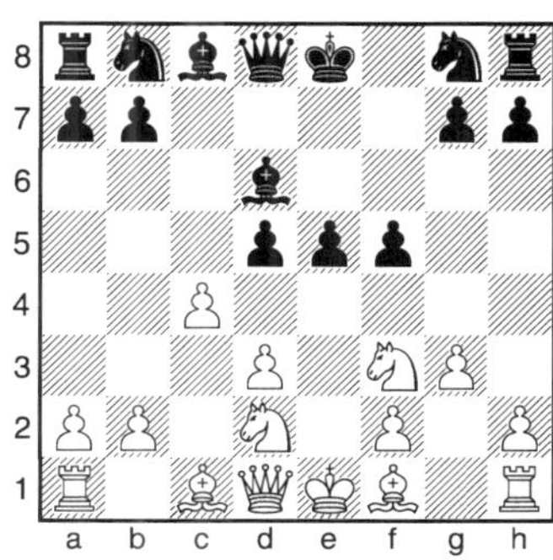

A) 7...dxc4 8.♘xc4 ♘f6 9.♗g2 ♘c6 10.0–0 0–0 11.♖e1 ♖e8 12.♕b3 ♔f8

(Auf 12...♔h8 folgt 13.♘g5 ♘d4 14.♘f7+ ♔g8 15.♘xd8 ♘xb3 16.♘xb7 ♗xb7 17.axb3 ♗xg2 18.♘xd6 ♖ed8 19.♔xg2 ♖xd6 20.♖xe5 ♖xd3 21.♖xf5 ♖xb3 22.♖fa5 ♖b7 23.♖1a2 mit weißem Endspielvorteil.)

Und nun empfiehlt Neil McDonald 13.♗d2! mit der möglichen Folge 13...♖b8 14.♘fxe5! ♗xe5

(14...♘xe5 15.♘xd6 ♕xd6 16.♗b4+−)

15.♘xe5 ♖xe5

(15...♘xe5 16.♗b4+ ♖e7 17.♖xe5+−)

16.♖xe5 ♘xe5 17.♗b4+ ♔e8 18.♖e1 mit weißem Gewinn.

B) 7...e4 8.♘d4 ♕e7 9.♗g2! ♘c6

(Nach 9...exd3+ 10.♔f1 ♘f6 11.cxd5 0−0 12.♘c4 bekommt Weiß die besseren Perspektiven.)

10.cxd5 ♘xd4

(Nach 10...exd3+ 11.♘e6! ♗xe6 12.0−0 hat Weiß spürbare Initiative.)

11.0−0! ♗d7

(Nach 11...♘b5 führt 12.dxe4 ♘f6 13.a4 ♘c7 14.e5! ♗xe5 15.♘c4 mit der Doppeldrohung 16.d6 und 16.♖e1 zum Gewinn.)

12.♘c4 ♘b5 13.a4 ♘c7 14.dxe4 fxe4 15.♖e1 ♘f6 16.♗xe4! Und jetzt scheitert 16...♘xe4 (laut einer Analyse von Neil McDonald) an 17.♖xe4 ♕xe4 18.♘xd6+ mit Damenverlust.

C) 7...d4 8.♗g2 ♘c6 9.0−0 ♘f6 10.c5! (10.a3 a5!=) 10...♗xc5

(10...♗c7 11.b4! ♘xb4 12.♘xe5 ♗xe5 13.♘c4 ♗c7 14.♕e1+ ♔f7 15.♕xb4 mit weißem Vorteil)

11.♘xe5 ♘xe5 12.♖e1 ♘fg4 13.♘c4 0−0 14.♘xe5 Laut einer Analyse von Neil McDonald steht Weiß speziell im Hinblick auf den starken Läufer g2 aktiver.

6.♗g2 0−0 7.0−0

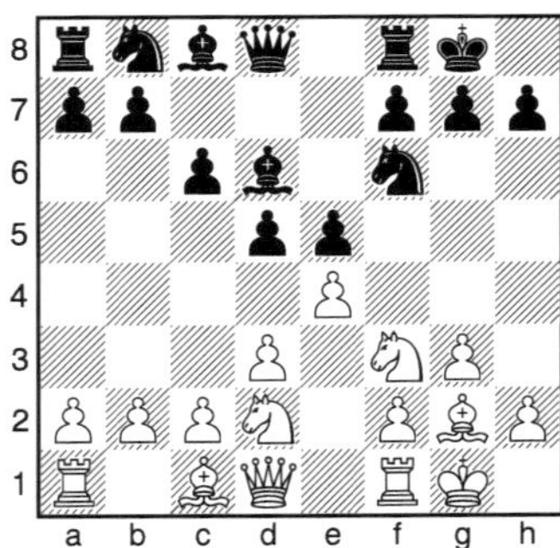

7...♖e8

Zur Überdeckung von e5 kommt auch 7...♘bd7 in Frage. Dann empfiehlt sich 8.b3, wonach die Partie Skljarow−Soloschenkin, Finnland 2011, folgenden Verlauf nahm: 8...♖e8 (8...a5 9.a3!) 9.♗b2 b6 10.♖e1 ♗b7 11.d4 ♘xe4?

(Stärker war 11...exd4!? 12.♘xd4 ♗c5 mit Ausgleichschancen.)

12.dxe5 ♘xd2 13.♕xd2 ♗f8 14.c4 dxc4 15.e6 fxe6 16.♘g5 e5 17.♖ad1 ♘f6 18.♕c2 cxb3 19.axb3 ♕e7 20.♕c4+ ♘d5

(20...♔h8 21.♖xe5! b5 22.♘f7+ ♔g8 23.♘h6+ ♔h8 24.♖xe7 bxc4 25.♖xb7+–)

21.♖xd5 cxd5 22.♗xd5+ ♔h8 23.♘f7+ ♔g8 24.♗xb7 1-0.

Ein ganz anderer Plan besteht in der Fesselung 7...♗g4, was nach 8.h3 zu folgenden Abspielen führt:

A) 8...♗h5 9.♕e1 ♖e8 10.♘h4 ♘a6 11.a3 ♘c5 12.♘f5

Die Alternative 12.b3 wird anhand der **Partie Nr. 56**: Nakamura-Navara, Sestao 2010, untersucht.

12...♗f8 13.♔h1 ♗g6 14.♘h4 ♕c7 15.♘xg6 hxg6 16.b3 ♘e6 mit komplizierter Position in der Partie Grischuk-Fressinet, Peking 2012.

B) 8...♗xf3 9.♕xf3 dxe4

(Nach 9...♘bd7 kann man 10.c3 mit der Absicht ♖e1, ♘f1 usw. spielen.)

10.dxe4 ♘bd7 11.♘c4 ♗c7 12.♖d1 b5 13.♘e3 ♗b6 14.♘f5 ♕c7 15.♗g5 ♔h8 16.♖d2 ♖ae8 17.h4 h6?

Richtig war 17...♖e6!?.

18.♘xh6! ♘h7

(18...gxh6 19.♗xf6+ ♘xf6 20.♕xf6+ ♔g8 21.♕xh6+–)

19.♘f5 ♘xg5 20.hxg5 g6 21.♗h3! ♘c5 22.♖ad1 gxf5 23.♕h5+ ♔g8 24.♗xf5 f6 25.♖d7! ♖e7 26.♕g6+ ♔h8 27.♕h6+ ♔g8 28.♗h7+ 1-0; Wlodarczyk-MacDonald, Cesenatico 2011

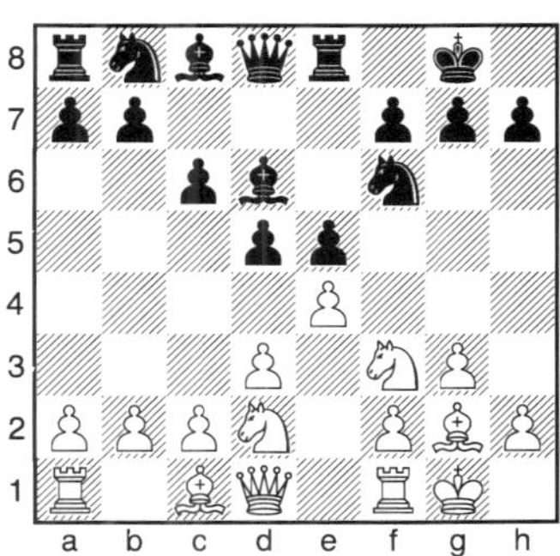

8.♖e1

Statt dieses Standardzugs, der den Zentrumsbauern deckt und zugleich das Feld f1 für den Springer räumt, kommt auch 8.b3!? mit Fianchettierung des Damenläufers in Frage.

A) Die Alternative 8...a5 wird anhand der **Partie Nr. 57**: Buchal-Treffert, Deutschland 1988, untersucht.

B) 8...♗g4 9.h3

(9.♗b2 d4 10.h3 ♗h5 11.♕e1 c5 12.♘c4 ♗c7 13.g4 ♗g6 14.♘fxe5 ♗xe5 15.♘xe5 ♖xe5 16.f4 ♖e8 17.f5 ♘c6 18.♗c1±; Hickl-Groszpeter, Lippstadt 1991)

9...♗xf3

(Nach 9...♗h5 kann Weiß seine Kräfte mit 10.♗b2 ♘bd7 11.♕e1 usw. entwickeln.)

10.♕xf3 ♘bd7 11.♕e2 ♕a5 12.a3 ♕a6 13.♖e1 dxe4 14.♘xe4 ♘xe4 15.♕xe4 ♗c5 16.♗b2 Weiß verfügt über das Läuferpaar und mehr Raum für weitere Aktivitäten,

Balaschow–Groszpeter, Dortmund 1992.

C) 8...♘a6 9.♗b2 ♘c7 10.h3 a5 11.a3 h6 12.♖e1 dxe4 13.dxe4 b5 14.♘f1 ♕e7 15.♘e3 g6 16.♕c1 h5 17.♘h4 ♗c5 18.♔h1 ♘h7 19.♘f3 ♘g5?

9...f6 war notwendig.

20.♘xe5 ♘xh3 21.♘d3 ♗b6 22.♘f5! ♗xf5 23.♕h6 f6 24.exf5 1–0; Fedosejew–Bologan, Berlin 2015

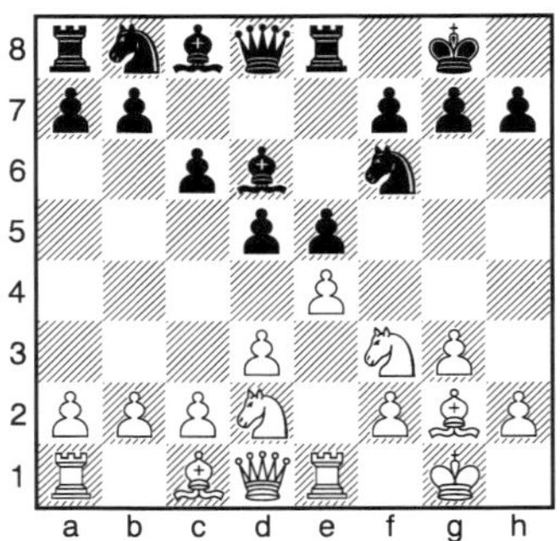

8...♘bd7

Zwei andere Möglichkeiten für Schwarz lauten:

I. 8...♗g4 9.h3 ♗h5 10.♘f1

(10.c3 a5 11.♕c2 ♘bd7 12.b3 ♗g6 13.♘h4 ♗c5 14.♘xg6 hxg6 15.♘f3 ♕b6 16.a3±)

10...♘bd7 11.g4 ♗g6 12.♘g3 dxe4 13.dxe4 ♗c5 14.♘d2! ♘f8 15.g5 ♘6d7 16.h4 h6 17.♘b3 hxg5 18.♘xc5 ♘xc5 19.♕xd8 ♖exd8! 20.h5! ♗h7 21.♗xg5 f6 22.♗e3 In der Partie Ljubojevic–Seirawan, Rotterdam 1989, hatte Weiß angesichts des Läuferpaars die besseren Aussichten.

II. 8...a5 9.h3 dxe4 10.dxe4 ♗c5 11.c3 a4

(11...♕c7 12.♕c2 ♘bd7 13.♘c4 b6 14.♘e3 ♗a6 15.♘f5 ♖ad8 16.♗f1 ♗xf1 17.♔xf1 b5 18.♔g2 h6 19.♘h2 ♘f8 20.♕e2 ♖e6 21.♘g4 ♘xg4 22.hxg4 In der Partie Den Boer–Claesen, Antwerpen 1992, versprach der Plan ♖h1 nebst g4-g5 Angriffsmöglichkeiten am Königsflügel.)

12.♕c2 ♘bd7 13.♖b1 mit der Idee b2-b3 oder sogar b2-b4 mit aktivem Spiel am Damenflügel.

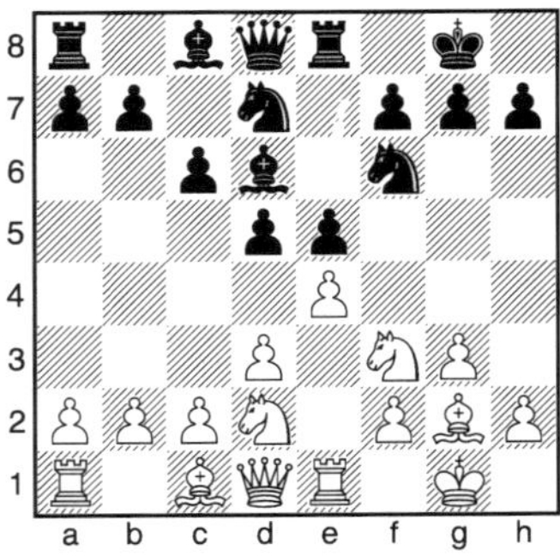

9.c3

Weiß beabsichtigt, nach ♕c2 nebst ♘f1 usw. am Damenflügel aktiv zu werden. Alternativ kommt auch die Einschaltung von 9.a4!? a5 und erst dann 10.c3 in Frage, wonach sich folgendes Bild ergibt.

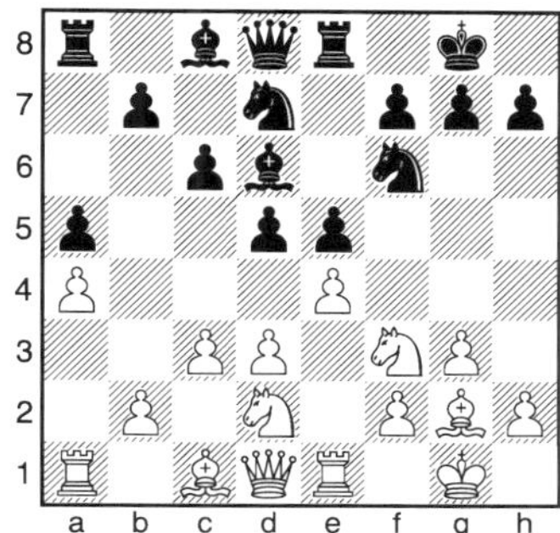

A) 10...♕b6 11.d4! exd4

(11...dxe4 12.♘c4 ♕c7 13.dxe5 ♗xe5 14.♘fxe5 ♘xe5 15.♗f4±)

12.exd5 ♖xe1+ 13.♕xe1 cxd5

(13...dxc3 14.♘c4 ♕b4 15.♘xd6 ♕xd6 16.dxc6 cxb2 17.♗xb2±)

14.♘xd4 Angesichts des isolierten Bauern d5 hat Weiß einen kleinen Positionsvorteil.

B) 10...♗c7 11.♕c2 b6 12.b3 ♗a6 13.♗a3 h6 14.d4 exd4 15.♘xd4 ♘e5 16.exd5 cxd5 17.♘2f3 ♗d3 18.♕d1 ♘xf3+ 19.♕xf3 ♗e4 20.♕d1 ♕d7 21.♘b5 ♗xg2 22.♖xe8+ ♖xe8 23.♔xg2 ♗e5 24.♕f3 ♘e4 25.♖d1 Angesichts der Schwäche auf d5 steht Weiß besser, Pantsulaia–Vidit, Doha 2016.

C) 10...b6 11.d4 dxe4?

Das ist nach dem Zug 10...b6 inkonsequent und sollte besser durch 11...♗a6!? ersetzt werden.

12.♘xe4 ♘xe4 13.♖xe4 ♗b7 14.dxe5 ♘xe5 15.♖d4 c5 16.♖xd6 ♗xf3 17.♖xd8 ♖axd8 18.♗xf3 ♖xd1+ 19.♗xd1 mit weißem Gewinn, Valiente–Oliveira, Sao Paulo 2004.

D) 10...♘c5 11.♕c2

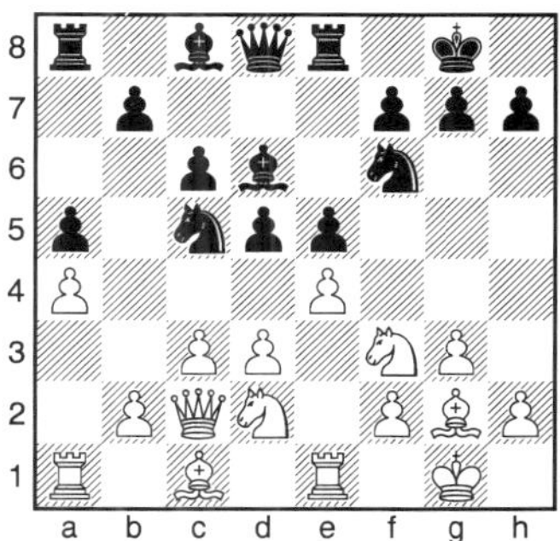

D1) 11...h6 12.exd5 cxd5

(Zu überlegen ist 12...♘xd5!? 13.♘e4 ♘xe4 14.dxe4 ♘f6 15.♖d1 ♕e7 usw.)

13.d4 exd4 14.♖xe8+ ♕xe8 15.♘xd4 Schwarz verbleibt mit dem Isolani d5, was Weiß die besseren Perspektiven verspricht.

D2) Nach 11...♗f8 12.exd5 ♕xd5 13.d4 exd4 14.♖xe8 ♘xe8 15.♘xd4 ♕h5 16.♘c4 ♗h3 17.♗xh3 ♕xh3 18.♗f4 ♘f6 19.f3 ♘e6 20.♗e3 ♘d5 21.♗f2 ♘g5 22.f4 ♘e6 23.♕f5 ♕xf5 24.♘xf5 hat Weiß das bequemere Endspiel, denn der schwarze Turm ist an die Verteidigung des Bauern a5 gebunden. In der Partie Godena–Seirawan, Lugano 1988, konnte Weiß letztendlich einen Sieg verbuchen.

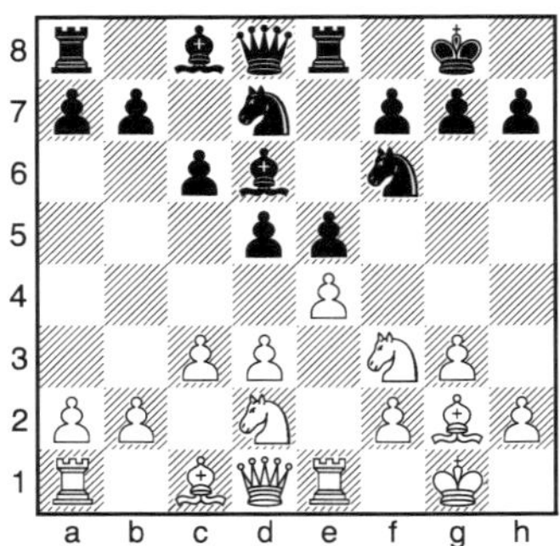

9...a5

Da die Lage in der Mitte stabil ist und es am Königsflügel nichts zu tun gibt, versucht Schwarz Gegenspiel am Damenflügel zu organisieren. Werfen wir einen Blick auf die Alternativen:

I. 9...Sc5 10.Dc2

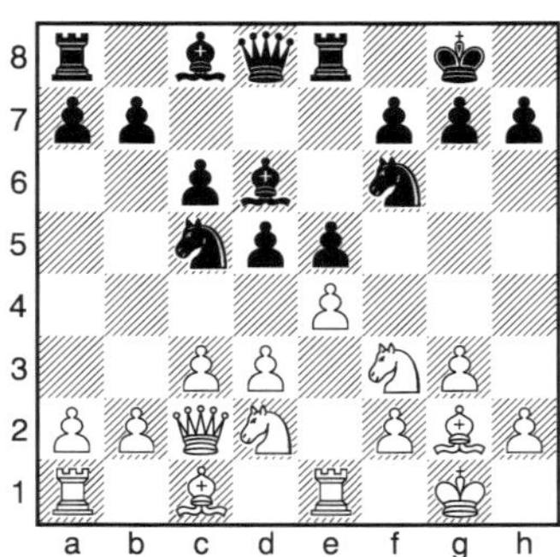

A) 10...dxe4 11.dxe4 Lc7

(Nach 11...Le6 12.b4 Scd7 13.Sg5 De7 14.Sxe6 Dxe6 15.Sf1 c5 16.Ld2 Tec8 17.Db2 Sb6 18.Se3 Sfd7 19.Lf1 Dg6 20.f3 Sf8 21.b5 Se6 22.Sf5 Lf8 23.a4 Td8 24.a5 Sc8 25.Se3 h5 26.Sd5 bekam Weiß in der Partie Mieck-Wasielewski, Osnabrück 2015, die besseren Perspektiven.)

12.Lf1 Lg4 13.h3 Lh5 14.Sh4 Lg6 15.Sxg6 hxg6 16.Sf3 De7 17.Sg5 Se6 18.Lc4 Sxg5 19.Lxg5 Angesichts des Läuferpaars stand Weiß in der Partie Syrett-Shennum, USA 1994, besser.

B) 10...Lc7 11.exd5!?

(11.b4 dxe4 12.bxc5 exf3 13.Lxf3 Le6=)

11...Sxd5 12.b4 Sd7 13.a3 Sf8 14.c4 Sf6 15.Lb2 Sg6 16.d4 exd4 17.Txe8+ Sxe8 18.Sxd4 a5 19.b5 cxb5 20.cxb5 Lb6 21.Dc3 In der Partie Benkö-A. Bisguier, New York 1964, stand Weiß aktiver.

II. 9...Sf8

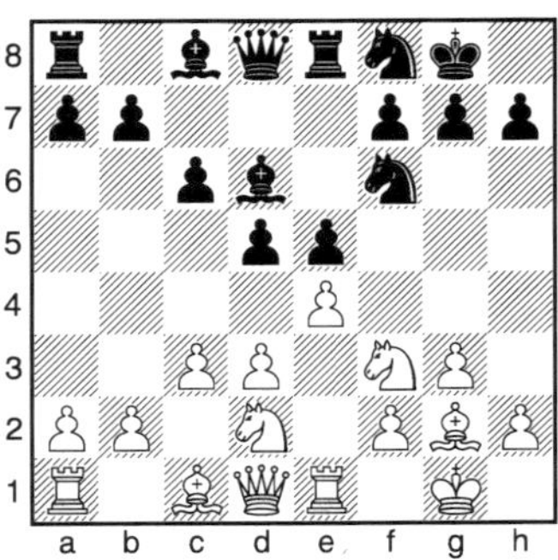

A) 10.Dc2 Sg6 11.Sf1 Lc7

(11...h6 12.Ld2 Ld7 13.Tad1 Dc7 14.Se3 Tad8 15.h4 Lc5 16.b4 Lb6 17.c4±; Adams-Drejew, Moskau 2007)

12.Lg5 dxe4 13.dxe4 h6 14.Tad1

♕e7 15.♗c1 ♗g4 16.♘e3 ♗h5 17.a3 ♘f8 18.h3 ♗g6 19.♘h4 ♗h7 20.♘hf5 ♕e6 21.♗f1 Mit der Absicht ♗c4 und aktivem Spiel, Mac Arainn–Harold, Schottland 2005.

B) 10.d4 ♘xe4 11.dxe5 ♘xd2 12.♗xd2 ♗c7 13.♗g5 ♕d7 14.♕b3 h6 15.♗e3 ♘g6 16.♗d4 a5 17.a4 ♖b8 18.♖ad1 ♕e7 19.♘d2 ♗g4 20.f3 ♗e6 21.f4 b5 mit kompliziertem Spiel in der Partie Mamedjarow–Leko, Hersonissos 2017.

III. 9...♕c7 10.♕c2 a5

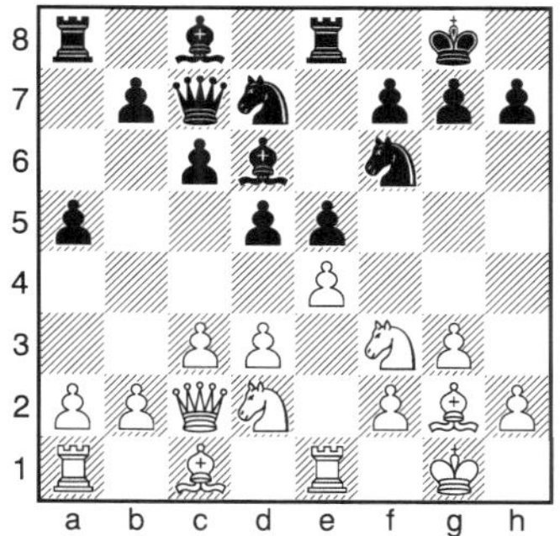

A) 11.a4 dxe4 12.dxe4 b5 13.♘b3 (13.b3 ♗a6 14.♗f1 ♗c5=) 13...♘c5 14.♘xc5 ♗xc5 15.h3 ♗b7 16.♗g5 ♘d7 17.♗f1 ♗a6 18.♘d2 ♗f8 19.♗e3 Die weißen Figuren sind etwas aktiver postiert, Rapport–Babei, Fermo 2009.

B) 11.d4

B1) 11...dxe4 12.♘xe4 ♘xe4 13.♖xe4 ♘f6 14.♖h4

Der Normalzug 14.♖e1 sieht eigentlich gut genug aus. Bei seiner etwas exzentrisch wirkenden Wahl hoffte Weiß wohl auf Königsangriff, den er nach fehlerhaftem Spiel des Gegners auch tatsächlich alsbald erhielt.

14...g6 15.dxe5 ♗xe5 16.♘xe5 ♕xe5 17.♗e3 ♕f5?

Stärker war 17...♗f5!?.

18.♕c1 ♘g4 19.♗h3 ♕f3 20.♗d4 f5 21.♕g5 ♗d7 22.♗g2 ♕e2 23.♖xg4! fxg4 24.♕f6 ♕e7 25.♕h8+ ♔f7 26.♕xh7+ ♔f8 27.♕h8+ 1-0; Belezky–Ayesta Perojo, San Fernando 2004.

B2) 11...exd4 12.cxd4

(Problematisch ist 12.♘xd4 wegen 12...♘c5! mit gutem Spiel für Schwarz.)

12...dxe4 13.♘g5 ♘f8 14.♘dxe4 ♘xe4 15.♘xe4 ♗e6 16.♘c5 ♗d5 17.♗e3 b6 18.♘a4 ♗xg2 19.♔xg2 b5 20.♘c5 a4 21.♖ac1 ♖ac8 Die Stellung ist etwa ausgeglichen, denn die schwarze Schwäche auf c6 wird durch den isolierten Bauern d4 aufgewogen.

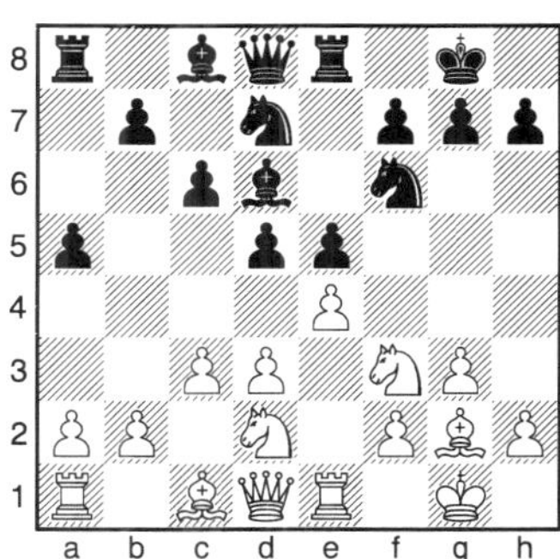

10.♕c2

Weiß muss seine Kräfte geduldig umgruppieren. Die sofortige konkrete Aktion 10.d4 exd4 11.♘xd4 führte in der Partie Kratochvil-Pisk, Tschechische Republik 2017, zu einem friedlichen Kurzschluss.

(Auch nach 11.cxd4 dxe4 12.♘g5 ♗c7 13.♘gxe4 h6 14.b3 a4 15.♗b2 a3 16.♗c3 ♘d5 steht Schwarz gut.)

Und zwar nach 11...♘c5 12.exd5 ♖xe1+ 13.♕xe1 cxd5 14.♘2b3

(Auch nach 14.♗f1 ♗d7 15.♘2b3 ♕b6; 14.♘2b3 ♘d3 usw. hat Schwarz keine Probleme.)

14...♘d3 15.♕e2 ♘xc1 16.♖xc1 a4 17.♘d2 ♗d7 18.♘f1 ♕b6 Remis.

10...dxe4 11.dxe4

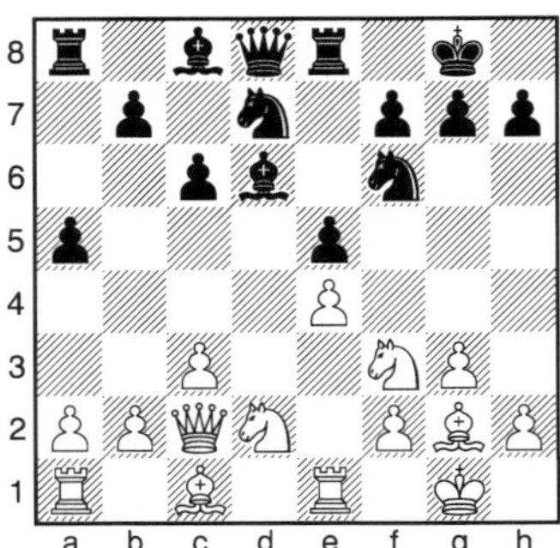

11...♗c5

Da der Läufer den Bauern e5 nicht mehr zu verteidigen braucht, wird er auf die aktivere Diagonale a7-g1 überführt. Alternativ ist auch 11...♘c5 12.♘b3 ♘e6 13.a4 ♘d7 14.♗e3 ♕c7 15.♖ad1 f6 16.♘h4 ♘dc5 17.♘f5 ♗f8 18.♘d2 g6 19.♘h4 ♘g5 mit erfolgreicher Verteidigung zu beachten, Kolew-Berescu, Plowdiw 2015.

12.♘f1 ♕c7 13.♗e3

Die Sinnlosigkeit des Ausfalls 13.♘h4 zeigt sich nach der einfachen Antwort 13...g6, denn der Springer steht auf h4 einfach passiv. In der Partie Halvax-D. Wagner, Österreich 2017, folgte 14.♗g5 ♘g4 15.♖e2 h6 16.♗c1 ♗f8 17.h3 ♘gf6 18.♗e3 ♘c5 19.♔h2 b6 20.♖d2 ♗a6 21.♖ad1 ♖ad8 22.b4 ♖xd2 23.♖xd2 axb4 24.cxb4 ♘e6 25.a3 c5 mit gutem Spiel für Schwarz.

13...♗xe3 14.♘xe3 ♘c5 15.♘d2 ♗e6

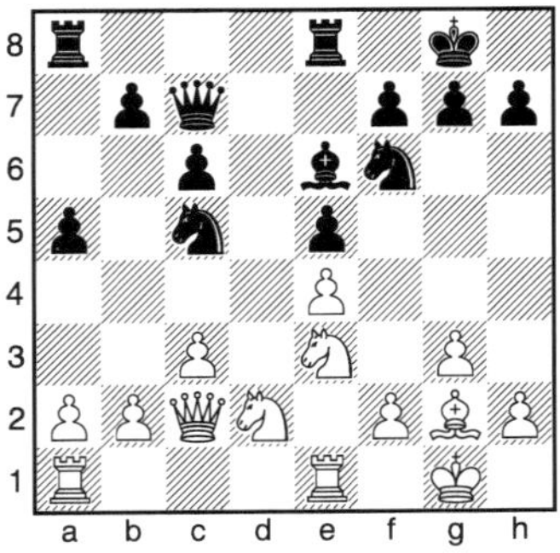

16.♗f1

Oder 16.b4 axb4 17.cxb4 ♘a4

(17...♘cd7 18.a4 ♖ad8 19.♖ec1±)

18.♖ed1 ♖ed8 19.♘b3 ♕e7 20.a3 g6 mit Ausgleich.

16...a4 17.b4 axb3 18.axb3 ♖ad8 19.b4 ♖xd2 20.♕xd2 ♘b3 21.♕c2 ♘xa1 22.♖xa1 ♖d8 23.f3 g6 Schwarz hat eine feste Stellung und das Spiel ist ausgeglichen.

Zusammenfassung:

Die angeführten Varianten veranschaulichen die beidseitigen Möglichkeiten. Weiß kann sowohl mit 8.b3!? (statt 8.♖e1) als auch mit 9.a4!? (statt 8.c3) um Vorteil kämpfen. Die kommentierten Beispielpartien zeigen, wie sich das Spiel entwickeln kann.

Beispielpartien

Partie Nr. 55
Fischer – Richburg
Detroit 1964

1.e4 c6 2.d3 d5 3.♘d2 e5 4.♘gf3 ♘d7 5.g3 ♘gf6 6.♗g2 g6 7.0–0 dxe4

Zu 7...♗g7 – siehe Abspiel 1.

8.dxe4 ♗g7 9.♕e2 0–0 10.b3 ♕c7 11.♗a3 ♖e8 12.♘c4

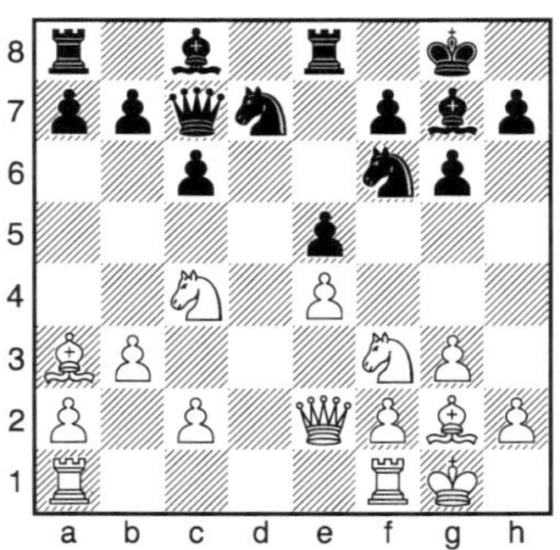

12...c5?

Dieser positionelle Fehler schwächt spürbar das Feld d5, was Weiß in der Folge konsequent ausnutzt. Angebracht war 12...♗f8!, um den äußerst störenden Läufer a3 ohne positionelle Zugeständnisse zu neutralisieren.

13.♖fd1 ♗f8 14.♘fd2 ♖b8

Statt dieses unnötigen Zuges war 14...b5 zweifellos besser, obwohl Weiß nach 15.♘e3 a5 16.♘d5 ♘xd5 17.exd5 einen starken Freibauern auf d5 bekäme.

15.♘e3 ♘b6 16.c4 ♗d7 17.♘b1!

Der Springer strebt via c3 nach d5.

17...♖bd8 18.♘c3 a6 19.♖ac1 ♗c8 20.♘cd5 ♘bxd5 21.cxd5 b5?

Das ist bereits der entscheidende Fehler. Notwendig war 21...b6.

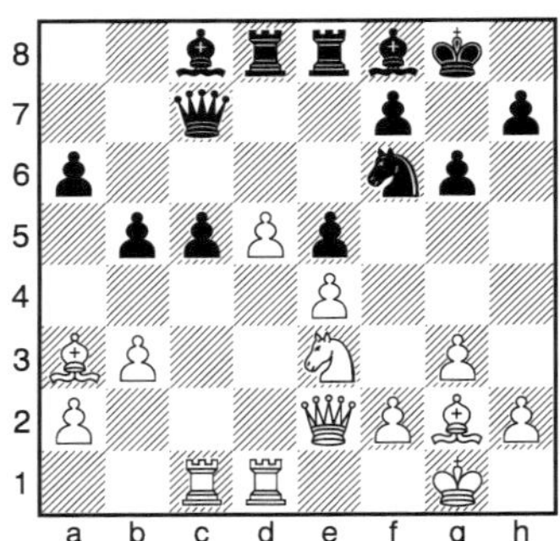

22.♗xc5!

Einfach und stark!

22...♕b8

Nach 22...♗xc5 23.b4 bekommt Weiß den Läufer zurück und hat eine Gewinnstellung.

23.♗xf8 ♖xf8 24.♖c6 ♘e8 25.♖dc1 ♘d6 26.♕d2 ♔g7 27.f4 f6 28.♕b2 exf4 29.gxf4 ♔g8 30.e5 fxe5 31.fxe5 ♘f5 32.♘g4 ♔h8 33.e6+ ♘g7 34.♖c7

Schwarz gab auf.

Partie Nr. 56
Nakamura – Navara
Sestao 2010

1.g3 d5 2.♗g2 e5 3.d3 ♘f6 4.♘f3 ♗d6 5.0–0 0–0 6.♘bd2 c6 7.e4 ♗g4 8.h3 ♗h5 9.♕e1 ♖e8 10.♘h4 ♘a6 11.a3 ♘c5 12.b3

Die Fortsetzung 12.♘f5 wird im einleitenden Text von Abspiel 1 besprochen.

12...dxe4 13.dxe4 b5

Diese Maßnahme ist gegen ♘c4 gerichtet.

14.♗b2 ♘e6

Nach 14...♕c7 empfiehlt sich 15.♘f5 ♗f8 16.a4 (16.f4!? unklar) 16...bxa4 17.bxa4 ♖ab8 18.♗a3 g6 19.♘e3, denn Schwarz hätte Probleme mit dem Läufer h5.

15.♘df3 ♗xf3 16.♘xf3 ♕c7 17.♕e2 a6 18.♖fd1 c5 19.c3 ♕c6 20.♘e1

Die Einleitung des klaren Anschlussplans ♘c2-e3-d5!

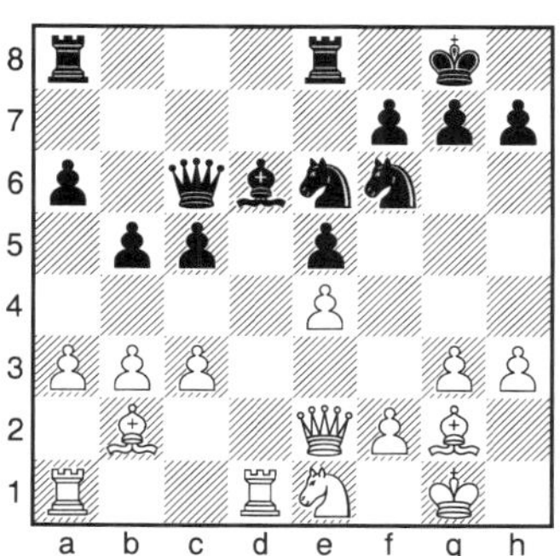

20...♗c7?

Statt dieser schablonenhaften Entscheidung war 20...c4! stärker, um den Läufer b2 passiv zu halten.

21.♘c2 ♘g5

Nun würde 21...c4 natürlich mit 22.♘b4! beantwortet.

22.h4 ♘e6 23.♘e3 ♘f8

23...♘xe4?? 24.♕c2+–

24.c4! ♖ab8 25.♖ac1 ♘e6

Oder 25...bxc4 26.♕xc4 ♘e6 27.b4 mit weißem Vorteil.

26.♘d5 ♘d4 27.♗xd4 exd4 28.b4 cxb4 29.♘xb4 ♕d6 30.cxb5 axb5 31.♘c6 ♖bc8 32.♘xd4 ♕xa3 33.♗h3!

Nach diesem Entscheidungszug steht Schwarz auf Verlust.

33...♖xe4 34.♕c2 ♗xg3 35.♕xc8+ ♖e8 36.♕f5 ♗xh4 37.♕f3 ♕b4 38.♕f4

Schwarz kapitulierte.

Partie Nr. 57
Buchal – Treffert
Deutschland 1988

1.g3 d5 2.♗g2 e5 3.d3 c6 4.♘f3 ♗d6 5.0–0 ♘f6 6.♘bd2 0–0 7.e4 ♖e8 8.b3 a5

Über Zugumstellung wurde eine Stellung erreicht, die im einleitenden Text von Abspiel 1 untersucht wird.

9.♗b2

Öfter wird 9.a3 gespielt, um 9...a4 mit 10.b4! beantworten zu können.

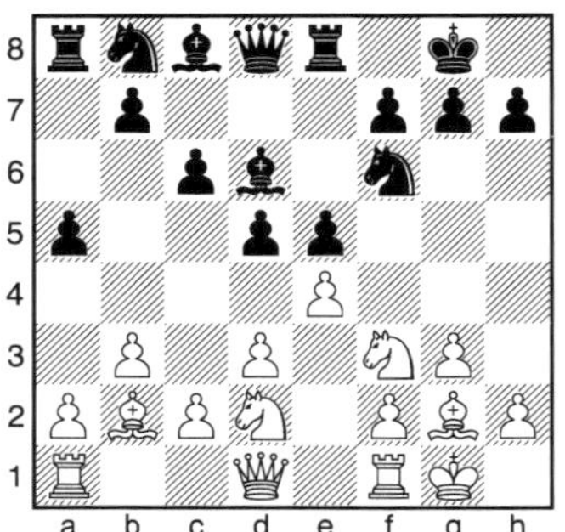

9...♘bd7

Eigentlich war 9...a4!? konsequent, denn nach der Folge 10.a3 axb3 11.cxb3 wäre die Stellung etwa ausgeglichen.

10.a4

Auch hier ist noch einmal 10.a3 mit der Idee 10...a4 11.b4 usw. zu beachten.

10...♕c7

In der Partie Warakomski-Gajewski, Ustron 2007, geschah 10...♗b4 11.♖e1 ♕c7 12.c3 ♗f8 13.♕c2 dxe4 14.dxe4 ♘c5 15.♘c4

(Besser war 15.b4!? axb4 16.cxb4 ♘a6 17.b5 ♘b4 18.♕c3 usw.)

15...♗e6 16.♗f1 b5 17.axb5 cxb5 18.♘cd2 a4! 19.♗xb5 axb3 20.♕b1 ♖xa1 21.♗xa1 ♖d8 mit hervorragendem Spiel für Schwarz.

11.♖e1 d4 12.c3 dxc3

Auf 12...c5 könnte Weiß mit 13.♘c4 oder 13.♖c1 reagieren.

13.♗xc3 b6 14.♘c4

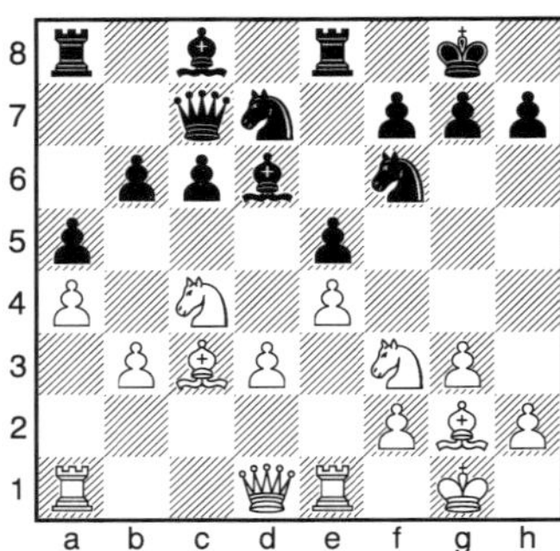

14...♗b4?

Besser war 14...c5, um den Vorstoß d3–d4 zu verhindern.

15.♗xb4 axb4 16.d4!

Nun hat Weiß klaren Positionsvorteil erreicht.

16...exd4 17.♘xd4 ♗b7 18.♘f5 ♖e6 19.♕d2 c5 20.♘cd6 ♘e8

Auch die Verteidigung 20...♗c6 reicht nicht aus, denn nach 21.♕g5! g6 22.♘h6+ ♔g7 23.e5 ♘xe5 24.♘hf5+ ♔g8 25.♗xc6 ♕xc6 26.♖xe5 ♖xe5 27.♘h6+ ♔g7 28.♕xe5 ♔xh6 29.♕xf6 könnte Schwarz ebenfalls aufgeben.

21.♘xb7

Schwarz gab sich geschlagen.

Abspiel 2

Die Fortsetzung 3...dxe4

1.e4 c6 2.d3 d5 3.♘d2 dxe4

Durch Auflösung der Spannung klärt Schwarz die Verhältnisse im Zentrum dahingehend, dass eine Linie geöffnet wird und dieser Bereich somit eine deutliche Struktur erhält.

4.dxe4

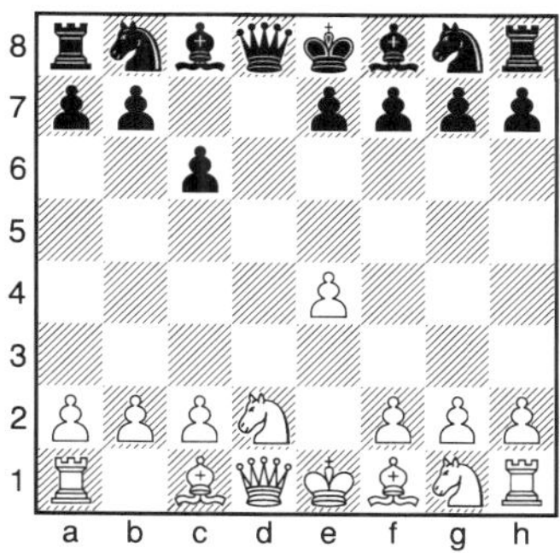

4...e5

Schwarz sichert sich seinen Raumanteil im Zentrum und öffnet den Weg für den Königsläufer, der zumeist auf der Diagonale a7-g1 aktiv gegen die zu erwartende weiße Rochadestellung ausgerichtet wird. Die Alternativen lauten:

I. 4...♘f6 5.g3 ♗g4

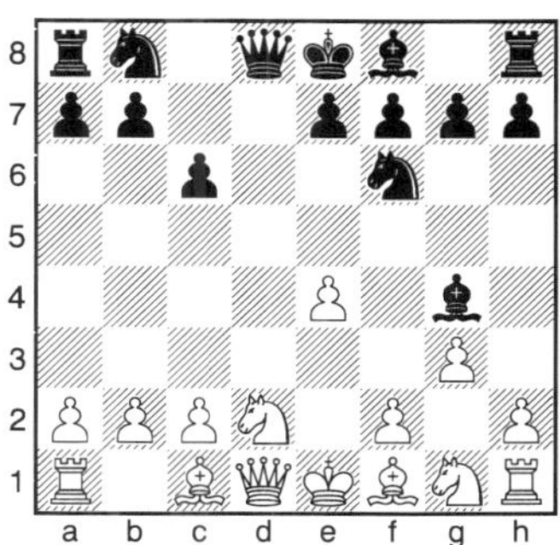

A) 6.f3 ♗h5

(Nach 6...♗c8 kann 7.♗g2 e5 8.♕e2 ♗c5 9.♘b3 ♗b6 10.♗e3 0-0 11.♘h3 nebst 0-0 usw. folgen.)

7.♗g2 e5 8.♕e2 ♘bd7 9.♘b3 ♗e7 10.♗e3 a5 11.a4 0-0 12.♘h3 nebst ♘f2 und 0-0;

B) 6.♗e2!? ♗xe2 7.♕xe2 e6 8.♘b3 ♗b4+ 9.c3 ♗e7 10.♘h3 e5 11.f3 ♘a6 12.♗e3 0-0 13.♘f2 ♕c7 14.0-0-0! ♘d7 15.f4 ♘ac5 16.f5 ♘xb3+ 17.axb3 ♗c5 18.♗xc5 ♘xc5 19.f6 g6

(Nach 19...♘xb3+ 20.♔c2 ♘c5 21.♕e3 ♘e6 22.fxg7 ♘xg7 23.♘g4 hat Weiß genug Initiative für den Bauern.)

20.♕e3 ♕b6 21.♕h6 mit starkem Königsangriff in der Partie Mihalka-Bednay, Ungarn 2004.

II. 4...g6

Diese Variante hat Ähnlichkeit mit dem sofortigen Fianchetto 3 ..g6, welches wir in Abspiel 3 untersuchen werden.

5.g3 ♗g7 6.♗g2 ♘f6 7.♘gf3 ♗g4

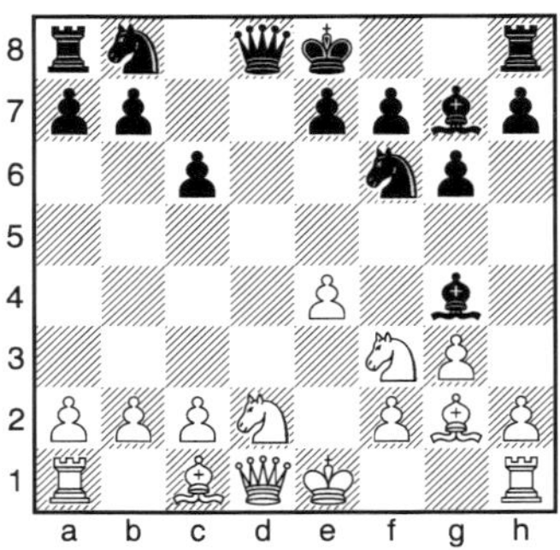

A) 8.0–0 0–0 9.h3

(Eine andere spielbare Möglichkeit besteht in 9.♖e1 ♕a5 10.h3 ♗xf3 11.♘xf3 e6 12.c3 ♖d8 13.♕e2.)

9...♗xf3 10.♕xf3 ♘bd7 11.♕e2 e5 12.a4 ♕c7 13.♘c4 ♘b6 14.♗e3 ♖fd8 15.♘d2

(15.a5!? ♘xc4 16.♕xc4±)

15...♘e8 16.c3 ♘d7 17.f4 exf4 18.gxf4 ♘d6 19.♕f2 ♖e8 20.a5 In der Partie Morosowitsch–Anand, Monte Carlo 2007, stand Weiß angesichts der Option f4-f5 mit Angriffsmöglichkeiten am Königsflügel besser.

B) 8.h3 ♗xf3 9.♕xf3 ♘bd7 10.0–0 0–0 11.♘b3 a5 12.a4 ♘e5 13.♕e2 ♕c7 14.♗e3 ♖fd8 Hier hätte Weiß in der Partie Battiston–Moratto, Arco 2008, mit 15.f4 ♘ed7 16.♕f2 einen Angriff am Königsflügel in die Wege leiten können.

5.g3

Im Geist der Eröffnung entwickelt Weiß den Königsläufer per Fianchetto. Natürlich ist auch zuerst 5.♘gf3 möglich, was über Zugumstellung zur Hauptvariante führen kann.

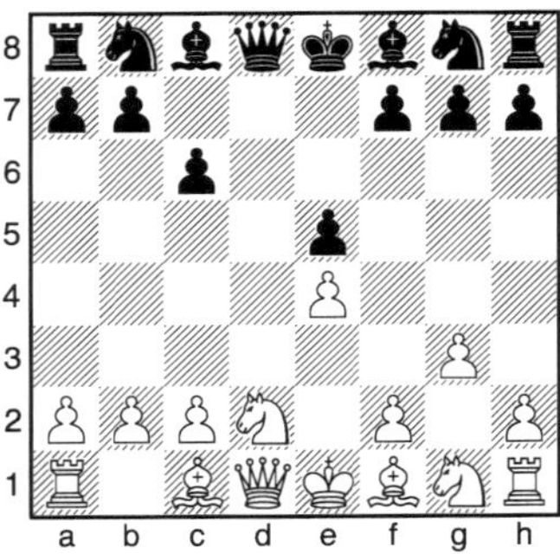

5...♗c5

Wie bereits weiter oben angedeutet, bezieht der Läufer Position in der aktiven Diagonale zum gegnerischen König. Aber natürlich kann Schwarz auch andere Pläne wählen.

I. 5...g6 6.♗g2 ♗g7 7.♘gf3

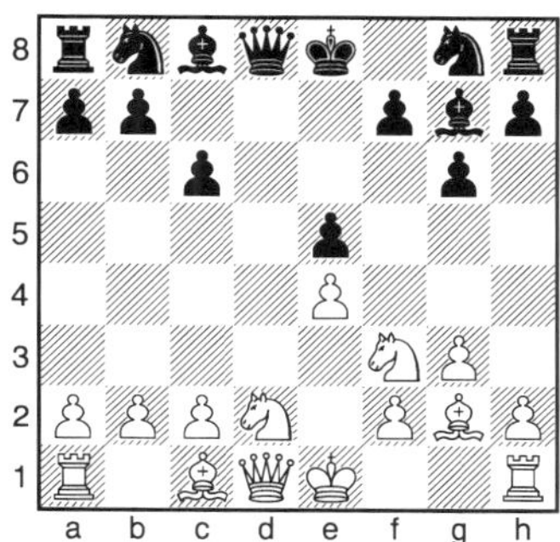

A) 7...♗e6 8.0–0 ♘h6

Die Fortsetzung 8...♘d7 wird anhand der **Partie Nr. 58**: Aliyev-Savio, Lienz 2013, untersucht.

9.♕e2 0–0 10.♘c4 f6 11.b3 b5 12.♘e3 ♘d7 13.h4 ♕c7 14.h5 ♖fd8 15.♘h4 ♘f8 16.♗b2 ♕e7 17.hxg6 hxg6 18.f4 In der Partie Gufeld-Smyslow, UdSSR 1975, hatte Weiß das aktivere Spiel.

B) 7...♗g4 8.0–0 ♘e7 9.♘c4 ♕c7

(9...♕xd1 10.♖xd1 0–0 11.h3 ♗xf3 12.♗xf3±)

10.♕d6 ♕xd6 11.♘xd6+ ♔f8 12.♘xb7 Angesichts seines gesunden Mehrbauern hatte Weiß in der Partie Boehm-Limberg, Dresden 2012, eine Gewinnstellung erreicht.

II. 5...♗e6 6.♘gf3

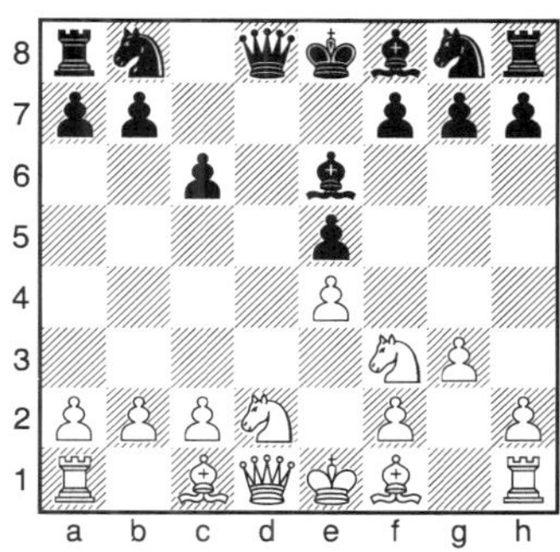

A) 6...♘d7 7.♗g2

(Nach der Alternative 7.c3 ♘gf6 8.♗g2 ♗c5 9.0–0 0–0 kann Weiß zwischen 10.♕c2 und 10.♕e2 wählen.)

7...♘gf6 8.0–0 ♗c5 9.♕e2 0–0 10.h3 Weiß beabsichtigt ♘h4 zwecks Vorbereitung einer Aktion am Königsflügel.

B) 6...f6 7.♗g2 ♗c5 8.0–0 ♘e7 9.♕e2 0–0 10.♘b3 ♗b6 11.♘fd2 ♘d7 12.♘c4 ♗c7 13.♖d1 ♕e8 14.♗e3 ♕f7 15.♘d6 ♗xd6 16.♖xd6 ♘c8 17.♖d2 ♘db6 18.♘c5 ♖e8 19.b3 ♖b8 20.♖ad1 Weiß beherrscht die d-Linie und kann mit f2-f4 aktiv werden, was ihm in der Partie Stevic-Gyimesi, Pula 2001, Vorteil sicherte.

III. 5...♘f6

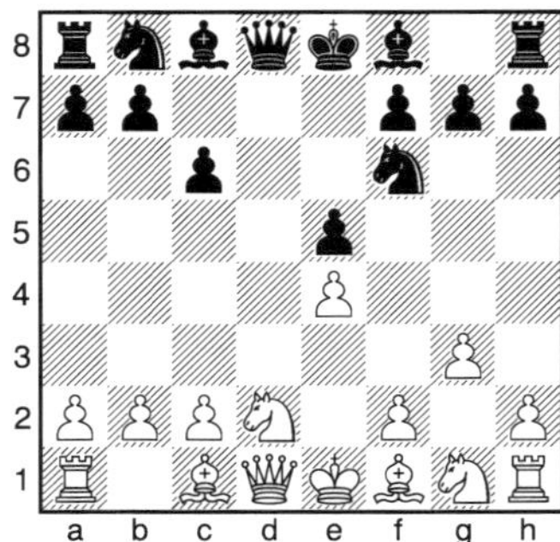

A) 6.♘gf3 ♗g4 7.♗g2 ♗e7 8.0–0 ♘bd7 9.♕e1 ♗xf3 10.♗xf3

(Auch 10.♘xf3!? mit dem Plan, nach 10...0–0 11.b3 ein Doppel-Fianchetto anzustreben, macht durchaus Sinn.)

10...0–0 11.♘c4 ♕c7 12.b3 ♘e8 13.♗b2 f6 14.a4 ♘d6 15.♕e2 ♘xc4 16.♕xc4+ ♔h8 17.♖fd1 ♘b6 18.♕e2 ♖ad8 19.♗g4 ♖xd1+ 20.♖xd1 ♖d8 21.♔g2 ♖xd1 22.♕xd1 ♕d6?

Dieser Fehler führt zu einem verlorenen Endspiel. Besser sollte der Springer über c8 zurück nach d6 verlegt werden.

23.♕xd6 ♗xd6 24.a5 ♘a8 25.♗c8 b5 26.♗b7 ♘c7 27.♗xc6 ♗b4 28.a6 ♗c5 29.♗c1 b4 30.♗b7 In der Partie Roberts–Homer, England 2011, konnte Weiß mit einem gesunden Mehrbauern und dem Läuferpaar problemlos gewinnen.

B) 6.♗g2 g6 7.♘gf3 ♘bd7 8.0–0 ♗g7 9.♘c4

(Natürlich kommt auch der Standardzug 9.♕e2!? mit dem Plan ♖d1 nebst ♘f1-e3 usw. in Betracht.)

9...♘xe4

(9...0–0 10.♘fxe5 ♘xe5 11.♕xd8 ♖xd8 12.♘xe5 ♘xe4 13.♘xc6 ♖e8 14.♘b4 ♗d4 15.♘d3±; Buerger–Thievessen, Koblenz 2003)

10.♖e1

(10.♘fxe5 ♘xe5 11.♕xd8+ ♔xd8 12.♘xe5 ♗xe5 13.♗xe4 ♗h3 14.♖e1 ♖e8 15.c3 ♗d6 16.♗g5+ ♔c7 17.♖ad1 ♖e6=; Prats Rodriguez–Mitjavila, Spanien 2000)

10...f5 11.♖xe4!? fxe4 12.♘d6+ ♔e7 13.♘xc8+ ♖xc8 14.♘g5 ♘f6 15.♕e1 Angesichts des im Zentrum verbliebenen gegnerischen Königs hat Weiß wohl ausreichende Kompensation für die Qualität.

6.♗g2 ♘f6 7.♘gf3

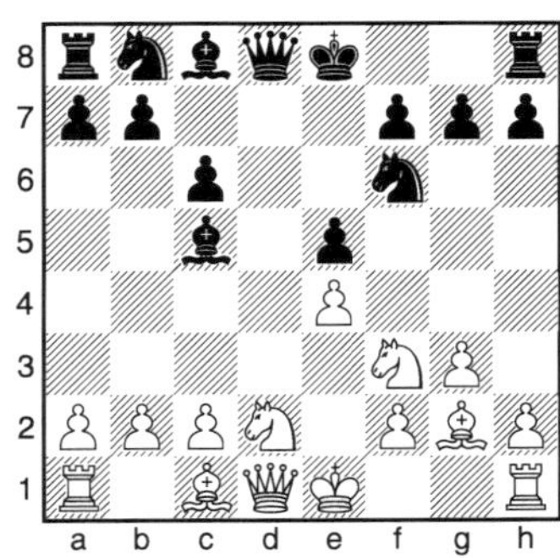

7...0–0

Die Königssicherung hat Vorrang, bevor ein konkreter Spielplan gewählt wird. Schauen wir uns zwei lehrreiche andere Beispiele an.

I. 7...♗g4 8.h3 ♗xf3 9.♕xf3 0–0 10.0–0 ♕e7 11.♘c4 ♘a6 12.c3 ♖fd8 13.b4 ♗b6

Besser war 13...♕e6!?, um sich die Möglichkeit ♗e7 vorzubehalten.

14.♗g5! h6 15.♗xf6 ♕xf6 16.♕xf6 gxf6 17.♖fd1 ♖xd1+ 18.♖xd1 ♖d8 19.♖xd8+ ♗xd8 20.♘d6 mit weißem Endspielvorteil in der Partie Punsaem–Olyschläger, Bielefeld 2006.

II. 7...♕e7 8.0–0 0–0 9.c3 a5 10.♕c2 b5 11.b3 ♗b7 12.♗b2 ♕c7 13.♖ac1 ♘bd7 14.c4 ♖ac8 15.♗h3 b4 16.♘e1 ♖cd8 17.♘d3 ♗e7 18.♖fe1 c5 19.f3 ♗d6 20.♘f1 ♘b8 21.♘e3 ♘c6 22.♘d5 ♕b8

(22...♘xd5 23.cxd5 ♘d4 24.♗xd4 exd4 25.e5+–)

23.♘xf6+ gxf6 24.♕d2 ♔h8 25.♕h6 mit weißem Vorteil in der Partie Torres Cueto–Bracho Mendoza, Cartagena 2012.

8.0–0 ♖e8

Die Überdeckung des Zentrumsbauern macht aus positioneller Sicht den besten Eindruck. In dem Duell Greenfeld–Mattes, Biel 1979, traf Schwarz hingegen die strategische Fehlentscheidung 8...♘g4?!, deren Konsequenzen in der **Partie Nr. 59** analysiert werden.

9.♕e2 ♕c7 10.b3 ♘bd7 11.♗b2 a5

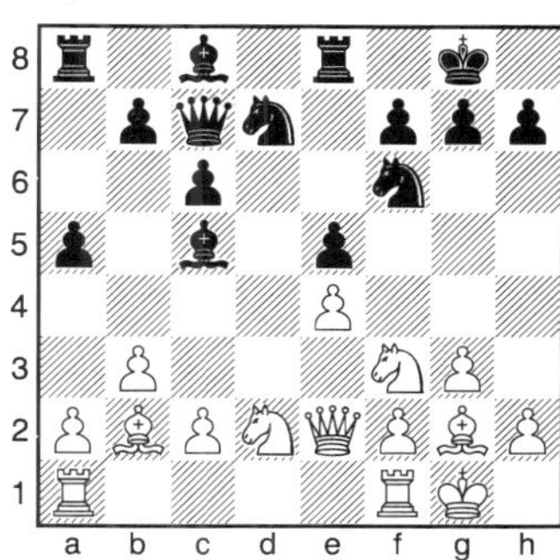

12.♘e1!?

Weiß verfolgt die logische Absicht, den Springer in die bessere Position auf d3 zu bringen, von wo er auf eine ganze Reihe wichtiger Zentralpunkte wirkt. In der Turnierpraxis sind auch die prophylaktischen Maßnahmen 12.a3 und 12.a4 anzutreffen, die jedoch zu ganz anderem Spiel führen und dem Gegner gute Gegenchancen einräumen.

12...b6

Auch nach 12...a4 kann man natürlich 13.♘d3 mit der Eventualfolge 13...a3 14.♗c3 ♗f8 15.♖ad1 und dem Plan f2-f4 wählen.

13.♘d3 ♗a6

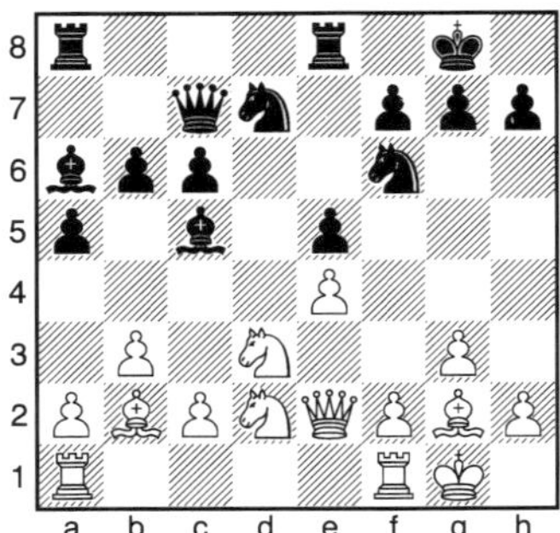

14.c4!

Diese Spielweise gefällt uns am besten, denn nach 14.♘c4 ♗d4 15.c3 ♗xc4 16.cxd4 ♗a6 17.♖fe1

(17.♖fc1? exd4 18.f4 ♘c5–+; Pirc–Jongsma, Detmold 1967)

17...exd4 18.♗xd4 c5 19.♗c3 ♘e5 20.♗xe5 ♖xe5 hätte Schwarz keine Probleme.

14...♗d6 15.f4 exf4 16.gxf4 ♘c5

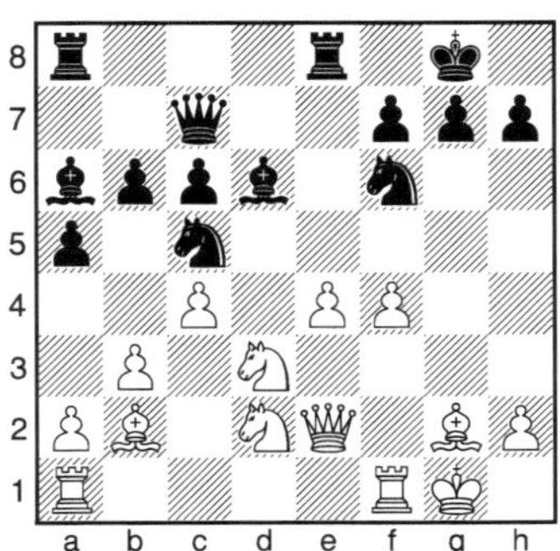

17.♘xc5

Auch die interessante Alternative 17.e5 ♘xd3 18.♕xd3 ♗c5+ 19.♔h1 ♖ad8 20.♕e2 b5 21.♖ac1 verdient eine genauere Überprüfung.

17...♗xc5+ 18.♔h1 Nun beabsichtigt Weiß e4-e5 mit guten Angriffsmöglichkeiten am Königsflügel. Die empfohlene Variante muss natürlich auch erst in der Praxis geprüft werden.

Zusammenfassung:

Die Idee 12.♘e1!? nebst Überführung des Springers auf den Aktivposten d3 bedarf weiterer analytischer Untersuchungen und praktischer Erprobungen, um zu einer objektiven Beurteilung der ganzen Variante zu gelangen.

Beispielpartien

Partie Nr. 58
Aliyev – Savio
Lienz 2013

1.e4 c6 2.d3 d5 3.♘d2 dxe4 4.dxe4 g6 5.g3 ♗g7 6.♗g2 e5 7.♘gf3 ♗e6 8.0–0 ♘d7

Die Alternative 8...♘h6 wird im einleitenden Text zu Abspiel 2 besprochen.

9.♕e2 ♘gf6 10.♘g5!

So bewerkstelligt Weiß den Abtausch des starken gegnerischen Läufers.

10...♕e7 11.♘xe6 ♕xe6 12.b3 0–0 13.a4 ♖fd8 14.♗b2 ♕d6 15.♘c4 ♕c7 16.♖ad1 ♘e8 17.f4

Nachdem Weiß seine Kräfte flexibel entwickelt hat, leitet er aktive Handlungen am Königsflügel ein.

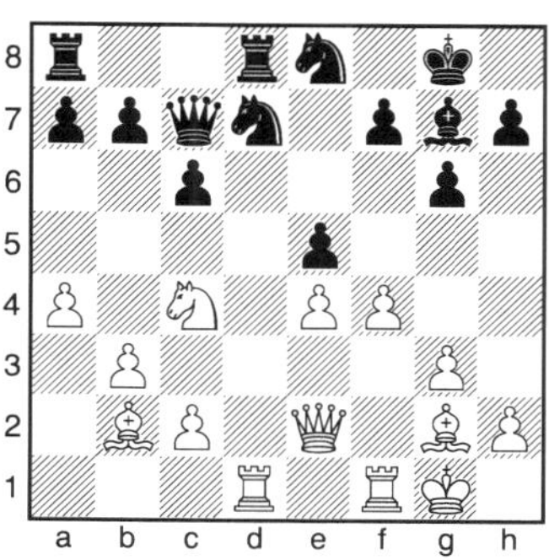

17...b5?

Das ist eine ziemliche positionelle Fehlentscheidung, weil die Bauernstruktur am Damenflügel geschwächt wird und – vor allem – weil der weiße Springer Zutritt zu dem Feld d5 erhält. Stattdessen hätte Schwarz unbedingt 17...exf4! 18.♗xg7 ♘xg7 19.gxf4 ♘b6 mit verteilten Chancen wählen sollen.

18.axb5 cxb5 19.♘e3 exf4 20.♗xg7 ♘xg7

Die speziell schwarzfeldrigen Verteidigungsprobleme nach 20...fxe3 21.♗a1 wären ohne den Fianchetto-Läufer kaum zu bewältigen.

21.gxf4 ♖ab8 22.♘d5 ♕c5+ 23.♔h1 ♘e8 24.b4 ♕f8 25.e5 ♘b6

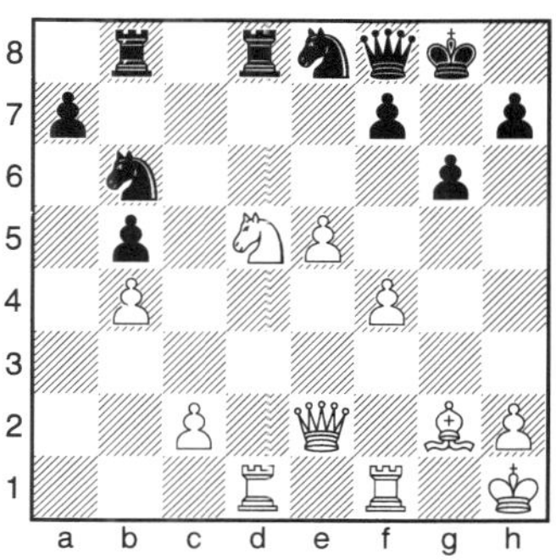

26.f5!

Nun übernimmt Weiß völlig die Initiative am Königsflügel.

26...♘xd5

Auch nach 26...gxf5 27.♖xf5 ♘xd5 28.♗xd5 wäre Schwarz um seine Lage nicht zu beneiden.

27.♗xd5 ♖xd5

Schwarz eliminiert den starken gegnerischen Läufer, aber dadurch wird die Verteidigung auch nicht wesentlich erleichtert.

28.♖xd5 ♕xb4 29.e6 ♘d6 30.exf7+ ♘xf7 31.fxg6 hxg6 32.♕e6 ♕f8 33.♖c5 In dieser hoffnungslosen Situation gab Schwarz sich geschlagen.

Partie Nr. 59
Greenfeld – Mattes
Biel 1979

1.e4 c6 2.d3 d5 3.♘d2 e5 4.g3 dxe4 5.dxe4 ♗c5 6.♘gf3 ♘f6 7.♗g2 0–0 8.0–0 ♘g4?!

Dieser verfrühte Überfallversuch ist nicht seriös. Im einleitenden Text zu Abspiel 2 werden die Folgen des positionellen Herangehens 8...♖e8 untersucht.

9.♕e2

Weiß verzichtet auf die sofortige Befragung mit 9.h3, obwohl er nach 9...♗xf2+ (9...♘f6 10.♘xe5±) 10.♖xf2 ♘xf2 (10...♘e3? 11.♕e2 ♘xc2 12.♖b1+–) 11.♔xf2 Vorteil hätte. Da es kaum anzunehmen ist, dass ein Großmeister vor einem Hurra-Angriff wie 11...♕b6+ 12.♔f1 f5 o.ä. zurückscheut, handelt es sich wohl eher um eine prinzipielle Entscheidung, zumal die weiße Stellung nach dem Textzug ja immer noch gut genug ist.

9...♕e7 10.b3

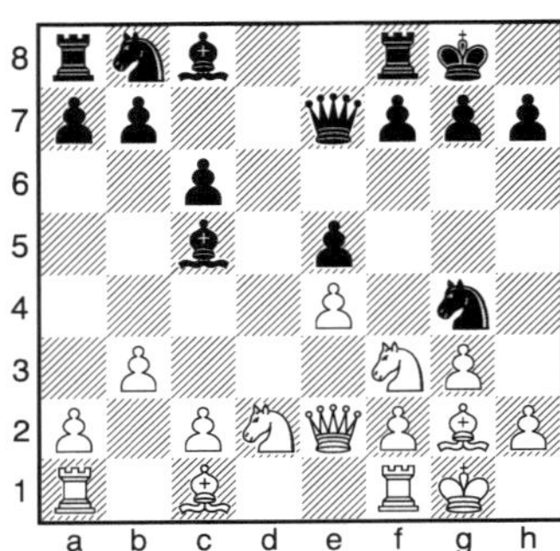

10...f5?

Das ist ein gutes Beispiel für verfehlte Konsequenz. Nach dem strategischen Fehler im 8.Zug ist dieser ungestüme Vorstoß wegen der weißfeldrigen Schwächung positionell bedenklich. Zwar könnte 10...♘d7 stark mit 11.a4 beantwortet werden, aber 10...b5!? mit der eventuellen Folge 11.a4 a5 usw. kam in Frage.

11.exf5 ♗xf5 12.♘e4! ♗xe4 13.♕xe4 ♘f6 14.♕c4+ ♔h8 15.♗b2 ♘bd7 16.♖ae1

Nachdem Weiß seine Kräfte optimal entwickelt hat, steht sein Positionsvorteil außer Frage.

16...♗d6 17.♘g5 ♖ae8 18.♕h4 h6 19.♕h3 ♔g8 20.♘f3!

Weiß behält den Springer, weil dieser im weiteren Verlauf sehr nützlich sein kann. Zwar stünde er auch nach 20.♘e4 ♘xe4 21.♗xe4 ♘f6 22.♗g6 ♖d8 23.♖e2 ausgezeichnet, aber der Angriff ginge nicht recht weiter.

20...♕f7 21.♘h4!

Und schon wird der besagte Springer am Königsflügel aktiv.

21...♘h7 22.♖d1 ♖e6

Es ist ein Rätsel, warum Schwarz auf 22...♘g5!? verzichtet.

23.♕g4

Zu beachten war 23.f4!? exf4 24.gxf4 mit scharfem Spiel.

23...g5?

Nun erhält Weiß entscheidenden Vorteil, während Schwarz nach 23...♘g5!? noch kämpfen konnte.

24.♗h3 ♘c5

24...♖fe8 25.♘f5 h5 26.♕e2+−

25.♘f5

Zum Sieg führte auch 25.b4! h5 26.♕c4+−.

25...♗c7 26.♗a3 b6 27.♗xc5 bxc5

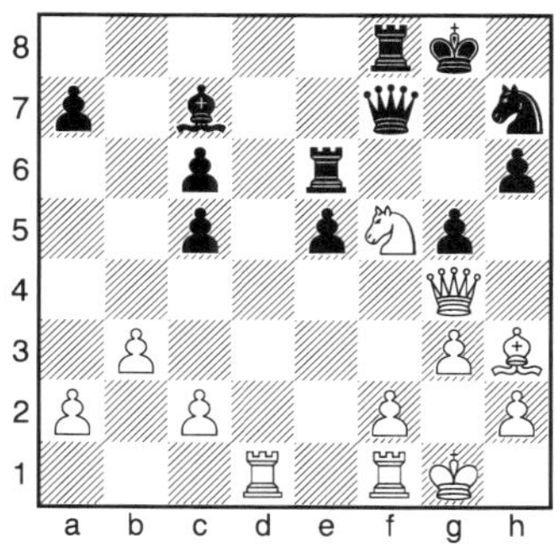

28.♘xh6+!

Eine effektvolle Überraschung.

28...♖xh6 29.♖d7 ♕h5

Nach 29...♕g6 30.♖xc7 ♖xh3 31.♕xh3 g4 32.♕xh7+! ♕xh7 33.♖xh7 ♔xh7 34.♖e1 ♖f5 35.♖e4 ♖g5 36.♖c4+− hätte Weiß etwas mehr Arbeit leisten müssen. Nun jedoch ist der Kampf so gut wie beendet.

30.♕xh5 ♖xh5 31.♗e6+ ♔h8 32.♖xc7 ♘f6 33.♖xc6 ♔g7 34.♖xc5 g4 35.♖c7+ ♔g6 36.f3

Schwarz gab auf.

Abspiel 3

Die Fortsetzung 3...g6

1.e4 c6 2.d3 d5 3.♘d2 g6

Da dieser Entwicklungsplan sehr solide ist, wird er in der Turnierpraxis ziemlich oft angewandt.

4.♘gf3

Natürlich kann man auch zuerst 4.g3 spielen, was über Zugumstellung zur Hauptvariante führt.

4...♗g7 5.g3

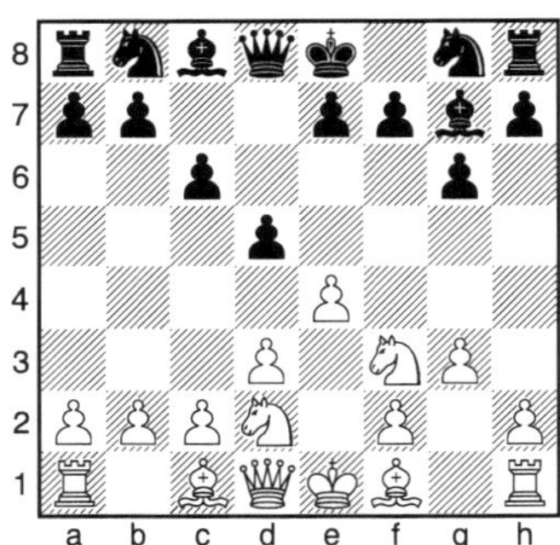

5...e5

Diese Raumnahme im Zentrum garantiert dem Schwarzen größere Handlungsfreiheit. Eine Alternative besteht in 5...♘f6 6.♗g2 mit den Abspielen:

A) 6...dxe4 7.dxe4 0–0 8.0–0

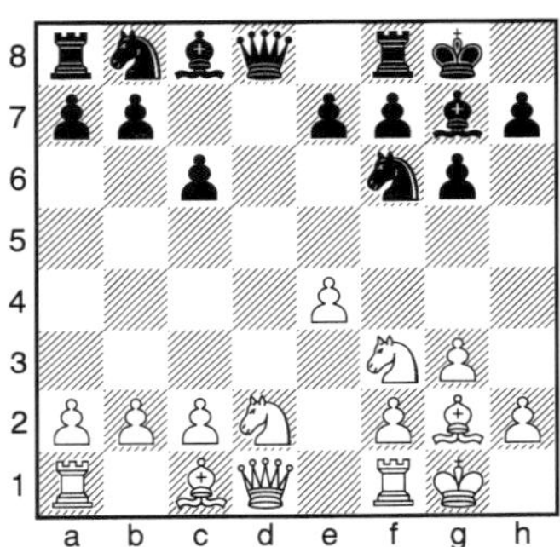

A1) 8...♗g4 9.h3 ♗xf3 10.♕xf3 ♘bd7 11.♕e2 e5

Die Fortsetzung 11...♕c7 wird anhand der **Partie Nr.60**: Fischer-Ibrahimoglu, Siegen 1970, untersucht.

12.a4 ♕c7 13.♘c4 ♖fe8 14.b4 ♗f8 15.c3 ♘b6 16.♗e3 ♘xc4 17.♕xc4 ♘d7 (Stärker war 17...♖ed8!?) 18.♖fd1 ♘b6 19.♕b3 ♖ad8 20.h4 ♖xd1+ 21.♖xd1 ♖d8 22.a5 ♘c8 23.♗h3 In der Partie Gufeld-Kolarow, Odessa 1968, wurde das gesamte Brett von weißen Figuren beherrscht.

A2) 8...♘a6 9.e5 ♘d5 10.♘b3 ♗g4 11.♕e2 ♕c8 12.♖e1 ♘ac7 13.♗d2 f6 14.exf6 ♗xf6 15.c3 ♖f7?! (15...a5!?) 16.♕e4 ♗f5 17.♕c4 ♘b6

18.♕f1 ♘a4 19.♗c1 ♕d7 20.♘e5 ♗xe5 21.♖xe5 ♘b5 22.♗f4 ♖d8

(22...♘xb2? 23.♘c5 ♕c8 24.♕e2±)

23.♘c5 ♘xc5 24.♖xc5 ♘c7 25.♖e5 ♘e6 26.♗h6 ♕d6 27.♕e2 ♘g7

(27...♗g4? 28.f3 ♗f5 29.♖e1+−)

28.♖e1 ♗d3 29.♕g4 ♗f5 30.♕c4 ♕xe5?

Schwarz verfolgt ein falsches Konzept und erhält in der Folge ein verlorenes Endspiel. In der Partie Stein–Portisch, Moskau 1967, wählte Schwarz die bessere Fortsetzung 30...e6!? 31.♖xe5 ♖d1+ 32.♗f1 ♗h3 33.♖xe7 ♖xf1+ 34.♕xf1 ♗xf1 35.♖xf7 ♔xf7 36.♔xf1, wonach sich der weiße Vorteil auf nur einen Mehrbauern belief.

B) 6...0–0 7.0–0 ♗g4

(In dem Duell Piesik–Piorun, Polen 2017, geschah 7...♘a6 8.♕e2 dxe4, und hier hätte Weiß mit dem Bauern zurückschlagen sollen, weil die Vereinfachung der Stellung für Schwarz keine Gefahr darstellt. In der Partie folgte 9.♘xe4 ♘xe4 10.dxe4 ♘c5 11.♖d1 ♕a5 12.♘d4 e5 13.♗d2 ♕a4 14.♘b3 ♘e6 15.♗f1 a5 16.c3 b6 17.♗e3 ♗a6 18.♕c2 ♗xf1 19.♔xf1 f5 mit gutem Gegenspiel am Königsflügel.)

8.h3 ♗xf3 9.♕xf3 e6 10.♕e2 a5 11.a4 ♘a6

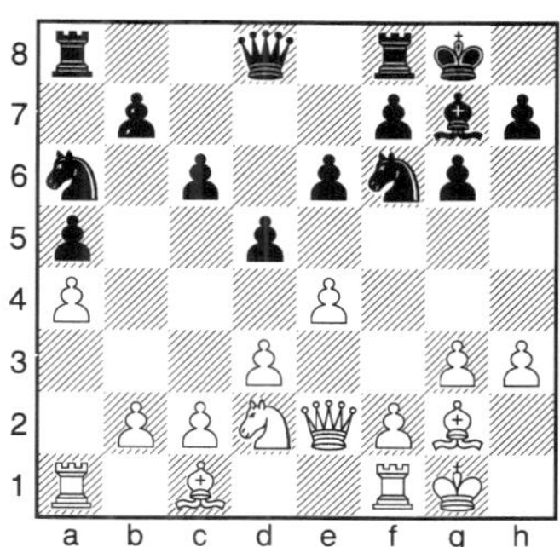

B1) 12.♘f3 ♘d7 13.h4 ♕b6 14.e5 c5 15.c3 ♖ac8

(Stärker war 15...♘ab8!? nebst ♘c6 usw.)

16.♗f4

(Sofort 16.h5!? war womöglich besser.)

16...♘ab8 17.♖fe1 ♘c6 18.h5 ♕c7 19.hxg6 hxg6 20.♗h3 d4 21.♗g2 dxc3 22.bxc3 ♘e7 23.♘g5 ♘f5 24.♕g4 ♖fe8 25.♕h3 ♔f8 26.g4 ♘h6 27.d4! cxd4 28.cxd4 ♕c3 29.♕h4 ♕xd4 30.♘h7+ ♔g8 31.♗xh6 mit weißem Gewinn, Seeman–Rebane, Puhajarve 2012.

B2) 12.e5 ♘d7 13.d4 c5 14.c3 cxd4 15.cxd4 ♘b4 16.♘b3 ♕b6 17.♗e3 ♖ac8 18.♖fc1 ♘b8?

(Statt dieser passiven Fortsetzung hätte Schwarz seine Position nach 18...♖xc1+! 19.♘xc1 ♖c8 halten können.)

19.♘c5 ♖fd8 20.♗f1 ♘8c6 21.♕b5 mit weißem Vorteil, Sepp–Rebane, Puhajarve 2012.

6.♗g2 ♘e7 7.0–0 0–0 8.b4

Ohne Scheu vor einer eventuellen Schwächung der Bauernstruktur setzt Weiß auf größtmögliche Raumnahme am Damenflügel. Diese kompromisslose Fortsetzung gewinnt immer mehr Anhänger, obwohl auch das strenger positionelle Herangehen mit 8.♖e1 tadellos spielbar ist.

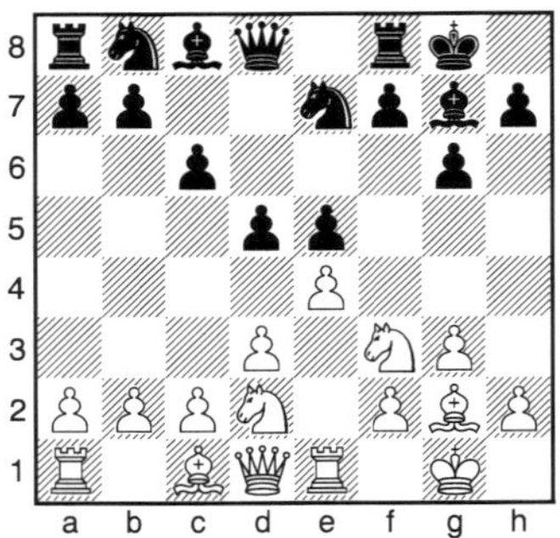

Danach ergeben sich folgende Abspiele:

A) 8...♘d7 9.exd5 cxd5 10.c4 ♕c7

(10...♖e8 11.cxd5 ♘xd5 12.♘c4 ♕c7 13.♗g5 ♘5b6 14.♘a3 ♘f8 15.♖c1 ♕d7 16.♕b3 h6 17.♗d2 g5 18.♘b5 g4 19.♘h4 mit entscheidendem Vorteil in der Fernpartie Wichert-Gierth, 2001.)

11.cxd5 ♘xd5 12.♘e4 ♘b8 13.♕b3 ♘b6 14.♗g5 h6 15.♗f6 ♘c6 16.♖ac1 In der Partie Vlashki-B. Ivanov, Sofia 2010, versprach die weiße Position mehr als die schwarze.

B) 8...♕c7 9.a4 h6

(9...a5 10.c3 ♘d7 11.♘b3 dxe4 12.dxe4 c5 13.♗e3 Hier spielte Schwarz in der Partie Lomakina-Dolgowa, Sankt Petersburg 2009, zu optimistisch 13...c4?, was nach 14.♘bd2 ♖a6 15.♕e2 ♖c6 16.♗f1 zum Verlust führte.)

10.b4

(Sehr scharf verlief die Kurzpartie Golubew-Buchnicek, Ostrava 1992: 10.b3!? ♗e6 11.♗b2 ♘d7 12.d4 dxe4 13.♘xe4 ♘f5 14.dxe5 ♘xe5 15.♘xe5 ♗xe5 16.♘f6+ ♗xf6 17.♗xf6 ♖fe8 18.g4 ♘e7 19.♕d2 ♔h7 20.♖e4 ♗d5 21.♕xh6+ 1-0.)

10...♗e6 11.♗b2 ♘d7 12.d4 dxe4 13.♘xe4 f5 14.♘c5 ♘xc5 15.dxc5 ♖ad8 16.♕c1 e4 17.♗xg7 ♔xg7

(17...exf3?? 18.♕xh6 fxg2 19.♖xe6+–)

18.♕b2+ ♔h7 19.♘d4 ♕e5 20.c3 ♗d5 21.b5 In der Partie Smirin-Stellwagen, Frankreich 2009, hatte Weiß in dieser komplizierten Stellung die besseren Perspektiven und konnte letztendlich auch gewinnen.

C) 8...d4

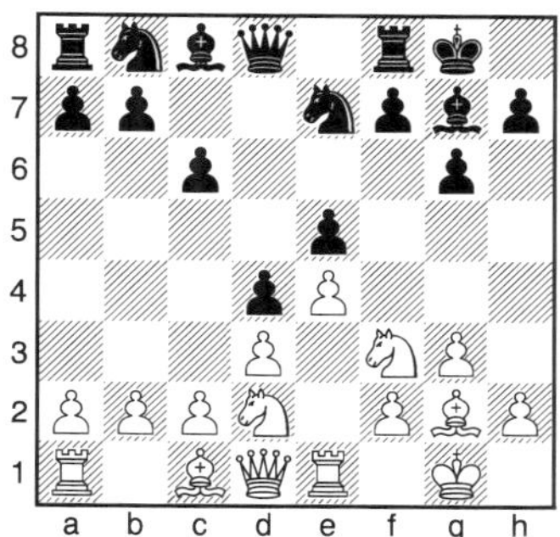

C1) Die Alternative 9.a4 wird anhand der **Partie Nr. 61**: Andriasian–Motylew, Minsk 2015, vorgestellt.

C2) 9.♘c4 ♕c7

(In der Partie Wojtkiewicz–Bronstein, Polanica Zdroj 1988, folgte 9...b5 10.♘cd2! c5 11.a4 b4 12.♘c4 ♘d7 13.♘fd2 ♘b6 14.f4 f6 15.♖f1±.)

10.c3 b5 11.♘a3 dxc3 12.bxc3 ♖d8 13.♕e2 ♘a6?

(Danach verliert der Springer den Kontakt zum Zentrum. Logischer war 13...♗g4 14.h3 ♗xf3 15.♕xf3 ♘d7 mit guten Ausgleichschancen.)

14.d4 ♗g4 15.♘c2 exd4 16.cxd4 c5 17.♗f4 ♕d7 18.d5! c4

(Zu riskant wäre 18...♗xa1 19.♖xa1, denn da sich im schwarzen Königslager das Fehlen des wichtigen Verteidigers ♗g7 bemerkbar macht, würde ein weißer Königsangriff erleichtert.)

19.♕e3 ♗xf3 20.♗xf3 b4 21.♖ab1 ♕a4 22.♘d4 ♘c5 23.d6 ♘d3 24.e5! ♘xe1 25.♖xe1 ♘f5 26.♘xf5 gxf5 27.♗xa8 ♖xa8 28.e6! In der Partie Movsesian–Panarin, Russland 2010, hatte Weiß entscheidenden Angriff.

C3) 9.c3 c5 10.cxd4 cxd4 11.b4 b5?

(Statt dieser unnötigen Schwächung des Damenflügels wäre in der Partie Planinc–Spiridonov, Novi Sad 1978, die Fortsetzung 11...f6!? 12.♕b3+ ♖f7 13.a4 ♘d7 14.♗a3 ♘f8 15.♘c4 ♗e6 16.♘fd2 g5 17.♖ec1 ♘fg6 mit Gegenspiel am Königsflügel besser gewesen.)

12.a4 bxa4 13.♘c4 ♘d7 14.♕xa4 ♘b6 15.♘xb6 ♕xb6 16.♘d2 ♕e6 17.♘b3 ♕b6 18.♗d2 ♗b7 19.♘a5 ♗c6 20.♘xc6 ♕xc6 21.♕xc6 ♘xc6 22.♖ec1 ♘d8 23.♖c7 ♘e6 24.♖cxa7 In der Partie Andrejkin–Linczewski, Dagomys 2010, reichte die Eroberung eines Bauern zum späteren Sieg.

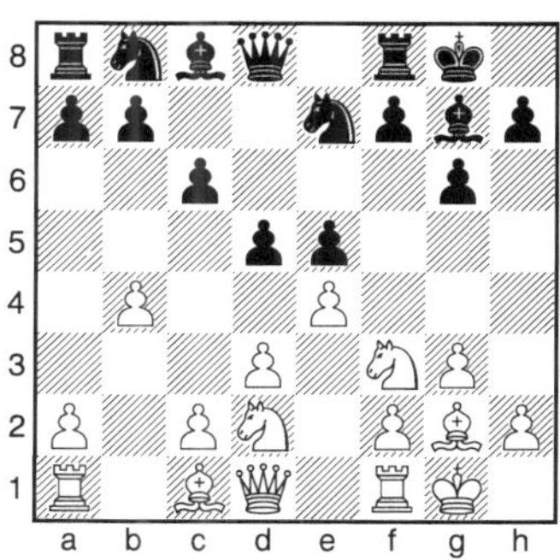

8...a5

Das ist die logischste Reaktion, denn andernfalls spielt Weiß einfach ♗b2 und a2–a3 mit klarem Vorteil. Anhand der **Partie Nr. 62**: Aronian–Chenkin, Bundesliga 2002, wird gezeigt, wie dieser Plan sich nach 8...♘a6 auswirkt.

In dem Duell Escobar Forero–Brodsky, Charlotte 2018, geschah statt dessen 8...dxe4 9.dxe4 ♗g4

Zweifellos kommt auch 9...a5!? in Frage.

10.♘c4 ♕c7

(Die Schlagvariante 10...♕xd1 11.♖xd1 ♘a6 12.♘e3 ♗xf3 13.♗xf3 ♘xb4 14.♖d7 wäre natürlich günstiger für Weiß.)

11.♗b2 ♖d8 12.♕e2 ♘d7 13.h3 ♗xf3 14.♗xf3 ♘b6 15.♖ad1 ♖xd1 16.♖xd1 ♘xc4 17.♕xc4 ♖d8 18.♖xd8+ ♕xd8 19.h4 ♘c8 20.a4 ♕d2 21.♔f1 ♘b6 22.♕b3 ♘d7 23.♗c3 ♕d6 24.♗e2 mit vorteilhafter Stellung für Weiß.

9.bxa5 ♕xa5 10.♗b2

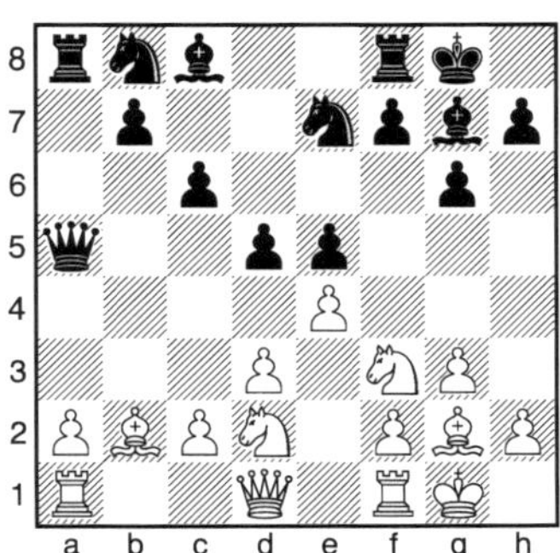

10...♕c7

Schwarz erhält die Spannung noch aufrecht. Gespielt wird auch 10...d4 mit Blockade des Zentrums und Eingrenzung der Aktivität des Läufers b2; z.B. 11.a4 ♕c7 12.c3 dxc3

(Besser für Weiß ist 12...c5 13.cxd4 cxd4 14.♗a3 ♖d8 15.♘c4 ♗e6 16.♘fxe5±; Hamm–Hahn, Fernpartie 1974.)

13.♗xc3 ♖d8

(Nach 13...c5 kann Weiß sich mit 14.♘c4 ♘ec6 15.♕b3 und dem Anschlussplan ♘b6-d5! weiterentwickeln.)

14.♕c2 ♗g4 15.♘c4 ♘d7 16.♘e3 ♗xf3 17.♗xf3 ♘c5 18.♖fd1 ♘e6 19.♕b2 ♘d4 20.♗g2 h5 21.♘c4 c5 22.a5 ♘ec6 23.♘b6 ♖ab8 24.♘d5 In der Fernpartie Notzold–Kleiminger, 1988, hatte Weiß angesichts des starken Springers auf d5 die besseren Perspektiven.

11.a4

Bei diesem Randbauernvorstoß geht es zunächst um mehr Spielraum am Damenflügel. Außerdem bereitet Weiß die Umsetzung ♗a3 sowie den weiteren Vorstoß a4-a5 bei passender Gelegenheit vor.

Ein anderer Aufmarschplan besteht in 11.♕e2 d4 12.c3 c5 13.cxd4 cxd4

(Günstig für Weiß ist 13...exd4 14.♖fc1!.)

14.a4 ♘bc6 15.♗a3 ♖d8

(15...♖xa4?? 16.♗d6! ♕a5 17.♘c4 ♕a6 18.♖xa4 ♕xa4 19.♕b2 b5 20.♖a1+–)

16.♖fb1 ♘a5

(16...♖xa4? 17.♗d6 ♕a5 18.♗c7!±)

17.♖b5 ♖a6

(Oder 17...♘ec6 18.♗c5⩲; Trapl–Javelle, Fernpartie 1987.)

18.♖c1 ♘ec6 19.♕f1 f6 20.♗h3 ♗f8 21.♗xf8 ♖xf8 22.♘c4 ♘xc4 23.♖xc4 ♖a7 24.♘d2 ♗xh3 25.♕xh3 ♕c8 26.♕xc8 ♖xc8 27.♘b3 ♖ca8 28.♘c5 ♘a5 29.♖cb4 ♖c8 30.♘d7 ♔g7 31.♖c5 ♖xc5 (31...♘c6!?) 32.♘xc5 ♖a8 33.♖b5 In der Partie Stein–Chodos, Kiew 1969, hatte Weiß das etwas bessere Endspiel, das er später zum Sieg führen konnte.

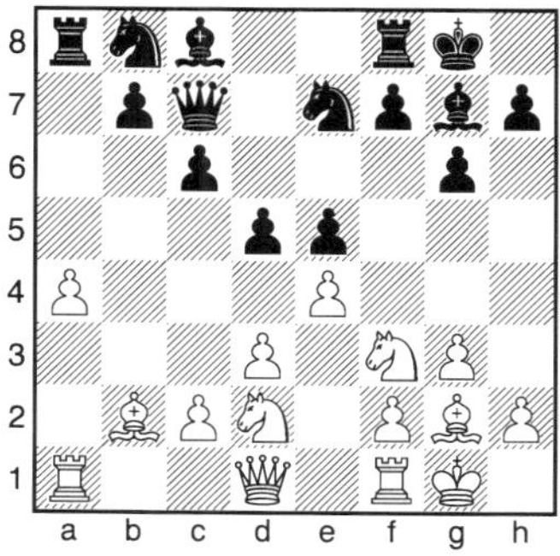

11...b6

Dieser Zug kann nützlich sein, denn er verhindert, dass Weiß sich bei passender Gelegenheit mit a4–a5 Vorteil am Damenflügel sichert. Hier ein Blick auf andere Möglichkeiten:

I. 11...♘d7 12.♖e1 ♖e8 13.d4!

(In dem Duell Tischbierek–Znamenacek, Decin 1979, geschah: 13.♕e2 d4 14.c3 dxc3 15.♗xc3 c5 16.♘c4 b6 17.♕b2 ♘c6 18.♗h3 ♖b8 19.♖eb1 ♘d4 20.♗xd4 exd4 21.♕b5 ♖f8 22.♘fd2 ♗f6 23.f4 mit weißem Vorteil.)

13...exd4

(13...dxe4 14.♘xe4 ♖d8 15.♕c1 exd4 16.♗xd4 ♗xd4 17.♘xd4 ♕e5 18.♘f3 ♕g7 19.c4 ♘f6 20.♘fg5 ♘xe4 21.♘xe4 ♗f5 22.♘c5 ♕d4 23.♕a3 mit weißem Vorteil in der Partie Ciocaltea–Kozma, Satu Mare 1977)

14.♗xd4 ♗xd4 15.♘xd4 ♘e5 16.♕b1 dxe4 17.♘xe4 ♘d5 18.♕b3 ♘d7 19.♘b5 cxb5 20.♕xd5 ♖xa4 21.♖ad1 ♔g7 22.♘d6 ♖xe1+ 23.♖xe1 ♘f6 24.♕e5 ♕d8 25.♖d1 mit klarem weißem Vorteil in der Partie Ciocaltea–Pereira Santos, Valetta 1980, denn es droht ♖d3-f3.

II. 11...h6 12.♖e1 d4 13.c3 dxc3 14.♗xc3 c5 15.♘c4 ♘d7

(15...♘bc6 16.♕b3 ♗e6 17.♖eb1 ♖fd8 18.♗f1 ♖ab8 19.a5 ♘d4 20.♘xd4 cxd4 21.♗d2 ♗xc4 22.♕xc4 ♕xc4 23.dxc4 ♘c6 24.♗d3 ♗f8 25.♖b5±; Randazzo–Deviatkin, Dos Hermanas 2004)

16.a5 ♘c6 17.♕b3 ♖e8 18.♖eb1 ♖a7 19.♘b6 ♗f8 20.♕b5 ♘d4 21.♘xd4 exd4 22.♗d2 g5 23.♗h3 ♖d8 24.f4 mit starker weißer Initi–

ative, Gufeld–Korsunski, Krasnojarsk 1980.

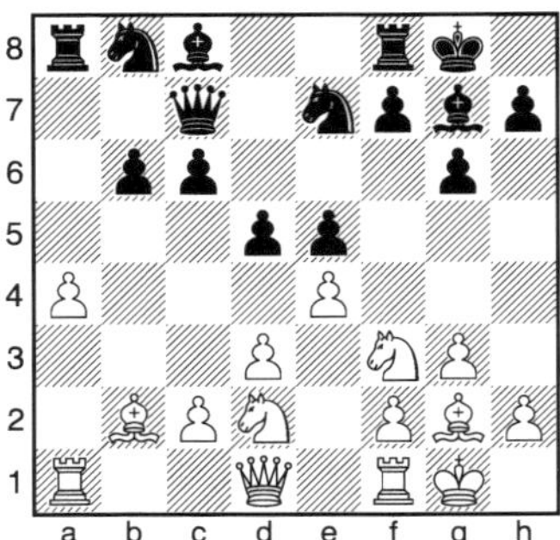

12.♖e1

So erhält Weiß die Spannung noch aufrecht. In der Partie Pribyl–Kozma, Tschechoslowakei 1977, stand Weiß 12.exd5 cxd5 13.♖e1 ♘ec6 14.c4 d4 15.♗a3 ♖d8 16.♕c2 ♘a6? (besser 16...♗b7!?) 17.♘xe5 ♗xe5 18.♗xc6 ♕xc6 19.♖xe5 ♗b7 20.f3 ♖e8 21.♖ae1 ♖xe5 22.♖xe5 etwas besser.

12...d4 13.c3 dxc3 14.♗xc3 c5 15.♘c4

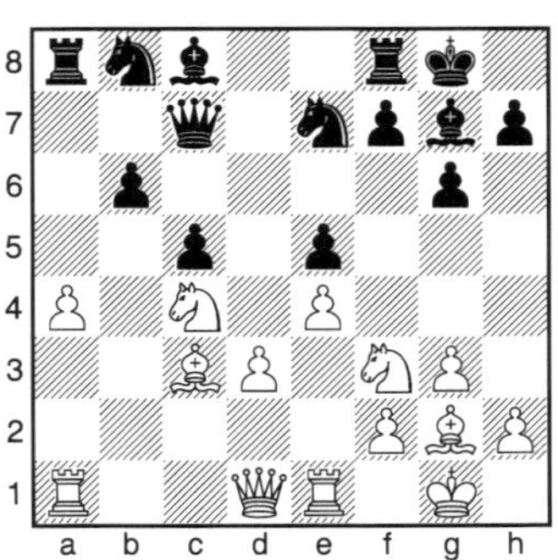

15...♘bc6

Genau so ist es richtig: der Springer strebt auf das Feld d4. In der Partie Jansa–Dunkelblum, Caorle 1972, spielte Schwarz schwächer 15...♘d7? mit der Folge 16.♕b3 ♗a6 17.♗h3 ♗xc4 18.♕xc4 ♘c6 19.♖eb1 ♘cb8 20.♖b5 ♗f6 21.♕b3 ♕d6 22.♘d2! ♗d8

(Nach 22...♕xd3 23.♗f1 ♕d6 24.♘c4 ♕e6 25.♘xb6 stünde Weiß klar besser.)

23.♘c4 ♕c7 24.a5! bxa5 25.♖b7 ♕c8 26.♘d6 ♕c6 27.♘c4

(27.♘xf7! ♖xf7 28.♗e6 c4 29.♗xc4 ♕f6 30.f4+–)

27...♕c8 28.♕b5 f5 29.exf5 gxf5 30.♖e1 ♘c6 31.♘xe5 1-0.

16.♕b3 ♖b8 17.♖ab1 ♗e6 18.♘g5 ♗xc4 19.♕xc4 Zwar steht Weiß nur geringfügig besser, aber Schwarz muss dennoch genau fortsetzen. So wäre beispielsweise 19...♘d4? schwach wegen 20.♗xd4! exd4 21.f4 mit weißem Vorteil. – Stärker ist 19...♘c8, obwohl Weiß mit seinem Läuferpaar immer noch minimal aktiver stünde.

Zusammenfassung:

In der Hauptvariante ist der Bauernzug 8.b4 unser Favorit, weil er das klare Ziel verfolgt, am Damenflügel um mehr Raum zu kämpfen. Aber natürlich ist 8.♖e1 deswegen nicht etwa weniger empfehlenswert.

Beispielpartien

Partie Nr. 60
Fischer – Ibrahimoglu
Siegen 1970

1.e4 c6 2.d3 d5 3.♘d2 g6 4.♘gf3 ♗g7 5.g3 ♘f6 6.♗g2 0–0 7.0–0 ♗g4 8.h3 ♗xf3 9.♕xf3 ♘bd7 10.♕e2 dxe4 11.dxe4 ♕c7

Die Alternative 11...e5 wird im einleitenden Text zu Abspiel 3 untersucht.

12.a4 ♖ad8 13.♘b3 b6 14.♗e3 c5 15.a5 e5?

Das ist schablonenhaft gespielt. Besser ist die Umsetzung des Springers mit ♘e8!? und ♘d6.

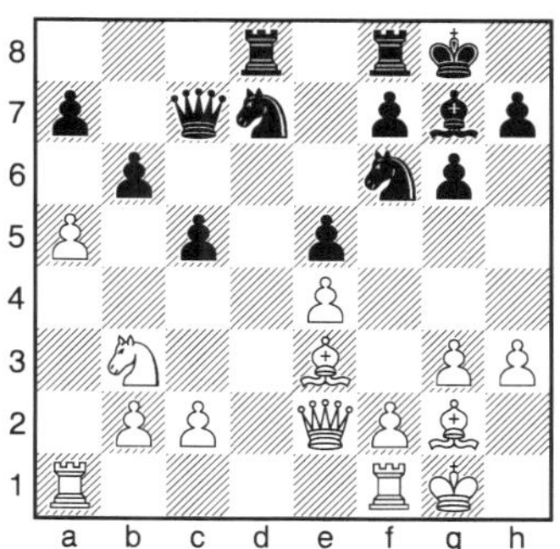

16.♘d2!

Weiß möchte seinen Springer via b1–c3 auf den Aktivposten d5 umsetzen. Dieses Manöver, das in dieser Variante sehr oft angewandt wird, sollte man sich unbedingt merken.

16...♘e8 17.axb6 axb6 18.♘b1!

Vermutlich hat Schwarz Fischers Plan erst in diesem Moment begriffen.

18...♕b7 19.♘c3 ♘c7 20.♘b5 ♕c6 21.♘xc7 ♕xc7 22.♕b5 ♖a8 23.c3 ♖xa1 24.♖xa1 ♖b8 25.♖a6 ♗f8 26.♗f1!

Als nächstes strategisches Teilziel wird der Läufer aktiviert.

26...♔g7 27.♕a4 ♖b7 28.♗b5 ♘b8 29.♖a8 ♗d6 30.♕d1!

Um die schwarze Absicht ♖ba7 zu durchkreuzen.

30...♘c6 31.♕d2 h5 32.♗h6+ ♔h7 33.♗g5 ♖b8 34.♖xb8 ♘xb8 35.♗f6 ♘c6 36.♕d5 ♘a7 37.♗e8!

Die weißen Läufer dominieren das ganze Brett.

37...♔g8 38.♗xf7+ ♕xf7 39.♕xd6

Schwarz gab auf.

Partie Nr. 61
Andriasian – Motylew
Minsk 2015

1.e4 c6 2.d3 d5 3.♘d2 g6 4.♘gf3 ♗g7 5.g3 e5 6.♗g2 ♘e7 7.0–0 0–0 8.♖e1 d4 9.a4

Andere Möglichkeiten für Weiß werden im einleitenden Text zu Abspiel 3 besprochen.

9...c5

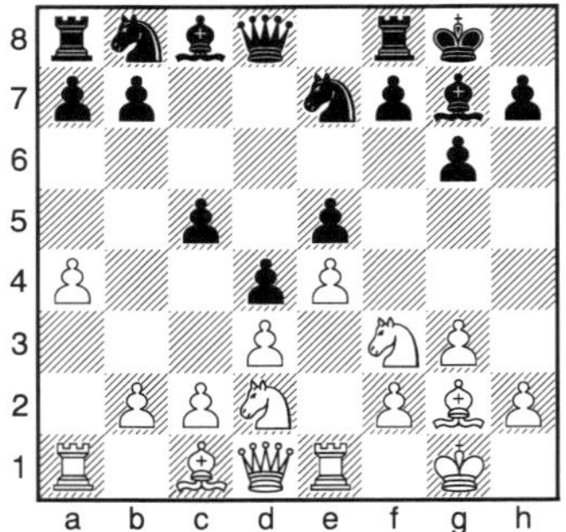

10.♖f1!?

Die Idee, mit dem Turm nach f1 zurückzukehren, um den Hebel f2–f4 vorzubereiten, ist durchaus originell. Üblicherweise wird an dieser Stelle 10.♘c4 ♘bc6 11.c3 gespielt.

10...♘ec6

In der Partie Hug–Ekström, Zürich 1984, wurde nach 10...♘bc6 11.♘h4 ♕c7 12.f4 exf4 13.gxf4 f5 14.♘c4 bereits Remis vereinbart.

11.♘c4 b6 12.♗g5 f6 13.♗d2 ♗e6 14.♘h4 ♘d7 15.f4 ♕e7

Zu überlegen war 15...exf4!?, um das Feld e5 für die Leichtfiguren nutzen zu können, falls Weiß mit 16.gxf4 und eventuell f4-f5 fortsetzt.

16.f5 ♗f7 17.fxg6 hxg6 18.♕g4!

Das Signal zum konkreten Königsangriff.

18...♔h7 19.♗h3 ♖ad8 20.♖f2 ♖h8 21.♖af1 ♘f8 22.♕e2 ♔g8 23.♗g2

Weiß gruppiert die Figuren um, damit der h–Bauer freie Fahrt erhält.

23...♗e6 24.♘f3 ♗g4 25.h4! ♕e6 26.♕e1 ♗h3 27.♘h2 ♘d7 28.♕e2 ♗xg2 29.♔xg2 ♖f8 30.♕g4!

Weiß steht dermaßen aktiv, dass auch der Damentausch seine Initiative nicht abschwächt.

30...♕xg4 31.♘xg4 ♔f7 32.c3 ♔e6 33.♘h2 a6 34.cxd4 ♘xd4 35.♘e3 ♔d6 36.♘d5 ♘b3 37.♗e3 ♖f7 38.♘f3

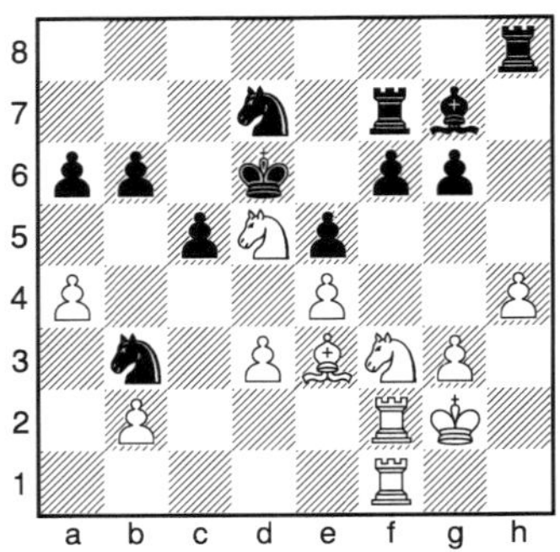

38...♖hf8?

Das ist der Verlustzug. Nach 38...♖ff8!? sollte Schwarz seine Position noch halten können.

39.♘g5! b5

Oder 39...fxg5 40.♖xf7 mit weißem Gewinn.

40.axb5 axb5 41.♘xf7+ ♖xf7 42.g4 ♔e6 43.♘c7+ ♔d6 44.♘xb5+ ♔c6 45.♘c3 ♖f8 46.♘d5 ♖h8 47.♘e7+ ♔d6

Schwarz gab auf.

Partie 62
Aronian – Chenkin
Bundesliga 2002

1.e4 c6 2.d3 d5 3.♘d2 g6 4.♘gf3 ♗g7 5.g3 e5 6.♗g2 ♘e7 7.0–0 0–0 8.b4 ♘a6

Die Alternative 8...a5 wird im einleitenden Text zu Abspiel 3 untersucht.

9.a3 ♘c7 10.♗b2 f6

Nach 10...d4 sollte Weiß mit 11.c3! sofort das gegnerische Zentrum anknabbern. In der Partie Stein–Hartoch, Amsterdam 1969, hatte Weiß nach ♗g4 12.♕c2 ♘e6 13.cxd4 ♗xf3

(13...exd4 14.h3 ♗xf3 15.♘xf3±)

14.♘xf3 ♘xd4

(14...exd4 15.♘d2 ♕d7 16.f4±)

15.♘xd4 exd4 16.f4 ♕d7 17.♕c5 b6 18.♕c4 ♖ac8 19.f5 beachtliche Initiative.

11.♖e1 b6 12.d4!

Mit diesem energischen Zug wird die gegnerische Bauernstruktur im Zentrum zerschlagen.

12...dxe4?

Nach der Partie wurde 12...f5!? als beste Möglichkeit vorgeschlagen.

13.♖xe4 f5

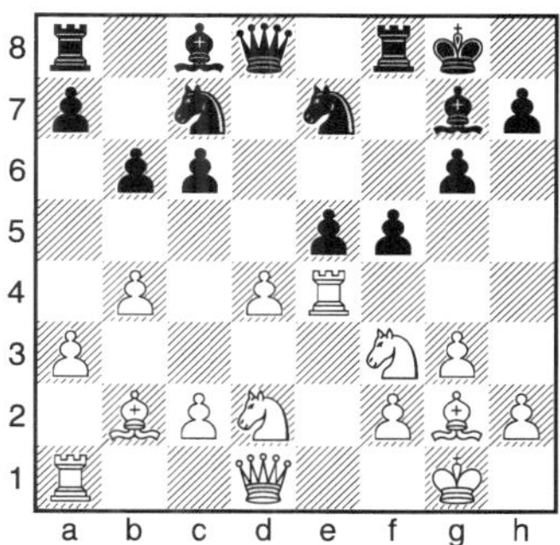

14.♖xe5!

Dieses ausgezeichnete Qualitätsopfer beruht auf der bedenklichen Lockerung der gegnerischen Königsstellung.

14...♗xe5 15.♘xe5 ♗b7 16.c4 ♖b8 17.♕b3 ♘e8

Auf 17...♘e6 folgt stark 18.c5!.

18.c5+ ♘d5 19.b5 ♘ef6

19...cxb5 20.c6+–

20.bxc6 ♗a8 21.♕a2 ♔g7 22.♘dc4 ♕c7 23.♖c1 bxc5 24.dxc5 ♔h6 25.♘d6 ♘e7 26.♘ef7+

Schwarz kapitulierte.

Abspiel 4

Die Fortsetzung 3...♕c7

1.e4 c6 2.d3 d5 3.♘d2 ♕c7

Da einem einzigen Entwicklungstempo in geschlossenen Stellungen keine so große Bedeutung zukommt wie in offenen, kann Schwarz sich diesen flexiblen Abwartezug durchaus erlauben. Er möchte, dass Weiß seine Karten auf den Tisch legt, bevor er selbst sich für einen endgültigen Aufbau entscheidet.

4.g3

4.♘gf3 läuft auf Zugumstellung hinaus.

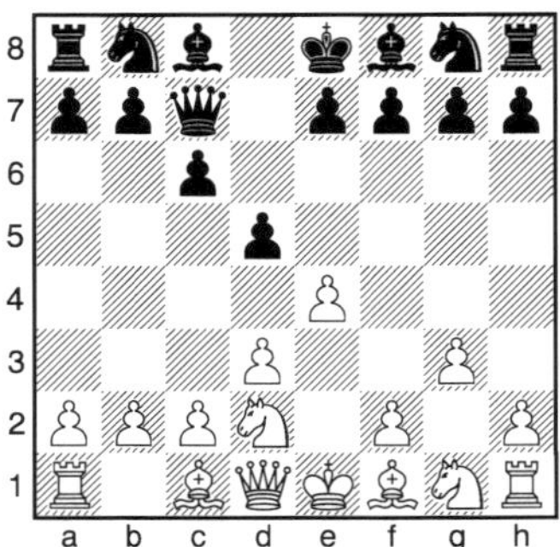

4...♘f6

Hier hat Schwarz natürlich auch einige andere Möglichkeiten:

I. 4...dxe4 5.♘xe4

(Alternativ kann man auch 5.dxe4 e5 6.♗g2 ♘f6 7.♘gf3 ♗c5 8.0–0 ♗g4 9.h3 ♗e6 10.b3 nebst ♗b2, ♕e2 usw. spielen.)

5...♘d7 6.♗g2 ♘gf6 7.♘xf6+ ♘xf6 8.♘f3 e5 9.0–0 ♗d6 10.d4 ♗g4 11.dxe5 ♗xe5 12.♕e2 ♗xf3 13.♗xf3 0–0 14.c3 ♖fe8 15.♗e3 ♖ad8 16.♖fe1 ♖e6 17.♕c2 Angesichts des Läuferpaars hat Weiß die besseren Perspektiven, obwohl diese Variante in der Praxis noch weiter überprüft werden muss.

II. 4...e6 5.♗g2 ♘d7 6.♘gf3 b6 7.0–0 ♗b7 8.a4 a5 9.♖e1 ♘gf6 10.exd5 cxd5 11.♘d4 ♗e7 12.♘b5 ♕d8 13.♘f3 ♘c5 14.♗f4 ♘a6 15.♘fd4 0–0 16.♕e2 ♖e8 17.h4 Weiß steht besser, denn er kann mit g4-g5 am Königsflügel aktiv werden, Fuggetta–Saccona, Asti 1997.

III. 4...h5 5.♘gf3 ♗g4 6.h3 ♗xf3 7.♘xf3 e6 8.♕e2 ♗b4+ 9.c3 dxe4 10.dxe4 ♗d6 11.♗g2 ♘d7 12.0–0 ♘e7 13.♘h4 0–0–0 14.♖e1 f6 15.♘f3 ♖dg8 16.♖d1 g5 17.♘d4 ♘f8 18.♕c4 ♘eg6 19.♘xe6 Weiß steht auf Gewinn, Lehmann–P. Fischer, Berlin 1995.

IV. 4...e5 5.♗g2 ♘f6 6.♘gf3 ♗d6 7.0–0 0–0 8.♖e1 ♘bd7 9.b3 ♖e8 10.♗b2 a5 11.d4!?

(Nach 11.a3 dxe4 12.dxe4 b5 entsteht eine Stellung mit beiderseitigen Chancen, Andrejkin–Riazantzew, Chanty–Mansijsk 2013.)

11...exd4

(Die Alternative 11...♘xe4 12.♘xe4 dxe4 13.♘g5 f5 folgt 14.♘xh7! ergibt gute Aussichten für Weiß.)

12.exd5 ♖xe1+ 13.♕xe1 ♘xd5 14.♘xd4 ♗f8 15.a3 Weiß verfügt über die aktivere Figurenstellung und beabsichtigt, den Vorstoß c2–c4 folgen zu lassen.

5.♗g2 ♗g4 6.♘gf3 e6

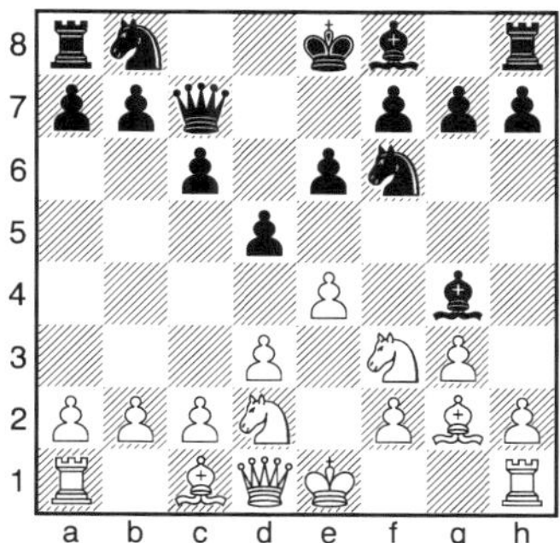

7.0–0

Außer diesem natürlichsten Zug, der von der Theorie empfohlen wird, geht natürlich auch 7.h3 ♗xf3 8.♕xf3 ♗e7 9.0–0 0–0 10.♕e2 ♘bd7 11.♖e1

Der energische Vorstoß 11.f4!? wird anhand der **Partie Nr. 63**: Bost–Deschner, 1999, besprochen.

11...dxe4 12.dxe4 e5 13.a4 ♖fe8 14.♘c4 ♗c5 15.♖d1 a5 16.♗g5 b6 17.h4 h6 18.♗d2 ♘f8 19.♕f3 ♘e6 20.c3 ♘d7 21.♘e3 ♖ad8 22.♘f5 ♗f8 23.♗f1 ♘dc5 24.♗c4 ♔h7 25.h5 ♖d7 26.♗e3 ♖xd1+ 27.♕xd1 ♖d8 28.♕g4 mit aktivem Spiel am Königsflügel, Mirumian–Woloschin, Trinec 1999.

7...♘bd7

Hier verdienen zwei Alternativen Beachtung:

I. Die Entwicklungsmethode mit 7...♗e7 wird anhand der **Partie Nr. 64**: Vokroj–Benesch, St Veit 2000, untersucht.

II. Und nach 7...♗c5 ergibt sich folgendes Bild:

A) 8.♘b3!? ♗b6 9.a4 ♕e7 10.h3 ♗h5 11.♕e2 0–0 12.g4 dxe4 13.dxe4 ♗g6 14.♘e5 ♗c7

(14...♘bd7 15.♘xd7 ♘xd7 16.a5 ♗c7 17.a6 b6 18.♘d4 ♘b8 19.c3±)

15.f4! Weiß steht aktiver. Und 15...♗xe5 wäre etwas problematisch, denn nach der Folge 16.fxe5 ♘fd7 17.♗f4 c5 18.♘a5 b6 19.♘c4 ♘c6 20.♖ad1 käme Weiß sogar in Vorteil.

B) 8.c3 dxe4 9.dxe4 0–0 10.♕e2 ♘bd7 11.♘c4

Auch der Ansatz 11.e5!? wäre einen Versuch wert.

11...b5 12.♘e3 ♗h5 13.♕c2 ♘g4 14.♘xg4 ♗xg4 15.♘e1 e5 16.♘d3 ♗b6 17.♖e1 ♘c5 18.♘xc5 ♗xc5

19.♗e3 ♗xe3 20.♖xe3 ♖ad8 21.♗f3 ♗e6 22.♖ee1 ♖d6 23.♖ad1 ♖fd8 24.b3 a5 mit Ausgleich, Buckley-Marusenko, Monmouth 2000.

8.♕e2

Das ist der Hauptzug. Mit der Alternative 8.c3!? wurden erst wenige Erfahrungen gesammelt; und zwar:

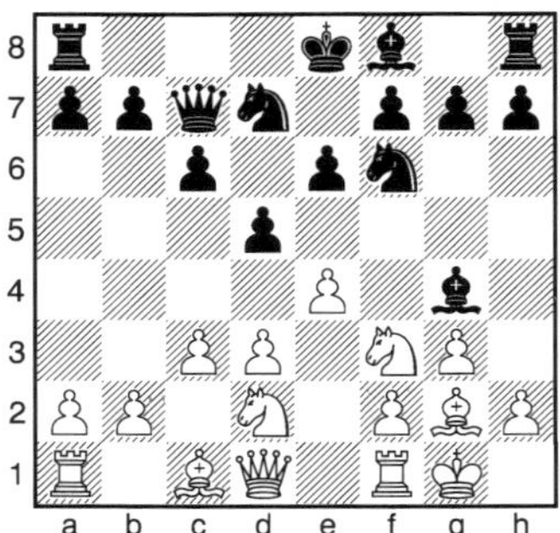

A) 8...♘e5 9.♕c2 ♘xf3+ 10.♘xf3 ♗e7 11.♗f4 ♕b6 12.e5 ♘d7 13.d4

(Auch 13.a4!? a5 14.♘d4 0-0 15.♖fe1 dürfte einen Versuch wert sein.)

13...c5 14.♗e3 ♕c7 15.♖fe1 ♗f5 16.♕d2 c4 17.♗g5 ♗f8 18.♘h4 ♗d3 19.♗f1 h6 20.♗e3 ♗e4 21.♗e2 g5 22.♘g2 ♗e7 23.f4 ♖g8 24.fxg5 hxg5 25.♖f1 ♗g6 26.♗xg5 ♗e4 27.♗xe7 ♔xe7 28.♖f2 In der Partie Zupcevic-Gonzales Betancourt, Höhr-Grenzhausen 2004, stand Weiß angesichts des Freibauern in der h-Linie besser.

B) 8...♗e7 9.♕c2 0-0 10.♖e1 a5 11.♘f1 ♗h5 12.♗f4 ♕b6 13.♘h4 a4 14.exd5 cxd5 15.♘f5 ♗d8 16.♘d4 ♘c5 17.♘f3 a3 18.b4

Auch 18.b3!? könnte man probieren.

18...♘a4 19.♗e5 ♗g6 20.♗d4 ♕c7 21.♘e5 ♗e7 22.♘e3 ♘b2 23.♕e2 ♗d6 24.♘xg6 hxg6 25.♘d1 ♘a4 26.♖b1 ♘d7 27.♖b3!

Weiß nimmt den Bauern a3 aufs Korn.

27...♘ab6 28.♘e3 ♘f6 29.c4 ♗e7 30.c5 ♘bd7 31.♖c1 ♖fc8 32.f4 ♘b8 33.♗e5 ♕d8 34.d4 ♘c6 35.b5 ♘b8 36.♕d3 ♕a5 37.♘c2 In der Partie Vachier Lagrave-Mchedlishvili, Warschau 2010, eroberte Weiß den Bauern a3 und erhielt eine Gewinnstellung.

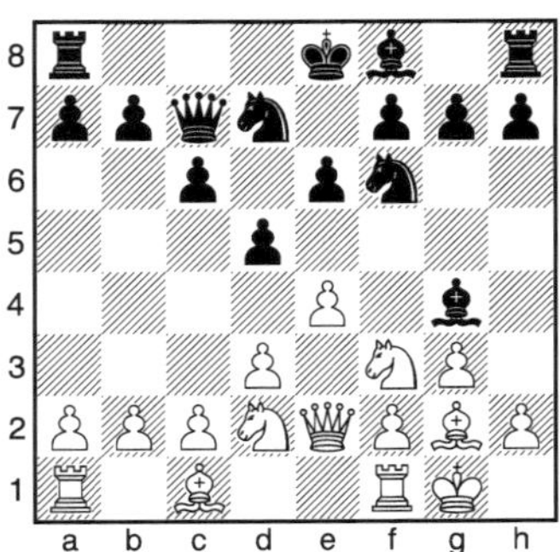

8...♗d6

Auch 8...dxe4 9.dxe4 ♘e5 10.h3 ♘xf3+ 11.♘xf3 ♗xf3 ist anzutreffen, wonach sich folgende Abspiele ergeben:

A) 12.♕xf3 ♗e7 13.♖e1

(13.♕c3!? e5 14.♗e3 0–0 15.♖ad1 ♖fd8 16.♖d3 ♖xd3 17.cxd3 ♖d8 18.d4 exd4 19.♗xd4±)

13...e5 14.♗f1 0–0 15.a4 ♖ad8 16.♗e3 b6 17.♗c4 ♗d6 18.h4 ♕e7 19.♖ad1 ♗c5 20.♗g5 h6 21.♗xf6 ♕xf6 22.♕xf6 gxf6 23.♗a6 ♖d6 24.♖xd6 ♗xd6 25.♗b7 c5 26.♔f1 ♖d8 27.♔e2 ♔f8 28.♗d5 ♗c7 29.♖d1 ♔e7 mit völlig ausgeglichenem Endspiel aufgrund der ungleichfarbigen Läufer, Vesselovsky–I. Vukovic, Ostrava 2005.

B) 12.♗xf3 ♗c5 13.e5 ♘d7

(Nach 13...♘d5 kann Weiß 14.c3!? spielen.)

14.♗f4 ♗d4 15.♖fd1 ♗xb2 16.♖ab1 ♗a3 17.h4

(Interessant wäre die Variante 17.♕d3!? ♗c5 18.♕xd7+ ♕xd7 19.♖xd7 ♔xd7 20.♖xb7+ ♔c8 21.♖xf7 mit guten Perspektiven für die geopferte Qualität.)

17...♗e7 18.c4 h6 19.♗e4 g5 20.hxg5 hxg5 21.♗e3 ♘c5 22.♗xc5 ♗xc5 23.♕f3 ♗e7?? (23...♖c8!) 24.♖xb7 ♕xe5 25.♗xc6+ ♔f8 26.♖xe7 ♔xe7 27.♗xa8 1-0; Angelov–Asparuhov, Sunny Beach 2005.

9.h3 ♗h5 10.♖e1 dxe4

Schwarz musste sich gegen die Drohung e4-e5 wehren. So würde 10...0–0–0? nach 11.g4 ♗g6

(11...♘xg4 12.hxg4 ♗xg4 13.♕e3 ♔b8 14.e5 ♗e7)

an 12.e5 mit Figurenverlust scheitern.

11.dxe4 e5

Dieser Zug wird von der Theorie empfohlen. Schwarz verhindert den Vorstoß e4-e5 rein mechanisch und sorgt für die Aufrechterhaltung des geschlossenen Stellungscharakters. In der Partie Weisbrod–Hamburg, Deutschland 1998 folgte schwächer 11...♘e5? 12.g4 ♗g6 13.♘xe5 ♗xe5 14.♘c4 0–0–0??

(Notwendig war 14...h6 15.♘xe5 ♕xe5 16.f4 mit weißem Vorteil, aber der Kampf wäre noch nicht zu Ende.)

15.♘xe5 ♕xe5 16.f4 ♕a5 17.f5 exf5 18.exf5 ♖he8 19.♗e3 mit Gewinn.

12.♘c4

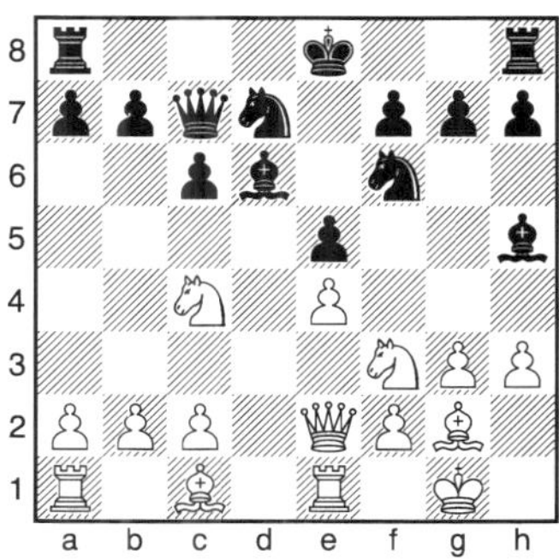

12...♗c5

Zwei andere Fortsetzungen für Schwarz lauten:

I. 12...♗b4 13.c3 ♗e7 14.♘e3 0–0 15.♘f5 ♘c5 16.♗g5 ♖fe8 17.♕c4

♘e6 18.♘xe7+ ♕xe7 19.♗e3 ♘d7 20.♘h4 ♗g6 21.♘f5 ♗xf5 22.exf5 ♘c7 23.♕b3 ♖eb8 24.♖ad1 ♔h8 25.♖d2 f6 26.♖ed1 In der Partie Zakhartsov–Baraeva, Pardubice 2012, hatte Weiß in Anbetracht des Läuferpaars und der eroberten d-Linie positionellen Vorteil.

II. 12...♗xf3 13.♘xd6+ ♕xd6 14.♕xf3 0–0 15.♗e3 ♕b4 16.b3 a5 17.g4 h6 18.h4 a4 19.g5 hxg5 20.hxg5 ♘h7 21.♕f5 Weiß steht aktiver, Kijanowski–Domarowski, Nowokusnetzk 2008.

13.a4

Dieser Prophylaxezug dient der Verhinderung der Raumnahme mittels b7-b5. In der Partie Letay–Orso, Budapest 2015, erreichte Weiß nichts mit dem alternativen Ansatz 13.♗g5 h6 14.♗d2 b5 15.b4 ♗e7 16.♘b2 0–0=.

13...0–0 14.♗d2 a5

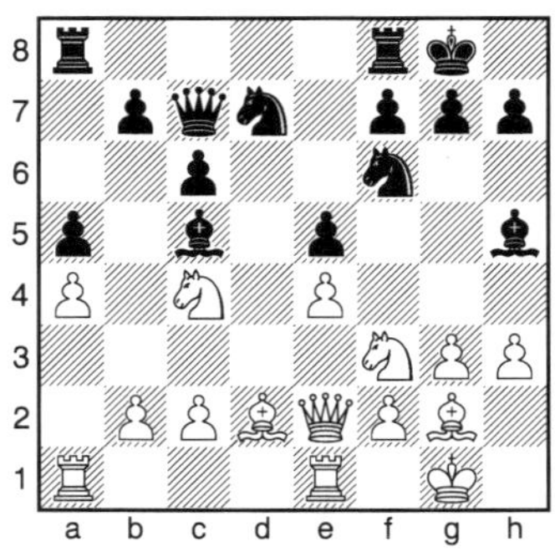

15.♘xa5!?

In der Begegung Sunye Neto–Gomez Baillo, Mar del Plata 1994, unterließ Weiß den Tausch auf a5; dort folgte: 15.♗c3 ♖fe8 16.b3 ♗f8 17.♕e3 b5 18.♘cd2 ♗b4 19.♗f1 ♕b7 20.♗xb4 axb4 21.c3 ♗xf3 22.♕xf3 bxa4 23.bxa4 ♘c5 24.a5 ♖ed8 25.cxb4 ♕xb4 26.♘c4 ♘e6 27.♕a3 ♕xa3 28.♖xa3 ♘d4 29.♖c1 ♘xe4 30.♘xe5 mit Vorteil.

15...♖xa5 16.b4 ♗xf2+ 17.♕xf2 ♖aa8 18.a5 c5 19.b5 In der Partie Skousen–Boe, Dänemark 2018, wurde hier Remis vereinbart – allerdings viel zu früh, denn dank des Läuferpaars und der starken Bauern auf a5 und b5 stand Weiß positionell deutlich besser.

Zusammenfassung:

Statt des Hauptzuges 8.♕e2 verdient auch der alternative Ansatz 8.c3!? durchaus Beachtung, so dass wir ihn zwecks weiterer theoretischer und praktischer Untersuchungen empfehlen. Und gegen Ende der untersuchten Variante muss Weiß die Spannung nicht mit 15.♘xa5!? auflösen, sondern er kann sie auch mittels 15.♗c3 aufrecht erhalten.

Beispielpartien

Partie Nr. 63
Bost – Deschner
Fernpartie 1999

1.e4 c6 2.d3 d5 3.♘d2 ♕c7 4.g3 ♘f6 5.♗g2 ♗g4 6.♘gf3 e6 7.h3 ♗xf3 8.♕xf3 ♗e7 9.0–0 0–0 10.♕e2 ♘bd7 11.f4!?

Mit diesem Zug verrät Weiß, dass seine Absicht in einem schnellen Königsangriff besteht. Die Alternative 11.♖e1 wird im einleitenden Text zu Abspiel 4 untersucht.

11...dxe4 12.dxe4 e5

Denn andernfalls würde Weiß mit 13.e5 mehr Raum im Zentrum nehmen.

13.f5 ♖fd8

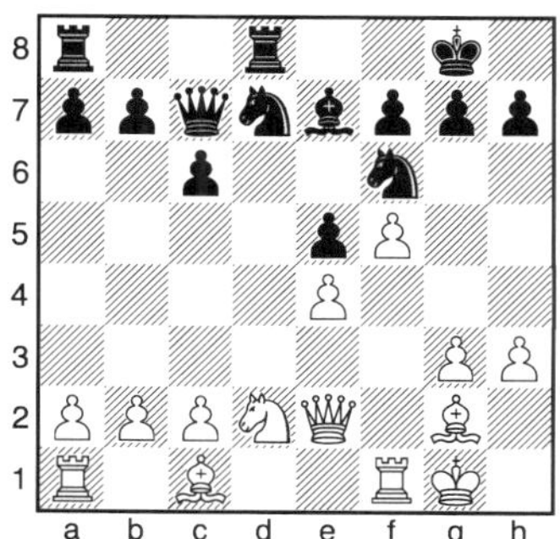

14.g4!

Bei ausreichend geschütztem König und fehlenden schwarzen Konterchancen am Königsflügel, kann Weiß sorglos einen Bauernsturm in die Wege leiten.

14...h6?

Diese unnötige Schwächung der Königsstellung bietet dem Weißen eine Angriffsmarke und erleichtert somit die Aufgabe, die Initiative zu einem echten Königsangriff zu verdichten. Schwarz hätte sich mit 14...♘f8!? vorsichtig verhalten sollen, um nach z.B. 15.g5 ♘e8 eine solide Verteidigungsposition einzunehmen.

15.h4

Natürlich geht es konsequent weiter vorwärts.

15...♘h7 16.♘f3 b5 17.g5 ♗c5+ 18.♔h2 hxg5 19.hxg5 ♘df8 20.♖h1

Die weißen Kräfte formieren sich zum Angriff.

20...a6 21.♔g3 g6 22.♗h3 gxf5 23.♗xf5 ♘g6 24.♗d2 ♕a7 25.♖xh7!

Und schon ist die Stellung reif für einen Opferangriff.

25...♔xh7 26.♕h2+ ♔g8 27.♖h1 ♖xd2

Auch diese Verzweiflungstat hilft nicht mehr, denn Schwarz ist rettungslos verloren.

28.♘xd2 ♗e7 29.♘f3 ♕e3 30.♕h5

Schwarz gab auf.

Partie Nr. 64
Vokroj – Benesch
St Veit 2000

1.e4 c6 2.d3 d5 3.♘d2 ♕c7 4.g3 ♘f6 5.♗g2 ♗g4 6.♘gf3 e6 7.0–0 ♗e7

Die Alternativen zu diesem Zug werden im einleitenden Text zu Abspiel 4 aufgeführt.

8.h3 ♗h5 9.♕e1

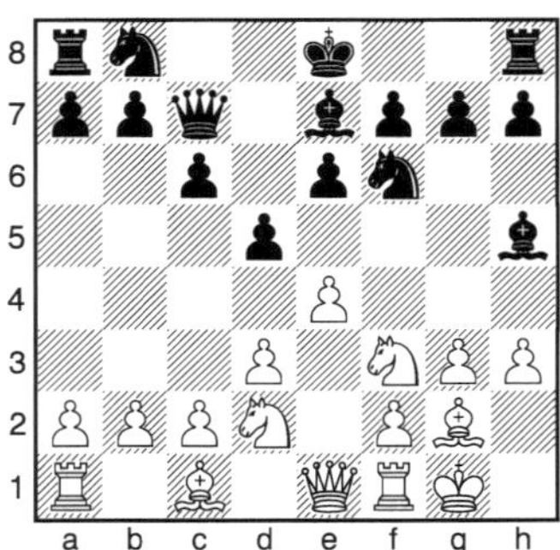

9...0–0

In der Partie Pollmann-Jeske, Deutschland 2009, geschah 9...dxe4 10.dxe4 ♘bd7

(10...e5 11.♘c4 ♘fd7 12.♗d2 ♘a6 13.♗a5 b6 14.♗c3 f6 15.♘h4 0–0 16.♘f5±; Fritz-Kerpf, Deutschland 1991)

11.a4 0–0 12.♘c4 ♗g6 13.♗f4 ♕d8 14.♘h2 ♘h5 15.♗d2 e5 16.♘g4 ♗c5 17.♗e3 ♕e7 18.♕e2 ♘hf6 19.♘xf6+ ♘xf6 20.♗xc5 ♕xc5 21.♔h2 ♖ad8 mit etwa ausgeglichener Stellung.

10.♘h2 dxe4 11.dxe4 ♗g6 12.f4 h6 13.♘c4 b5 14.♘e5 ♗h7 15.a4 ♘bd7 16.♘hg4 ♖ac8 17.♘xd7 ♘xd7 18.♗e3 ♗c5 19.♕c3 ♕b6 20.♖fd1 ♖fd8 21.a5 ♗xe3+ 22.♘xe3 ♕c7 23.e5

Eine Zwischenbilanz zu diesem Zeitpunkt ergibt, dass Weiß sich einen kleinen Raumvorteil erarbeitet hat.

23...♘b8 24.♕c5 ♗g6?

Nach diesem schwachen Zug kann der gegnerische Turm auf d6 eindringen. Hingegen wäre Schwarz nach der Alternative 24...♖xd1+! 25.♖xd1

(25.♘xd1 ♘a6 26.♕c3 c5=)

25...♕xa5 zwar passiv zu stehen gekommen, hätte jedoch gute Verteidigungsaussichten behalten.

25.♖d6! ♖xd6 26.exd6

Nun verfügt Weiß über einen Freibauern, der die Partie im Endeffekt entscheidet.

26...♕d7

Oder 26...♘d7 27.♕b4 ♕b8 28.♖d1 c5 29.♕c3 mit weißem Vorteil.

27.♖d1 f6 28.♘g4 ♘a6 29.♕c3 ♔f7 30.♖d2 ♗h5

Auch nach 30...c5 31.♘e3 stünde Weiß besser.

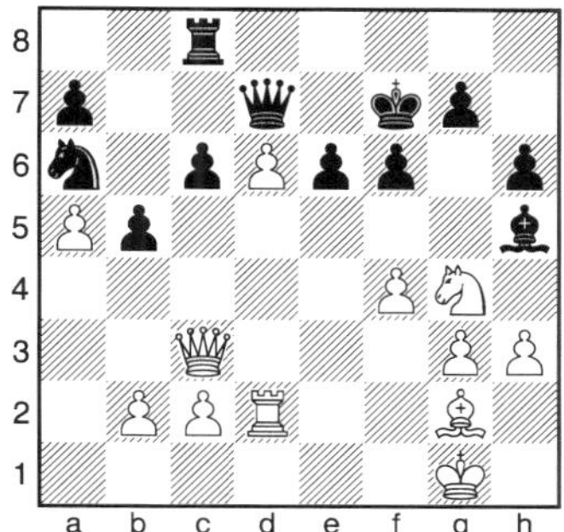

31.♗xc6!?

Bei dieser Kombination ist Weiß davon beseelt, die enorme Kraft des Freibauern spektakulär unter Beweis zu stellen. Noch stärker war jedoch 31.♗e4! mit der Eventualfolge 31...c5 32.♕f3 ♗xg4 33.hxg4 ♘b8 (33...c4 34.♗b7+-) 34.f5 ♔f8 35.g5! und starkem Angriff.

31...♖xc6 32.♕xc6 ♕xc6 33.d7 ♘c5??

Schwarz steht offenbar unter Schock und verkürzt seine Leiden. Und dabei hätte er nach 33...♕f3! 34.♔h2 ♗xg4 35.hxg4 ♘c5 36.d8♕ ♘e4 37.♕d7+ ♔f8 (37...♔g6 38.♕d3+-) 38.♕c8+ ♔f7 39.♕b7+ ♔g8 40.♖g2 f5 41.♕c8+ ♔h7 42.♕xe6 ♕xg4 noch hartnäckigen Widerstand leisten können.

34.d8♘+

Schwarz kapitulierte.

Abspiel 5

Die Fortsetzung 3...♘f6

1.e4 c6 2.d3 d5 3.♘d2 ♘f6

Auch dies ist eine elastische Fortsetzung, deren Unterschied zu anderen Varianten jedoch darin besteht, dass Schwarz den Vorstoß e4–e5 nicht etwa verhindern, sondern geradezu provozieren will. Und für beide Seiten gilt auch hier, dass den Variationsmöglichkeiten keine engen Grenzen gesetzt sind.

4.♘gf3

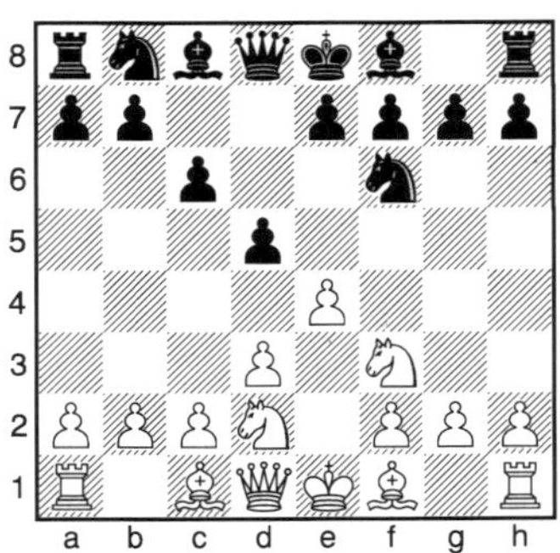

4...♗g4

Bevor Schwarz e7–e6 spielt, will er (ganz im Sinne von Caro–Kann) erst den Damenläufer ins Spiel bringen. Anzutreffen sind allerdings auch andere Möglichkeiten.

I. 4...dxe4 5.dxe4 g6

(Auf 5...♗g4 kann Weiß z.B. mit 6.h3 ♗h5 7.g4 ♗g6 8.♗d3 reagieren, um nach der Eventualfolge 8...e6 9.♕e2 ♘bd7 10.♘b3 ♕c7 11.♗d2 ♘c5 12.♘xc5 ♗xc5 13.♗c3 die lange Rochade anzustreben, Nikac–Knezevic, Banja Luka 2017.)

6.g3 ♗g7 7.♗g2

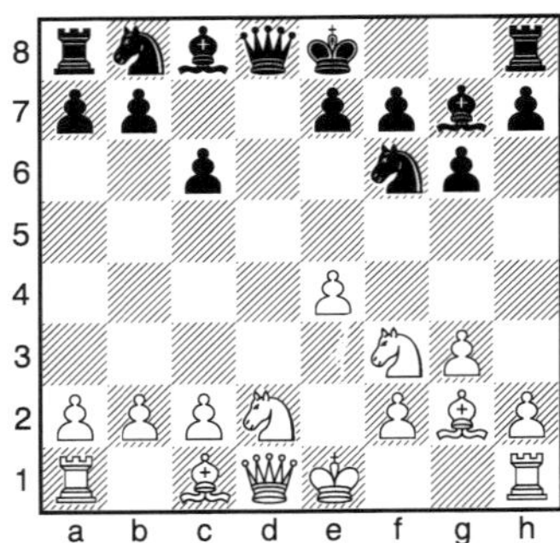

A) 7...♘bd7 8.0–0 0–0 9.e5 ♘g4

(Auf 9...♘d5 folgt 10.e6! fxe6 11.♕e2 mit aktivem Spiel und Kompensation für den geopferten Bauern.)

10.e6! fxe6 11.♕e2 ♘df6 12.♘c4 e5 13.♘cxe5 ♘xe5 14.♘xe5 ♗f5 15.g4 ♗c8 16.♖d1 ♕a5 17.c4 ♕c5 18.h3 Weiß hat die besseren Aussichten, Kawuma–Guller, Dresden 2008.

B) 7...0–0 8.0–0 ♗g4

(Nach 8...c5 kann Weiß 9.♕e2 ♘c6 10.c3 mit der Idee ♖fd1, ♘f1 usw. spielen.)

9.h3 ♗xf3 10.♕xf3 ♘bd7 11.♕e2 e5 12.a4 a5 13.♘b3 ♕c7 14.♗e3 ♖fd8 15.♖fd1 ♘f8 16.h4 ♘e6 17.♗h3 ♖e8 18.♕c4 mit aktiver weißer Stellung in der Partie Kacheishvili-Gagunashvili, Dubai 2006.

II. 4...g6

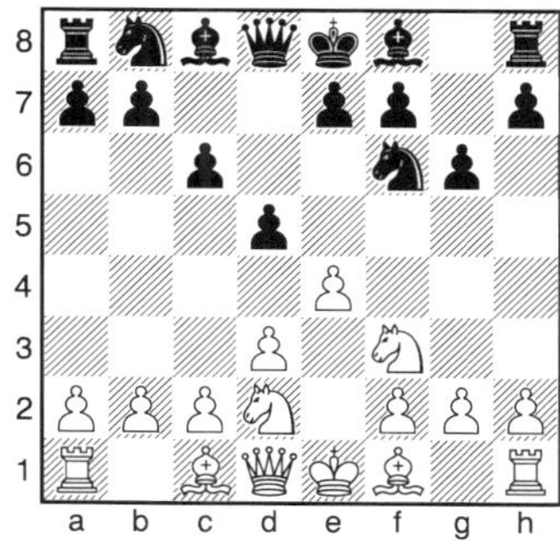

A) 5.g3 ♗g7

(Oder 5...b6 6.♗g2 dxe4 7.dxe4 ♗a6 8.c4 ♘fd7 9.0–0 ♗g7 10.♖b1 0–0 11.b4 ♕c7 12.♕e2 e5 13.♖d1 ♖e8 14.♘f1 ♗b7 15.♘e3±; Dolmatow-Iwanow, Vilnius 1978.)

6.♗g2 0–0 7.0–0 ♘bd7

(7...♗g4 8.c3 ♘bd7 9.♕c2 e5 10.♖e1 ♖e8 11.♘f1 h6 12.♘e3 ♖c8 13.♘xg4 ♘xg4 14.♘h4±; N. Rodrigues-Alves, Sao Paulo 2011)

8.♖e1 e6 9.e5 ♘e8 10.♘f1 ♕c7 11.♗f4 b6 12.h4 ♗b7 13.♘1h2 ♕c8 14.h5 ♘c7 15.h6 ♗h8 16.♘g4 c5 17.c3 ♗c6 18.♕d2 ♕b7 19.d4 ♖fc8 20.♗g5 ♘e8 21.♕f4 ♕c7 22.b3 ♖ab8 23.♗f1 a5 24.♖ad1 ♕a7 25.♗h4 a4 26.♘g5 ♘f8 27.c4 cxd4 28.♖xd4 axb3 29.axb3 dxc4 30.bxc4 ♕b7 31.♖ed1 ♖a8 32.♖d7! 1-0; Kim-Dolgowa, Moskau 2006.

B) 5.♗e2!?

Auch das gehört zu den erwähnten „Freiheiten“, dass nämlich der Läufer nicht immer fianchettiert zu werden braucht.

5...♗g7 6.0–0 0–0 7.c3 c5 8.♖e1 dxe4 9.dxe4 ♘c6 10.♕c2 ♕c7 11.a4 b6 12.♘c4 ♘g4 13.♗g5 ♘ge5 14.♘fxe5 ♘xe5 15.♘e3 e6 16.f4 ♘d7 17.♖f1 h6 18.♗h4 ♗b7 19.e5 g5 20.fxg5 hxg5 21.♗xg5 ♘xe5 22.♗f6 ♘g6 23.♘g4 mit weißem Angriff, Jordan-Hu, Melbourne 2016.

5.h3

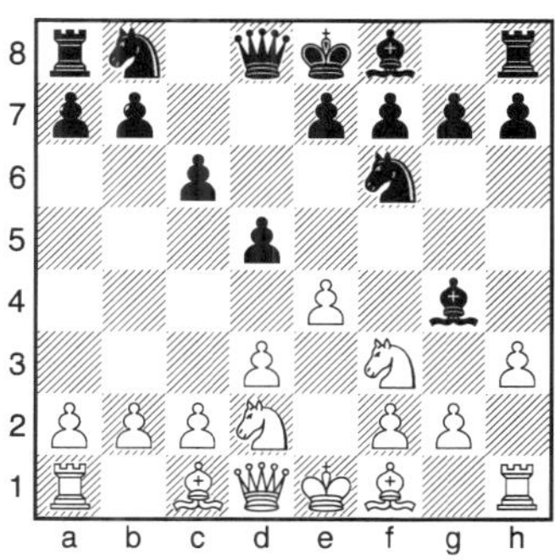

5...♗xf3

Natürlich braucht Schwarz nicht auf f3 zu schlagen, denn es geht auch 5...♗h5 6.♕e2 e6.

(6...♕c7 7.g4 ♗g6 8.♗g2 e6 9.0–0 ♗e7 10.♘h4 dxe4 11.dxe4 ♘bd7

12.♘f5 exf5 13.exf5 ♗xf5 14.gxf5 ♘b6 15.♖e1 ♘bd5 16.♘b3 b5 17.a4!±; Sax–Vadasz, Budapest 1977)

A) 7.g3 ♗e7

(Nach 7...dxe4 und der Folge 8.dxe4 ♘bd7 9.♗g2 ♕c7 10.0–0 ♗c5 11.♔h1 0–0–0 12.♘b3 ♗b6 13.a4 a6 14.a5 ♗a7 15.♘bd2 e5 16.b4 kann eine scharfe Stellung entstehen. Allerdings hat Weiß einen simplen Plan: c2-c4 nebst b4-b5 mit Königsangriff, Safranska–Minet, Frankreich 2007.)

8.♗g2 c5 9.g4 ♗g6 10.♘e5 dxe4 11.dxe4 ♕c7 12.♘dc4 ♘bd7 13.♗f4 ♘xe5 14.♗xe5 ♕c6 15.0–0–0! 0–0 16.♗xf6 ♗xf6 17.f4 ♕a4 18.♔b1 b5 19.♘d6 ♖ad8 20.f5 Weiß steht besser, Pachow–O. Müller, Deutschland 2003.

B) 7.g4 ♗g6 8.♗g2 ♗c5 9.♘e5 ♘bd7 10.♘xg6 hxg6 11.e5 ♘g8 12.♘f3 ♕c7 13.♗d2 ♘e7 14.a3 ♗b6 15.0–0

Natürlich ist 15.0–0–0!? eine spielbare Alternative.

15...0–0 16.c4 a5 17.b3 ♖fd8 18.♖ab1 ♘f8 19.♗f4 ♖d7 20.b4 dxc4 21.dxc4 ♗d4 22.♕e4 ♖ad8 23.♔h2 ♘h7 24.h4 axb4 25.axb4 b6 26.♗g3 c5 27.b5 In der Partie Utemow–Moizhess, Moskau 1994, hatte Weiß die besseren Chancen herausgespielt und konnte im Endeffekt gewinnen.

6.♕xf3 e6 7.g3

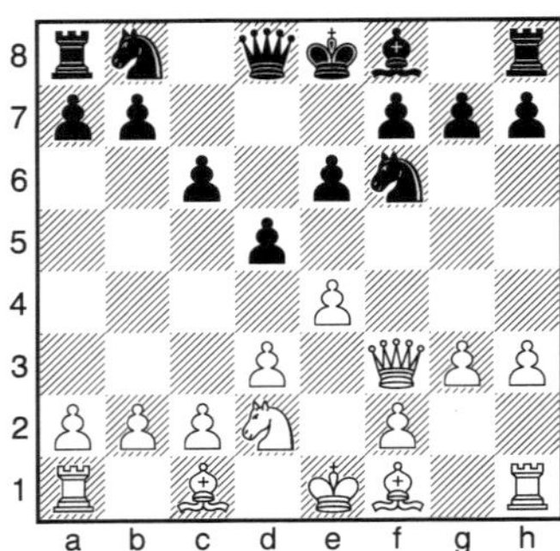

7...♘bd7

Dieser Plan sieht die rasche Entwicklung des Damenflügels vor. Alternativ kommt natürlich die schleunige Anstrebung der Rochade in Betracht.

I. 7...♗e7 8.♗g2 0–0 9.0–0 c5 10.♕e2 ♘c6 11.c3 ♕d7 12.e5 ♘e8 13.♖e1 ♘c7 14.♘f3 ♖ae8 15.♗f4 f6 16.exf6 ♗xf6 17.♘e5 ♘xe5 18.♗xe5 ♗xe5 19.♕xe5 ♖f5 20.♕e3 ♕d6 21.d4 b6

Nach 21...cxd4 22.cxd4 wird Schwarz an die Verteidigung des Bauern e6 gebunden.

22.♖ad1 ♖d8 23.h4 ♖f6 24.♖d2 a5 25.♗h3 ♖e8 26.♖de2 Weiß hat klaren Positionsvorteil. In der Partie Belezky–Schwalfenberg, Deutschland 2008, ließ er einen Bauernangriff am Königsflügel folgen, der letztendlich zum Gewinn führte.

II. 7...g6 8.♗g2 ♗g7 9.0–0 0–0 10.♕e2

Weiß bereitet den Vormarsch des f-Bauern vor.

10...a5 11.f4 a4 12.e5 ♘fd7 13.♘f3 b5

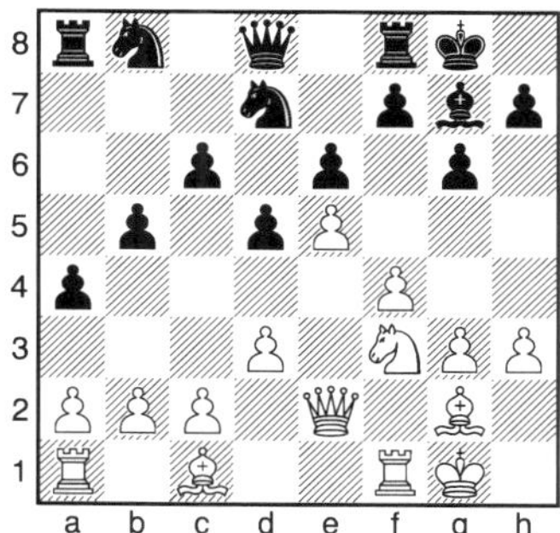

14.h4!

Im Geist der Eröffnung greift Weiß am Königsflügel an.

14...b4

Hingegen setzt Schwarz auf einen Konter am anderen Flügel.

15.h5 c5 16.c4!

Wir haben schon mehrfach darauf hingewiesen, dass dieser Gegenangriff dem Weißen nicht gleichgültig sein darf. Entsprechend setzt er hier den c-Bauern ein, um die schwarze Aktion am Damenflügel zu stoppen.

16...bxc3 17.bxc3 ♘c6 18.♘g5 ♖e8

(Auf 18...h6 folgt stark 19.♘h3!.)

19.♗e3 ♖c8 20.♕g4 ♘e7 21.hxg6 hxg6

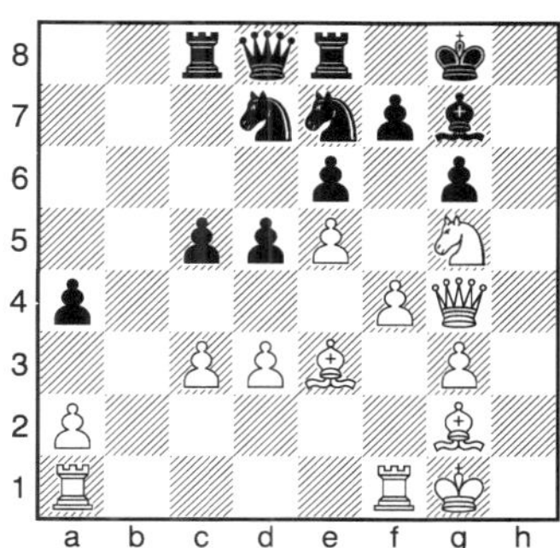

22.♘xe6!

Ein typischer und entscheidender Schlag.

22...fxe6 23.♕xe6+

A) 23...♔h7 24.♔f2! ♘f8

(24...♘f5 25.♖h1+ ♘h6 26.♖xh6+! ♗xh6 27.♕f7+ ♔h8 28.♖h1+–)

25.♖h1+ ♗h6 26.♕f7+ nebst Matt in zwei Zügen.

B) 23...♔f8 24.f5 gxf5 25.♗g5 Schwarz gab auf. Es könnte noch folgen 25...♘xe5 26.♖xf5+! ♘xf5 27.♕xf5+ ♔g8 28.♗xd8 ♖cxd8 29.♖b1 mit der starken Drohung ♖b7, Safarli–Van Delft, Hoogeveen 2008.

8.♗g2 ♗e7

Schwarz strebt die Rochade an. Der Plan mit 8...♕b6 ist nicht zu empfehlen, wie zwei Partiebeispiele veranschaulichen. 9.0–0

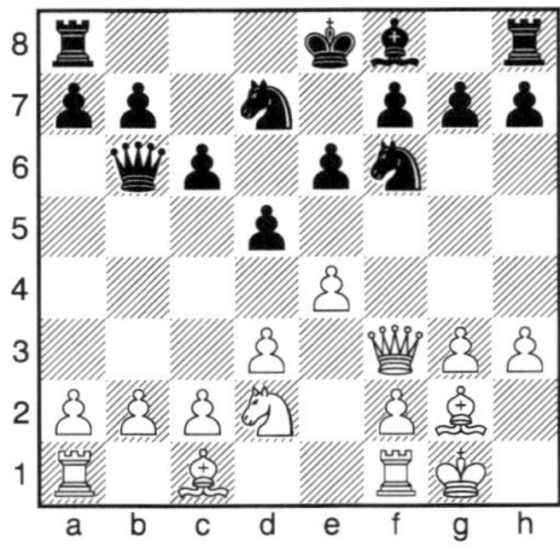

A) 9...h5 10.♕e2 ♗d6

(Die Folgen von 10...dxe4 11.dxe4 h4 12.g4 sind günstig für Weiß.)

11.♘f3 dxe4 12.dxe4 ♘e5 13.♘xe5 ♗xe5 14.♔h1 0–0–0 15.f4 ♗c7 16.a4 a5 17.♗e3 ♕a6? (besser 17...♕b4) 18.♕xa6 bxa6 19.♖a3 e5 20.♖c3 In der Partie Shkuran–Toman, Prag 2016, blieb Schwarz auf seinen Bauernschwächen am Damenflügel sitzen und Weiß stand besser.

B) 9...♗d6 10.a4 a5 11.♘b3 0–0 12.♗e3 ♕c7 13.♕e2 e5 14.f4 exf4 15.gxf4 dxe4 16.dxe4 ♖fe8? (besser 16...♗e7!) 17.e5 ♘xe5 18.fxe5 ♗xe5 19.c3 ♗h2+ 20.♔h1 ♖e5 21.♕f3 ♘h5 22.♗f2 ♖g5 23.h4 ♖e5 24.♗b6 ♕d6 25.♕xf7+ ♔h8 26.♗c7 1-0; Belotti–Tocchioni, Montecatini Terme 1994.

9.♕e2

Es geht auch 9.0–0 0–0 10.♕e2 ♕c7.

(Nach 10...e5 könnte 11.b3 ♗b4 12.♗b2 usw. folgen.)

11.d4 dxe4 12.♘xe4 ♘xe4 13.♕xe4 ♖ad8 14.c3 e5 15.♕e2

(15.dxe5 ♕xe5 16.♖e1 ♗f6 17.♗e3±)

15...♗d6 16.♗g5 ♖de8 17.♕c4 exd4 18.cxd4 ♘b6 19.♕b3 ♗e7 20.♗e3 ♖d8 21.♖ac1 ♕b8 22.♖fe1 ♖d7 23.h4 ♕d8 24.a4 In der Partie Mezentsev–Manukian, Los Angeles 2005, hatte Weiß angesichts der Drohung a5-a6 mit besseren Perspektiven.

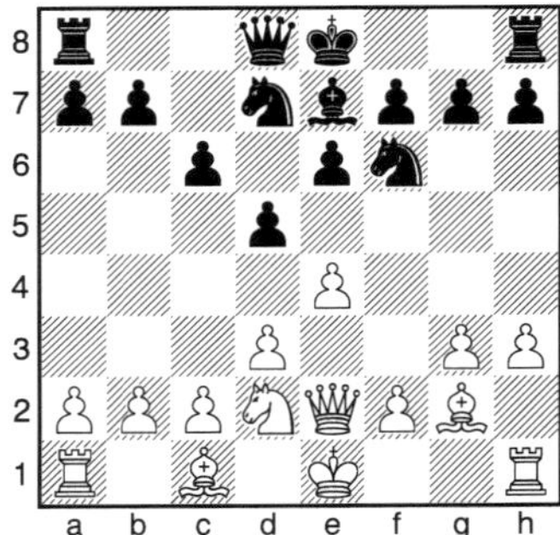

9...♕c7

Hier steht die Dame am besten. Probiert wurde auch der Zwischentausch 9...dxe4 10.dxe4 gefolgt von 10...♕c7 mit den Abspielen:

A) 11.0–0 e5 12.♘c4

(In der Partie Sorensen–Hove, Kopenhagen 1996, geschah: 12.a4 ♘c5 13.♘c4 ♘e6 14.c3 0–0 15.♗e3 b5 16.♘d2 a6 17.♘b3 ♘d7 18.♖fd1 ♘dc5 19.♘xc5 ♗xc5 20.axb5 axb5 21.h4 ♕b6 22.♗xc5 ♕xc5 23.♗h3 ♘c7 24.♖xa8 ♘xa8

25.♕d3 und nach Eroberung der d-Linie stand Weiß aktiver.)

12...0-0 13.a4 ♘b6 14.♘e3 ♖fe8 15.♘f5 ♗f8 16.h4 ♔h8 17.g4 mit aktivem Spiel am Königsflügel in der Partie Johansson-Ek, Falkoeping 1965.

B) 11.a4 a5 12.♘c4 ♗b4+ 13.c3 ♗e7

Nach 13...♗c5!? würde der Läufer aktiver stehen.

14.0-0 0-0 15.♗d2 ♖fd8 16.♖fc1 h6 17.b4 b6 18.♗f4 e5 19.♗d2 ♘h7 20.h4 ♘hf8 21.♗h3 In der Partie Balaschow-Koppens, Berlin 1988, bekam Weiß das freiere Spiel, was er zum späteren Sieg nutzte.

10.♘f3

Gespielt wurde auch 10.0-0 und nach 10...h5 ergeben sich zwei Varianten.

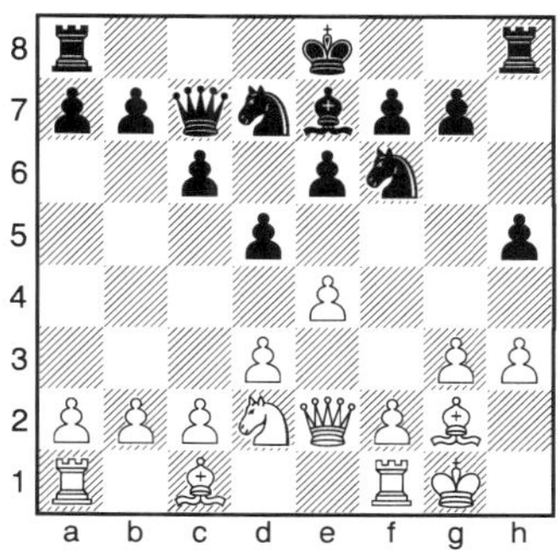

A) Nach 11.f4 sollte Schwarz sich unseres Erachtens mit 11... 0-0-0!? auf scharfes Spiel einlassen.

Hingegen wird die Erwiderung 11...dxe4 anhand der **Partie Nr. 65**: Grigorjan-Causo, Hong Kong 2017, besprochen.

B) Und die weitere Alternative 11.♘f3 wird anhand der **Partie Nr. 66**: Garcia Martinez-Pomar Salamanca, Malaga 1972, untersucht.

10...dxe4 11.dxe4

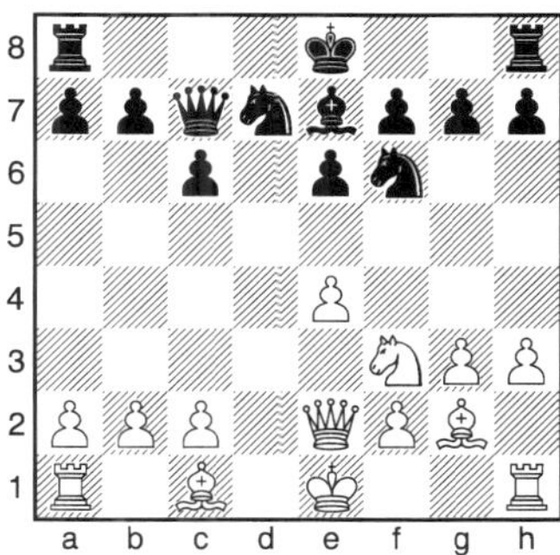

11...e5

Mit dieser logischen Reaktion verhindert Schwarz den Vorstoß e4-e5 und schränkt zugleich die Aktivität des weißen Fianchetto-Läufers ein. In der Praxis wurde allerdings auch ein anderer Plan ausprobiert – und zwar 11...♕a5+ mit den Abspielen:

A) 12.♗d2!? ♕b5 13.♕xb5 cxb5 14.♘d4 a6 15.e5 ♘xe5 16.♗xb7 ♖a7 17.♗g2 0-0 18.f4 ♘g6

(18...♘c4 19.♘c6 ♖c7 20.♘xe7+ ♖xe7 21.♗b4+-)

19.0-0-0 mit günstigerer Stellung für Weiß.

B) 12.c3 ♕b5 13.♕xb5 cxb5 14.e5 ♘d5 15.♘d4 ♘xe5 16.♘xb5 0–0 17.♗xd5 exd5 18.♔e2 ♖fd8 19.♖d1 ♖d7 20.f4 ♘c6 21.♗e3 ♗f6 22.♔f3 a6 23.♘d4 ♘a5 24.b3 ♖c8 25.♖d3 ♘c6 26.♘xc6 ♖xc6 27.♖c1 b5 mit gleichem Endspiel, Varnusz–Navarovszky, Budapest 1964.

12.0–0 0–0 13.b3 ♖fe8 14.♗b2 ♗f8 15.♖ad1 ♘c5

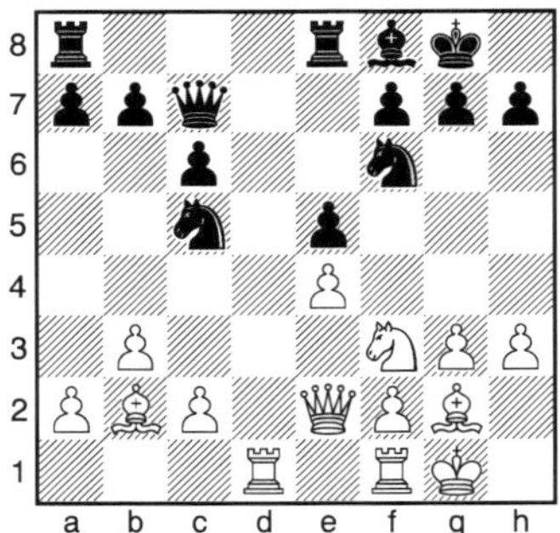

16.♘e1

Das ist zweifellos am besten, denn der Springer strebt nach d3 und gibt dem f–Bauern freie Fahrt. Die Alternative 16.♘d2 bringt nichts wegen 16...b5 17.c4 b4 nebst a5-a4 mit Gegenspiel.

16...♖ad8 17.♘d3 Weiß steht nur minimal besser. Beim Übergang ins Endspiel kann Weiß mit seinem Läuferpaar um Vorteil kämpfen. Und Schwarz muss immer auf den Vorstoß f2-f4 gefasst sein.

Zusammenfassung:

Weiß braucht nicht schnell zu rochieren, sondern kann zuerst mit 9.♕e2 und 10.♘f3 zwei wichtige Figuren ins Spiel bringen. Es ist sehr empfehlenswert, sich das Manöver 16.♘e1–d3 einzuprägen.

Beispielpartien

Partie Nr. 65
Grigorjan – Causo
Hong Kong 2017

1.e4 c6 2.d3 d5 3.♘d2 ♘f6 4.♘gf3 ♗g4 5.h3 ♗xf3 6.♕xf3 ♘bd7 7.g3 e6 8.♗g2 ♗e7 9.♕e2 ♕c7 10.0–0 h5 11.f4 dxe4

Im einleitenden Text zu Abspiel 5 wurde auf den Zug 11...0–0–0!? hingewiesen, der noch nicht in der Praxis getestet wurde.

12.dxe4 e5 13.♘c4 b5 14.♘xe5 ♘xe5 15.fxe5

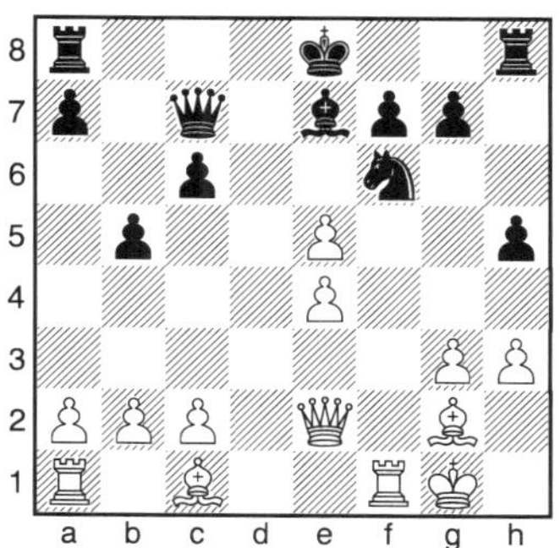

15...♗c5+?

Schwarz setzt auf einen falschen Plan, der ein gewaltiges taktisches Loch aufweist. Und dabei war die natürliche Antwort 15...♕xe5 völlig in Ordnung.

16.♔h1 ♘g4 17.e6!

Die Einleitung einer weit und genau berechneten Kombination.

17...♕xg3 18.exf7+ ♔d7

Auch andere Königszüge verlieren.

1) 18...♔f8 19.♗f4 ♕h4

(19...♘f2+ 20.♖xf2 ♕xf2 21.♗d6+ ♔xf7 22.♖f1+–)

20.b4 ♗xb4 21.e5+–

2) 18...♔e7 19.♗f4 ♘f2+ 20.♖xf2 ♕xf2 21.♗g5+ ♔f8 22.♕xf2 ♗xf2 23.e5 ♔xf7 24.♖f1 ♔g6 25.h4+–

19.♗f4 ♘f2+ 20.♖xf2 ♕xf2 21.♕d3+ ♔e6 22.♖f1 ♕d4 23.♕g3 h4 24.♕g6+ ♔d7 25.e5 ♖ac8 26.e6+

Schwarz gab sich geschlagen.

Partie Nr. 66
Garcia Martinez – Pomar Salamanca
Malaga 1972

1.e4 c6 2.d3 d5 3.♘d2 ♘f6 4.♘gf3 ♗g4 5.h3 ♗xf3 6.♕xf3 e6 7.g3 ♗e7 8.♗g2 ♘bd7 9.♕e2 ♕c7 10.0–0 h5 11.♘f3

Andere Erwiderungen werden im einleitenden Text zu Abspiel 5 besprochen.

11...0–0–0 12.a4

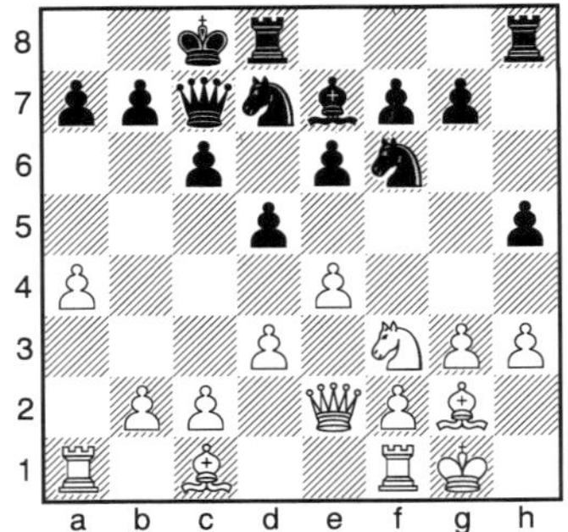

12...♘h7?

Diese falsche Entscheidung bringt Schwarz sofort in großen Schwierigkeiten. Nach der besseren Folge 12...dxe4 13.dxe4 ♘e5 14.♘xe5 ♕xe5 15.c3 ♕c7 16.a5 ♘d7 17.♗e3 ♗c5 18.♗xc5 ♘xc5 19.b4 ♘d7 stünde Weiß zwar besser, aber der Kampf wäre noch längst nicht zu Ende.

13.exd5 cxd5 14.c4 dxc4 15.♗f4! cxd3 16.♕xd3

Noch stärker war 16.♖fc1! ♘c5 17.♕e3 ♕b6 18.b4 ♕xb4 19.♖ab1 mit weißem Gewinn.

16...♘c5 17.♕c4 ♗d6 18.♗xd6 ♖xd6 19.♖fc1 ♔b8 20.b4!

Aber nicht 20.♕xc5?, denn nach 20...♖d1+! 21.♔h2 ♕xc5 22.♖xc5 ♖xa1 gewinnt Schwarz.

20...♘a6 21.♕f4 ♕e7 22.♘e5 ♖f8 23.b5 g5

Oder 23...♘c7 24.♖ab1 ♘f6 25.♘c6+ bxc6 26.bxc6+ ♔a8 27.♕b4 mit weißem Gewinn.

24.♕e3 ♘b4 25.♖ab1 ♖fd8 26.♕e4 ♖d5 27.♖xb4 ♘f6 28.♕e1

Schwarz kapitulierte.

Abspiel 6

Die Fortsetzung 3...♘d7

1.e4 c6 2.d3 d5 3.♘d2 ♘d7

Selbst dieser quasi „symmetrische“ Springerzug (der u.a. dem Ausschluss des eventuellen Vorstoßes e4–e5 dient) ist gelegentlich anzutreffen. Und tatsächlich könnte man es bei solch zurückhaltendem beidseitigen Spiel fast eine „Geschmackssache“ nennen, welchen Spielplan man wählt.

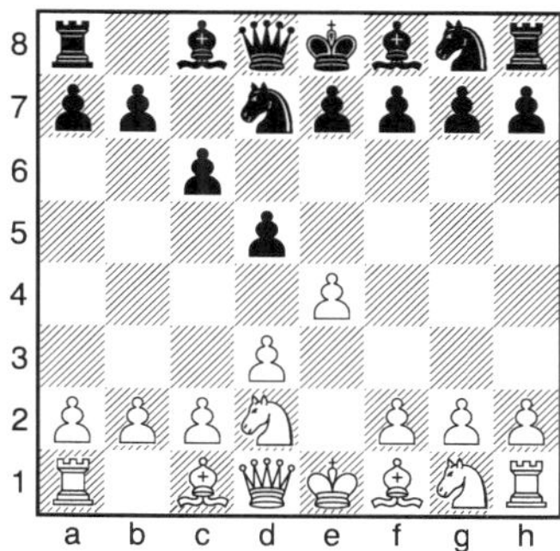

4.♘gf3

Wenn Weiß mit 4.g3 das sofortige Fianchetto anstrebt, kann sich das Spiel in Richtung der Hauptvariante entwickeln – oder auch in eigenständigen Bahnen; und zwar:

A) 4...♘gf6 5.♗g2 e5

Das Gegen-Fianchetto nach 5...g6 wird anhand der **Partie Nr. 67**: Husari–Ibrahim, Dubai 1996, untersucht.

6.♘gf3 g6

(Nach 6...♗d6 7.0–0 0–0 8.♖e1 ♖e8 entsteht eine Stellung, die in Abspiel 1 besprochen wurde.)

7.0–0 ♗g7 8.exd5 ♘xd5 9.a4 0–0 10.♘c4 ♘5b6 11.♘d6 ♘c5 12.♘xc8 ♖xc8 13.a5 ♘bd7 14.♖e1 a6 15.♗g5 ♕c7 16.♕d2 ♖fe8 17.♖ad1 ♘e6 18.♗h6 ♗h8 19.h4 ♖cd8 20.h5 mit aktivem Spiel am Königsflügel, Planinec–Smyslow, Bath 1973.

B) 4...dxe4

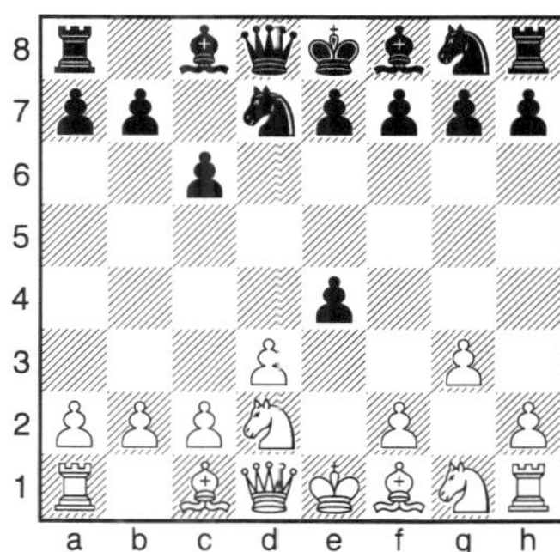

5.dxe4!

(So ist es richtig, denn die Vereinfachung 5.♘xe4 käme dem Schwarzen sehr gelegen. So entstand in der Partie Grumic–Goodman, Edmonton 2005, nach den weiteren Zügen 5...♘gf6 6.♗g2 ♘xe4 7.dxe4 e5 8.♘f3 ♗c5 9.0–0

0–0 eine ausgeglichene Stellung. In der Folge kann Schwarz seine Dame nach e7 stellen und den Turm von f8 nach d8 oder e8, um dann den Springer von d7 via f8 nach g6 oder e6 zu überführen.)

5...e5 6.♘gf3 g6

(Nach 6...♘gf6 entwickelte sich das Spiel in der Partie Carvalho–Melo, Natal 2010, folgendermaßen: 7.♗g2 ♗c5 8.0–0 0–0 9.♕e2 ♕c7 10.♘h4 b5 11.♘f5 ♖e8 12.h4 ♘f8 13.♘f3 ♘e6 14.c3 ♘d7 15.♘g5 ♘f6 16.♗h3 ♗f8 17.♔g2 a5 18.♕f3 ♔h8 19.♘h6 ♘xg5 20.hxg5 ♗xh3+ 21.♔xh3 ♕d7+ 22.♔g2 gxh6 23.gxf6 ♕d6 24.♖d1 ♕e6 25.♖h1 ♖ad8 26.♗xh6 ♖d6 27.♗xf8 Im Hinblick auf 27...♖xf8 28.♕h5 mit unparierbarem Matt gab Schwarz auf.)

7.♗g2 ♗g7 8.0–0 ♘b6 9.a4 ♗e6 10.♕e2 a5 11.b3 ♘e7 12.♗a3 f6 13.♖fd1 ♕c7 14.♕e3 ♘bc8 15.♘c4 0–0

(Nach 15...♗xc4 16.bxc4 0–0 17.♗h3! verliert Schwarz den Kampf auf den weißen Feldern.)

16.♗c5 ♖e8 17.♘cxe5! fxe5 18.♘g5 ♗d7 19.♕d3 h6 20.♕xd7 ♕xd7 21.♖xd7 hxg5 22.♖xb7 ♔f7 23.♖d1 g4 24.♗f1 ♔f6 25.♖dd7 g5 26.♗e2 ♔f7 27.♗xg4 ♗f6 28.♗h5+ ♔f8 29.h3 ♖a6 30.♖d3 Mit weißem Gewinn in der Partie Petrosjan–Korolkow, Moskau 1972.

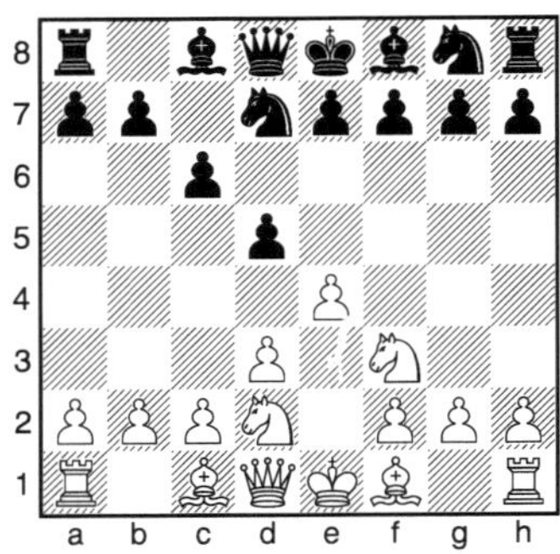

4...♕c7

Nach 4...dxe4 5.dxe4 stehen Schwarz zwei Wege zur Auswahl:

A) 5...♘gf6 6.e5 ♘d5 7.e6! fxe6 8.c4 ♘c7

(Nach 8...♘5f6 kann Weiß auch mit 9.♕c2 nebst ♗e2, 0–0 usw. fortsetzen.)

9.♕c2 g6 10.h4 ♘f6 11.♗d3 ♗g7 12.♘e5 0–0 13.♘df3 ♘a6 14.♕e2 ♘c5 15.♗c2 ♘fd7 16.h5 ♘xe5 17.♘xe5 ♕d6 18.♘g4 e5 19.♘h6+ ♗xh6 20.♗xh6 ♗f5 21.♖d1 ♕f6 22.♗xf8 ♖xf8 23.hxg6 hxg6 24.♗xf5 ♕xf5 25.f3 e4 26.0–0 mit weißem Vorteil in der Partie Grosshans–Lossau, Deutschland 1997.

B) Und nach 5...e5 (um den weißen Vorstoß e4-e5 zu verhindern) 6.g3 ♗c5 7.♗g2 ♘gf6 8.0–0 0–0 geht es weiter wie in bereits analysierten Varianten.

5.g3

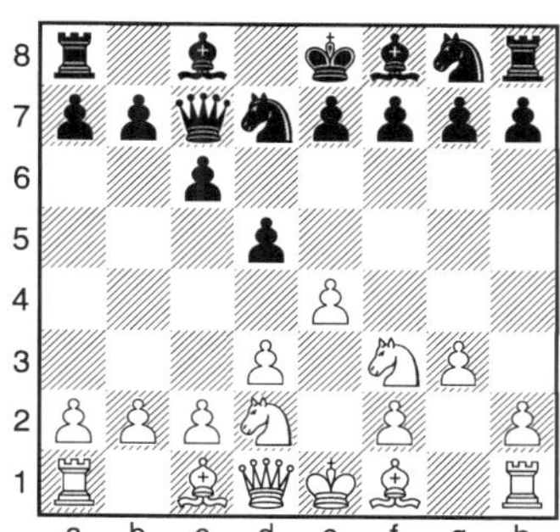

5...♘gf6

Hier ein Überblick über andere schwarze Pläne:

I. Nach 5...dxe4 6.dxe4 e5 7.♗g2 ♗c5 8.0–0 ♘e7 9.b3 ♘g6 10.♗b2 0–0 11.a3 a5 12.♘e1 b6 13.♘d3 ♗a6 14.♘f3 ♗d6 15.h4 hat Weiß gute Perspektiven am Königsflügel, Olafsson–Eliskases, Mar del Plata 1960.

II. 5...g6 wird anhand der **Partie Nr. 68**: Mazi–Orel, Aschach 2003, untersucht.

III. 5...h5 wird anhand der **Partie Nr. 69**: Gombac–Orel, Ljubljana 2000, untersucht.

6.♗g2 dxe4 7.dxe4 e5 8.0–0

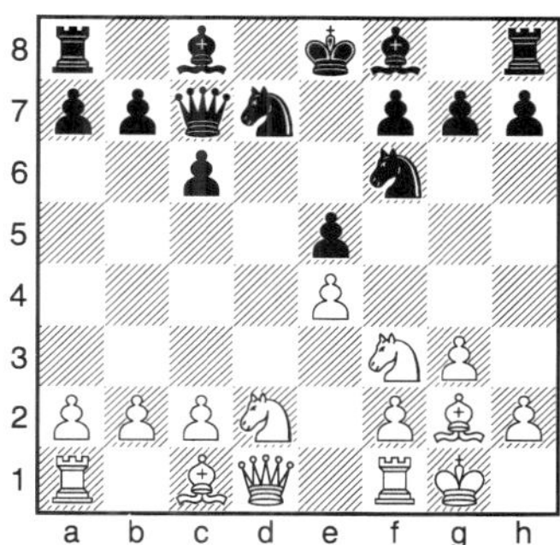

8...♗e7

Sehr häufig entwickelt Schwarz den Königsläufer auf die Diagonale a7-g1. Hier sind zwei Vorschläge, wie Weiß auf 8...♗c5 reagieren kann.

A) 9.♕e2 0–0 10.a4 a5 11.♘h4 b6 12.♖e1 ♖e8 13.♘f1

(In Frage kommt auch der typische Plan am Königsflügel mit 13.♘f5!? ♗a6 14.♕f3 nebst g3-g4 usw.)

13...♘f8 14.♘f5 ♘e6 15.c3 ♗a6 16.♕f3 ♗f8 17.♗e3 ♖ad8 18.g4 mit Initiative am Königsflügel, Dias-Nunes, Lissabon 1998.

B) 9.♘b3 ♗b6 10.a4 a6 11.♕e2 0–0 12.a5 ♗a7 13.♗g5 h6 14.♗e3 c5 15.♘fd2 b5 16.axb6 ♗xb6 17.f4 (17.♘c4!?) 17...a5 18.♘c4 ♗a6 19.♘bd2 ♖fe8 20.b3

(Auch 20.f5!? mit der Idee g3-g4 usw. wäre einen Versuch wert.)

20...♗b5 21.fxe5 ♘xe5 22.♖xf6 (besser 22.♗xh6!) 22...gxf6 23.♗xh6 ♘xc4??

Ein schwerer Unfall! Natürlich war 23...♕d7! richtig.

24.♕g4+ 1-0; Krasnow-Wschiwkow, Nowosibirsk 2010.

9.a4 0–0 10.a5 ♖e8 11.c3 ♗f8 12.♕c2 ♖b8 13.♘h4 b5 14.axb6 axb6 15.♘c4 ♗b7

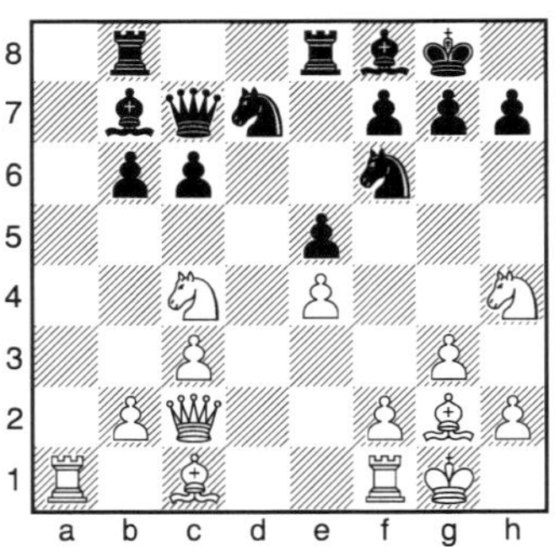

16.♘f5

In dem Duell Fridman–Moussa, Turin 2006, wurde die Idee 16.b4 ♖a8 17.♗e3 ♗a6 18.♕b3 mit Erfolg ausprobiert.

16...b5

Nach 16...g6 17.♘h6+ ♗xh6 18.♗xh6 b5 kann Weiß 19.♘e3 oder 19.♘a5 wählen.

17.♘a5 ♖a8 18.b4 c5 19.♕b1 Weiß beabsichtigt ♘e3-d5 mit Positionsvorteil.

Zusammenfassung:

Weiß kann sich mit 4.♘gf3 aufbauen (was wir als Hauptvariante bezeichnen) oder mit 4.g3, wonach sich das Spiel entweder in Richtung der Hauptvariante entwickeln kann oder auch in ganz eigenständigen Bahnen. Zum besseren Verständnis der zuletzt genannten Idee empfiehlt sich die Analyse der nun folgenden **Partie Nr. 67**.

Beispielpartien

Partie Nr. 67
Husari – Ibrahim
Dubai 1996

1.e4 c6 2.d3 d5 3.♘d2 ♘d7 4.g3 ♘gf6 5.♗g2 g6

Die Alternative 5...e5 wird im einleitenden Text zu Abspiel 6 besprochen.

6.♘gf3 dxe4 7.dxe4 ♗g7 8.0–0 0–0 9.♕e2 ♕c7 10.h3

Dieser Zug ist oft nützlich, um das Erscheinen schwarzer Leichtfiguren auf g4 zu verhindern. Aber selbstverständlich ist auch der natürliche Zug 10.e5 bestens möglich.

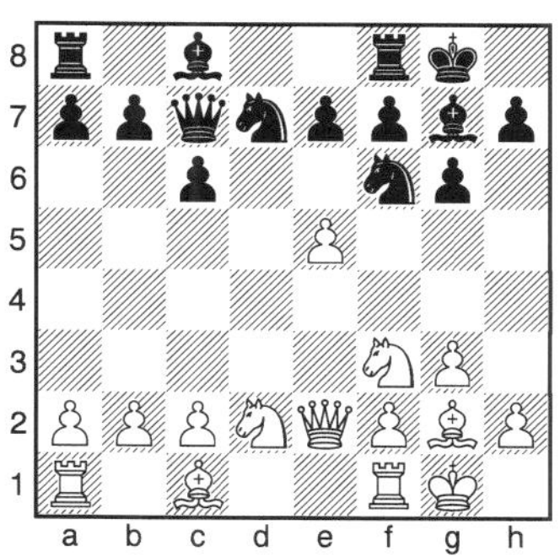

10...♘d5

(Auf 10...♘g4 folgt stark 11.e6!)

11.♖e1

(Eine Alternative besteht in 11.e6 fxe6 12.♕xe6+ ♔h8 13.♕e2 ♘c5 14.♘b3 ♘xb3 15.axb3 ♗f5 16.♘g5 e5 17.♘e4 a6 18.♗d2 ♘f6 19.♗b4 ♖fd8 20.♗a5 b6 21.♗c3 a5 22.♘xf6 ♗xf6 23.f4 mit weißem Vorteil, Burnett–Garnett, Durham 2002.)

11...♘b4? (besser 11...♘c5!?) 12.♘f1 b6 13.a3 ♘d5??

(Notwendig war 13...♘a6, obwohl Weiß nach 14.e6! trotzdem auf Gewinn stünde.)

14.c4 ♗a6 15.♕c2 Schwarz verliert einen Springer, Quintero Perdomo–Cordero Alamo, Cotelec 2012. Dieses lehrreiche Beispiel zeigt, wie wichtig es ist, die Eröffnungsphase präzise zu spielen.

10...e5 11.b3 ♖e8 12.a4 a5 13.♗a3 ♘b6 14.♘e1 ♘fd7 15.♖d1 ♘f8 16.♘d3 ♘e6 17.c3 ♗d7 18.♘b2

Ebenfalls in Betracht kam 18.h4!?.

18...♘f8 19.♘dc4 ♘xc4 20.♘xc4 ♗e6

Statt dieser Entscheidung für passive Verteidigung kam auch einfach 20...b5! 21.♗d6 ♕a7 22.axb5 cxb5 23.♘a3 ♕b7 mit ungefährem Ausgleich in Frage.

21.♗d6 ♕c8?

Ein Fehler im kritischen Moment der Partie. Nach der korrekten Folge 21...♗xc4 22.♕xc4 ♕b6 wäre für Schwarz alles in Ordnung gewesen.

22.♖b1?

Es ist kaum zu glauben, aber Weiß hat doch tatsächlich den einfachen Gewinnzug 22.♘b6! übersehen.

22...♗xc4 23.bxc4 c5

Damit werden die Punkte b5 und d5 unnötig geschwächt. Nach hingegen 23...♘d7!? 24.h4 ♗f8 25.♗xf8 ♖xf8 26.♗h3 ♖d8 nebst ♕c7 wäre die Lage etwa ausgeglichen.

24.♖b5 ♘d7 25.h4?

Normalerweise ist das in dieser Eröffnung ein starker Zug, aber an dieser Stelle vergibt Weiß damit den Vorteil und gerät sogar in Schwierigkeiten. Es sollte besser 25.♖d1! geschehen und nach der Folge 25...♖e6 26.♖d3 ♖a6 27.♕d1 stünde Weiß besser.

25...♖e6 26.♖d1 ♕c6?

Nach dem einfachen 26...♖a6! behielte Schwarz die Oberhand.

27.♕d3 ♖a6 28.♗c7 ♘f8 29.♗d8 ♕e8 30.♗h3 ♖ed6

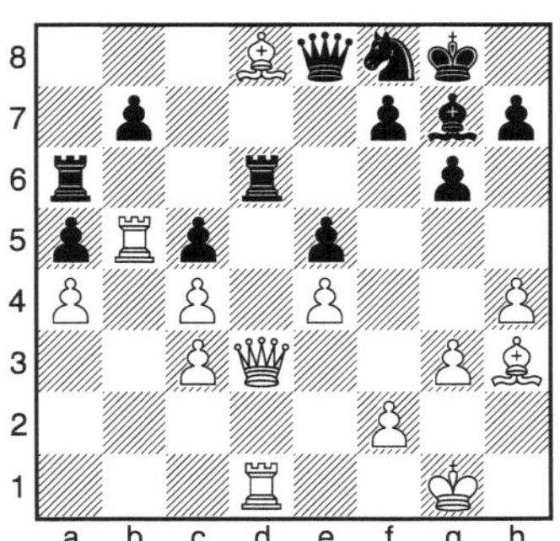

31.♕xd6!

Das war wohl eine große Überraschung für Schwarz, denn sonst hätte er bestimmt 30...♖ec6 gespielt.

31...♖xd6 32.♖xd6

Zwei aktive Türme stellen in Verbindung mit dem Läuferpaar eine gewaltige Kraft dar. Weiß steht auf Gewinn.

32...f5 33.exf5 gxf5 34.♗xf5 ♕f7 35.♗e4 ♕h5 36.♖xb7 ♕e2 37.♗d5+ ♔h8 38.♗f6 ♗xf6 39.♖xf6 ♕d1+ 40.♔h2 Im Hinblick auf 40...♘g6 41.♖ff7 nebst Matt gab Schwarz auf.

Partie Nr. 68
Mazi – Orel
Aschach 2003

1.e4 c6 2.d3 d5 3.♘d2 ♘d7 4.♘gf3 ♕c7 5.g3 g6

Andere Fortsetzungen werden im einleitenden Text zu Abspiel 6 erwähnt.

6.♗g2 ♗g7 7.0–0 ♘gf6 8.♖e1

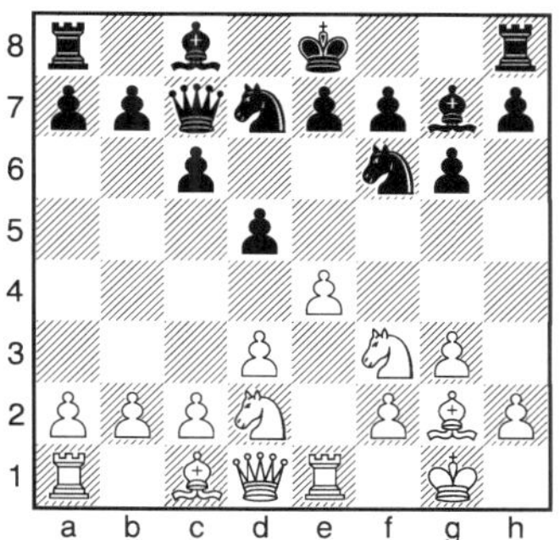

8...e6?!

Da dies dem Damenläufer den Weg versperrt, empfiehlt die Theorie 8...dxe4!? 9.dxe4 0–0 mit der Eventualfolge 10.♕e2 (10.e5 ♘d5!) 10...e5 11.b4 ♖e8 12.♗b2 ♘b6 13.a4 a5 14.bxa5 ♖xa5 15.♘c4 ♘xc4 16.♕xc4 ♗g4 17.♗c3 ♖aa8 18.a5 ♘d7 19.♖eb1 ♖eb8 20.♘g5 ♘f8 21.h3 ♗e6 und Ausgleich in der Partie Stojanovic–Franco Valencia, Istanbul 2012.

9.e5 ♘g4 10.d4 h5 11.♘f1 ♗h6 12.♘g5 ♗g7 13.♗f4 ♘b6 14.♘d2 c5 15.c3 ♗d7 16.♘df3 ♖c8 17.♖c1 ♘h6 18.dxc5 ♕xc5 19.♘d4 0–0 20.♗f3 ♖fe8 21.b3 ♕f8 22.♕d3 ♘f5 23.♘xf5 exf5 24.a4 ♗e6 25.♕d1

Weiß bereitet unmissverständlich den Einschlag auf h5 vor.

25...♖cd8?

Das ist vollkommen sinnlos gespielt. Schwarz sollte besser mit 25...♕c5 nebst ♘d7-f8 die Verteidigung seines Königsflügels verstärken.

26.a5

Weiß lässt sich unnötig viel Zeit, denn zweifellos ging auch sofort 26.♗xh5!.

26...♘c8?

Das führt endgültig zur Katastrophe. Notwendig war 26...♘d7!.

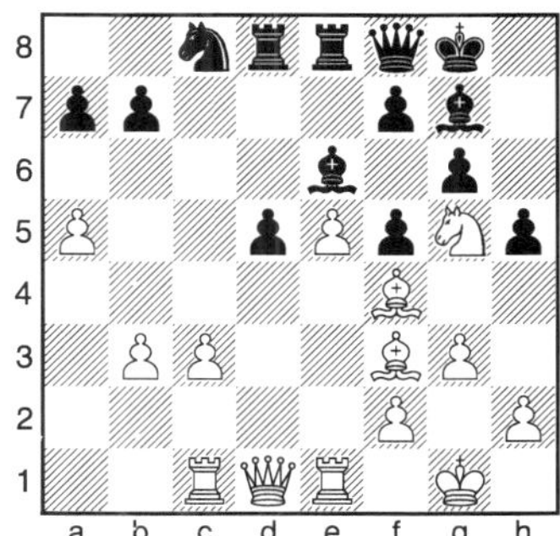

27.♗xh5!

Endlich erfolgt das lang erwartete Läuferopfer.

27...gxh5

Das ist praktisch gezwungen, denn sonst hätte Schwarz einfach einen Bauern weniger.

28.♕xh5 ♕c5

28...♗h6 ändert wegen 29.♘e4! fxe4 30.♗xh6+- nichts am Ausgang der Partie .

29.♘h7 ♘e7

Oder 29...♕e7 30.♘f6+! ♗xf6 31.exf6 ♕xf6 32.♗e5 mit Gewinn.

30.b4 ♕c6 31.♘f6+ ♔f8 32.♕h7 ♘g6 33.♗g5 ♗c8 34.♕g8+ ♔e7 35.♘xe8+ ♔d7 36.♕xf7+

Schwarz kapitulierte.

Partie Nr. 69

Gombac – Orel

Ljubljana 2000

1.e4 c6 2.d3 d5 3.♘d2 ♘d7 4.♘gf3 ♕c7 5.g3 h5

Diese ziemlich optimistische Reaktion ist eigentlich nicht zu empfehlen, obwohl beide Seiten – wie bereits erwähnt – in Eröffnungen dieser Art sehr viel Raum für Experimente aller Art erhalten. Wie auch immer gelang es Weiß in der vorliegenden Partie, die Schwächung des gegnerischen Königsflügels auszunutzen. Andere Möglichkeiten für Schwarz werden im einleitenden Text zu Abspiel 6 besprochen.

6.♗g2 ♘gf6 7.♕e2 dxe4 8.dxe4 e5 9.0-0 ♗e7 10.b3 ♘f8 11.♗b2 ♘g6 12.♘c4

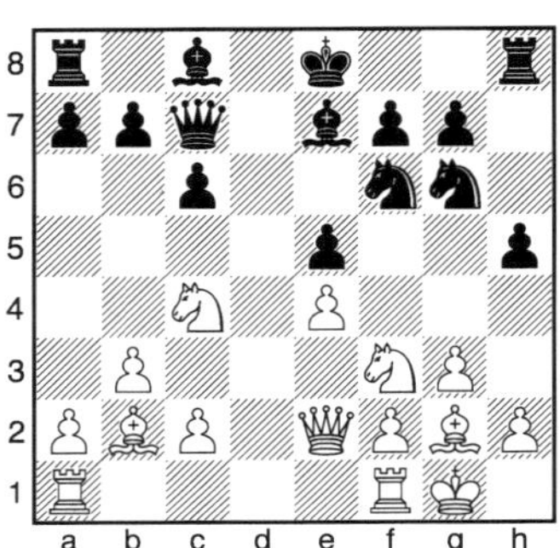

12...♘d7?

Das ist die Einleitung eines falschen Planes. Stattdessen sollte Schwarz schleunigst die Entwicklung des Damenflügels beenden und zwecks Königssicherung die lange Rochade anstreben. Und zu diesem Zweck war ganz zweifellos 12...♗g4! besser.

13.♗h3 f6 14.♗f5 ♘df8 15.♖fd1 ♗e6 16.h4

Dieser Bauernzug kann höchstens als „theoretische" Schwächung der Königsstellung angesehen werden, weil Schwarz über keinerlei Möglichkeit verfügt, den gesicherten weißen König zu bedrohen.

16...b5

Nach diesem Zug wird auch der Damenflügel schwach. Schwarz sollte endlich etwas für seinen unrochierten König tun, wozu womöglich 16...♔f7!? in Betracht kam.

17.♘e3 ♗c5 18.♖d2 ♖d8 19.♖ad1 ♖xd2 20.♕xd2 ♘e7 21.♗xe6 ♘xe6 22.♘f5 ♘c8??

Dieser Fehler ermöglicht Weiß, zum entscheidenden Schlag auszuholen. Notwendig war immer noch 22...♔f7!.

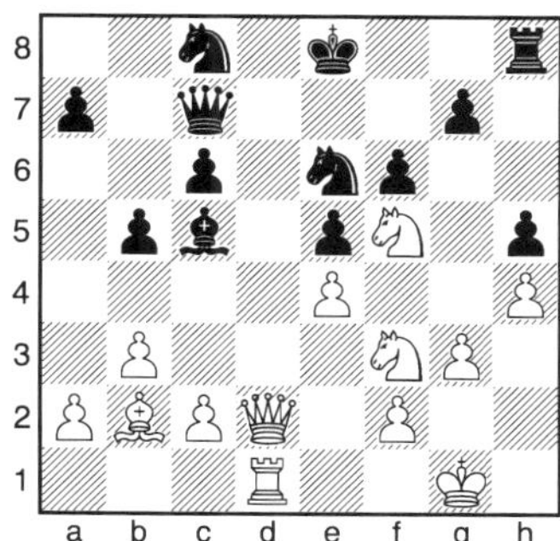

23.♘xe5!

Mit diesem Springeropfer wird die schwarze Auffangstelllung zertrümmert.

23...fxe5

Zum Verlust führt auch 23...0-0 24.♘g6 ♖d8 25.♕e2 usw.

24.♗xe5! ♕f7

Auch nach 24...♕xe5 25.♕d7+ ♔f8 26.♕xc8+ würde Weiß gewinnen.

25.♘xg7+!

Die schwarzen Figuren sind hoffnungslos überlastet (25...♘xg7 26.♕d8#).

25...♔e7 26.♕d7+ ♔f8 27.♕xc8+

Schwarz gab sich geschlagen.

Kapitel 5

Der Königsindische Angriff gegen die Pirc-Verteidigung

1.e4 d6

Oft spielt Schwarz zuerst 1...g6, aber auch dann kann Weiß seine Entwicklung im Stil des Königsindischen Angriffs fortsetzen. Nach beispielsweise 2.d3 ♗g7 3.g3 d6 4.♗g2 ♘f6 würde über Zugumstellung die Hauptvariante erreicht.

2.d3

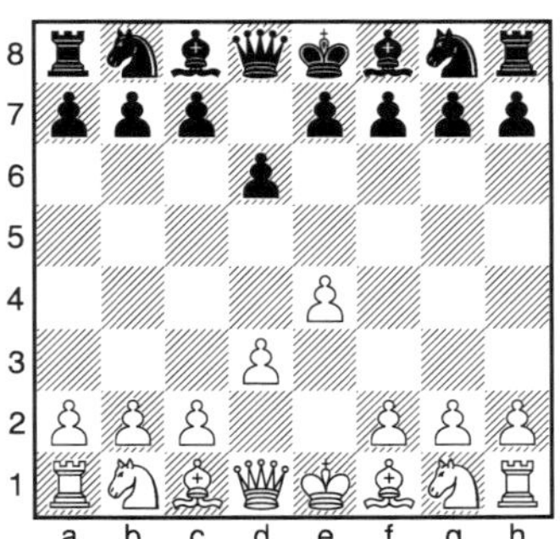

2...g6

So bleibt Schwarz bei der einmal gewählten Pirc-Verteidigung. Nach 2...c5 würde das Spiel zur Sizilianischen Verteidigung übergehen (siehe Kapitel 2).

3.g3 ♗g7 4.♗g2

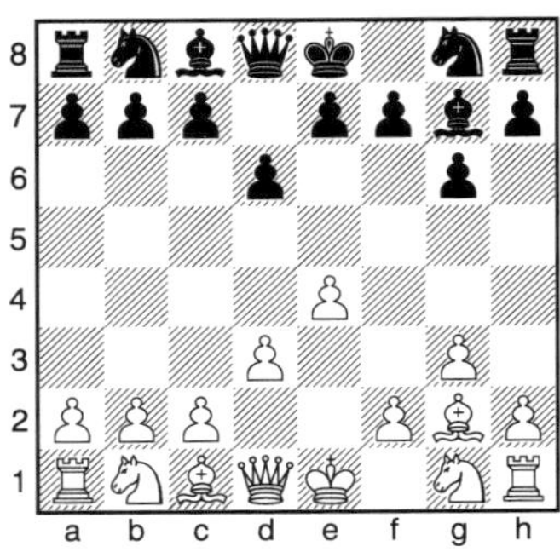

4...e5

Oft wird hier zuerst 4...♘f6 gespielt, um möglichst schnell den König zu sichern; z.B. 5.♘f3 0-0 6.0-0 e5

Immer noch würde 6...c5 über Zugumstellung zur Sizilianischen Verteidigung führen.

7.♘bd2 ♘c6

(Auch nach 7...♘bd7 kann 8.c3 geschehen.)

8.c3

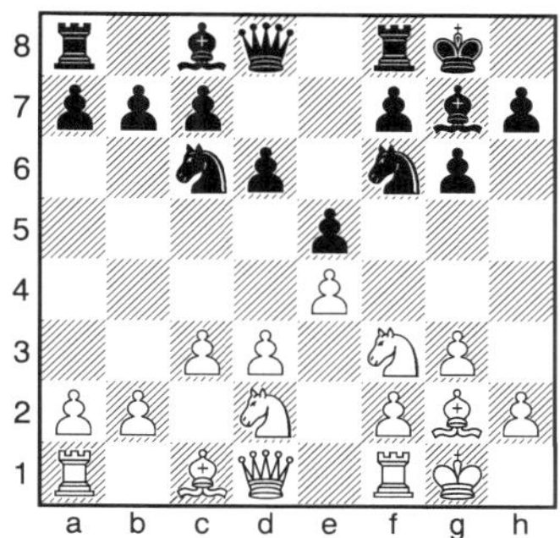

A) 8...d5 9.♖e1 dxe4

(9...♖e8 10.♕c2 h6 11.b4 a6 12.a3 dxe4 13.dxe4 ♗e6 14.♘b3 ♘d7 15.♗e3 ♕c8 16.♘fd2 Weiß plant a3-a4 mit aktivem Spiel am Damenflügel, F. Perez-Obiamiwe, Caleta 2018)

10.dxe4 ♗e6 11.♕e2 ♘d7 12.♘c4 ♘b6 13.♘fd2 ♕d7 14.a4 Weiß plant a4-a5 mit Raumvorteil am Damenflügel, Tomerlin-Colovic, Novi Sad 2017.

B) 8...♘h5 9.♘c4 f5 10.exf5 ♗xf5 11.♘e3

(In Frage kommt auch 11.♕b3!? und nach den weiteren Zügen 11...d5 12.♘e3 ♗xd3 13.♖d1 würde Weiß Druck auf den schwarzen Zentralbauern ausüben.)

11...♗e6 12.d4 e4 13.♘d2 d5 14.f3 ♗h6 15.♘b3 Weiß steht besser, Naroditsky-Heung, Kemer 2007.

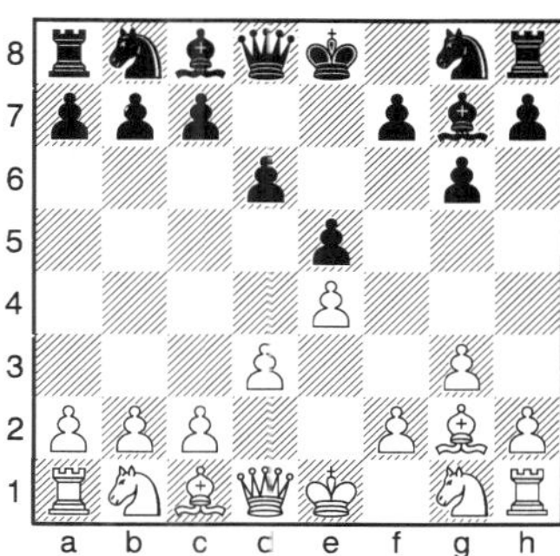

5.♘e2

Der Vorteil dieses Zuges besteht darin, dass Weiß sich den Vorstoß f2-f4 mit aktivem Spiel am Königsflügel vorbehält.

Anzutreffen ist auch 5.♘c3; z.B. 5...♘c6

(Nach 5...h5 6.♘f3 c5 7.♘d5 ♘c6 8.♗g5 f6 9.♗e3 ♘ge7 10.♘xe7 ♘xe7 11.c3 ♗e6 12.♕d2 b6 13.d4 stand Weiß in der Partie Garcia Castro-Rivas Pastor, Ourense 2008, aktiver.)

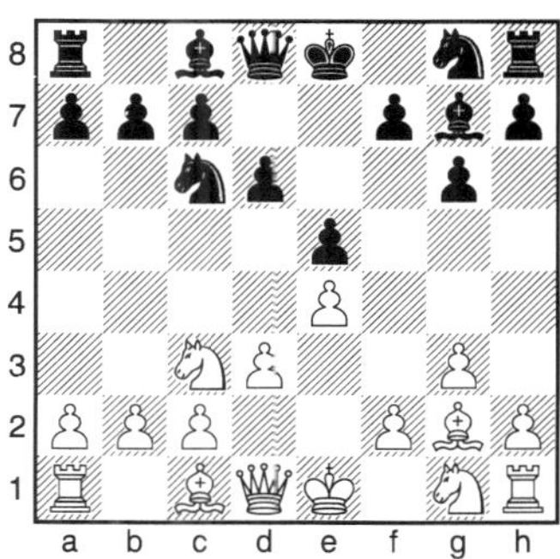

6.f4 ♘ge7 7.♘f3 ♘d4

(7...h6 8.♗e3 ♘d4 9.♕d2 ♗h3 10.0–0–0±)

8.0–0 ♗g4 9.♗e3 c5 10.♕d2 0–0 11.♘h4 exf4 12.♗xf4 ♕d7 13.♖f2 ♖ae8 14.♗h6 ♗xh6 15.♕xh6 b5 16.h3 ♗e6 17.♖af1 ♕d8 18.♘b1

Eine Alternative besteht in 18.♘d1!? nebst ♘e3 usw.

18...d5 19.♘d2 dxe4 20.♘xe4

Weiß hat eine viel versprechende Angriffsposition aufgebaut, und der weitere Partieverlauf ist sehr lehrreich.

20...♘ef5 (20...f5 21.♘g5+–) 21.♖xf5! ♘xf5 22.♖xf5 ♕d4+ 23.♖f2 f5 24.♘g5

(Zum Gewinn führte auch 24.♘xg6 hxg6 25.♕xg6+ ♕g7 26.♘f6+ ♖xf6 27.♕xe8+ ♔h7 28.♔h2 mit zwei Mehrbauern.)

24...♕g7 25.♕xg7+ ♔xg7 26.♗c6 h6 27.♘xe6+ ♖xe6 28.♗xb5 ♖b8 29.a4 a6 30.♗c4 ♖e1+ 31.♔g2 ♖xb2 32.♗xa6 ♖c1 33.♗c4 ♖cxc2 34.♖xc2 ♖xc2+ 35.♔f3 ♔f6 36.a5 g5 37.a6! ♖c1 38.♘g2 mit gewonnenem Endspiel, Adhiban-Andreikin, Wijk aan Zee 2017.

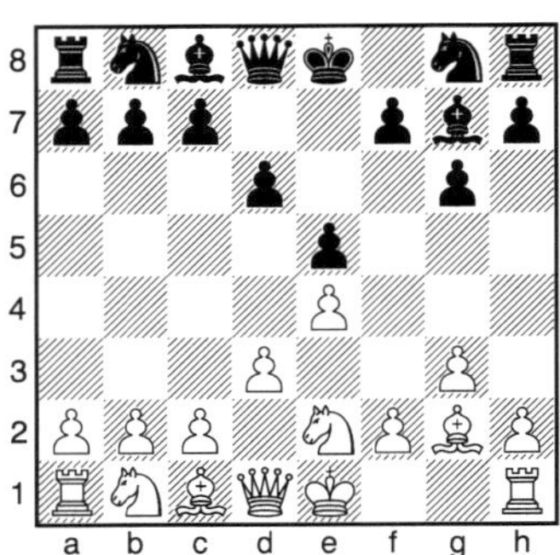

5...♘c6

Hier ein Blick auf andere Pläne für Schwarz:

I. 5...♘e7 6.0–0 0–0 7.c4 ♗e6

(Nach 7...c5 8.♘bc3 f5 9.♗g5 ♗f6 10.♗h6 ♗g7 11.♕d2 ♘bc6 12.♗xg7 ♔xg7 13.f4 ♗e6 14.fxe5 dxe5 15.♘d5 ♖b8 16.a4 ♘d4 17.♘xd4 exd4 18.♘f4 ♗g8 19.♖ae1 erhielt Weiß in der Partie Soares-Melo, Recife 2011, die besseren Perspektiven und konnte letztendlich gewinnen.)

8.♘bc3 ♕d7 9.♗e3 ♘bc6 10.♕d2 ♗h3 11.♘d5 ♗xg2 12.♔xg2 f5 13.f3 ♘d8 14.♘xe7+ ♕xe7 15.exf5 ♖xf5 16.d4 exd4 17.♘xd4 ♖f8 18.♖ae1 Weiß hat bequemes Spiel, Solak-Gagunashvili, Konya 2010.

II. 5...♘f6 6.♘bc3 ♘c6

(Nach 6...♗e6 7.0–0 0–0 kann Weiß aktiv 8.f4 mit der Absicht f4-f5 usw. spielen.)

7.0–0 0–0 8.f4 ♘d4

(Die Stellung nach 8...exf4 9.gxf4 ♘h5 10.d4 f5 11.e5 dxe5 12.dxe5

♕xd1 13.♖xd1 ist vorteilhaft für Weiß, Bartel-Monjac, Rijeka 2010.)

9.h3 h6 10.♘xd4 exd4 11.♘e2 ♘h7 12.g4 ♕e7 13.♘g3 c6 14.♗d2 ♗d7 15.♕f3 ♖ae8 16.f5 c5 17.♖ae1 Weiß hat seine Kräfte flexibel postiert und konnte später gewinnen, Nsubuga-Nolan, Philadelphia 2001.

III. 5...♘d7 6.0-0 ♘gf6

(Nach 6...♘e7 kann Weiß einfach 7.♘bc3 spielen, um mit dem Vorstoß f2-f4 am Königsflügel aktiv zu werden.)

7.f4 ♘g4 8.h3 ♘gf6 9.f5 ♘c5 10.g4 h5 11.g5 ♘h7 Und hier hätte Weiß in der Partie Gogol-Jensen, Neumünster 2008, zur Erlangung von Vorteil einfach 12.h4 spielen sollen.

6.♘bc3

Eine andere Idee besteht in 6.c4 nebst ♘c3 usw.

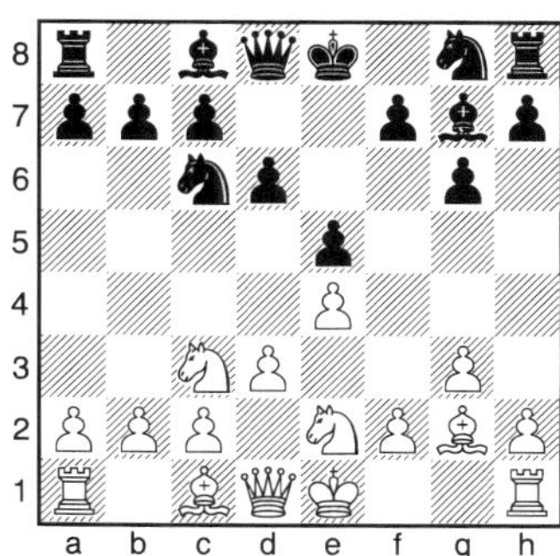

6...♘ge7

Schwarz folgt dem simplen Plan, schnell zu rochieren. Gespielt wird auch die aggressive Fortsetzung 6...h5, worauf Weiß am besten mit 7.h3 reagieren sollte.

A) 7...♘ge7 8.♗e3 ♗e6 9.d4 d5

(9...♘a5 10.b3 d5 11.dxe5 dxe4 12.♘xe4 ♗xe5 13.♗d4 ♘ec6 14.♗xe5 ♘xe5 15.♕d4 ♘ac6 16.♕c3 ♗d5 17.0-0-0 0-0 18.♖xd5 ♕e7 19.♕c5 ♕e6 20.♘f4 ♕f5 21.♘d3 b6 22.♕xc6 ♘xc6 23.♖xf5 gxf5 24.♘f6+ ♔g7 25.♘xh5+ 1-0; Glavina-Bueno Abalo, Orense 2000)

10.dxe5 dxe4 11.♘xe4 ♗xe5 12.0-0 0-0 13.♘2c3

(13.♕c1!? nebst ♖d1 sieht besser aus.)

13...♕c8 14.♘g5 ♗g7 15.♘xe6 ♕xe6 16.♖e1 Angesichts des aktiven Läuferpaars hatte Weiß in der Partie Paez-Rzoska, Manila 2006, das etwas bessere Spiel.

B) 7...♗e6 8.♗e3 ♘d4 9.♘b1!?

Dieser vorübergehende Rückzug verfolgt eine durchaus logische Idee – nämlich die Verjagung des äußerst störenden gegnerischen Springers mittels c2-c3.

9...c5 10.c3 ♘xe2 11.♕xe2 ♖c8 12.c4 ♗h6 13.♗xh6 ♖xh6 14.♘c3 h4 15.♕e3 a6 16.0-0-0 ♕d7 17.f4

Natürlich kann man auch 17.g4!? nebst f4 ausprobieren.

17...f6 18.♖df1 b5 19.f5 ♗f7

(Nach 19...gxf5 20.exf5 ♗xf5 21.♗d5 ♗e6 22.g4 hat Weiß ausreichenden Ersatz für den Bauern.)

20.gxh4 bxc4 21.fxg6 ♖xg6 22.♗f3 ♖g3 23.dxc4 ♖xh3 24.♕e2 (24.h5!?) 24...♖xh1 25.♖xh1 f5 26.h5 ♘f6 27.h6 mit baldigem weißem Sieg, Vigil Alvarez-Fernandez Rodriguez, Oviedo 2007.

7.0–0

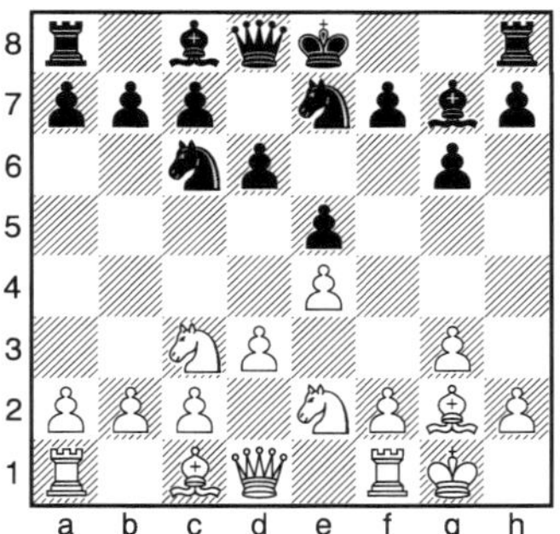

7...0–0

Nach 7...♗e6 sollte Weiß 8.♘d5 spielen – mit den möglichen Abspielen:

A) 8...0–0 9.c4

(In Frage kommt auch 9.c3!? oder sogar; 9.f4!?.)

9...♘d4 10.♘xd4 exd4 11.f4 ♘c6 12.♗d2 f5 13.b4 fxe4 14.♗xe4 ♕d7 15.b5 ♘d8 16.♘b4 mit besseren Aussichten für Weiß, Biyiasas-Weissbein, Palo Alto 1981;

B) 8...h6 9.c3 0–0 10.♗e3 ♔h7 11.f4 ♗g4 12.f5 ♘xd5 13.exd5 ♘e7 14.f6 ♗xf6 15.♖xf6 ♘xd5 16.♖xf7+ ♖xf7 17.♗xd5 ♖f6 18.♕d2 c6 19.♗g2 Mit zwei Leichtfiguren für den Turm hat Weiß die besseren Chancen, D. Popovic-Nemeth, Budapest 2017.

8.f4

Diesen Vorstoß kann man auch noch vorbereiten; z.B. 8.♗e3 ♘d4 9.♕d2 c6 10.f4 usw.

8...f5 9.♗e3

Mit der Absicht gespielt, in einem günstigen Moment d3-d4 folgen zu lassen.

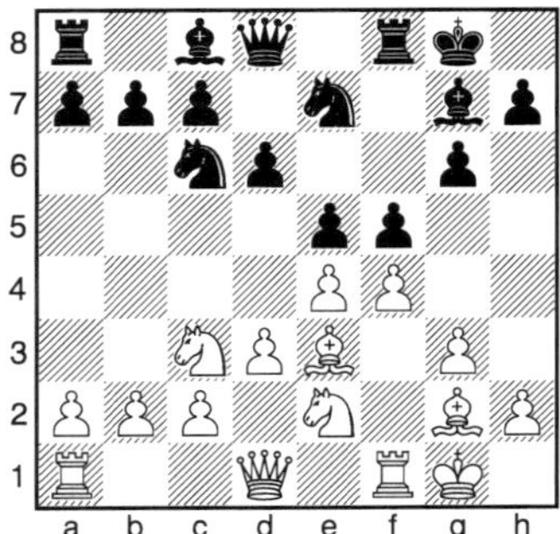

9...♘d4

Mit dieser typischen Reaktion unterbindet Schwarz das weiße Vorhaben. Hier ein Überblick über andere Ansätze:

I. 9...exf4 10.♘xf4 fxe4 11.♗xe4 ♘f5 12.♗f2 ♘fd4 13.♘cd5 ♘e6 14.c3 ♘g5 15.♗g2 ♖e8 16.♘e3 ♘e6 17.♕b3 Weiß ist besser entwickelt und hat Vorteil, Malatsilawa-Uzlawataja, Minsk 2016.

II. 9...fxe4 10.dxe4 ♗g4

(Oder 10...♗e6 11.h3 ♕d7 12.♔h2 ♖ae8 13.♕d2 ♔h8 14.♖ae1 nebst Umsetzung des Springers mit ♘g1-f3 und gutem Spiel, Antipow-Kunin, Berlin 2015.)

11.h3 exf4 12.gxf4 ♗xe2 13.♕xe2

(Natürlich ist auch 13.♘xe2!? gefolgt von 13...♕d7 14.c3 usw. spielbar.)

13...♗xc3 14.bxc3 ♕e8 15.♖ab1 Das Läuferpaar kompensiert die zerstörte weiße Bauernstellung, Rodriguez Bittar-De Castro Vidal, Madrid 2013.

III. 9...♗e6 10.d4 exd4 11.♘xd4 ♘xd4 12.♗xd4 ♗xd4+ 13.♕xd4 ♘c6 14.♕d2 ♕f6 15.♘d5 ♗xd5 16.exd5

(Eine Alternative besteht in 16.♕xd5+ ♔h8 17.c3 ♖ab8 18.♖ae1 ♕f7 19.♖e2 fxe4 20.♕xf7 ♖xf7 21.♖xe4 ♖e7 22.♖fe1 ♖xe4 23.♖xe4 mit etwas besserem Endspiel für Weiß, Wolk-Becker, Oberbernhards 2004.)

16...♘d8 17.c3 b6 18.♖fe1 ♘b7 19.♖e6 ♕g7 20.♖ae1 Nach Eroberung der e-Linie steht Weiß besser, Denoth-Sutter, Bern 1991.

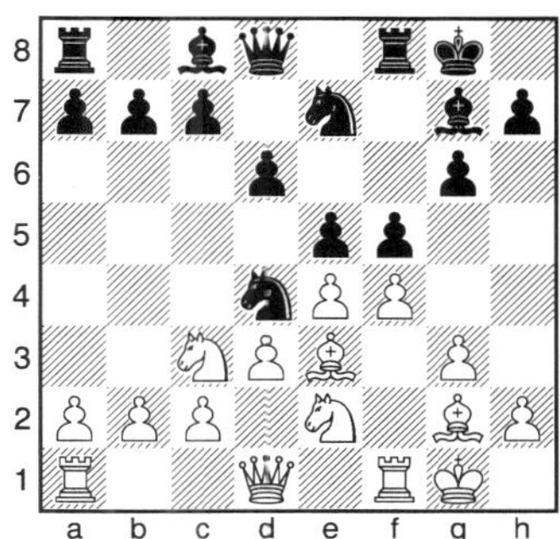

10.♕d2

Hierbei plant Weiß, mit dem Manöver ♘d1 nebst c2-c3 den zentral postierten Springer zu vertreiben.

10...♗e6

In dem Duell Ledger-Nelson, London 2004, geschah 10...c6 11.♖ae1 ♕c7 12.fxe5 dxe5 13.♗g5 ♘e6 14.♗h6 ♗d7 15.♗xg7 ♘xg7 16.♔h1 ♖ae8 17.d4 exd4 18.♕xd4 b6 19.♘f4 ♔h8 20.♖d1 ♗c8 21.♕c4 ♕e5 22.♖fe1 mit weißem Vorteil angesichts der flexibler postierten Kräfte.

11.♖ae1 ♕d7 12.♘c1

Nach 12.♘d5 ♘xe2+ 13.♖xe2 ♘xd5 14.exd5 ♗f7 15.c4 exf4 16.♗xf4 ♖fe8 17.♖fe1 ♖xe2 18.♖xe2 ♖e8 kann Schwarz das Spiel problemlos ausgleichen.

12...♖ae8

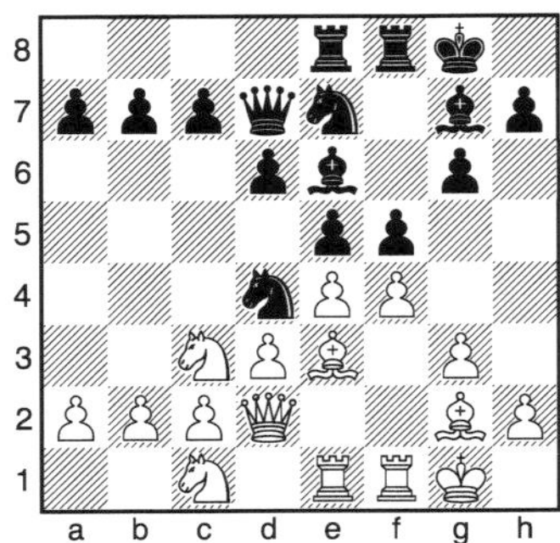

13.♘d5

Zu probieren ist 13.♘d1!? mit dem Plan c2-c3 nebst ♘f2 usw.

13...c6 14.♘xe7+ ♖xe7 15.c3 ♘b5 16.a4

Die Alternative lautet 16.fxe5 dxe5 (Schwach ist 16...fxe4? 17.♖xf8+ ♗xf8 18.a4 ♘c7 19.exd6 ♕xd6 20.♗xe4 ♘d5 21.♗f2 ♘f6 22.♗g2 ♗f5 23.♖xe7 ♗xe7 24.♗xa7 mit entscheidendem weißem Vorteil, Antoniewski–Koukoufikis, Ikaros 2002.)

17.a4 ♘d6 und Schwarz steht gut. Deshalb ist es nicht gut für Schwarz, den Springer auf c7 zu postieren.

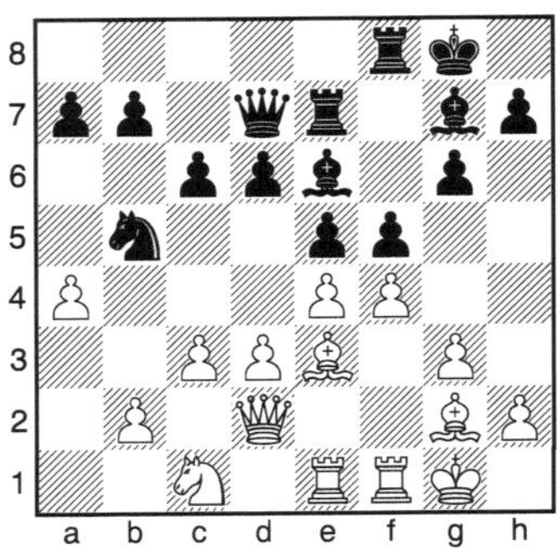

16...exf4

Nicht zu empfehlen ist 16...♘c7 17.fxe5 ♗xe5

(Nach 17...dxe5? 18.♗c5 geht eine Qualität verloren.)

18.♗xa7 ♖a8 19.♗b6 ♖xa4 20.d4 ♗g7 21.d5 cxd5

(21...♗f7 22.dxc6 bxc6 23.exf5 ♖xe1 24.♕xe1 gxf5 25.♗h3 ♗g6 26.♗xc7 ♕xc7 27.♗xf5±)

22.♗xc7 ♕xc7 23.exf5 ♗xf5 24.♗xd5+ ♔h8 25.♖xe7 ♕xe7 26.♖e1 ♕d8 27.♗xb7 ♕b6+ 28.♕f2 ♕xb7 29.♖e8+ ♗f8 30.♖xf8+ ♔g7 31.♖e8, denn Weiß bleibt mit einem Mehrbauern.

17.gxf4 ♘c7 18.♗xa7 ♖a8 19.♗e3 ♖xa4 20.♘e2 nebst ♘g3 und etwas bequemerer Position für Weiß, denn seine Kräfte sind gut zentral postiert. Diese Variante muss allerdings noch weiter in der Praxis geprüft werden.

Zusammenfassung:

Gegen die Pirc-Verteidigung ist die Hauptfortsetzung 2.d4 zweifellos aktiver (mehr Raum im Zentrum), weswegen sie in der Turnierpraxis auch hauptsächlich angewandt wird. Jedoch führt sie meistens zu scharfem Spiel in weit ausgearbeiteten theoretischen Varianten. Und um diese Komplikationen zu vermeiden, wählen viele Spieler lieber den Zug 2.d3, denn dieser führt nur scheinbar zu ruhigerem Spiel. Tatsächlich entstehen nämlich auch hier sehr oft scharfe Stellungen mit gefährlichen Angriffsmöglichkeiten für beide Seiten.

Kapitel 6

Der Königsindische Angriff gegen die Nimzowitsch–Verteidigung

1.e4 ♘c6 2.d3

Die Eröffnungstheorie empfiehlt 2.d4, 2.♘f3 oder auch 2.♘c3 mit Übergang zu anderen Eröffnungssystemen. In einem Buch über den Königsindischen Angriff beschäftigen wir uns jedoch nur mit dem Textzug.

2...d5

Der sofortige Angriff auf den weißen Zentrumsanker ist der Standardzug in dieser Eröffnung. Nach 2...e5 geht das Spiel zu den Varianten von Kapitel 3 über.

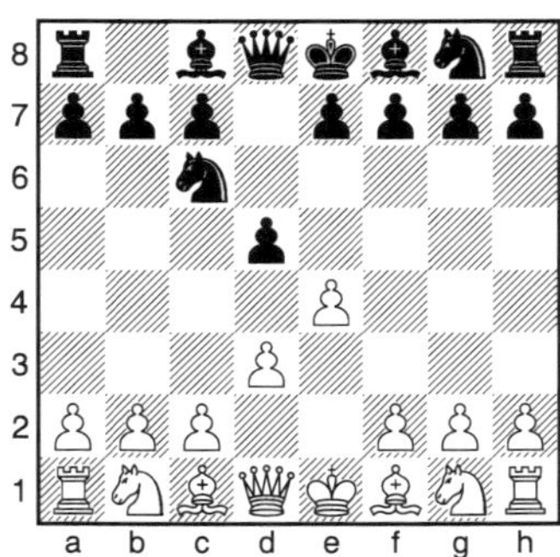

3.exd5

Das ist klarerweise die logische und beste Reaktion, denn (analog zur Skandinavischen Verteidigung) wird die schwarze Dame früh ins Spiel gezogen und durch den weißen Damenspringer zu einem weiteren Zug und somit zu einem Tempoverlust gezwungen. Von dem selten gespielten 3.♘d2 darf Weiß sich nicht viel versprechen, weswegen wir uns auch nicht damit beschäftigen.

3...♕xd5

Eine Alternative besteht in 3...♘b4 4.♘c3

(Der Versuch, den Bauern mit 4.c4!? zu halten, ist interessant, und es müsste geprüft werden, ob Schwarz für den geopferten Bauern ausreichenden Ersatz bekommt.)

4...♘xd5 5.♘xd5 ♕xd5 6.♘f3 ♘f6 7.♗e2 nebst b2-b3, ♗b2, 0–0 usw.

4.♘c3

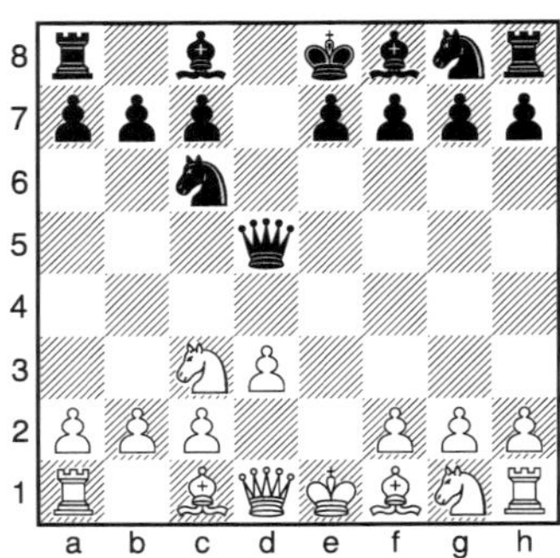

4...♕a5

Wie in der Skandinavischen Verteidigung ist dies auch hier der am häufigsten gespielte Zug. Es folgt ein Überblick über drei andere Damenzüge:

I. 4...♕d8 5.g3 ♘f6 6.♗g2 g6 7.♘ge2 ♗g7 8.h3 0-0 9.♗e3 ♘b4 10.♕d2 c6

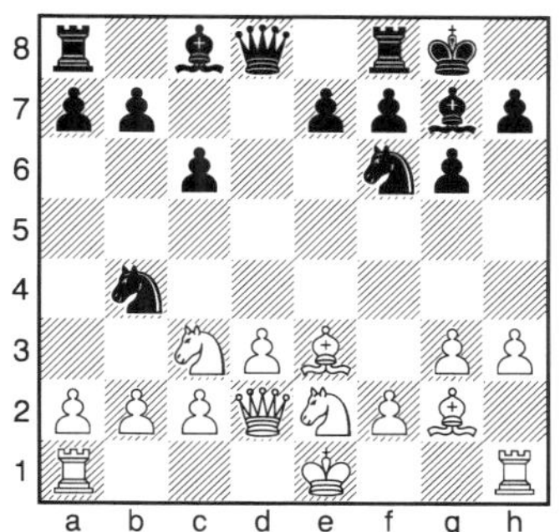

A) 11.0-0-0!? ♗e6 12.♔b1 ♕a5

(Oder 12...♘fd5 13.♗h6 usw.)

13.a3 ♘a6 14.g4 Und nun wäre 14...b5? schwach wegen 15.♘d5 ♕d8 16.♘xf6+ ♗xf6 17.♗xc6 usw.

B) 11.a3 ♘bd5 12.♗h6 ♘xc3 13.bxc3

(Zu beachten ist 13.♗xg7!? ♔xg7 14.♘xc3 usw.)

13...♗e6 14.♗xg7 ♔xg7 15.c4 ♕c7 16.♕c3 ♔g8 17.0-0 ♗d7 18.f4 c5 19.♕e5 ♕xe5 20.fxe5 ♘h5 21.g4 ♘g7 22.♗xb7 ♖ab8 23.♖ab1 ♗a4 24.♖fc1 Weiß hat einen Mehrbauern, Surtees-Talbot, Leeds 2014.

II. 4...♕e6+ 5.♗e3 ♘f6 6.♘f3 g6

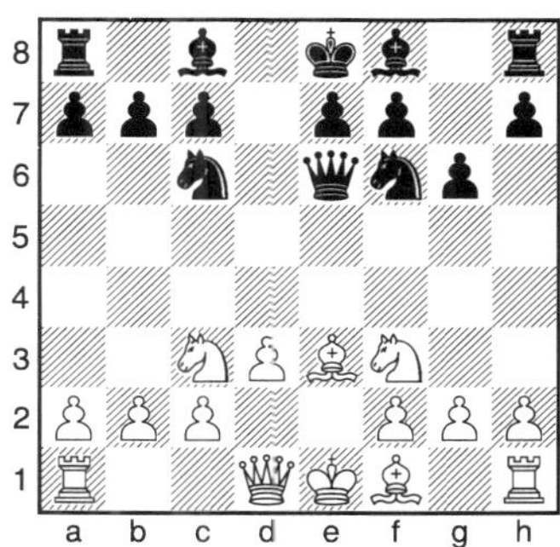

A) 7.♘b5 ♕d7 8.♗f4 ♘d5

(8...a6?? 9.♘xc7+ ♔d8 10.♘xa8+-; Offermann-Thon, freechess.de 2012)

9.♗d2

(9.♗g3 a6 10.♘c3 ♗g7=)

9...♗g7 10.c4 ♘f6 11.♗c3 0-0 12.♗e2 a6 13.♘bd4 ♘xd4 14.♗xd4 b5=

B) 7.d4 ♘b4

(Nach 7...♘d5 8.♘xd5 ♕xd5 9.♗e2 ♗g7 10.0-0 0-0 11.♖e1 mit der Absicht c2-c4 bekommt Weiß gute Perspektiven.)

8.♗e2

(8.♘b5!? ♘a6 9.♗e2 c6 10.♘a3±)

8...♗g7 9.0-0 0-0 10.♖e1 Weiß ist besser entwickelt.

III. 4...♕e5+ 5.♗e3 ♘f6 6.h3 ♗e6 7.♘f3 ♕a5 8.♗e2 ♘d5 9.♗d2 ♘xc3 10.♗xc3 ♕b6 11.0-0 0-0-0 12.b4!

(In der Partie Plummer-Bester, Lechenicher SchachServer 2016, erhielt Schwarz nach 12.♘g5 ♘d4 13.♗xd4 ♕xd4 14.♘xe6 fxe6 15.c3 ♕b6 16.♕c2 h5 17.a4 e5 18.b4 g5 19.a5 ♕g6 20.b5 g4 gutes Gegenspiel.)

12...♗d5

(Nach 12...♘xb4? 13.♖b1 a5 14.a3 ♕c5 15.♗xb4 axb4 16.axb4 hätte Weiß wegen der besseren Entwicklung klaren Vorteil.)

13.a4

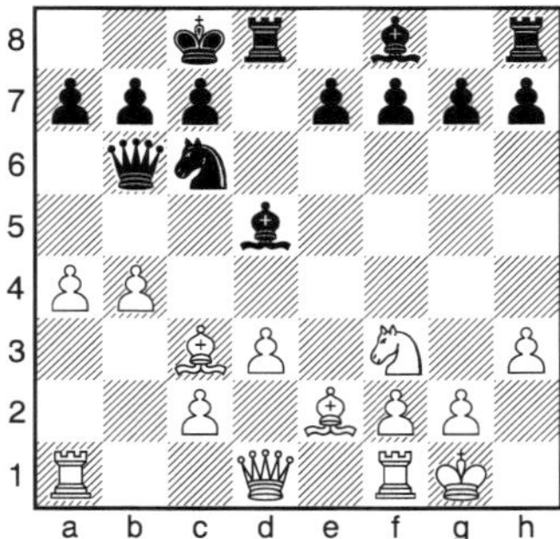

A) 13...♘xb4 14.a5 ♕c5 15.♗xb4 ♕xb4 16.c4 ♗xf3 (16...♗xc4 17.♖a4+-) 17.♗xf3 mit der starken Drohung ♖ab1!.

B) 13...e5 14.a5 ♕a6 15.♖b1 mit weißem Vorteil.

5.g3

Die Fianchettierung des Königsläufers ist in dieser Eröffnung fast immer gut.

5...♘f6 6.♗g2

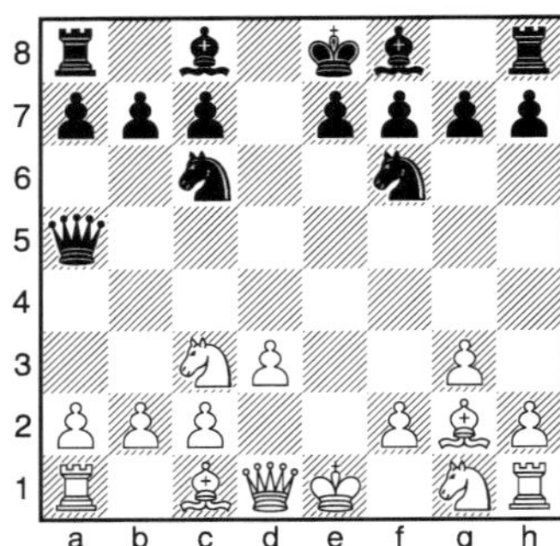

6...♗d7

Schwarz will den König schnell am Damenflügel sichern. Nach 6...♗g4 folgte in der Partie Mossong-Schmit, Luxemburg 2011, 7.♗xc6+ bxc6 8.f3 ♗f5 9.♘ge2 e6 10.a3 h5 11.h4 ♗d6 12.♗e3 ♘d5 13.♗f2 0-0 14.0-0 ♗h3 15.♖e1 ♘xc3 16.♘xc3 c5 17.♘e4 ♗f5 18.b3 ♖ad8 19.♕d2 ♕b5 20.♕g5 ♗xe4 21.♖xe4 g6 22.g4 hxg4 23.♖xg4 ♕d7 24.h5 mit starkem Angriff.

7.♘f3 0-0-0 8.♗d2

Mit der Rochade sollte Weiß noch warten, denn nach 8.0-0 folgt stark 8...♕h5! und Schwarz kann schnell Initiative am Königsflügel entwickeln.

8...e5

Auf 8...♕h5 kann einfach 9.h3 folgen.

9.a3

Weiß beabsichtigt b2-b4 nebst unverzüglichem Königsangriff.

Diese Variante muss allerdings noch in der Turnierpraxis überprüft werden.

Zusammenfassung:

Heutzutage wird die Nimzowitsch-Verteidigung relativ selten gespielt. Jedoch darf Weiß sie nicht unterschätzen, denn bei schwachem Spiel könnte Schwarz schnell die Initiative übernehmen.

Kapitel 7

Der Königsindische Angriff gegen die Aljechin-Verteidigung

1.e4 ♘f6 2.d3 d5

Weil Weiß mit dem Zug 2.d3 auf den energischen Vorstoß 2.e5 verzichtet hat, kann Schwarz sofort aktiv im Zentrum vorgehen und um die Initiative kämpfen. Die Fortsetzung 2...e5 führt zu Kapitel 3 – und 2...d6 zu Kapitel 5.

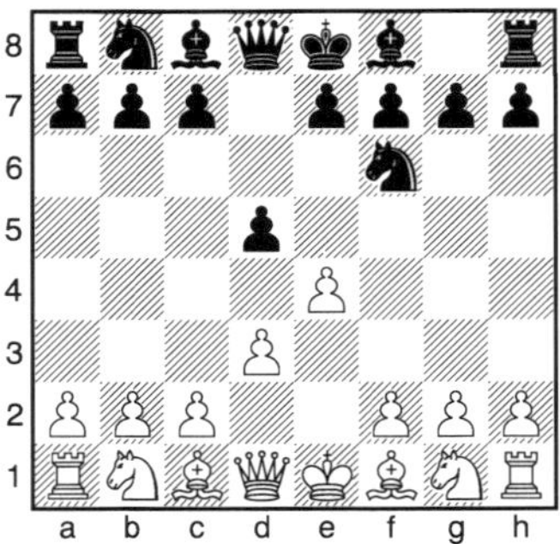

3.e5

In der Aljechin-Verteidigung lässt Schwarz diesen Vorstoß zu, um den vorgedrungenen weißen Zentrumsbauern in der Folge anzugreifen. Hier mag es unlogisch erscheinen, dass Weiß zuerst auf den Vorstoß verzichtet und sich bereits einen Zug später doch dafür entscheidet. Dabei ist die Begründung recht einfach, denn jetzt kann der schwarze d-Bauer den weißen Zentrumsanker nicht mehr angreifen, und reine Figurenangriffe sind ja nicht zu befürchten. Nach dem Textzug erhält Weiß mehr Raum und somit mehr Freiheiten im Zentrum, weil das Spiel nunmehr eher französischen Charakter annimmt.

Aber natürlich kann Weiß seine Kräfte auch streng im Geiste des Königsindischen Angriffs aufstellen – nämlich 3.♘d2 mit folgenden Möglichkeiten:

A) Nach 3...c5 4.g3 dxe4

(Oder 4...♘c6 5.♗g2 e6 6.♘gf3 usw.)

5.dxe4 ♘c6 6.♗g2 g6 7.♘gf3 ♗g7 8.0-0 0-0 entstehen Stellungen, die in Kapitel 1 bzw. Kapitel 2 besprochen wurden.

B) Zu 3...e5 4.♘gf3 ♘c6 5.g3 ♗e7 6.♗g2 0-0 7.0-0 – siehe Kapitel 3.

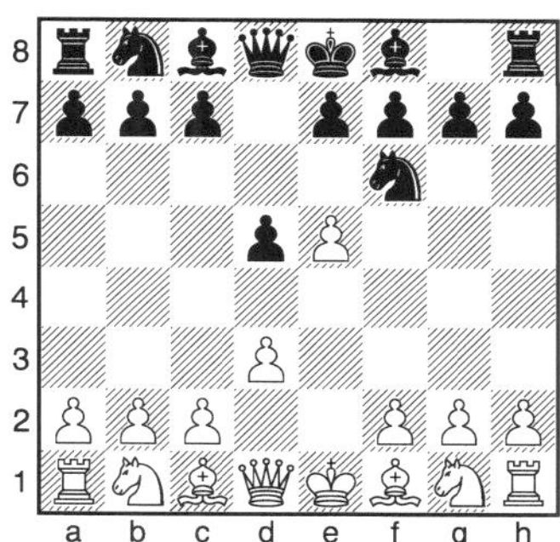

3...♘fd7

Hier ein Blick auf die Alternativen:

I. 3...♘g4

A) 4.f4 c5 5.♗e2 ♘c6

(Nach 5...♘h6 6.♘f3 g6 7.0-0 ♗g7 8.♘c3 0-0 9.♗d2 a6 10.a4 b6 11.d4 ♘c6 12.♗e1 c4 13.b3 cxb3 14.cxb3 ♗g4 15.♖c1 ♘f5 16.♗f2 ♗xf3 17.♗xf3 stand Weiß in der Partie D. Schulze-Heese, Rotenburg/Wümme 2005, besser, denn er hat einen simplen Plan: g2-g4 und f4-f5 nebst Königsangriff.)

6.♘f3 h5 7.0-0 g6 8.c4

(In dem Duell Rodriguez Vila-Bulcourf, Villa Martelli 2009, hätte Weiß nach 8.♘a3 e6 9.c3 a6 10.♘c2 d4 mit 11.cxd4 fortsetzen sollen; z.B. 11...cxd4 12.♘g5 ♘h6 13.♗f3± usw.)

8...e6 9.♘c3 ♗e7 10.♘e1 ♘h6 11.♗f3 dxc4 12.♗xc6+ bxc6 13.dxc4 ♕d4+ 14.♕xd4 cxd4 15.♘e4 mit dem Plan ♘d3, b2-b3, ♗b2 und gutem Spiel. In der Partie Pihlajasalo-Puranen, Espoo 1996, konnte Weiß sich letztlich durchsetzen.

B) 4.d4 c5 5.c3 ♘c6 6.♘f3 e6

Wie bereits weiter oben angedeutet, erinnert das Stellungsbild mittlerweile an die Vorstoßvariante der Französischen Verteidigung, wobei die Springerposition auf g4 unerheblich ist.

7.♗d3 ♕b6 8.0-0 ♗d7 9.h3 ♘h6 10.dxc5 ♗xc5 11.b4 ♗f8 12.♗e3 ♕c7 13.♖e1 g6 14.♘a3 In der Partie Outerelo Ucha-Rodriguez Boado, Mondariz 2012, hatte Weiß mehr Bewegungsspielraum und entsprechend die besseren Aussichten.

II. 3...♘g8 4.d4

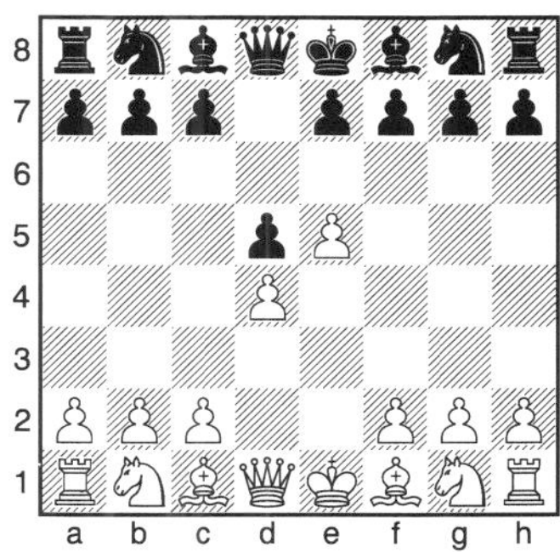

A) 4...c5 5.dxc5 e6 6.a3 ♗xc5 7.♕g4 ♘e7 8.b4

(Die Variante 8.♕xg7 ♘g6 9.♘c3 ♘c6 10.♕h6 ♘cxe5 ist gut für

Schwarz, Akopian–Schigalko, Moskau 2012.)

8...♗b6 9.♘f3 ♘d7

(Oder 9...♘g6 10.♗b2 ♕c7 11.♗d3 ♘c6 12.0–0± mit der Drohung h2-h4-h5, Duda–Grigorjan, Legnica 2013.

– Und nach 9...♔f8 kann Weiß seine Kräfte folgendermaßen entwickeln: 10.♗d3 h6 11.h4 a5 12.♗b2 axb4 13.axb4 ♖xa1 14.♗xa1 ♘bc6 15.0–0± Schigalko–Ringoir, Enschede 2009.)

10.♕xg7 ♖g8 11.♕xh7 ♕c7 12.♗b2 ♖g6 13.c3 a6

(Auf 13...a5 ist 14.♖c1 mit der Drohung ♘b5! stark.)

14.g3 ♘f8 15.♕h5 ♗d7 16.♗d3 ♖g8 17.0–0 mit klarem weißem Vorteil.

B) 4...♗f5 5.♘f3

(Nach 5.♘c3 e6 6.g4 ♗g6 7.♘ge2 c5 8.h4 h5 sind die Chancen verteilt.)

5...e6 6.♗e2 ♘d7 7.0–0 ♘e7 8.♘bd2 ♘c8 9.a4 ♗e7 10.♘b3 0–0 11.♘e1 c5 12.g4 ♗g6 13.f4 ♗e4 14.c3 f5 15.♘d2 cxd4 16.cxd4 ♗b4 17.♘xe4 fxe4 18.♘c2 ♗a5 19.f5 mit weißer Initiative am Königsflügel, Gomez Garrido–Rasmussen, Havanna 2011.

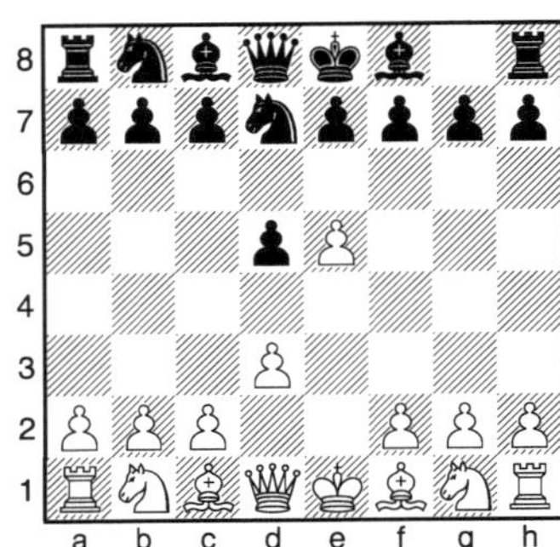

4.f4

Die einfachste und nachhaltigste Deckungsmethode für den Bauern e5. Anzutreffen ist allerdings auch 4.♘f3 mit den Abspielen:

A) 4...e6 5.g3

(Auch 5.d4 c5 6.c3 ♘c6 7.♗e2 ♗e7 8.0–0 ist gut möglich.)

5...c5 6.♗g2 ♘c6 7.♕e2 h6

(In dem Duell Svensson–Kahn, Budapest 1995, folgte 7...♕c7 8.♗f4 g5 9.♘xg5 ♘dxe5 10.0–0 ♗g7 11.c3 ♕e7 12.♖e1 ♘g6 13.♗c1 h6 14.♘h3 b6 15.f4 ♗b7 16.f5 ♘ge5 17.♘f4 mit weißer Initiative am Königsflügel.)

8.h4 ♗e7 9.c4 0–0 10.0–0 ♘b6 11.♗f4 f5 12.exf6 ♗xf6 13.♘c3 a6 14.♖ae1 Die weißen Figuren stehen aktiver, Wang–Liu, Peking 2012.

B) 4...c5 5.c3

(Eine andere Idee besteht in 5.♘c3 ♘c6 6.♗f4 ♘db8 7.h3 ♗f5 8.g4 ♗g6 9.e6! fxe6 10.♗g2 ♘a6 11.0–0 ♗f7 12.♖e1 ♕d7 13.a4 g6

14.♘e5 ♘xe5 15.♗xe5 ♖g8 16.d4 ♗g7 17.♗xg7 ♖xg7 18.dxc5 ♔f8 19.♕d4 ♖c8 20.b4 mit weißem Vorteil, Sorsa-Eriksson, Finnland 2005.)

5...♘c6 6.♗f4

Natürlich geht auch 6.d4!?

6...e6 7.g3 ♗e7 8.h4 f6 9.exf6 ♗xf6 10.♗g2 e5 11.♗e3 ♕e7 12.0-0 ♘b6 13.a4 In der Partie Markovic-Gajic, Nis 2016, bekam Weiß die besseren Perspektiven und konnte die Partie letztendlich gewinnen.

4...e6 5.♘f3 c5 6.g3 ♘c6 7.♗g2

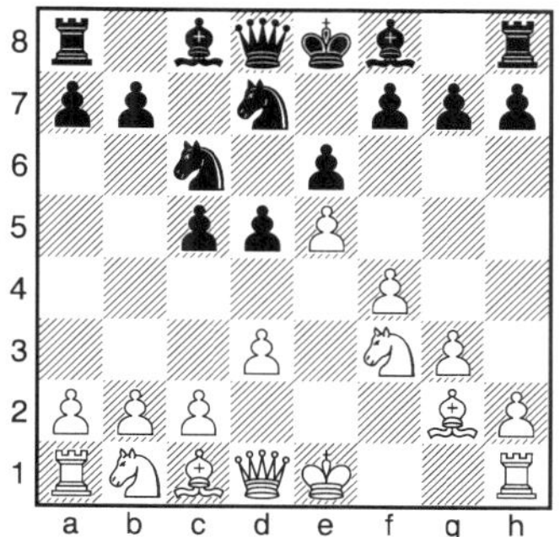

7...♗e7

Schwarz will schleunigst rochieren. Andere Ansätze sind:

I. 7...b5 8.0-0 g6 9.c3 a5 10.a4 b4 11.c4 ♘b6 12.cxd5 ♕xd5 13.♗e3 ♗b7 14.♘g5 ♕d8 15.♘e4 ♘d5 16.♗f2 ♘d4 17.♘bd2 ♗e7 18.♖c1 ♖c8 19.♘c4 Weiß steht besser, denn es droht schon ♘d6+, Lomsadze-Patsia, Tiflis 2010;

II. 7...f6 8.exf6 ♘xf6 9.0-0 ♗d6 10.♖e1 0-0 11.♘bd2 ♕c7 12.♕e2 ♖e8 13.♘e5 ♘d4 14.♕d1 b6 15.c3 ♘c6 16.♘dc4! ♗f8 17.♘xc6 ♕xc6 18.♗e3 ♗b7 19.♘e5 ♕c7 20.♗f2 Weiß steht positionell besser, Zollbrecht-Barthel, Biel 1998.

8.0-0 0-0

Hier ist der Verlauf der lehrreichen Partie Worotnikow-Dankert, Cuxhaven 1992: 8...♕c7 9.c4 ♘b6 10.♕e2 dxc4 11.dxc4 0-0 12.b3 ♖d8 13.♘c3 a6 14.♘e4 ♘d7 15.♗b2 ♘f8?

(Dies führt bereits zum Verlust, da der Springer die Kontrolle über das Feld f6 aufgibt. Schwarz sollte 15...b6 spielen, um mit ♗b7 die Entwicklung des Damenflügels zu beenden.)

16.♘f6+! gxf6 (16...♔h8 17.♘g5) 17.exf6 ♗d6 18.♘g5 ♘g6 19.♕h5 ♘f8 20.♖ae1 ♘d7 21.f5 ♘ce5 1-0 wegen 22.♕xh7+ ♔f8 23.♕h8#.

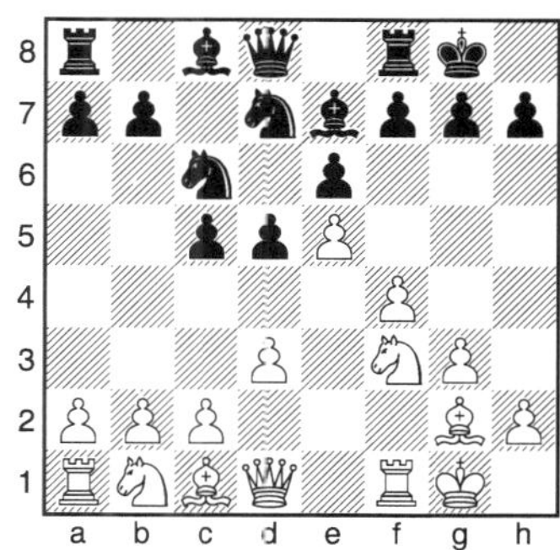

9.c4

Mit diesem Schlag im Zentrum will Weiß die Aktivität des Fianchetto-Läufers erhöhen. Auch der Zug 9.♕e2 hat seine Anhänger. Sehen wir uns dazu einige Beispiele an.

A) 9...♖e8 10.c3 ♕b6 11.♔h1 f6 12.♘a3 ♘f8 13.♘c2 ♗d7 14.♘e3 ♘g6 15.exf6 ♗xf6 16.♘g4 Der Punkt e5 ist fest in weißer Hand, was ihm gute Chancen verspricht, Sura-Jinova, Tschechische Republik 2006.

B) 9...b5 10.a4

(Auch 10.c3 a5 11.♗e3 a4 12.♘bd2 ♗b7 13.h4 wurde schon gespielt.)

10...b4 11.b3 a5 12.♗b2 ♘b6 13.♘bd2 ♗a6 14.♖fd1 ♕c7 15.h4 ♖ac8 Der geplante Vorstoß c5-c4 gibt Schwarz gute Gegenchancen, Lujan-Sama Salinas, Barcelona 2016.

C) 9...♕c7 10.♘bd2 b5 11.c3 a5 12.h4 b4 13.c4 ♘b6 14.b3 a4 15.♖b1 axb3 16.axb3 ♖a2 17.♗b2 ♗d7 18.♖f2 ♖d8 19.♗h3 ♗f8 20.♕e3 ♘e7 21.g4 ♘g6 22.h5 ♘e7 23.♘g5 h6 24.♘gf3 ♗c8 25.g5 dxc4 26.dxc4 hxg5 27.fxg5 ♘f5 28.♗xf5 exf5 29.g6 mit starkem Angriff, Galego-Barthel, Reykjavik 2015.

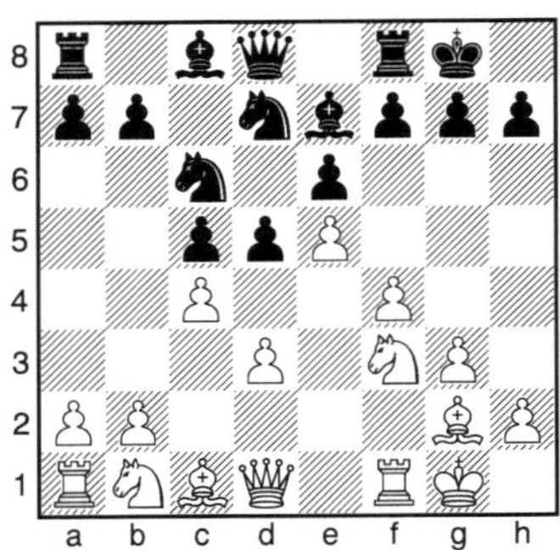

9...♘b6

Auch die folgenden beiden Partien veranschaulichen die weißen Angriffsmöglichkeiten:

- 9...a6 10.♘c3 d4 11.♘e4 ♖b8 12.h4 b5 13.b3 ♕c7 14.♘h2 f6 15.exf6 ♘xf6 16.♘g5 h6 17.♕e2 e5

(17...hxg5 18.hxg5 ♘h7 19.♕h5 ♗d6 20.♗e4 ♖f5 21.♕e8+ ♘f8 22.♕xc6±)

18.f5 ♗d6 19.♘e4 ♘xe4 20.♗xe4 ♗e7 21.♕h5 ♗f6 22.♗d5+ ♔h8 23.♗xh6! ♗xf5 24.♖xf5 gxh6 25.♕xh6+ ♕h7 26.♕xh7+ ♔xh7 27.♗xc6 Weiß steht auf Gewinn, Deglmann-Vrtiakova, Innsbruck 2017;

- 9...d4 10.♘bd2 ♖b8 11.♘e4 f6 12.exf6 ♘xf6 13.♕e2 h6 14.♗d2 ♖e8 15.♘e5 ♘xe5 16.fxe5 ♘xe4 17.♗xe4 b5 18.♕g4

(Auch 18.♗xh6!? führt zum Gewinn.)

18...♗g5 19.h4 ♗b7 (19...♗xd2 20.♕g6+-) 20.hxg5 ♗xe4 21.gxh6

♕d7 22.♕xe4 bxc4 23.♕g6 1-0; Kosa-Repasi, Ungarn 2005.

10.b3

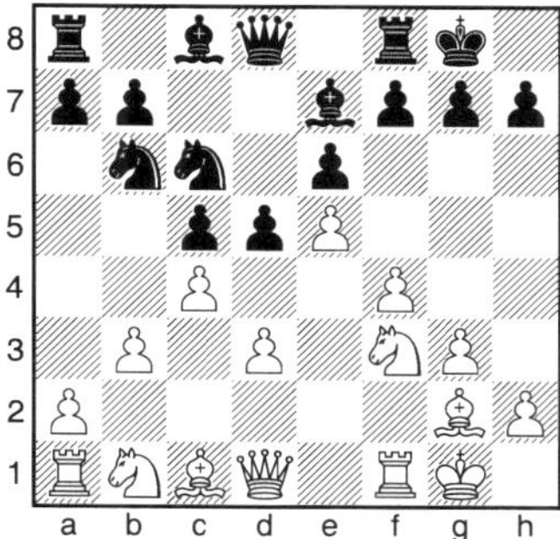

10...f5

Schwarz will die Lage am Königsflügel stabilisieren.

In dem Duell San Claudio Gonzalez-Vega Viejo, Gijon 1994, folgte 10...♗d7 11.♘c3 ♗e8 12.♔h1 f6 13.exf6 ♗xf6 14.♗b2 ♗g6 15.♕e2 ♖e8 16.♖ad1 ♗h5 17.♕f2

(Auf 17.h3 folgt 17...♘d4 18.♕f2 ♘xf3 19.♗xf3 ♗d4 20.♕c2 ♗xf3+ 21.♖xf3 ♕d7 mit sicherer schwarzer Stellung.)

17...♗xc3 18.♗xc3 d4 19.♗d2 e5?

Dieser Bauernvorstoß sollte man besser mit 19...♘d7!? vorbereiten.

20.fxe5 ♘xe5 21.♘xe5 ♖xe5 22.♖de1 ♖xe1 23.♕xe1 ♕d7 24.♕e5 ♗g6 25.♕xc5 ♖e8

(Nach 25...♗xd3 26.♖f4 ♖d8 27.a4 ♕c8 28.♕e5 hat Weiß angesichts des schwachen Bauern auf d4 Positionsvorteil.)

26.♗b4 h6 27.♖f8+ ♖xf8 28.♕xf8+ ♔h7 29.♕f3 mit gewonnenem Endspiel.

11.♘c3 d4 12.♘e2 ♗d7 13.h3

Weiß bereitet unmissverständlich den aktiven Einsatz des g-Bauernhebels vor.

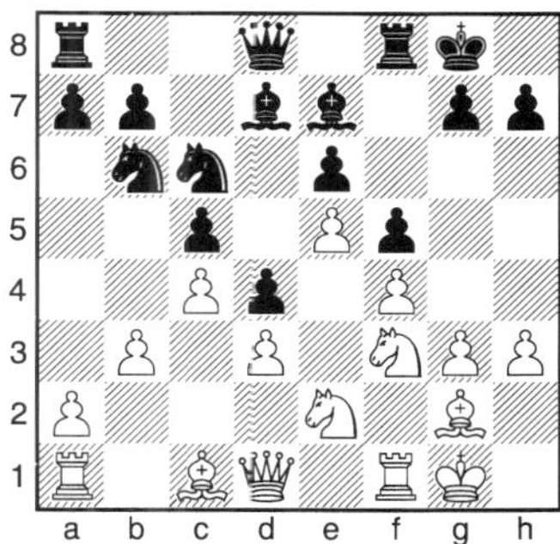

13...♕c8

Eine Alternative besteht in 13...♗e8 14.g4 ♗g6 15.♘g3 ♗h4?

(Schwarz sollte besser auf g4 tauschen.)

16.gxf5 ♗xf5 17.♘xf5 ♖xf5 18.♘xh4 ♕xh4 19.♕g4 ♕e7 20.♗e4 ♖f7 21.♗d2 ♖af8 22.a3 ♕d7 23.♕g2 ♖b8 24.b4 ♔h8 25.f5 ♖c8

(25...exf5 26.e6! ♕xe6 27.♗d5 ♘xd5 28.cxd5 mit Figurengewinn.)

26.fxe6 ♕xe6 27.♖xf7 ♕xf7 28.♖f1 ♕e7 29.e6 Weiß steht auf Gewinn, Zaitschik-Lputjan, Lwow 1987.

14.♔f2 ♖b8 15.♖h1 ♘a8 16.g4 ♘c7 17.♘g3 ♘d8 18.♕e2 ♗c6

19.♗d2 b6 20.♖ag1 ♔h8 21.h4! fxg4 22.♘g5 ♗xg2 23.♖xg2 ♘f7 24.♕xg4 mit guten Aussichten für Weiß, Sydor–Szilagyi, Lublin 1968.

Zusammenfassung:

Mit 3.♘d2 kann Weiß das Spiel in Richtung des klassischen Königsindischen Angriffs leiten. Allerdings führt auch 3.e5 zu interessanten Stellungsbildern, wie die von uns angeführten praktischen Beispiele zeigen.

Schlusswort

Damit habe ich als Autor meinen Teil der Arbeit erledigt, und jetzt ist es an Ihnen, sich bei Interesse ein Repertoire aus den untersuchten Varianten zusammenzustellen. Ich hoffe, dass meine Vorarbeit Ihnen dabei behilflich sein wird. Bestimmt lohnt der Königsindische Angriff mit all seinen Variationsmöglichkeiten die Mühe, denn er ist zweifellos eine sehr interessante Eröffnung, die Weiß gute Angriffschancen bietet.

Wenn ich bereits im Vorwort erwähnt habe, wie viele Weltklassespieler diese Eröffnung in der Vergangenheit gespielt haben bzw. wie viele sie aktuell in ihrem Eröffnungsrepertoire haben, so habe ich einen ganz bestimmten ganz bewusst zurückgehalten, um ihm die Ehre des Schlusswortes vorzubehalten. So äußerte der legendäre Weltmeister Robert James Fischer (1943–2008) nämlich in einem Interview: „Der Königsindische Angriff ist meine Lieblingseröffnung."

Namensverzeichnis

(mit Partienummern)

Quellenverzeichnis

Bücher:

Smith, Ken / Hall, John: Königsindischer Angriff, Das Schach-Archiv Kurt Rattmann, Hamburg 1990

Emms, John: Geheimnisse des Königsindischen Angriffs, Everyman Chess, London 2007

Konikowski, Jerzy / Bekemann, Uwe: 1.e4 siegt (Ein Repertoire für Weiß), Joachim Beyer Verlag 2013

Konikowski, Jerzy / Bekemann, Uwe: Eröffnungen - Sizilianische Verteidigung, Joachim Beyer Verlag 2017

Konikowski, Jerzy: Atak królewsko-indyjski, RM Warszawa 2017

Elektronische Sammlungen (CD):

CorrDatabase 2017 (Herbert Bellmann)

Eröffnungslexikon 2017 (ChessBase)

Mega Databank 2017 (ChessBase)

The Week in Chess

Periodika:

Rochade Europa, Fernschachpost, ChessBase Magazine, Schach, Schach Magazin 64, Panorama Szachowa

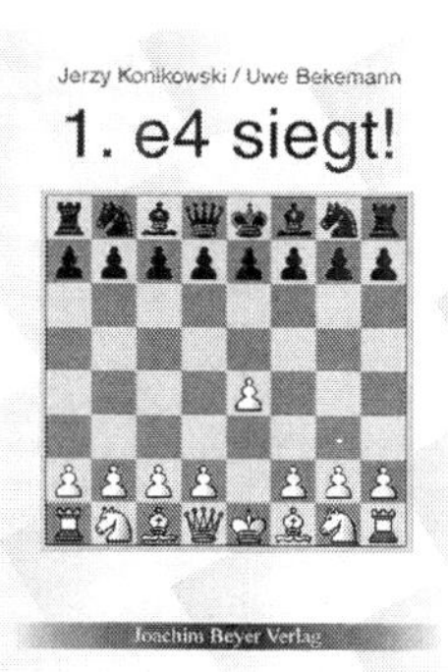

Jerzy Konikowski/Uwe Bekemann

1.e4 siegt!

252 Seiten, gebunden, Leseband

1. e4 siegt! – Weiß beginnt die Partie mit 1. e4 und spielt zielstrebig auf einen Eröffnungsvorteil.

Mit 1. e4 wählt Weiß nicht nur den beliebtesten Anfangszug schlechthin, er verschafft sich damit auch beste Aussichten auf den Erhalt der Initiative und auf ein kombinationsreiches Spiel. Auf nahezu allen Wegen, die Schwarz danach einschlägt, liegt eine Fülle an Theorie vor.

Einem sehr guten Reiseführer gleich führt „1. e4 siegt!" den Leser durch das Gelände, stets darauf bedacht, ihn zugleich an die besten Plätze zu geleiten und dabei den Massentourismus zu meiden. Die Vorteile sind vielgestaltig:

Dem Leser wird ein sorgfältig ausgewähltes und recherchiertes Komplettrepertoire an die Hand gegeben, aus der Sicht von Weiß geschrieben und auch für Schwarz von Nutzen.

Die aufgenommenen Varianten versprechen vollwertiges Spiel und zumeist einen Eröffnungsvorteil. Sie liegen abseits der Modeströmungen, gehen deshalb der Theorieflut aus dem Weg und versprechen einen Überraschungseffekt.

Das Repertoire bricht mit herkömmlichen Tabus. Es scheut auch nicht eine Abkehr von „eisernen Regeln" des Schachs. Wenn beispielsweise ein guter Grund dafür spricht, die Dame frühzeitig in den Kampf zu führen, dann ist genau dies auch die Empfehlung der Autoren.

Ein besonderer Hinweis gilt den insgesamt 78 Partien im Buch. Diese sind sehr sorgfältig ausgesucht worden. Entscheidend für die Auswahl war weniger das Jahr, in dem sie gespielt wurden, als der Gewinn, den der Leser aus ihnen ziehen kann. Wenn beispielsweise in einer älteren Partie ein markanter Fehlgriff zum Verlust führte, so wird vor allem dies lehrreich sein für den Leser. Wer „historische" Fehler kennt, kann gleichartige Fehler in den eigenen Partien vermeiden.

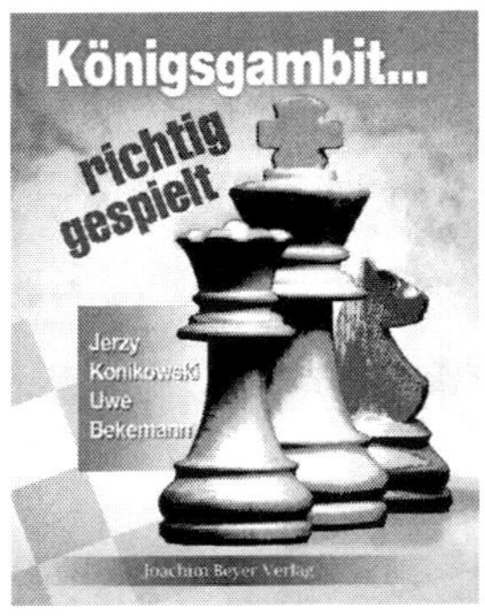

Jerzy Konikowski/Uwe Bekemann

Königsgambit – richtig gespielt

256 Seiten, gebunden

Das Königsgambit ist eine scharfe Eröffnung, in der Weiß Material für andere Vorteile opfert.

Sein strategisches Hauptziel besteht darin, durch das Bauernopfer auf f4 das Zentrum mittels d2-d4 zu besetzen, was eine schnelle Figurenentwicklung und einen baldigen Königsangriff anstrebt.

Dieses Gambit gehört zu den ältesten Eröffnungen überhaupt und wurde bereits im Schachbuch des Lucena 1497 erwähnt sowie 1561 im Werk des Spaniers Ruy Lopez de Segura namentlich eingeführt.

Die Zugfolge 1. e4 e5 2. f4 war vor allem im 18. und 19. Jahrhundert eine sehr beliebte und gefährliche Waffe gegen Schwarz. Zahlreiche faszinierende Partien wurden damit gespielt, in denen Opferangriffe von Erfolg gekrönt wurden. Zu den bekanntesten gehört ein Duell zwischen Adolf Anderssen und Lionel Kieseritzky in London 1851. Diese so genannte „Unsterbliche Partie“ wie auch andere beeindruckende Beispiele der Angriffskunst kann der Leser im Buch bewundern (Beispielpartie Nr. 22).

Auch in der Gegenwart wird das Königsgambit von bekannten Schachspielern in der Turnierpraxis eingesetzt, besonders von den Anhängern eines taktisch geprägten und scharfen Spiels. Zu seinen treuesten Anhängern gehören Nigel Short, die Polgar-Schwestern und Hikaru Nakamura, die allesamt mit dieser Waffe manch wertvollen Sieg errungen haben. Beliebt ist das Königsgambit auch im Fernschach.

Das Königsgambit bietet Weiß in der Turnierpraxis gute Angriffschancen, da die Verteidigung für Schwarz nicht einfach zu führen ist, zudem ist besonders diese Eröffnung häufig mit einem Überraschungseffekt verbunden.

Durch das Königsgambit werden Sie mit einer interessanten Eröffnungswaffe ausgerüstet, die in der Praxis viel Freude bereitet und zudem schöne Erfolge in Aussicht stellt.